VAN HAVÉRE 1965

DE L'IMPRIMERIE DE FIRMIN DIDOT,
IMPRIMEUR DU ROI ET DE L'INSTITUT, RUE JACOB, N° 24.

OEUVRES
DE MOLIÈRE,

AVEC UN COMMENTAIRE,

UN DISCOURS PRÉLIMINAIRE, ET UNE VIE DE MOLIÈRE,

Par M. AUGER,

DE L'ACADÉMIE FRANÇOISE.

TOME IX.

A PARIS,

CHEZ Mme Ve DESOER, LIBRAIRE,

RUE DES POITEVINS, N° 12.

1825.

LA COMTESSE D'ESCARBAGNAS,

COMÉDIE.

1671.

ACTEURS.

LA COMTESSE D'ESCARBAGNAS.

LE COMTE, fils de la comtesse d'Escarbagnas.

LE VICOMTE, amant de Julie.

JULIE, amante du vicomte.

MONSIEUR TIBAUDIER, conseiller, amant de la comtesse.

MONSIEUR HARPIN, receveur des tailles, autre amant de la Comtesse.

MONSIEUR BOBINET, précepteur de monsieur le comte.

ANDRÉE, suivante de la comtesse.

JEANNOT, laquais de M. Tibaudier.

CRIQUET, laquais de la comtesse.

La scène est à Angoulême.

LA COMTESSE D'ESCARBAGNAS,

COMÉDIE.

SCÈNE PREMIÈRE.

JULIE, LE VICOMTE.

LE VICOMTE.

Hé quoi! madame, vous êtes déja ici?

JULIE.

Oui. Vous en devriez rougir*, Cléante; et il n'est guère honnête à un amant de venir le dernier au rendez-vous.

LE VICOMTE.

Je serois ici il y a une heure, s'il n'y avoit point de fâcheux au monde; et j'ai été arrêté en chemin par un vieux importun de qualité, qui m'a demandé tout exprès des nouvelles de la cour, pour trouver moyen de m'en dire des plus extravagantes qu'on puisse débiter; et c'est là, comme vous savez, le fléau des petites villes, que ces grands nouvellistes qui cherchent par-tout où répandre les contes qu'ils ramassent (1). Celui-ci m'a montré d'abord

VARIANTE. * *Vous en devriez rougir de honte.*

---

(1) Le nouvelliste est une espèce de *fâcheux* que Molière n'a pas compris au nombre de ceux qui font le sujet d'une de ses pièces et lui donnent

deux feuilles de papier, pleines jusques aux bords d'un grand fatras de balivernes, qui viennent, m'a-t-il dit, de l'endroit le plus sûr du monde. Ensuite, comme d'une chose fort curieuse, il m'a fait avec grand mystère une fatigante lecture de toutes les méchantes plaisanteries de la gazette de Hollande, dont il épouse les intérêts [1]. Il

---

leur nom. Bien que ce *fléau des petites villes* n'épargne pas tout-à-fait la grande, il est certain qu'un nouvelliste ridicule est mieux placé à Angoulême qu'à Paris. Le désœuvrement, le défaut d'événemens propres à occuper l'esprit, l'éloignement où l'on est du centre des affaires, l'ignorance de ce qui s'y passe, le désir de le savoir et surtout de passer pour en être instruit, voilà ce qui fait qu'en province il existe beaucoup de ces hommes *qui cherchent partout où répandre les contes qu'ils ramassent*. Les Athéniens, par d'autres causes, étoient aussi de grands nouvellistes; et ce caractère ne pouvoit échapper au pinceau de Théophraste. « Un nouvel-« liste, ou un conteur de fables, dit-il, est un homme qui arrange, selon « son caprice, des discours et des faits remplis de fausseté; qui, lorsqu'il « rencontre l'un de ses amis, compose son visage, et, lui souriant : D'où « venez-vous ainsi? lui dit-il. Que nous direz-vous de bon? n'y a-t-il rien « de nouveau? Et, continuant de l'interroger : Quoi donc? n'y a-t-il au-« cune nouvelle? Cependant il y a des choses étonnantes à raconter. Et, « sans lui donner le loisir de lui répondre : Que dites-vous donc? pour-« suit-il. N'avez-vous rien entendu par la ville? Je vois bien que vous ne « savez rien, et que je vais vous régaler de grandes nouveautés. » Ce manége du nouvelliste d'Athènes est absolument le même que celui du vieux importun de quantité *qui demande tout exprès des nouvelles, pour trouver moyen d'en dire des plus extravagantes*. On ne peut guère douter que Molière, en cette occasion, ne se soit souvenu de son Théophraste.

(1) A cette époque, Louis XIV étoit sans cesse injurié par le gazetier de Hollande, pour avoir réussi à dissoudre, par la paix d'Aix-la-Chapelle, la triple alliance formée contre lui par l'Angleterre, la Suède et les sept Provinces-Unies. L'insolence de ce gazetier, autorisée sans doute par son gouvernement, fut une des causes qui déterminèrent le roi à déclarer la guerre à la Hollande, dont la conquête fut l'ouvrage d'une seule campagne, celle de 1672. Ce que dit ici Molière étoit propre à flatter le fier ressentiment du monarque; mais on y voit toutefois que quelques sujets du grand roi se permettoient de blâmer ses opérations, et même de faire des vœux contre lui.

tient que la France est battue en ruine par la plume de cet écrivain, et qu'il ne faut que ce bel-esprit pour défaire toutes nos troupes ; et de là s'est jeté à corps perdu dans le raisonnement du ministère, dont il remarque tous les défauts, et d'où j'ai cru qu'il ne sortiroit point [1]. A l'entendre parler, il sait les secrets du cabinet mieux que ceux qui les font. La politique de l'État lui laisse voir tous ses desseins ; et elle ne fait pas un pas, dont il ne pénètre les intentions. Il nous apprend les ressorts cachés de tout ce qui se fait, nous découvre les vues de la prudence de nos voisins, et remue, à sa fantaisie, toutes les affaires de l'Europe Ses intelligences même s'étendent jusques en Afrique et en Asie ; et il est informé de tout ce qui s'agite dans le conseil d'en-haut [2] du Prêtre-Jean [3] et du grand Mogol.

JULIE.

Vous parez votre excuse du mieux que vous pouvez,

---

[1] Il y a deux remarques grammaticales à faire sur cette phrase. *Le raisonnement du ministère*, pour dire, l'examen, la critique des actes du ministère, est une expression qui manque d'exactitude et de clarté. *Et d'où j'ai cru qu'il ne sortiroit point*, se rapporte, d'après la construction, au mot *ministère* ; et, selon le sens, c'est à *raisonnement* qu'il se rapporte

[2] On appeloit en France, *conseil d'en-haut*, le conseil où se discutoient, en présence du roi, les affaires de la paix, de la guerre, et autres dont le monarque vouloit prendre une connoissance personnelle.

[3] On appela d'abord *Prêtre-Jean*, un prince tartare qui combattit Gengis. Des religieux envoyés auprès de lui prétendirent qu'ils l'avoient converti, l'avoient nommé Jean au baptême, et même lui avoient conféré le sacerdoce ; de là cette qualification de *Prêtre-Jean*, qui est devenue depuis, on ne sait pourquoi, celle d'un prince nègre, moitié chrétien schismatique et moitié juif. C'est de ce dernier qu'il est question ici.

afin de la rendre agréable, et faire qu'elle soit plus aisément reçue [1].

LE VICOMTE.

C'est là, belle Julie, la véritable cause de mon retardement; et, si je voulois y donner une excuse galante, je n'aurois qu'à vous dire que le rendez-vous que vous voulez prendre peut autoriser la paresse dont vous me querellez; que m'engager à faire l'amant de la maîtresse du logis, c'est me mettre en état de craindre de me trouver ici le premier; que cette feinte où je me force n'étant que pour vous plaire, j'ai lieu de ne vouloir en souffrir la contrainte que devant les yeux qui s'en divertissent; que j'évite le tête à tête avec cette comtesse ridicule dont vous m'embarrassez; et, en un mot, que, ne venant ici que pour vous, j'ai toutes les raisons du monde d'attendre que vous y soyez.

JULIE.

Nous savons bien que vous ne manquerez jamais d'esprit pour donner de belles couleurs aux fautes que vous pourrez faire*. Cependant, si vous étiez venu une demi-heure plus tôt, nous aurions profité de tous ces momens; car j'ai trouvé en arrivant que la comtesse étoit sortie, et je ne doute point qu'elle ne soit allée par la ville se faire honneur de la comédie que vous me donnez sous son nom [2].

VARIANTE. * Que vous pouvez faire.

---

(1) Comme cela est finement observé! A qui n'est-il pas arrivé d'avoir un tort du même genre que Cléante, et de chercher à s'en faire excuser, à le faire oublier du moins, en amusant la personne qui a sujet de se plaindre, à l'aide d'un récit plaisamment circonstancié?

(2) On expliquera, dans la Notice, pourquoi il est question ici d'une comédie.

SCÈNE I.

LE VICOMTE.

Mais tout de bon, madame, quand voulez-vous mettre fin à cette contrainte, et me faire moins acheter le bonheur de vous voir?

JULIE.

Quand nos parens pourront être d'accord; ce que je n'ose espérer. Vous savez, comme moi, que les démêlés de nos deux familles ne nous permettent point de nous voir autre part (1), et que mes frères, non plus que votre père, ne sont pas assez raisonnables pour souffrir notre attachement.

LE VICOMTE.

Mais pourquoi ne pas mieux jouir du rendez-vous que leur inimitié nous laisse, et me contraindre à perdre en une sotte feinte les momens que j'ai près de vous?

JULIE.

Pour mieux cacher notre amour; et puis, à vous dire la vérité, cette feinte dont vous parlez, m'est une comédie fort agréable; et je ne sais si celle que vous nous donnez aujourd'hui me divertira davantage*. Notre comtesse d'Escarbagnas, avec son perpétuel entêtement de qualité, est un aussi bon personnage qu'on en puisse mettre sur

VARIANTE. * *Nous divertira davantage.*

---

(1) Ces paroles de Julie sont heureusement imaginées. Cléante et Julie sont des personnages auxquels Molière veut intéresser le spectateur. Si l'on pouvoit croire qu'ils ne fréquentent cette folle de comtesse que pour se moquer d'elle, leur caractère en seroit dégradé. Mais nous apprenons qu'ils ne peuvent se voir que chez elle; et nous ne trouvons pas mauvais que, tout en profitant de la liberté que cette maison leur donne, ils s'amusent un peu de la ridicule personne qui leur en fait les honneurs.

le théâtre [1]. Le petit voyage qu'elle a fait à Paris, l'a ramenée* dans Angoulême plus achevée qu'elle n'étoit. L'approche de l'air de la cour a donné à son ridicule de nouveaux agrémens, et sa sottise tous les jours ne fait que croître et embellir.

LE VICOMTE.

Oui ; mais vous ne considérez pas que le jeu qui vous divertit tient mon cœur au supplice, et qu'on n'est point capable de se jouer long-temps, lorsqu'on a dans l'esprit une passion aussi sérieuse que celle que je sens pour vous. Il est cruel, belle Julie, que cet amusement dérobe à mon amour un temps qu'il voudroit employer à vous expliquer son ardeur ; et, cette nuit, j'ai fait là-dessus quelques vers, que je ne puis m'empêcher de vous réciter sans que vous me le demandiez, tant la démangeaison de dire ses ouvrages est un vice attaché à la qualité de poëte !

C'est trop long-temps, Iris, me mettre à la torture.

Iris, comme vous le voyez, est mis là pour Julie.

C'est trop long-temps, Iris, me mettre à la torture,
Et, si je suis vos lois, je les blâme tout bas
De me forcer à taire un tourment que j'endure,
Pour déclarer un mal que je ne ressens pas.

Faut-il que vos beaux yeux, à qui je rends les armes,
Veuillent se divertir de mes tristes soupirs ?
Et n'est-ce pas assez de souffrir pour vos charmes,
Sans me faire souffrir encor pour vos plaisirs ?

VARIANTE. * La ramène.

---

[1] Apologie de la pièce, faite en deux mots, et très-naturellement placée.

SCÈNE I.

C'en est trop à la fois que ce double martyre;
Et ce qu'il me faut taire, et ce qu'il me faut dire,
Exerce sur mon cœur pareille cruauté.

L'amour le met en feu, la contrainte le tue;
Et, si par la pitié vous n'êtes combattue,
Je meurs et de la feinte et de la vérité (1).

JULIE.

Je vois que vous vous faites là bien plus maltraité que vous n'êtes; mais c'est une licence que prennent messieurs les poëtes, de mentir de gaieté de cœur, et de donner à leurs maîtresses des cruautés qu'elles n'ont pas, pour s'accommoder aux pensées qui leur peuvent venir. Cependant je serai bien aise que vous me donniez ces vers par écrit.

LE VICOMTE.

C'est assez de vous les avoir dits, et je dois en demeurer là. Il est permis d'être parfois assez fou pour faire des vers, mais non pour vouloir qu'ils soient vus (2).

---

(1) C'est là un sonnet à l'italienne, rempli d'antithèses, de pointes, et, pour tout dire en un mot, de *concetti*; mais le tour en est facile et agréable. Il vaut infiniment mieux que celui d'Oronte: aussi Cléante est-il un homme d'esprit, qui ne se pique point d'être poëte, ne s'abuse pas sur le mérite de ses vers, et ne les dit qu'à sa maîtresse pour qui ils ont été faits, en se moquant même de son empressement à les lui réciter. Oronte avoit montré comment le bel esprit dans un courtisan peut être ridicule; Cléante fait voir comment il peut ne l'être pas: la leçon est complète.

(2) Pour un homme de qualité, s'entend. Telles étoient les bienséances d'alors: c'étoit un reste des anciennes mœurs, qui défendoient à tout gentilhomme, non-seulement d'écrire, mais même de connoître ce qu'avoient écrit les autres. Les premiers qui bravèrent cette espèce de préjugé, ne le firent qu'avec timidité, ou plutôt avec impertinence. Craignant de ressem-

LA COMTESSE D'ESCARBAGNAS.

JULIE.

C'est en vain que vous vous retranchez sur une fausse modestie : on sait dans le monde que vous avez de l'esprit ; et je ne vois pas la raison qui vous oblige à cacher les vôtres.

LE VICOMTE.

Mon dieu ! madame, marchons là-dessus, s'il vous plaît, avec beaucoup de retenue ; il est dangereux dans le monde de se mêler d'avoir de l'esprit. Il y a là-dedans un certain ridicule qu'il est facile d'attraper, et nous avons de nos amis qui me font craindre leur exemple [1].

JULIE.

Mon dieu ! Cléante, vous avez beau dire ; je vois avec tout cela que vous mourez d'envie de me les donner ; et je vous embarrasserois, si je faisois semblant de ne m'en pas soucier.

LE VICOMTE.

Moi ! madame ; vous vous moquez, et je ne suis pas si poëte que vous pourriez bien croire *, pour... Mais voici votre madame la comtesse d'Escarbagnas. Je sors par l'autre porte pour ne la point trouver, et vais disposer tout mon monde au divertissement que je vous ai promis [2].

VARIANTE. * *Que vous pourriez croire.*

---

bler aux auteurs de profession, comme si ce danger les eût beaucoup menacés, ils affectèrent un style libre, négligé, exempt de cette pédanterie qu'on nomme correction : c'est ce qu'ils appeloient eux-mêmes le *style cavalier.*

(1) Le duc de Saint-Aignan, le duc de Nevers, le marquis de Dangeau, et quelques autres seigneurs de la cour, avoient la manie du bel esprit. S'ils ne se reconnurent pas dans ce que dit ici Cléante, on peut être sûr que leurs bons amis ne manquèrent pas de leur en faire l'application.

(2) Cette scène nous apprend qu'on va se moquer et que nous allons

SCÈNE II.

LA COMTESSE, JULIE, ANDRÉE; et CRIQUET,
dans le fond du théâtre.

LA COMTESSE.

Ah! mon dieu! madame, vous voilà toute seule? Quelle pitié est-ce là? Toute seule! Il me semble que mes gens m'avoient dit que le vicomte étoit ici.

JULIE.

Il est vrai qu'il y est venu; mais c'est assez pour lui de savoir que vous n'y étiez pas, pour l'obliger à sortir.

LA COMTESSE.

Comment! il vous a vue?

JULIE.

Oui.

LA COMTESSE.

Et il ne vous a rien dit?

JULIE.

Non, madame; et il a voulu témoigner par là qu'il est tout entier à vos charmes.

LA COMTESSE.

Vraiment, je le veux quereller de cette action. Quelque amour que l'on ait pour moi, j'aime que ceux qui m'aiment rendent ce qu'ils doivent au sexe; et je ne suis

---

rire d'une comtesse provinciale, sottement entêtée de sa qualité et des grands airs qu'elle croit avoir rapportés de Paris : c'est là toute l'exposition possible d'une pièce qui ne doit pas avoir un autre sujet.

point de l'humeur de ces femmes injustes, qui s'applaudissent des incivilités que leurs amans font aux autres belles.

JULIE.

Il ne faut point, madame, que vous soyez surprise de son procédé. L'amour que vous lui donnez éclate dans toutes ses actions, et l'empêche d'avoir des yeux que pour vous (1).

LA COMTESSE.

Je crois être en état de pouvoir faire naître une passion assez forte, et je me trouve pour cela assez de beauté, de jeunesse et de qualité, dieu merci; mais cela n'empêche pas qu'avec ce que j'inspire, on ne puisse garder de l'honnêteté et de la complaisance pour les autres (2). (*apercevant Criquet.*) Que faites-vous donc là, laquais? Est-ce qu'il n'y a pas une antichambre où se tenir, pour venir quand on vous appelle? Cela est étrange, qu'on ne puisse avoir en province un laquais qui sache son monde! A qui est-ce donc que je parle? Voulez-vous vous en aller * là-dehors, petit fripon?

VARIANTE. * *Voulez-vous donc vous en aller.*

---

(1) *L'empêche d'avoir des yeux que pour vous*, c'est-à-dire, pour d'autres que pour vous. On faisoit souvent usage alors de cette sorte d'ellipse.

(2) Cette folle, qui croit que tout le monde l'aime, doit croire aussi qu'on ne peut en aimer d'autres qu'elle. Sa confiance en ses charmes et son orgueilleuse générosité envers les autres femmes, donnent un merveilleux relief au ridicule de sa personne.

SCÈNE III.

LA COMTESSE, JULIE, ANDRÉE.

LA COMTESSE, *à Andrée.*

Filles*, approchez.

ANDRÉE.

Que vous plaît-il, madame?

LA COMTESSE.

Otez-moi mes coiffes. Doucement donc, maladroite: comme vous me saboulez la tête avec vos mains pesantes!

ANDRÉE.

Je fais, madame, le plus doucement que je puis.

LA COMTESSE.

Oui; mais le plus doucement que vous pouvez est fort rudement pour ma tête, et vous me l'avez déboîtée. Tenez encore ce manchon; ne laissez point traîner tout cela, et portez-le dans ma garderobe. Eh bien! où va-t-elle? où va-t-elle? Que veut-elle faire, cet oison bridé [1].

ANDRÉ.

Je veux, madame, comme vous m'avez dit, porter cela aux garderobes.

LA COMTESSE.

Ah! mon dieu, l'impertinente! (*à Julie.*) Je vous de-

VARIANTE. * *Fille, approchez.*

---

[1] Pour l'explication de cette expression proverbiale, voir le t. VIII, p. 447, note 2.

mande pardon, madame. (*à Andrée.*) Je vous ai dit ma garderobe, grosse bête, c'est-à-dire, où sont mes habits.

ANDRÉE.

Est-ce, madame, qu'à la cour une armoire s'appelle une garderobe?

LA COMTESSE.

Oui, butorde; on appelle ainsi le lieu où l'on met les habits.

ANDRÉE.

Je m'en ressouviendrai, madame, aussi-bien que de votre grenier, qu'il faut appeler gardemeuble [1].

---

(1) C'est assez peu de chose que le ridicule d'une femme de province, qui singe grossièrement les belles manières de la capitale; mais Molière en a exprimé les traits les plus comiques, et en a tiré tout le parti possible. Nous voyons madame d'Escarbagnas gourmander sans cesse ses gens et les accabler d'injures : c'est que rien n'est plus rude que le service de ceux qui ne sont pas accoutumés à être servis. Comme s'ils craignoient qu'on n'oubliât qu'ils ont des domestiques, ils grondent à tout propos leurs valets en présence des étrangers, que ces scènes fatiguent. Madame d'Escarbagnas sait très-bien les termes dont on se sert dans le beau monde pour désigner certaines choses; mais malheureusement Andrée, qui est restée sans doute à Angoulême, nomme ces mêmes choses comme avant le voyage de Paris; et la simplicité rustique de ses expressions met d'autant plus sa maîtresse en fureur, qu'elle donne à croire que la maison de madame d'Escarbagnas n'a pas toujours été sur un pied si relevé.

La province n'est pas toujours le seul théâtre de ces gauches imitations de la cour et du bel air. A la suite des bouleversemens politiques et des viremens de fortune qu'ils produisent, on a vu, dans les capitales mêmes, des enrichis, cherchant à prendre des manières conformes à leur nouvel état, parodier grotesquement les airs des gens de qualité, et étaler une partie des ridicules dont se moque ici Molière. Le théâtre moderne a joué aussi cette nouvelle espèce d'originaux assez semblable à la première : *Madame Angot* étoit *la Comtesse d'Escarbagnas* de la révolution.

SCÈNE IV.

LA COMTESSE, JULIE.

LA COMTESSE.

Quelle peine il faut prendre pour instruire ces animaux-là !

JULIE.

Je les trouve bien heureux, madame, d'être sous votre discipline.

LA COMTESSE.

C'est une fille de ma mère nourrice que j'ai mise à la chambre, et elle est toute neuve encore [1].

JULIE.

Cela est d'une belle ame, madame ; et il est glorieux de faire ainsi des créatures.

LA COMTESSE.

Allons, des siéges. Holà ! laquais, laquais, laquais ! En vérité, voilà qui est violent, de ne pouvoir pas avoir un laquais pour donner des siéges ! Filles, laquais, laquais, filles, quelqu'un ! Je pense que tous mes gens sont morts, et que nous serons contraintes de nous donner des siéges nous-mêmes.

---

[1] Ceci ne manque pas d'adresse. Madame d'Escarbagnas veut prévenir le fâcheux effet des discours d'Andrée, en mettant sur le compte de l'ignorance les expressions bourgeoises dont elle se sert.

SCÈNE V.

LA COMTESSE, JULIE, ANDRÉE.

ANDRÉE.

Que voulez-vous, madame?

LA COMTESSE.

Il se faut bien égosiller avec vous autres!

ANDRÉE.

J'enfermois votre manchon et vos coiffes dans votre armoi... dis-je, dans votre garderobe.

LA COMTESSE.

Appelez-moi ce petit fripon de laquais.

ANDRÉE.

Holà! Criquet!

LA COMTESSE.

Laissez là votre Criquet, bouvière; et appelez, laquais.

ANDRÉE.

Laquais donc, et non pas Criquet, venez parler à madame. Je pense qu'il est sourd. Criq... Laquais, laquais!

SCÈNE VI.

LA COMTESSE, JULIE, ANDRÉE, CRIQUET.

CRIQUET.

Plaît-il?

LA COMTESSE.

Où étiez-vous donc, petit coquin?

SCÈNE VI.

CRIQUET.

Dans la rue, madame.

LA COMTESSE.

Et pourquoi dans la rue?

CRIQUET.

Vous m'avez dit d'aller là-dehors.

LA COMTESSE.

Vous êtes un petit impertinent, mon ami; et vous devez savoir que là-dehors, en termes de personnes de qualité, veut dire l'antichambre. Andrée, ayez soin tantôt de faire donner le fouet à ce petit fripon-là, par mon écuyer; c'est un petit incorrigible [1].

ANDRÉE.

Qu'est-ce que c'est, madame, que votre écuyer? Est-ce maître Charles que vous appelez comme cela?

LA COMTESSE.

Taisez-vous, sotte que vous êtes : vous ne sauriez ouvrir la bouche, que vous ne disiez une impertinence. (*à Criquet.*) Des siéges. (*à Andrée.*) Et vous, allumez deux bougies dans mes flambeaux d'argent [2] : il se fait déja tard.

---

[1] Autrefois, dans les grandes maisons, les écuyers étoient comme les gouverneurs des pages et des *petits laquais*, auxquels ils infligeoient des punitions corporelles. M. de Pourceaugnac, déguisé en dame de qualité, menace aussi son petit laquais de lui faire donner le fouet par son écuyer.

[2] Cette affectation d'exprimer la qualité des choses qu'on possède ou dont on se sert, appartient à la vanité bourgeoise : chez les grands, le bon goût veut tout le contraire. Madame d'Escarbagnas ordonne qu'on *allume des bougies;* on dit chez le roi, *allumez les chandelles,* et, dans toutes les bonnes maisons, on dit simplement, *allumez.* Les *flambeaux d'argent* font souvenir de cet ouvrier ou marchand enrichi, qui, fier de son luxe récent, disoit à un pauvre diable : *Coquin, je vais te donner cent coups de ma canne à pomme d'or.*

Qu'est-ce que c'est donc, que vous me regardez tout effarée?

ANDRÉE.

Madame.....

LA COMTESSE.

Eh bien! madame. Qu'y a-t-il?

ANDRÉE.

C'est que.....

LA COMTESSE.

Quoi?

ANDRÉE.

C'est que je n'ai point de bougie.

LA COMTESSE.

Comment? Vous n'en avez point?

ANDRÉE.

Non, madame, si ce n'est des bougies de suif.

LA COMTESSE.

La bouvière! Et où est donc la cire que je fis acheter ces jours passés?

ANDRÉE.

Je n'en ai point vu depuis que je suis céans.

LA COMTESSE.

Otez-vous de là, insolente. Je vous renverrai chez vos parens. Apportez-moi un verre d'eau.

SCÈNE VII.

LA COMTESSE ET JULIE, *faisant des cérémonies pour s'asseoir.*

LA COMTESSE.

Madame!

JULIE.

Madame!

LA COMTESSE.

Ah! madame!

JULIE.

Ah! madame!

LA COMTESSE.

Mon dieu! madame!

JULIE.

Mon dieu! madame!

LA COMTESSE.

Oh! madame!

JULIE.

Oh! madame!

LA COMTESSE.

Hé! madame!

JULIE.

Hé! madame!

LA COMTESSE.

Hé! allons donc, madame!

JULIE.

Hé! allons donc, madame!

LA COMTESSE.

Je suis chez moi, madame. Nous sommes demeurées d'accord de cela. Me prenez-vous pour une provinciale, madame?

JULIE.

Dieu m'en garde, madame[1]!

SCÈNE VIII.

LA COMTESSE, JULIE; ANDRÉE, *apportant un verre d'eau;* CRIQUET.

LA COMTESSE, *à Andrée.*

Allez, impertinente : je bois avec une soucoupe. Je vous dis que vous m'alliez querir une soucoupe pour boire.

ANDRÉE.

Criquet, qu'est-ce que c'est qu'une soucoupe?

CRIQUET.

Une soucoupe?

ANDRÉE.

Oui.

CRIQUET.

Je ne sais.

LA COMTESSE, *à Andrée.*

Vous ne vous grouillez pas *[2]?

VARIANTE. * *Vous ne grouillez pas.*

---

(1) Julie est une railleuse spirituelle, en tout semblable à Élise de *la Critique de l'École des Femmes*. Celle-ci a pareillement, et dans la même intention, un débat de civilité avec la précieuse Climène. Elles se disent vingt fois, *ah! madame, oh! madame*, comme ici Julie et la comtesse.

(2) On auroit tort de croire que *grouiller* est un terme grossier mis

SCÈNE X.

ANDRÉE.

Nous ne savons tous deux, madame, ce que c'est qu'une soucoupe.

LA COMTESSE.

Apprenez que c'est une assiette, sur laquelle on met le verre.

SCÈNE IX.

LA COMTESSE, JULIE.

LA COMTESSE.

Vive Paris pour être bien servie! On vous entend là au moindre coup-d'œil.

SCÈNE X.

LA COMTESSE, JULIE; ANDRÉE, *apportant un verre d'eau avec une assiette dessus;* CRIQUET.

LA COMTESSE.

Hé bien! vous ai-je dit comme cela, tête de bœuf? C'est dessous qu'il faut mettre l'assiette.

ANDRÉE.

Cela est bien aisé.

(*Andrée casse le verre, en le posant sur l'assiette.*)

---

exprès par Molière dans la bouche de madame d'Escarbagnas. Célimène, du *Misanthrope*, dit,

Qu'elle grouille aussi peu qu'une pièce de bois ;

vers que les comédiens n'ont pas très-heureusement changé. Voir le t. V, p. 164, note 1.

LA COMTESSE.

Hé bien! ne voilà pas l'étourdie? En vérité, vous me paierez mon verre [1].

ANDRÉE.

Hé bien! oui, madame, je le paierai.

LA COMTESSE.

Mais voyez cette maladroite, cette bouvière, cette butorde, cette...

ANDRÉE, *s'en allant.*

Dame! madame, si je le paie, je ne veux point être querellée [2].

LA COMTESSE.

Otez-vous de devant mes yeux.

SCÈNE XI.

LA COMTESSE, JULIE.

LA COMTESSE.

En vérité, madame, c'est une chose étrange que les petites villes! On n'y sait point du tout son monde; et je viens de faire deux ou trois visites, où ils ont pensé

---

[1] Ce mélange de grands airs et de mesquinerie bourgeoise est un des côtés les plus comiques du caractère de madame d'Escarbagnas. Le luxe de bon goût ne daigne pas remarquer la maladresse d'un valet, dût-elle avoir causé quelque grand dommage.

[2] Andrée est de bon sens, et elle raisonne comme le droit romain, *non bis in idem.* Les injures qu'en pareil cas on dit à un domestique sont le dédommagement de la perte qu'il vous fait éprouver, et l'on n'a pas le droit d'en exiger un autre.

SCÈNE XI.

me désespérer par le peu de respect qu'ils rendent à ma qualité.

JULIE.

Où auroient-ils appris à vivre? Ils n'ont point fait de voyage à Paris.

LA COMTESSE.

Ils ne laisseroient pas de l'apprendre, s'ils vouloient écouter les personnes; mais le mal que j'y trouve, c'est qu'ils veulent en savoir autant que moi, qui ai été deux mois à Paris, et vu toute la cour.

JULIE.

Les sottes gens que voilà!

LA COMTESSE.

Ils sont insupportables, avec les impertinentes égalités dont ils traitent les gens [1]. Car enfin, il faut qu'il y ait de la subordination dans les choses; et ce qui me met hors de moi, c'est qu'un gentilhomme de ville de deux jours, ou de deux cents ans, aura l'effronterie de dire qu'il est aussi bien gentilhomme que feu monsieur mon mari, qui demeuroit à la campagne, qui avoit meute de chiens courans, et qui prenoit la qualité de comte dans tous les contrats qu'il passoit [2].

---

[1] De nos jours, madame d'Escarbagnas trouveroit les choses encore empirées, et le train de la capitale ne la consoleroit même pas du peu d'égards de la province. L'âge même et la pauvreté n'ont pas toujours mis à l'abri du ridicule; et nous avons vu pousser, on pourroit dire jusqu'à la cruauté, les leçons données à quelques prétentions de ce genre.

[2] La distinction entre le gentilhomme de campagne et le gentilhomme de ville étoit dans les mœurs du temps. Le premier se mettoit fort au-dessus de l'autre; et il avoit quelque raison. Il est certain qu'un gentilhomme, vivant dans son manoir seigneurial, offroit aux autres une meilleure garantie de noblesse, et devoit être plus considérable à ses propres yeux, qu'un gentilhomme, habitant la ville ou la cour, ne possédant aucun fief,

24 LA COMTESSE D'ESCARBAGNAS.

JULIE.

On sait bien mieux vivre à Paris, dans ces hôtels dont la mémoire doit être si chère. Cet hôtel de Mouhy, madame, cet hôtel de Lyon, cet hôtel de Hollande (1); les agréables demeures que voilà!

LA COMTESSE.

Il est vrai qu'il y a bien de la différence de ces lieux-là à tout ceci. On y voit venir du beau monde, qui ne marchande point à vous rendre tous les respects qu'on sauroit souhaiter. On ne s'en lève pas *(2), si l'on veut, de dessus son siége; et, lorsque l'on veut voir la revue, ou le grand ballet de Psyché (3), on est servie ** à point nommé.

JULIE.

Je pense, madame, que, durant votre séjour à Paris, vous avez bien fait des conquêtes de qualité.

LA COMTESSE.

Vous pouvez bien croire, madame, que tout ce qui s'appelle les galans de la cour, n'a pas manqué de venir à ma porte, et de m'en conter; et je garde dans ma cas-

VARIANTES. * *On ne se lève pas.* — ** *On est servi.*

---

et n'ayant qu'un titre acheté ou même usurpé, que, dans ce dernier cas, il n'osoit prendre dans aucun acte public, de peur d'y introduire une cause de nullité, ou de se faire rechercher comme faux noble. Si les hobereaux méprisoient les nobles citadins, ceux-ci le leur rendoient, en se moquant de leur orgueilleuse misère : c'étoit un échange de dédains, qui étoit quelquefois assez bien justifié de part et d'autre.

(1) Ces *hôtels*, dont la railleuse Julie fait sonner si haut les noms, n'étoient autres que des hôtels garnis, des auberges.

(2) *On ne s'en lève pas.* — *En*, dans cette phrase, signifie, pour cela.

(3) La tragi-comédie-ballet de *Psyché*, faite par Molière lui-même, en société avec Corneille et Quinault, et représentée la même année que *la Comtesse d'Escarbagnas*.

sette de leurs billets, qui peuvent faire voir quelles propositions j'ai refusées; il n'est pas nécessaire de vous dire leurs noms : on sait ce qu'on veut dire par les galans de la cour.

JULIE.

Je m'étonne, madame, que, de tous ces grands noms que je devine, vous ayez pu redescendre à un monsieur Tibaudier, le conseiller, et à un monsieur Harpin, le receveur des tailles. La chute est grande, je vous l'avoue; car, pour monsieur votre vicomte, quoique vicomte de province, c'est toujours un vicomte, et il peut faire un voyage à Paris, s'il n'en a point fait : mais un conseiller et un receveur sont des amans un peu bien minces, pour une grande comtesse comme vous.

LA COMTESSE.

Ce sont gens qu'on ménage dans les provinces pour le besoin qu'on en peut avoir; ils servent au moins à remplir les vides de la galanterie, à faire nombre de soupirans; et il est bon *, madame, de ne pas laisser un amant seul maître du terrain, de peur que, faute de rivaux, son amour ne s'endorme sur trop de confiance (1).

JULIE.

Je vous avoue, madame, qu'il y a merveilleusement à profiter de tout ce que vous dites; c'est une école que votre conversation, et j'y viens tous les jours attraper ** quelque chose (2).

VARIANTES. * De soupirans. Il est bon. — ** Apprendre.

---

(1) La brillante Célimène ne diroit pas mieux que la ridicule comtesse d'Escarbagnas. Chez les sottes même, la coquetterie a de l'esprit et de la finesse.

(2) Cette Élise, dont j'ai déjà fait remarquer la ressemblance avec Julie,

SCÈNE XII.

LA COMTESSE, JULIE, ANDRÉE, CRIQUET.

CRIQUET, *à la comtesse.*

Voilà Jeannot de monsieur le conseiller, qui vous demande, madame.

LA COMTESSE.

Hé bien! petit coquin, voilà encore de vos âneries*. Un laquais qui sauroit vivre auroit été parler tout bas à la demoiselle suivante, qui seroit venue dire doucement à l'oreille de sa maîtresse : Madame, voilà le laquais de monsieur un tel, qui demande à vous dire un mot; à quoi la maîtresse auroit répondu : Faites-le entrer.

SCÈNE XIII.

LA COMTESSE, JULIE, ANDRÉE, CRIQUET, JEANNOT.

CRIQUET.

Entrez, Jeannot.

LA COMTESSE.

Autre lourderie. (*à Jeannot.*) Qu'y a-t-il, laquais? Que portes-tu là?

JEANNOT.

C'est monsieur le conseiller, madame, qui vous sou-

VARIANTE. * *Encore une de vos âneries.*

---

dit de même, en se moquant, à la prude et précieuse Climène : « Je vous « étudie des yeux et des oreilles; et je suis si remplie de vous, que je « tâche d'être votre singe, et de vous contrefaire en tout. »

SCÈNE XIV.

haite le bonjour, et auparavant ⁽¹⁾ que de venir, vous envoie des poires de son jardin, avec ce petit mot d'écrit.

LA COMTESSE.

C'est du bon-chrétien, qui est fort beau. Andrée, faites porter cela à l'office.

SCÈNE XIV.

LA COMTESSE, JULIE, CRIQUET, JEANNOT.

LA COMTESSE, *donnant de l'argent à Jeannot.*
Tiens, mon enfant, voilà pour boire.

JEANNOT.

Oh! non, madame!

LA COMTESSE.

Tiens, te dis-je.

JEANNOT.

Mon maître m'a défendu, madame, de rien prendre de vous.

LA COMTESSE.

Cela ne fait rien.

JEANNOT.

Pardonnez-moi, madame.

CRIQUET.

Hé! prenez, Jeannot. Si vous n'en voulez pas, vous me le baillerez.

---

(1) *Auparavant* est adverbe, et ne peut s'employer pour *avant*. La règle existoit du temps de Molière ; et, bien qu'il fasse parler ici un paysan, on ne peut croire qu'il l'ait violée à dessein.

LA COMTESSE.

Dis à ton maître que je le remercie.

CRIQUET, à Jeannot, qui s'en va.

Donne-moi donc cela.

JEANNOT.

Oui? Quelque sot!

CRIQUET.

C'est moi qui te l'ai fait prendre.

JEANNOT.

Je l'aurois bien pris sans toi.(1)

LA COMTESSE.

Ce qui me plaît de ce monsieur Tibaudier, c'est qu'il sait vivre avec les personnes de ma qualité, et qu'il est fort respectueux.

SCENE XV.

LE VICOMTE, LA COMTESSE, JULIE, CRIQUET.

LE VICOMTE.

Madame, je viens vous avertir que la comédie sera bientôt prête, et que, dans un quart d'heure, nous pouvons passer dans la salle.

LA COMTESSE.

Je ne veux point de cohue, au moins. (à Criquet.) Que l'on dise à mon suisse qu'il ne laisse entrer personne.

---

(1) Dans *le Menteur*, Cliton, qui a conseillé de même à Sabine d'accepter l'argent qu'on lui offroit, ne demande, pour prix de son bon avis, que la moitié de la somme.

SCÈNE XV.

LE VICOMTE.

En ce cas, madame, je vous déclare que je renonce à la comédie; et je n'y saurois prendre de plaisir, lorsque la compagnie n'est pas nombreuse. Croyez-moi, si vous voulez vous bien divertir, qu'on dise à vos gens de laisser entrer toute la ville.

LA COMTESSE.

Laquais, un siége. (*au vicomte, après qu'il s'est assis.*) Vous voilà venu à propos pour recevoir un petit sacrifice que je veux bien vous faire. Tenez, c'est un billet de monsieur Tibaudier, qui m'envoie des poires. Je vous donne la liberté de le lire tout haut; je ne l'ai point encore vu.

LE VICOMTE, *après avoir lu tout bas le billet.*

Voici un billet du beau style, madame, et qui mérite d'être bien écouté. « Madame, je n'aurois pas pu vous « faire le présent que je vous envoie, si je ne recueillois « pas plus de fruit de mon jardin, que j'en recueille de « mon amour (1). »

LA COMTESSE.

Cela vous marque clairement qu'il ne se passe rien entre nous.

LE VICOMTE.

« Les poires ne sont pas encore bien mûres; mais elles

---

(1) Si l'on ne s'en rapportoit qu'à l'usage vicieux qui, depuis quelque temps, s'est introduit dans la langue, on pourroit croire que la négation manque dans le dernier membre de phrase, et qu'il faudroit, *que je n'en recueille de mon amour.* Ce seroit une erreur. La phrase de Molière est correcte. On dit : *Je recueille plus de fruit de mon jardin, que je n'en recueille de mon amour;* et, *Je ne recueille pas plus de fruit de mon jardin, que j'en recueille de mon amour.*

« en cadrent mieux avec la dureté de votre ame, qui, par
« ses continuels dédains, ne me promet pas poires molles.
« Trouvez bon, madame, que, sans m'engager dans une
« énumération de vos perfections et charmes, qui me jette-
« roit dans un progrès à l'infini, je conclue ce mot, en vous
« faisant considérer que je suis d'un aussi franc chrétien
« que les poires que je vous envoie, puisque je rends le bien
« pour le mal; c'est-à-dire, madame, pour m'expliquer
« plus intelligiblement, puisque je vous présente des poires
« de bon-chrétien pour des poires d'angoisse, que vos
« cruautés me font avaler tous les jours.

« TIBAUDIER, votre esclave indigne [1]. »

Voilà, madame, un billet à garder.

---

[1]. Un des éditeurs de Molière, feu M. Petitot, s'étonne qu'on n'ait point encore remarqué que la lettre de M. Tibaudier est une parodie de celle que Balzac écrivit à madame de Montausier, pour la remercier d'un envoi de parfums et de gants. Il m'a été impossible d'apercevoir entre ces deux lettres un rapport d'idées ou d'expressions, qui autorise à croire que l'une est la parodie de l'autre. Celle de Balzac, sans doute, est d'une affectation et d'une emphase que rend plus ridicules encore la petitesse du sujet; mais elle est du moins écrite noblement, et rien n'y rappelle les *poires molles*, les *poires d'angoisses*, etc. Ces gentillesses du bel esprit provincial seroient plutôt une critique de Voiture, dont le badinage, vanté par Boileau, est souvent d'un assez mauvais goût. Mais je crois que Molière a voulu tout simplement imiter le style moitié galant, moitié pédant d'un robin de petite ville; et il y a parfaitement réussi. Selon M. Petitot, Molière a lancé plus d'un trait à Balzac. Ces traits, je l'avoue, m'ont échappé; et je n'ai rien vu dans Molière qui concernât le *grand épistolier de France*, hors ce vers :

Et Malherbe et Balzac, si savans en beaux mots.

Je n'ai point l'habitude de critiquer ceux de mes devanciers qui me paroissent s'être trompés; mais, d'après la surprise que témoigne M. Petitot, on pourroit me reprocher de n'avoir pas fait usage de sa remarque, si je ne disois pourquoi je ne l'adopte pas.

LA COMTESSE.

Il y a peut-être quelque mot qui n'est pas de l'Académie; mais j'y remarque un certain respect qui me plaît beaucoup.

JULIE.

Vous avez raison, madame; et, monsieur le vicomte dût-il s'en offenser, j'aimerois un homme qui m'écriroit comme cela.

SCÈNE XVI.

MONSIEUR TIBAUDIER, LE VICOMTE, LA COMTESSE, JULIE, CRIQUET.

LA COMTESSE.

Approchez, monsieur Tibaudier; ne craignez point d'entrer. Votre billet a été bien reçu, aussi-bien que vos poires; et voilà madame qui parle pour vous contre votre rival.

MONSIEUR TIBAUDIER.

Je lui suis bien obligé, madame; et, si elle a jamais quelque procès en notre siége, elle verra que je n'oublierai pas l'honneur qu'elle me fait, de se rendre auprès de vos beautés l'avocat de ma flamme (1).

JULIE.

Vous n'avez pas besoin d'avocat, monsieur, et votre cause est juste.

---

(1) M. Tibaudier qui, pour prix des bons offices que Julie lui a rendus auprès de la comtesse, s'engage à lui faire gagner sa cause, si elle a jamais quelque procès en son siége, fait souvenir de Dandin, des *Plaideurs*, disant à Isabelle:

Dis-nous : à qui veux-tu faire perdre la cause?

MONSIEUR TIBAUDIER.

Ce néanmoins, madame, bon droit a besoin d'aide: et j'ai sujet d'appréhender de me voir supplanté par un tel rival, et que madame ne soit circonvenue par la qualité de vicomte.

LE VICOMTE.

J'espérois quelque chose, monsieur Tibaudier, avant votre billet; mais il me fait craindre pour mon amour.

MONSIEUR TIBAUDIER.

Voici encore, madame, deux petits versets ou couplets que j'ai composés à votre honneur et gloire.

LE VICOMTE.

Ah! je ne pensois pas que monsieur Tibaudier fût poëte; et voilà pour m'achever, que ces deux petits versets là!

LA COMTESSE.

Il veut dire deux strophes [1]. (*à Criquet.*) Laquais, donnez un siége à monsieur Tibaudier. (*bas, à Criquet, qui apporte une chaise.*) Un pliant, petit animal [2]. Monsieur Tibaudier, mettez-vous là, et nous lisez vos strophes.

MONSIEUR TIBAUDIER.

    Une personne de qualité
    Ravit mon ame:

---

(1) La chère comtesse corrige la bévue de M. Tibaudier par une autre. On ne sait trop quel nom donner aux deux madrigaux de monsieur le conseiller; mais, à coup sûr, ce ne sont ni des *versets*, ni des *strophes*.

(2) La différence des siéges, tels que fauteuils, chaises sans bras, pliants, tabourets, étoit autrefois et est encore à la cour une manière de marquer graduellement le rang des personnes. Le comte de Tufière dit à son valet de donner un siége à son futur beau-père, qui n'est qu'un financier:

    Faites asseoir monsieur... Non, offrez le fauteuil.
    Il ne le prendra pas; mais...

SCÈNE XVI.

Elle a de la beauté,
J'ai de la flamme;
Mais je la blâme
D'avoir de la fierté (1).

LE VICOMTE.

Je suis perdu après cela.

LA COMTESSE.

Le premier vers est beau. Une personne de qualité (2).

JULIE.

Je crois qu'il est un peu trop long; mais on peut prendre une licence pour dire une belle pensée.

LA COMTESSE, *à monsieur Tibaudier.*

Voyons l'autre strophe.

MONSIEUR TIBAUDIER.

Je ne sais pas si vous doutez de mon parfait amour,
Mais je sais bien que mon cœur, à toute heure,
Veut quitter sa chagrine demeure,
Pour aller, par respect, faire au vôtre sa cour.
Après cela pourtant, sûre de ma tendresse,

---

(1) Les vers de M. Tibaudier sont de la même école que ceux de Turcaret :

    Recevez ce billet, charmante Philis,
    Et soyez assurée que mon ame,
    Conservera toujours une éternelle flamme,
    Comme il est certain que trois et trois font six.

Lesage a certainement pensé à M. Tibaudier, et surtout à M. Harpin, comme je le ferai remarquer tout à l'heure.

(2) Excellent mot de caractère. Le théâtre emprunte au monde : on diroit que le monde, à son tour, emprunte au théâtre. Feu le maréchal de Broglie, qui devoit toute son élévation à ses succès militaires, parloit un jour du talent de Voltaire avec un assez grand mépris. *Il faut pourtant convenir*, ajoutoit-il, *qu'il a fait un beau vers.* — *Lequel ?* — *Celui-ci*

    Le premier qui fut roi fut un soldat heureux.

Et de ma foi, dont unique est l'espèce,
Vous devriez à votre tour,
Vous contentant d'être comtesse
Vous dépouiller en ma faveur d'une peau de tigresse,
Qui couvre vos appas la nuit comme le jour.

LE VICOMTE.

Me voilà supplanté, moi, par monsieur Tibaudier.

LA COMTESSE.

Ne pensez pas vous moquer; pour des vers faits dans la province, ces vers-là sont fort beaux (1).

LE VICOMTE.

Comment! madame, me moquer? Quoique son rival, je trouve ces vers * admirables, et ne les appelle pas seulement deux strophes, comme vous, mais deux épigrammes (2), aussi bonnes que toutes celles de Martial.

LA COMTESSE.

Quoi! Martial fait-il des vers? Je pensois qu'il ne fît que des gants (3).

VARIANTE. * Je trouve ses vers.

---

(1) C'est précisément le vers de Gresset dans *le Méchant* :

Elle a d'assez beaux yeux pour des yeux de province.

(2) On peut tout hasarder avec une comtesse d'Escarbagnas; sans cela, le vicomte oseroit-il dire que deux *strophes* où l'on vante la qualité et la beauté de cette folle, sont des *épigrammes ?* C'est bien lui qui en fait une des mieux conditionnées.

(3) Ce Martial, que madame d'Escarbagnas prend pour l'épigrammatiste latin, étoit un valet de chambre de Monsieur, qui tenoit à Paris une boutique de parfumerie et de ganterie fort achalandée. Chapelle a dit dans son Voyage : « Quand on est dans la grande rue des Parfumeurs, à Mont-« pellier, on croit être dans la boutique de Martial. »

Je pensois qu'il ne fît que des gants. — On diroit aujourd'hui, *qu'il ne*

SCÈNE XVII.

MONSIEUR TIBAUDIER.

Ce n'est pas ce Martial-là, madame; c'est un auteur qui vivoit il y a trente ou quarante ans [1].

LE VICOMTE.

Monsieur Tibaudier a lu les auteurs, comme vous le voyez. Mais allons voir, madame, si ma musique et ma comédie, avec mes entrées de ballet, pourront combattre dans votre esprit les progrès des deux strophes et du billet que nous venons de voir.

LA COMTESSE.

Il faut que mon fils le comte soit de la partie; car il est arrivé ce matin de mon château, avec son précepteur, que je vois là-dedans.

SCÈNE XVII.

LA COMTESSE, JULIE, LE VICOMTE, MONSIEUR TIBAUDIER, MONSIEUR BOBINET, CRIQUET.

LA COMTESSE.

Holà! monsieur Bobinet! Monsieur Bobinet, approchez-vous du monde.

---

faisoit; mais alors on mettoit souvent le subjonctif après les verbes *penser* et *croire*, employés affirmativement, témoin ce vers de Racine dans *Andromaque:*

Vous croyez qu'un amant vienne vous insulter.

(1) Voilà M. Tibaudier qui le rend à madame d'Escarbagnas, c'est-à-dire, qui corrige son ânerie, en en faisant une tout aussi forte et beaucoup moins excusable.

MONSIEUR BOBINET.

Je donne le bon-vêpres* (1) à toute l'honorable compagnie. Que desire madame la comtesse d'Escarbagnas de son très-humble serviteur Bobinet?

LA COMTESSE.

A quelle heure, monsieur Bobinet, êtes-vous parti d'Escarbagnas, avec mon fils le comte?

MONSIEUR BOBINET.

A huit heures trois quarts, madame, comme votre commandement me l'avoit ordonné (2).

LA COMTESSE.

Comment se portent mes deux autres fils, le marquis et le commandeur?

MONSIEUR BOBINET.

Ils sont, Dieu grace, madame, en parfaite santé.

LA COMTESSE.

Où est le comte?

MONSIEUR BOBINET.

Dans votre belle chambre à alcove, madame (3).

VARIANTE. * Le bon vêpre.

---

(1) *Vêpres*, du mot latin *vespera*, signifie *soir*. Le *bon vêpres*, c'est le bonsoir. On parloit ainsi autrefois. Ces expressions surannées renforcent comiquement la couleur pédantesque du rôle de M. Bobinet.

(2) *Comme votre commandement me l'avoit ordonné.* — Monsieur le pédagogue, je crois qu'il y a ici pléonasme, ou même, si vous voulez, battologie.

(3) Madame d'Escarbagnas, qui aime qu'on soit respectueux envers les personnes de sa qualité, doit être fort satisfaite de M. Bobinet: on ne peut pousser plus loin le ton soumis, patelin et complimenteur. Le rôle de Bobinet est le portrait légèrement esquissé de ces pauvres précepteurs d'enfans de bonne maison, qui le plus souvent ne peuvent conserver leur triste condition qu'à force de complaisances et de bassesses.

SCÈNE XVIII.

LA COMTESSE.

Que fait-il, monsieur Bobinet?

MONSIEUR BOBINET.

Il compose un thême, madame, que je viens de lui dicter sur une épître de Cicéron (1).

LA COMTESSE.

Faites-le venir, monsieur Bobinet.

MONSIEUR BOBINET.

Soit fait, madame, ainsi que vous le commandez.

SCÈNE XVIII.

LA COMTESSE, JULIE, LE VICOMTE, MONSIEUR TIBAUDIER.

LE VICOMTE, *à la comtesse.*

Ce monsieur Bobinet, madame, a la mine fort sage; et je crois qu'il a de l'esprit.

---

(1) Si le mot *thême* signifioit alors, comme il a signifié depuis, une traduction du françois en latin, on peut conclure de ce passage qu'autrefois on exerçoit les enfans à traduire du françois traduit d'un auteur latin, dont on pouvoit ensuite leur montrer le texte comme un modèle de latinité pure. On a peut-être eu tort de renoncer à cet usage. Bobinet est un pédant qui pouvoit très-bien enseigner le latin.

SCÈNE XIX.

LA COMTESSE, JULIE, LE VICOMTE, LE COMTE, MONSIEUR BOBINET, MONSIEUR TIBAUDIER.

MONSIEUR BOBINET.

Allons, monsieur le comte, faites voir que vous profitez des bons documens qu'on vous donne. La révérence à toute l'honnête assemblée.

LA COMTESSE, *montrant Julie.*

Comte, saluez madame; faites la révérence à monsieur le vicomte; saluez monsieur le conseiller.

MONSIEUR TIBAUDIER.

Je suis ravi, madame, que vous me concédiez la grace d'embrasser monsieur le comte votre fils. On ne peut pas aimer le tronc, qu'on n'aime aussi les branches.

LA COMTESSE.

Mon dieu! monsieur Tibaudier, de quelle comparaison vous servez-vous là?

JULIE.

En vérité, madame, monsieur le comte a tout-à-fait bon air.

LE VICOMTE.

Voilà un jeune gentilhomme qui vient bien dans le monde.

JULIE.

Qui diroit que madame eût un si grand enfant!

SCÈNE XIX.

LA COMTESSE.

Hélas! quand je le fis, j'étois si jeune, que je me jouois encore avec une poupée (1)!

JULIE.

C'est monsieur votre frère, et non pas monsieur votre fils.

LA COMTESSE.

Monsieur Bobinet, ayez bien soin au moins de son éducation.

MONSIEUR BOBINET.

Madame, je n'oublierai aucune chose pour cultiver cette jeune plante, dont vos bontés m'ont fait l'honneur de me confier la conduite; et je tâcherai de lui inculquer les semences de la vertu.

LA COMTESSE.

Monsieur Bobinet, faites-lui un peu dire quelque petite galanterie de ce que vous lui apprenez.

MONSIEUR BOBINET.

Allons, monsieur le comte, récitez votre leçon d'hier au matin.

LE COMTE.

Omne viro soli quod convenit esto virile,
Omne viri... (2)

---

(1) Il ne lui manque pas une prétention, c'est-à-dire pas un ridicule, à cette chère comtesse.

(2) Le vers que madame d'Escarbagnas ne donne pas à son fils le temps d'achever, est celui-ci :

Omne viri specie pictum vir dicitur esse.

Les deux vers sont, comme va le dire M. Bobinet, le commencement de la première règle des *Commentarii grammatici* de Despautère ; et ils signi=

LA COMTESSE.

Fi! monsieur Bobinet, quelles sottises est-ce que vous lui apprenez là?

MONSIEUR BOBINET.

C'est du latin, madame, et la première règle de Jean Despautère.

LA COMTESSE.

Mon dieu! ce Jean Despautère-là est un insolent, et je vous prie de lui enseigner du latin plus honnête que celui-là.

MONSIEUR BOBINET.

Si vous voulez, madame, qu'il achève, la glose expliquera ce que cela veut dire.

LA COMTESSE.

Non, non : cela s'explique assez [1].

---

fient: « Tous les noms d'hommes sont du genre masculin, ainsi que ceux de tous les êtres à qui l'on donne la figure d'un homme. » Despautère étoit le rudiment qu'on mettoit alors entre les mains de tous les enfans. Molière en a déja mis à contribution quelques mots dans *le Médecin malgré lui*.

(1) Disons, avec la comtesse, *cela s'explique assez*, cela s'explique même trop; et ne nous engageons pas dans une *glose* qui ne feroit qu'étendre l'indécence du texte. Des éditeurs y ont ajouté par le retranchement d'une syllabe. Molière étoit déja bien assez blâmable, sans qu'il fût besoin d'enchérir sur lui. Je n'en pouvois dire moins en ma qualité de commentateur; et je tremble d'en avoir dit encore trop.

On prétend que l'idée de cette petite scène a été fournie à Molière par une aventure à peu près semblable, arrivée chez madame de Villarceaux. Cette dame, dont le mari étoit un des amans les plus signalés de Ninon, dit un jour au précepteur de son fils de l'interroger devant elle. *Quem successorem habuit Belus, rex Assyriorum?* demanda le précepteur. *Ninum*, répondit l'enfant. Comme, dans ce temps, on prononçoit *on* la syllabe latine *um*, témoin les mots *factotum*, *factum*, *rogatum*, *pensum*, etc., le nom du successeur de Bélus sonna aux oreilles de madame de Villarceaux comme celui de la maîtresse de son mari; et elle gronda fort le précepteur de ce qu'il entretenoit son élève des folies de son père.

SCÈNE XX.

LA COMTESSE, JULIE, LE VICOMTE,
MONSIEUR TIBAUDIER, LE COMTE,
MONSIEUR BOBINET, CRIQUET.

CRIQUET.

Les comédiens envoient dire qu'ils sont tout prêts.

LA COMTESSE.

Allons nous placer. (*montrant Julie.*) Monsieur Tibaudier, prenez madame.

(*Criquet range tous les siéges sur un des côtés du théâtre; la comtesse, Julie et le vicomte s'asseyent; monsieur Tibaudier s'assied au pied de la comtesse.*)

LE VICOMTE.

Il est nécessaire de dire que cette comédie n'a été faite que pour lier ensemble les différens morceaux de musique et de danse dont on a voulu composer ce divertissement, et que... [1]

LA COMTESSE.

Mon dieu! voyons l'affaire. On a assez d'esprit pour comprendre les choses.

LE VICOMTE.

Qu'on commence le plus tôt qu'on pourra, et qu'on

---

[1] C'est moins ici le vicomte qui parle, que Molière lui-même qui explique, en passant, ce que c'est que sa propre comédie, à quel dessein elle a été composée. Voir la Notice.

empêche, s'il se peut, qu'aucun fâcheux ne vienne troubler notre divertissement [1].

(*Les violons commencent une ouverture.*)

SCÈNE XXI.

LA COMTESSE, JULIE, LE VICOMTE, LE COMTE, MONSIEUR HARPIN, MONSIEUR TIBAUDIER, MONSIEUR BOBINET, CRIQUET.

MONSIEUR HARPIN.

Parbleu! la chose est belle, et je me réjouis de voir ce que je vois!

LA COMTESSE.

Holà! monsieur le receveur : que voulez-vous donc dire avec l'action que vous faites? Vient-on interrompre, comme cela, une comédie?

MONSIEUR HARPIN.

Morbleu! madame, je suis ravi de cette aventure; et ceci me fait voir ce que je dois croire de vous, et l'assurance qu'il y a au don de votre cœur, et aux sermens que vous m'avez faits de sa fidélité.

LA COMTESSE.

Mais, vraiment, on ne vient point ainsi se jeter au travers d'une comédie, et troubler un acteur qui parle [2].

---

[1] Cette espèce de consigne semble être mise là tout exprès pour rendre plus frappante la contrariété que va faire éprouver à madame d'Escarbagnas l'arrivée inattendue de M. Harpin.

[2] Dans la pièce telle qu'elle nous a été laissée, aucun acteur de la comédie annoncée par le vicomte n'a encore commencé à parler. Mais,

SCÈNE XXI.

MONSIEUR HARPIN.

Hé! têtebleu! la véritable comédie qui se fait ici, c'est celle que vous jouez; et, si je vous trouble, c'est de quoi je me soucie peu.

LA COMTESSE.

En vérité, vous ne savez ce que vous dites.

MONSIEUR HARPIN.

Si fait, morbleu! je le sais bien; je le sais bien, morbleu! et...

(*Monsieur Bobinet, épouvanté, emporte le comte, et s'enfuit; il est suivi par Criquet.*)

LA COMTESSE.

Hé! fi, monsieur! que cela est vilain, de jurer de la sorte [1]!

MONSIEUR HARPIN.

Hé! ventrebleu! s'il y a ici quelque chose de vilain, ce ne sont point mes juremens; ce sont vos actions; et il vaudroit bien mieux que vous jurassiez, vous, la tête, la mort et la sang [2]; que de faire ce que vous faites avec monsieur le vicomte.

---

dans la représentation de Saint-Germain, M. Harpin interrompoit véritablement le divertissement donné à madame d'Escarbagnas. Ces mots, *troubler un acteur qui parle*, n'ont point ici d'application; et c'est peut-être par inadvertance qu'on les a laissés subsister.

(1) Il est vrai que M. Harpin n'épargne pas les juremens ou plutôt les jurons: il ne manque à la kyrielle que *palsambleu*, *corbleu* et *sacrebleu*. Nos ancêtres étoient grands jureurs; ils juroient par la mort, par la tête, par le ventre, par le sang, par le corps de Dieu. On a cru, depuis, éviter le blasphême et le sacrilége, en remplaçant le nom de *Dieu* par la syllabe insignifiante *bleu*; de là les mots de *morbleu*, *têtebleu*, *ventrebleu*, *corbleu*, etc.

(2) *La sang.* C'est ainsi qu'on doit écrire, et l'on en voit la preuve dans

LE VICOMTE.

Je ne sais pas, monsieur le receveur, de quoi vous vous plaignez; et si...

MONSIEUR HARPIN, *au vicomte.*

Pour vous, monsieur, je n'ai rien à vous dire : vous faites bien de pousser votre pointe, cela est naturel, je ne le trouve point étrange, et je vous demande pardon, si j'interromps votre comédie; mais vous ne devez point trouver étrange aussi que je me plaigne de son procédé; et nous avons raison tous deux de faire ce que nous faisons (1).

LE VICOMTE.

Je n'ai rien à dire à cela; et ne sais point* les sujets de plainte que vous pouvez avoir contre madame la comtesse d'Escarbagnas (2).

LA COMTESSE.

Quand on a des chagrins jaloux, on n'en use point de

VARIANTE. * *Et je ne sais point.*

---

le juron vulgaire, *par la sambleu.* Dans *les Fourberies de Scapin* (t. VIII, p. 406), on lit de même, *la ventre.* Il sembleroit que ce dût être *le sang, le ventre;* mais il y a ellipse : on disoit anciennement, *par la vertu du sang de Dieu, du ventre de Dieu:* on a retranché dans le discours, *la vertu de,* et il est resté, *par la sang, par la ventre,* etc.

(1). Ces mots du vicomte, *et si...,* dits d'un certain ton et avec un certain maintien, ont promptement averti M. Harpin qu'il s'étoit un peu trop avancé, en faisant entrer le nom d'un gentilhomme, d'un homme d'épée dans les reproches qu'il adressoit à son infidèle comtesse. Aussi fait-il prudemment retraite, en déclarant au vicomte qu'il n'a rien à lui dire. M. Tibaudier, dont il a moins à se plaindre, mais dont il craint moins, n'aura pas tout à l'heure si bon marché de lui.

(2) Le vicomte se garde bien de prendre parti pour madame d'Escarbagnas: il y auroit trop de plaisir à perdre pour lui, s'il ne la laissoit dans l'embarras, et aux prises avec ce brutal de M. Harpin.

la sorte; et l'on vient doucement se plaindre à la personne que l'on aime.

MONSIEUR HARPIN.

Moi, me plaindre doucement!

LA COMTESSE.

Oui. L'on ne vient point crier de dessus un théâtre ce qui se doit dire en particulier.

MONSIEUR HARPIN.

J'y viens, moi, morbleu! tout exprès; c'est le lieu qu'il me faut; et je souhaiterois que ce fût un théâtre public, pour vous dire avec plus d'éclat toutes vos vérités.

LA COMTESSE.

Faut-il faire un si grand vacarme pour une comédie que monsieur le vicomte me donne? Vous voyez que monsieur Tibaudier, qui m'aime, en use plus respectueusement que vous.

MONSIEUR HARPIN.

Monsieur Tibaudier en use comme il lui plaît : je ne sais pas de quelle façon monsieur Tibaudier a été avec vous; mais monsieur Tibaudier n'est pas un exemple pour moi [1], et je ne suis point d'humeur à payer les violons pour faire danser les autres.

LA COMTESSE.

Mais, vraiment, monsieur le receveur, vous ne songez pas à ce que vous dites. On ne traite point de la sorte les femmes de qualité; et ceux qui vous entendent croiroient qu'il y a quelque chose d'étrange entre vous et moi.

---

[1] Il y a bien du mépris dans cette triple répétition du nom de Tibaudier; et l'on voit que monsieur le receveur compte beaucoup sur la douceur pacifique de monsieur le conseiller.

MONSIEUR HARPIN.

Hé! ventrebleu! madame, quittons la faribole.

LA COMTESSE.

Que voulez-vous donc dire avec votre Quittons la faribole?

MONSIEUR HARPIN.

Je veux dire que je ne trouve point étrange que vous vous rendiez au mérite de monsieur le vicomte; vous n'êtes pas la première femme qui joue dans le monde de ces sortes de caractères, et qui ait auprès d'elle un monsieur le receveur, dont on lui voit trahir et la passion et la bourse ⁽¹⁾ pour le premier venu qui lui donnera dans la vue. Mais ne trouvez point étrange aussi que je ne sois point la dupe d'une infidélité si ordinaire aux coquettes du temps, et que je vienne vous assurer, devant bonne compagnie, que je romps commerce avec vous, et que monsieur le receveur ne sera plus pour vous monsieur le donneur ⁽²⁾.

LA COMTESSE.

Cela est merveilleux, comme les amans emportés deviennent à la mode! On ne voit autre chose de tous côtés. Là, là, monsieur le receveur, quittez votre colère, et venez prendre place pour voir la comédie.

---

(1) *Trahir la passion* est une expression tout ordinaire; mais cette autre expression qu'elle amène et prépare, *trahir la bourse*, est d'une énergie et d'une concision bien remarquables. Combien de mots ne faudroit-il pas pour la remplacer!

(2) M. Tibaudier, plus respectueux, n'osoit offrir que des poires de son jardin; mais M. Harpin, allant plus droit au fait, faisoit, à ce qu'il semble, accepter de l'argent à madame la comtesse, qui ne croyoit pas déroger en le recevant.

SCÈNE XXI.

MONSIEUR HARPIN.

Moi, morbleu! prendre place! (*montrant monsieur Tibaudier.*) Cherchez vos benêts à vos pieds. Je vous laisse, madame la comtesse, à monsieur le vicomte; et ce sera à lui que j'enverrai tantôt vos lettres. Voilà ma scène faite, voilà mon rôle joué. Serviteur à la compagnie.

MONSIEUR TIBAUDIER.

Monsieur le receveur, nous nous verrons autre part qu'ici; et je vous ferai voir que je suis au poil et à la plume [1].

MONSIEUR HARPIN, *en sortant.*

Tu as raison, monsieur Tibaudier [2].

LA COMTESSE.

Pour moi, je suis confuse de cette insolence.

LE VICOMTE.

Les jaloux, madame, sont comme ceux qui perdent leur procès; ils ont permission de tout dire. Prêtons silence à la comédie.

---

[1] C'est-à-dire, sans doute, que je manie aussi bien l'épée que la plume. Cette expression métaphorique est empruntée de la vénerie, où l'on dit des chiens qui savent chasser également le gibier qui court et le gibier qui vole, qu'*ils sont au poil et à la plume.*

[2] Ce tutoiement est un trait qui achève de peindre l'humeur emportée de M. Harpin et son mépris pour le paisible M. Tibaudier. On voit qu'il n'est nullement inquiet de l'espèce de provocation que vient de lui faire à mots couverts monsieur le conseiller.

On ne peut guère douter que cette scène, où éclate la brutale colère d'un homme de finances qui se voit trahi par sa maîtresse, n'ait inspiré à Lesage l'idée de la fameuse scène où M. Turcaret fait tapage chez son infidèle baronne, et lui casse pour trois cents pistoles de glaces et de porcelaines. Voir la Notice.

SCÈNE XXII.

LA COMTESSE, LE VICOMTE, JULIE, MONSIEUR TIBAUDIER, JEANNOT.

JEANNOT, *au vicomte.*

Voilà un billet, monsieur, qu'on nous a dit de vous donner vite.

LE VICOMTE, *lisant.*

« En cas que vous ayez quelque mesure à prendre, je « vous envoie promptement un avis. La querelle de vos « parens et de ceux de Julie vient d'être accommodée; et « les conditions de cet accord, c'est le mariage de vous « et d'elle. Bon soir. » (*à Julie.*) Ma foi, madame, voilà notre comédie achevée aussi.

(*Le vicomte, la comtesse, Julie et monsieur Tibaudier se lèvent.*)

JULIE.

Ah! Cléante, quel bonheur! Notre amour eût-il osé espérer un si heureux succès?

LA COMTESSE.

Comment donc? Qu'est-ce que cela veut dire?

LE VICOMTE.

Cela veut dire, madame, que j'épouse Julie; et, si vous m'en croyez, pour rendre la comédie complète de tout point, vous épouserez monsieur Tibaudier, et donnerez mademoiselle Andrée à son laquais, dont il fera son valet de chambre.

LA COMTESSE.

Quoi! jouer de la sorte une personne de ma qualité?

SCÈNE XXII.

LE VICOMTE.

C'est sans vous offenser, madame; et les comédies veulent de ces sortes de choses [1].

LA COMTESSE.

Oui, monsieur Tibaudier, je vous épouse pour faire enrager tout le monde [2].

MONSIEUR TIBAUDIER.

Ce m'est bien de l'honneur, madame [3].

LE VICOMTE, *à la comtesse.*

Souffrez, madame, qu'en enrageant, nous puissions voir ici le reste du spectacle [4].

---

[1] Molière, qui n'avoit fait qu'obéir aux ordres du roi, en préparant un cadre propre à recevoir des divertissemens, ramène sans cesse cette idée d'une comédie dont la sienne n'est que le prétexte et, pour ainsi dire, l'accessoire, afin de se faire pardonner le vide et la nullité d'une action qu'il n'avoit pas dépendu de lui de combiner autrement.

[2] Ce mot a été souvent emprunté à Molière.

[3] M. Tibaudier ne se dément pas.

[4] Une pièce où il n'y a pas d'intrigue, ne peut pas avoir de dénouement. Elle n'aboutit pas, on la finit. Dans *la Critique de l'École des Femmes*, un petit laquais annonce qu'on a servi sur table, et la pièce est terminée. La lettre remise au vicomte est un moyen d'en finir qui ne tient guère plus à l'action.

FIN DE LA COMTESSE D'ESCARBAGNAS.

NOMS

de ceux qui représentoient dans LA COMTESSE D'ESCARBAGNAS.

LA COMTESSE, mademoiselle *Marotte.*
JULIE, marquise, mademoiselle *Beauval.*
CLÉANTE, vicomte, le sieur *la Grange.*
LE PETIT COMTE, fils de la Comtesse, le sieur *Godon.*
BOBINET, le sieur *Beauval.*
MONSIEUR TIBAUDIER, conseiller, le sieur *Hubert.*
MONSIEUR HARPIN, receveur des tailles, le sieur *du Croisy.*
ANDRÉE, mademoiselle *Bonneau.*
CRIQUET, le sieur *Finet.*
JEANNOT, le sieur *Boulonnois.*

ACTEURS DE LA PASTORALE.

UNE NYMPHE, mademoiselle *de Brie.*
LA BERGÈRE en homme, mademoiselle *Molière.*
LA BERGÈRE en femme, mademoiselle *Molière.*
UN BERGER amant, le sieur *Baron.*
PREMIER PATRE, le sieur *Molière.*
SECOND PATRE, le sieur *la Thorillière.*
UN TURC, le sieur *Molière.*

Voici quel étoit l'ordre et la distribution des actes et intermèdes de ce divertissement.

PROLOGUE.

Le prologue réunissoit le premier intermède des Amans Magnifiques, avec les chants et les danses du prologue de Psyché. Vénus, descendue du ciel, jetoit les fondemens de toute la comédie et des divertissemens qui devoient suivre.

PREMIER ACTE DE LA COMÉDIE.

PREMIER INTERMÈDE.

La plainte, qui fait le premier intermède de Psyché.

SECOND ACTE DE LA COMÉDIE.

SECOND INTERMÈDE.

Cérémonie magique de la Pastorale comique, représentée dans la troisième entrée du Ballet des Muses.

TROISIÈME ACTE DE LA COMÉDIE.

TROISIÈME INTERMÈDE.

Combat des suivans de l'Amour et des suivans de Bacchus, qui fait le quatrième intermède de George Dandin.

QUATRIÈME ACTE DE LA COMÉDIE.

QUATRIÈME INTERMÈDE.

Entrée d'une Égyptienne dansante et chantante, suivie de douze Égyptiens dansans, tirée de la Pastorale co-

mique, représentée dans la troisième entrée du Ballet des Muses.

Entrée de Vulcain, des Cyclopes et des Fées, qui fait le second intermède de Psyché.

CINQUIÈME ACTE DE LA COMÉDIE.

CINQUIÈME INTERMÈDE.

Cérémonie turque du quatrième acte du Bourgeois gentilhomme.

SIXIÈME ACTE DE LA COMÉDIE.

SIXIÈME INTERMÈDE.

Entrée d'Italiens, tirée du Ballet des Nations, représenté à la suite du Bourgeois gentilhomme.

Entrée d'Espagnols, tirée du même Ballet des Nations.

SEPTIÈME ACTE DE LA COMÉDIE.

SEPTIÈME INTERMÈDE.

Entrée d'Apollon, de Bacchus, de Mome et de Mars, qui fait le dernier intermède de Psyché.

FIN DU BALLET DES BALLETS.

NOTICE

HISTORIQUE ET LITTÉRAIRE

Sur la Comtesse d'Escarbagnas.

Veuf, depuis un an et demi, de cette charmante Henriette d'Angleterre, dont la mort, si prompte et si suspecte, fut déplorée par Bossuet dans un de ses chefs-d'œuvre, Monsieur, frère du Roi, venoit d'épouser Charlotte-Élisabeth de Bavière, princesse plus que dépourvue de beauté, qui apportoit dans ce pays, avec toute la franchise du sien, l'horreur des mésalliances, des maîtresses et des enfans naturels. Le Roi, voulant donner à sa belle-sœur une idée éblouissante des pompes et des plaisirs de sa cour, choisit lui-même les plus beaux endroits des divertissemens qui avoient été représentés devant lui depuis plusieurs années, et ordonna à Molière de faire une comédie qui enchaînât tous ces différens morceaux de musique et de danse.

Pour obéir à cet ordre, Molière composa *la Comtesse d'Escarbagnas*, et une pastorale dont le titre n'a pas même été conservé. La pastorale étoit cette comédie, ce divertissement, que le vicomte feint de donner à la comtesse, et qui est véritablement pour Julie, son amante. Ainsi, la pièce comique servoit d'introduction, de cadre à la pièce pastorale; et celle-ci, à son tour, étoit destinée à recevoir ces morceaux de chant et ces entrées de ballet, dont le Roi avoit fait choix. Le tout fut appelé *le Ballet des Ballets*. Suivant le livret, la comédie étoit divisée en sept actes. Par *comédie*, on entendoit sans doute à la fois la pastorale et *la Comtesse d'Escarbagnas*. Mais, pour combien d'actes, cette dernière pièce étoit-elle comprise dans les sept actes qui formoient l'ensemble du spectacle? On l'ignore. Dans son état actuel, elle n'a qu'un seul acte, dont toutes les scènes se suivent jusqu'au divertissement, donné par le vicomte. Ce qu'on peut conjecturer de plus raisonnable, c'est que la pastorale n'avoit que cinq actes, suivant la règle ordinaire, et que les deux parties inégales de la pièce comique, dont l'une précède et l'autre suit la représentation de ce divertissement, furent comptées chacune pour un acte. Quelle que fût, au juste, la distribution du spectacle, on peut dire que Molière en fit seul tous les frais; car le prologue et tous les intermèdes furent tirés de ses propres pièces, *les Amans magnifiques*, *Psyché*, *George Dandin*, *le Bourgeois gentilhomme*, et cette *Pastorale comique* qu'il avoit composée pour le *Ballet des Muses*. Ce spectacle, uniquement destiné pour la cour, fut donné une seule fois, sur le théâtre de Saint-Germain-en-Laye, dans le courant du mois de décembre 1671; et, le 8 juillet de l'année suivante, Molière fit jouer sa comédie, telle que nous la voyons aujourd'hui, sur le théâtre du Palais-Royal, où elle eut quatorze représentations consécutives.

Molière, dans sa jeunesse, avoit beaucoup parcouru la province, et il l'avoit vue, comme il voyoit tout, en observateur attentif et profond. La province alors différoit de la capitale beaucoup plus qu'elle n'en diffère aujourd'hui. A mesure que l'on s'éloignoit de Paris et de Saint-Germain, on étoit de plus en plus frappé de la rusticité des mœurs, du ton et du langage. Le défaut ou le mauvais état des routes et leur peu de sûreté, quelques autres circonstances encore, rendoient difficiles et rares les communications entre le centre du royaume et ses extrémités. On voyageoit peu, on ne correspondoit guère, et l'on n'avoit pas, comme aujourd'hui, pour y suppléer, vingt feuilles publiques destinées à porter en tous lieux les événemens, les usages, les expressions et les modes de la capitale. Il est presque vrai de dire qu'à cent lieues de distance de Paris, on en étoit à cent ans en arrière pour tout ce qui tient à la civilisation. Séparés du monde entier, les habitans d'une petite ville n'étoient pas même réunis entre eux; nul commerce, nul mélange entre les différentes classes de la société. Tandis que les uns se livroient à une obscure industrie, sans autre plaisir que d'amasser un or dont ils ne savoient pas jouir; les autres végétoient dans une insipide oisiveté, qu'animoient seules quelques nouvelles bien surannées ou quelques tracasseries bien ridicules. Un voyage à Paris étoit une plus grande affaire qu'aujourd'hui le trajet d'Europe en Amérique : on étoit des années à s'y décider; pour s'y préparer, il falloit des mois; on faisoit même toutes les dispositions qu'exigeoit le danger de l'entreprise, et celui qui l'avoit mise à fin, en acquéroit une célébrité qui duroit toute sa vie. Peut-on se figurer l'importance qu'avoit, aux yeux des autres et à ses propres yeux, l'habitant d'une petite ville de quinze cents ou de deux mille ames, qui, seul de ses concitoyens, avoit vu la Seine et le Louvre, les Tuileries et la Place-Royale, qui peut-être même avoit aperçu le Roi allant à sa chapelle, ou montant dans son carrosse? Comment se défendre d'un peu d'orgueil au milieu d'un tel triomphe? Comment n'avoir pas quelque dédain pour ceux au-dessus desquels on se sentoit si élevé? Comment surtout ne pas faire étalage devant eux des belles expressions et des belles manières qu'on avoit apprises en un grand mois passé dans quelque hôtel garni du Marais ou du faubourg Saint-Germain? Mais quel bonheur est sans mélange, et quelle gloire sans envie? Le malheur est qu'on avoit affaire à des parens, à des amis, à des voisins grossiers, qui, n'entendant rien aux grands airs et au beau langage, s'en moquoient, au lieu de les admirer. La mortification étoit complète, si, en leur présence, on tomboit aux mains de quelque habitant de Paris, spirituel et railleur, qui se fît un malin plaisir d'exciter, de presser votre manie, pour en bien faire sortir tout le ridicule, et le livrer ensuite à la risée universelle. C'est à peu de chose près l'histoire de madame d'Escarbagnas, qui vient d'être racontée ici; et l'on ne peut pas douter que ce ne fût celle de presque tous les provinciaux de son temps, qui avoient fait, comme elle, le grand voyage de Paris. Molière ne pouvoit manquer d'en avoir rencontré dans ses courses; et la comtesse d'Escarbagnas étoit certainement un type de caractère comique, qu'il avoit depuis long-temps en réserve dans l'esprit, avant de le faire figurer sur la scène.

Madame d'Escarbagnas n'est pas seulement une provinciale qui a rapporté les grands airs de Paris dans Angoulême, pour les y singer grotesquement. A ce travers accidentel, elle en joint un autre; c'est, comme dit Julie, *son perpétuel entêtement de qualité*. En cela, elle se rapproche beaucoup de monsieur et de madame de Sotenville; mais elle n'est certainement pas de la maison de la Prudoterie, où elle a beaucoup dégénéré : car elle reçoit en même temps les soins de trois adorateurs; et, de ces trois, il y en a un dont elle reçoit de l'argent.

Voltaire et beaucoup d'autres ont appelé *la Comtesse d'Escarbagnas*, une farce : c'est une fausse application du mot. Une *farce* est une petite pièce, où domine un comique bouffon et outré, comme *Pourceaugnac* ou *les Fourberies de Scapin*. On ne peut reconnoître à ces traits et ranger dans cette catégorie une petite comédie, où la peinture des mœurs et des caractères est sans aucune exagération; où le langage naïf, simple, et, si l'on veut même, populaire de quelques personnages, est toujours de bonne foi, et n'emprunte jamais, pour exciter le rire, les ressources de la caricature ou de la facétie.

La Comtesse d'Escarbagnas est donc une véritable comédie, du moins quant au genre, qui est peu relevé sans doute, mais qui est toujours naturel et vrai. Sous le rapport de l'action, cette comédie est nulle; elle n'est qu'une suite de conversations, que suspend la représentation d'un divertissement, interrompue elle-même par l'apparition d'un personnage qu'on n'attendoit pas, et que termine l'arrivée d'un billet qu'on attendoit encore moins. Ceci n'est point un reproche : la pièce est tout ce qu'elle devoit et pouvoit être, une espèce de prologue dialogué; mais Molière y a su mettre plus de génie comique qu'on n'en trouve dans beaucoup de grandes pièces fortement intriguées.

Quand on voit, dans *Tartuffe* ou dans *le Misanthrope*, une foule de personnages, ayant tous des physionomies différentes, qui sont toutes également vraies et frappantes, on admire et l'on ne s'étonne pas. Mais ce qui cause une véritable surprise, c'est d'apercevoir, dans un simple croquis, dans une esquisse légère, jusqu'à sept personnages divers, dont les figures ont entre elles autant de variété, que chacune d'elles, prise à part, a d'originalité et de vie. Je ne parle plus du personnage principal; je ne considère que ceux qui sont groupés autour de lui, uniquement pour mettre en action son ridicule, ou pour lui donner du relief. Est-il un contraste plus frappant et moins affecté que celui des airs grotesquement nobles de notre comtesse angoumoise, avec les manières élégamment aisées de Julie et du vicomte, deux des plus aimables, des plus gracieux personnages qui soient sortis du pinceau de Molière? Est-il un accessoire plus propre à mettre en jeu, à faire valoir et en même temps à punir les folles prétentions de cette provinciale, que la naïve rusticité de ces deux valets, qui, n'ayant pas fait le voyage de Paris, parlent et agissent tout comme auparavant, ne peuvent plus comprendre leur maîtresse, et ne savent plus comment la servir? Monsieur Bobinet, le précepteur, n'est pas un de ces pédans outrés, toujours parlant latin, même quand ils parlent françois, que nos premiers comiques ont empruntés au vieux théâtre italien, que Molière lui-même a imités dans le Métaphraste du *Dépit amoureux*, et dont nous avons vu le dernier dans le Mamurra du *Grondeur*. Monsieur Bobinet représente au naturel cette classe d'êtres malheureux, que la misère oblige à vendre du latin aux enfans de famille; que leurs élèves détestent, tourmentent, s'ils n'en ont fait leurs complaisans et leurs esclaves; que les parens traitent comme les moins utiles de leurs valets, et qui, pour se maintenir dans cet agréable poste, font bassement la cour à tous les habitans de la maison, sans oublier le petit chien, le singe ou le perroquet. Mais deux personnages d'un comique plus fort, plus saillant, ce sont messieurs Tibaudier, le conseiller, et Harpin, le receveur des tailles. L'un, robin pédant, galant et fade, mêle, dans ses billets doux, les expressions du Digeste à celles de *l'Astrée*; sentant l'énorme distance qui sépare un homme de robe de la veuve d'un noble d'épée, il adore, en gémissant, les rigueurs d'une *tigresse* qui n'a que trois amans, dont un la paie. L'autre, M. Harpin, brusque, bourru, dur, ainsi qu'il convient à un homme de finance, n'a pas pour la naissance le même respect que son doucereux rival; et, comme s'il étoit de notre siècle, pense que l'or se met au niveau de tout, si même il ne s'élève au-dessus; il croit, le grossier personnage, qu'on lui doit de l'amour en échange de son argent, et qu'il a le droit de s'emporter quand il s'aperçoit qu'on le trompe; enfin, *monsieur le receveur ne veut plus être monsieur le donneur*, et il sort en outrageant la noble friponne, après avoir ménagé le vicomte, qu'il redoute, et insulté le conseiller, dont il n'a rien à craindre.

Chamfort a dit quelque part : « C'est une chose remarquable « que Molière, qui n'épargnoit rien, n'a pas lancé un seul trait « contre les gens de finance. On dit que Molière et les auteurs « du temps eurent là-dessus les ordres de Colbert. » Je ne connois, pour ce fait singulier, d'autre autorité que celle de Chamfort. En admettant l'anecdote pour vraie, il faudroit convenir que Molière n'a pas tout-à-fait tenu compte des ordres du puissant ministre; car, si le rôle de M. Harpin ne contient pas de traits directement lancés contre la profession des gens de finance, on ne peut nier qu'au moins cette profession ne soit indirectement tournée en ridicule dans le personnage d'un receveur des tailles, vicieux, prodigue et brutal, qui fournit de l'argent aux belles dames, et leur dit ensuite des injures grossières, pour les punir de leurs tromperies, ou plutôt de sa propre sottise. Sans doute, la comédie de *Turcaret* porte aux traitans des coups plus rudes, plus nombreux et moins détournés. Mais peut-être qu'à l'époque où écrivoit Molière, les traitans, en général, encore retenus par le frein des bienséances publiques, ainsi que par la crainte des chambres ardentes, n'étaloient pas ce scandaleux abus de leur scandaleuse richesse, qui, plus tard, leur attira les rigueurs de la censure du théâtre ; peut-être qu'il fallut un relâchement considérable dans le gouvernement et dans les mœurs, pour qu'ils osassent en venir à ce point d'impudente dépravation, dont le chef-d'œuvre de Lesage est à la fois le tableau et le châtiment. Quoi qu'il en soit, si Lesage, trouvant tout développé dans la société de son temps le personnage qui n'étoit, pour ainsi dire, qu'en germe dans la comédie de Molière, n'a pas eu besoin que M. Harpin lui fournît l'idée de M. Turcaret, il est difficile de croire que la scène où le receveur des tailles vient faire tapage chez sa perfide comtesse, n'ait pas inspiré celle où le fermier-général vient tout briser chez sa déloyale baronne : le procédé est tout semblable, le ton est absolument le même, et le mot de M. Harpin, montrant M. Tibaudier, *Cherchez vos benêts à vos pieds*, est d'une insolence égale à celui de M. Turcaret, *Vous n'avez point affaire à un abbé, je vous en avertis*.

Partout les ridicules se sont affoiblis, ou du moins ils n'ont plus cette empreinte saillante et vive qui étoit si favorable à la comédie. La province copie toujours la capitale ; mais elle la copie avec moins de gaucherie, et l'on seroit quelquefois embarrassé de décider lequel vaut le mieux du modèle ou de l'imitation. *La Comtesse d'Escarbagnas*, vraie du temps de Molière, l'est donc beaucoup moins aujourd'hui ; et voilà pourquoi les comédiens, qui la représentent, en outrent tous les caractères : à la place de cette ressemblance exacte, dont on ne peut plus être frappé en l'absence des originaux, ils mettent cette charge bouffonne, qui peut toujours plaire à l'imagination. C'est là principalement ce qui a trompé les critiques eux-mêmes, et leur a fait ranger parmi les farces une petite comédie qui n'appartient point à ce genre d'ouvrages.

LES FEMMES

SAVANTES,

COMÉDIE.

1672.

ACTEURS.

CHRYSALE, bon bourgeois.
PHILAMINTE, femme de Chrysale.
ARMANDE,
HENRIETTE, } filles de Chrysale et de Philaminte.
ARISTE, frère de Chrysale.
BÉLISE, sœur de Chrysale.
CLITANDRE, amant d'Henriette.
TRISSOTIN, bel-esprit.
VADIUS, savant.
MARTINE, servante de cuisine.
LÉPINE, laquais.
JULIEN, valet de Vadius.
UN NOTAIRE.

La scène est à Paris, dans la maison de Chrysale.

HENRIETTE.
Excusez-moi, monsieur, je n'entends pas le grec.

Femmes savantes, Acte III. Scène V.

LES FEMMES

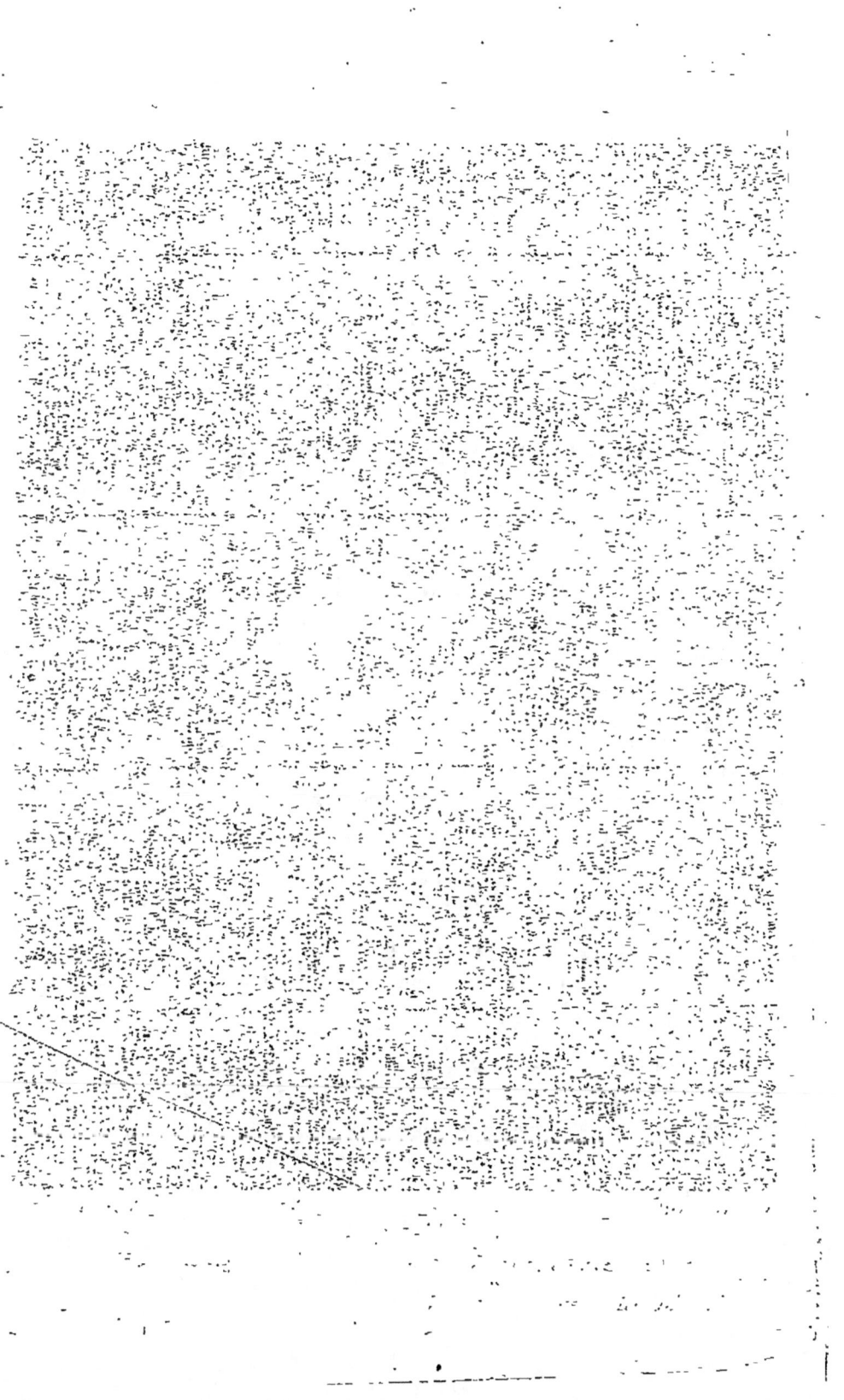

LES FEMMES SAVANTES,

COMÉDIE.

ACTE PREMIER.

SCÈNE PREMIÈRE.

ARMANDE, HENRIETTE.

ARMANDE.

Quoi! le beau nom de fille est un titre, ma sœur,
Dont vous voulez quitter la charmante douceur?
Et de vous marier vous osez faire fête (1)?
Ce vulgaire dessein vous peut monter en tête?

HENRIETTE.

Oui, ma sœur.

ARMANDE.

Ah! ce oui se peut-il supporter (2)?

---

(1) On ne dit pas, *faire fête d'une chose*, pour dire, *s'en féliciter*, *s'en applaudir*. L'expression reçue est, *s'en faire fête*, *s'en faire une fête*.

(2) Ah! ce oui se peut-il supporter?
Oui a le même privilége que les noms qui commencent par une *h* aspirée:

Et sans un mal de cœur, sauroit-on l'écouter?

HENRIETTE.

Qu'a donc le mariage en soi qui vous oblige,
Ma sœur?..

ARMANDE.

Ah! mon dieu! fi!

HENRIETTE.

Comment?

ARMANDE.

Ah! fi! vous dis-je.
Ne concevez-vous point ce que, dès qu'on l'entend,
Un tel mot à l'esprit offre de dégoûtant,
De quelle étrange image on est par lui blessée,
Sur quelle sale vue il traîne la pensée?
N'en frissonnez-vous point? et pouvez-vous, ma sœur,
Aux suites de ce mot résoudre votre cœur (1)?

HENRIETTE.

Les suites de ce mot, quand je les envisage,
Me font voir un mari, des enfans, un ménage;
Et je ne vois rien là, si j'en puis raisonner,
Qui blesse la pensée, et fasse frissonner.

ARMANDE.

De tels attachemens, ô ciel! sont pour vous plaire?

---

l'e muet ne s'élide pas devant lui; et l'on dit, *ce oui*, comme on dit, *ce héros*.

(1) On voit qu'Armande, tout en philosophant, a parfaitement appris tout ce que renferme en soi le mot de *mariage*. Son instruction en ce genre contraste plaisamment avec sa pruderie.

ACTE I, SCÈNE I.

HENRIETTE.

Et qu'est-ce qu'à mon âge on a de mieux à faire,
Que d'attacher à soi, par le titre d'époux,
Un homme qui vous aime, et soit aimé de vous;
Et, de cette union de tendresse suivie,
Se faire les douceurs d'une innocente vie?
Ce nœud bien assorti n'a-t-il pas des appas?

ARMANDE.

Mon dieu, que votre esprit est d'un étage bas!
Que vous jouez au monde un petit personnage,
De vous claquemurer aux choses du ménage,
Et de n'entrevoir point de plaisirs plus touchans,
Qu'une idole d'époux, et des marmots d'enfans!
Laissez aux gens grossiers, aux personnes vulgaires,
Les bas amusemens de ces sortes d'affaires.
A de plus hauts objets élevez vos desirs,
Songez à prendre un goût des plus nobles plaisirs [1];
Et, traitant de mépris les sens et la matière [2],
A l'esprit, comme nous, donnez-vous tout entière.
Vous avez notre mère en exemple à vos yeux,
Que du nom de savante on honore en tous lieux;
Tâchez, ainsi que moi, de vous montrer sa fille;

---

[1] Ce vers n'est pas bien écrit; on ne dit pas, *prendre un goût de quelque chose*; et puis il faudroit, *de plus nobles plaisirs*, et non, *des plus nobles plaisirs* : le superlatif absolu, au lieu du superlatif relatif, change le sens de la phrase, et ne rend pas la pensée d'Armande.

[2]   Et, traitant de mépris les sens et la matière.

Traiter de mépris, pour, *traiter avec mépris*, se disoit alors. On lit, dans *Polyeucte* :

   Et, traitoit de mépris les dieux qu'on invoquoit.

5.

Aspirez aux clartés qui sont dans la famille;
Et vous rendez sensible aux charmantes douceurs
Que l'amour de l'étude épanche dans les cœurs.
Loin d'être aux lois d'un homme en esclave asservie,
Mariez-vous, ma sœur, à la philosophie,
Qui nous monte au-dessus de tout le genre humain,
Et donne à la raison l'empire souverain,
Soumettant à ses lois la partie animale,
Dont l'appétit grossier aux bêtes nous ravale [1].
Ce sont là les beaux feux, les doux attachemens
Qui doivent de la vie occuper les momens;
Et les soins où je vois tant de femmes sensibles,
Me paroissent aux yeux des pauvretés horribles.

HENRIETTE.

Le ciel, dont nous voyons que l'ordre est tout puissant,
Pour différens emplois nous fabrique en naissant;
Et tout esprit n'est pas composé d'une étoffe
Qui se trouve taillée à faire un philosophe.
Si le vôtre est né propre aux élévations
Où montent des savans les spéculations,
Le mien est fait, ma sœur, pour aller terre-à-terre;
Et dans les petits soins son foible se resserre.
Ne troublons point du ciel les justes règlemens,
Et de nos deux instincts suivons les mouvemens.
Habitez, par l'essor d'un grand et beau génie,
Les hautes régions de la philosophie,

---

[1] Rigoureusement, il faudroit, comme l'a remarqué l'Académie, *nous ravale jusqu'aux bêtes*, ou *à l'état des bêtes*; mais l'ellipse, employée par Molière, ne sauroit être blâmée : elle a plus d'énergie et n'a pas moins de clarté que la phrase entière.

Tandis que mon esprit, se tenant ici-bas,
Goûtera de l'hymen les terrestres appas.
Ainsi, dans nos desseins, l'une à l'autre contraire,
Nous saurons toutes deux imiter notre mère :
Vous, du côté de l'ame et des nobles desirs ;
Moi, du côté des sens et des grossiers plaisirs ;
Vous, aux productions d'esprit et de lumière ;
Moi, dans celles, ma sœur, qui sont de la matière.

ARMANDE.

Quand sur une personne on prétend se régler,
C'est par les beaux côtés qu'il lui faut ressembler [1] ;
Et ce n'est point du tout la prendre pour modèle,
Ma sœur, que de tousser et de cracher comme elle [2].

HENRIETTE.

Mais vous ne seriez pas ce dont vous vous vantez,
Si ma mère n'eût eu que de ces beaux côtés ;
Et bien vous prend, ma sœur, que son noble génie
N'ait pas vaqué toujours à la philosophie [3].

---

[1] Molière avoit fait ainsi ces deux vers :

Quand sur une personne ou prétend s'ajuster,
C'est par les beaux côtés qu'il la faut imiter.

Boileau, dit l'auteur du *Bolœana*, y trouva du *jargon*, et les refit comme ils sont dans le texte. La correction de Boileau est heureuse ; ses vers sont plus élégamment écrits que ceux de Molière : mais il est difficile d'apercevoir dans ceux-ci ce qu'on appelle du *jargon*.

[2] Ces deux vers sont évidemment empruntés à la prose plaisante, bien qu'un peu cynique, du vieux roman de Sorel, intitulé *Histoire comique de Francion*. Voici le passage : « Gardez d'imiter les auteurs en ce « qu'ils font de mal et d'impertinent : ce n'est pas imiter un homme, de « ne faire que peter ou tousser comme lui. »

[3] Cet argument comique en rappelle un tout semblable que Racine a mis dans la bouche de Théramène, parlant à Hippolyte :

Vous-même, où seriez-vous, vous qui la combattez,

LES FEMMES SAVANTES.

De grace, souffrez-moi, par un peu de bonté,
Des bassesses à qui vous devez la clarté [1];
Et ne supprimez point, voulant qu'on vous seconde,
Quelque petit savant qui veut venir au monde [2].

ARMANDE.

Je vois que votre esprit ne peut être guéri
Du fol entêtement de vous faire un mari;
Mais sachons, s'il vous plaît, qui vous songez à prendre:
Votre visée, au moins, n'est pas mise à Clitandre [3]?

HENRIETTE.

Et par quelle raison n'y seroit-elle pas [4]?
Manque-t-il de mérite? Est-ce un choix qui soit bas?

ARMANDE.

Non; mais c'est un dessein qui seroit malhonnête,
Que de vouloir d'un autre* enlever la conquête;
Et ce n'est pas un fait dans le monde ignoré,

VARIANTE. * *D'une autre.*

Si toujours Antiope, à ses lois opposée,
D'une pudique ardeur n'eût brûlé pour Thésée?

(1) *Souffrir une chose à quelqu'un*, pour dire, la lui permettre, étoit une expression usitée du temps de Molière. Voyez *l'École des Maris*, t. II, p. 279, note 1.

(2) La riposte d'Henriette est un peu gaillarde; et, dans sa liberté, elle annonce autant de connoissance des choses, que le langage hypocrite d'Armande. Mais il n'y a pas d'homme qui ne préférât la franchise un peu vive de la cadette à la bégueulerie sournoise de l'aînée, et surtout qui ne s'y fiât davantage.

(3) Votre visée, au moins, n'est pas mise à Clitandre?
On disoit, on dit encore, *avoir de grandes visées, de hautes visées*; mais, *mettre sa visée à quelqu'un*, pour dire, *avoir des vues sur lui*, est une expression qui n'est ni exacte ni usitée.

(4) Et par quelle raison n'y seroit-elle pas?
Ne l'y seroit-elle pas? seroit plus correct.

Que Clitandre ait pour moi hautement soupiré.[1]

HENRIETTE.

Oui; mais tous ces soupirs chez vous sont choses vaines,
Et vous ne tombez point aux bassesses humaines;
Votre esprit à l'hymen renonce pour toujours,
Et la philosophie a toutes vos amours.
Ainsi, n'ayant au cœur nul dessein pour Clitandre,
Que vous importe-t-il qu'on y puisse prétendre?

ARMANDE.

Cet empire que tient la raison sur les sens
Ne fait pas renoncer aux douceurs des encens.[2];
Et l'on peut, pour époux, refuser un mérite
Que, pour adorateur, on veut bien à sa suite.

HENRIETTE.

Je n'ai pas empêché qu'à vos perfections
Il n'ait continué ses adorations [3];
Et je n'ai fait que prendre, au refus de votre ame,
Ce qu'est venu m'offrir l'hommage de sa flamme.

ARMANDE.

Mais, à l'offre des vœux d'un amant dépité,

---

(1) *Que Clitandre a pour moi...* seroit plus régulier. On ne diroit pas bien, *je n'ignore pas que vous soyez...* : le cas est absolument le même. Le subjonctif s'emploie principalement lorsque la phrase exprime le doute; ici, c'est tout le contraire.

(2) *Encens*, s'employoit alors au pluriel, de même que le mot latin *thura*. Corneille a dit, dans *la Galerie du Palais*:

    Adieu, quelques encens que tu veuilles m'offrir...

On voit plus loin: *aux encens qu'elle donne; gueuser des encens.*

(3) *Il ne continuât* seroit plus exact. On dit, *je n'ai pas empêché que vous ne vinssiez*, et non, *que vous ne soyez venu.*

72 LES FEMMES SAVANTES.

Trouvez-vous, je vous prie, entière sûreté?
Croyez-vous pour vos yeux sa passion bien forte,
Et qu'en son cœur, pour moi, toute flamme soit morte?

HENRIETTE.

Il me le dit, ma sœur; et, pour moi, je le croi.

ARMANDE.

Ne soyez pas, ma sœur, d'une si bonne foi [1],
Et croyez, quand il dit qu'il me quitte et vous aime,
Qu'il n'y songe pas bien, et se trompe lui-même.

HENRIETTE.

Je ne sais; mais enfin, si c'est votre plaisir,
Il nous est bien aisé de nous en éclaircir.
Je l'aperçois qui vient; et, sur cette matière,
Il pourra nous donner une pleine lumière [2].

---

(1) *D'une si bonne foi*, ne signifie pas, d'une si grande crédulité; et c'est pourtant là ce qu'Armande veut dire. Ce qui a trompé Molière, c'est que *foi* s'emploie souvent dans le sens de croyance, confiance, comme en ces phrases, *ajouter foi, avoir foi, digne de foi*, etc.

(2) Cette première scène expose le plus naturellement possible le sujet de la pièce et le fond de l'intrigue. On y voit un échantillon de ces ridicules prétentions à la science et à la philosophie, que Molière s'est proposé de jouer, et l'on y apprend que les deux sœurs se disputent le cœur et la main du même homme. Un autre mérite de la scène, c'est de peindre avec fidélité ces altercations qui, dans les familles, ne manquent jamais de s'élever entre deux filles à peu près du même âge; altercations dont presque toujours l'amour ou la coquetterie est le sujet, et dont tout est propre à fournir l'occasion.

SCÈNE II.

CLITANDRE, ARMANDE, HENRIETTE.

HENRIETTE.

Pour me tirer d'un doute où me jette ma sœur,
Entre elle et moi, Clitandre, expliquez votre cœur [1] ;
Découvrez-en le fond, et nous daignez apprendre
Qui de nous à vos vœux est en droit de prétendre.

ARMANDE.

Non, non, je ne veux point à votre passion
Imposer la rigueur d'une explication ;
Je ménage les gens, et sais comme embarrasse
Le contraignant effort de ces aveux en face [2].

CLITANDRE.

Non, madame, mon cœur qui dissimule peu,
Ne sent nulle contrainte à faire un libre aveu.
Dans aucun embarras un tel pas ne me jette ;
Et j'avouerai tout haut, d'une ame franche et nette,
Que les tendres liens où je suis arrêté,

---

(1) *Expliquer son cœur*, est une expression insolite, mais qui a de l'énergie et qui ne manque pas de justesse. C'est une espèce de latinisme : *explicare*, au propre, signifie, déplier, développer ; ainsi, Henriette dit, *expliquez votre cœur*, comme elle diroit, *ouvrez-en, montrez-en les plis et replis*.

(2) Célimène, dans *le Misanthrope*, exprime ainsi la même idée :

... Je souffre, à vrai dire, une gêne trop forte
A prononcer en face un aveu de la sorte :
Je trouve que ces mots qui sont désobligeans
Ne se doivent point dire en présence des gens.

LES FEMMES SAVANTES.

(*montrant Henriette.*)
Mon amour et mes vœux sont tout * de ce côté.
Qu'à nulle émotion cet aveu ne vous porte;
Vous avez bien voulu les choses de la sorte.
Vos attraits m'avoient pris, et mes tendres soupirs
Vous ont assez prouvé l'ardeur de mes desirs;
Mon cœur vous consacroit une flamme immortelle;
Mais vos yeux n'ont pas cru leur conquête assez belle;
J'ai souffert sous leur joug cent mépris différens :
Ils régnoient sur mon ame en superbes tyrans;
Et je me suis cherché, lassé de tant de peines,
Des vainqueurs plus humains, et de moins rudes chaînes.

(*montrant Henriette.*)
Je les ai rencontrés, madame, dans ces yeux,
Et leurs traits à jamais me seront précieux;
D'un regard pitoyable [1] ils ont séché mes larmes,
Et n'ont pas dédaigné le rebut de vos charmes.
De si rares bontés m'ont si bien su toucher,
Qu'il n'est rien qui me puisse à mes fers arracher;
Et j'ose maintenant vous conjurer, madame,
De ne vouloir tenter nul effort sur ma flamme,
De ne point essayer à rappeler un cœur
Résolu de mourir dans cette douce ardeur.

ARMANDE.
Hé! qui vous dit, monsieur, que l'on ait cette envie,
Et que de vous enfin si fort on se soucie?

VARIANTE. * *Sont tous.*

---

(1) Anciennement, *pitoyable* signifioit également, qui ressent la pitié, et qui excite la pitié. Ce dernier sens est le seul qui subsiste : le premier est à regretter.

Je vous trouve plaisant de vous le figurer,
Et bien impertinent de me le déclarer (1).

HENRIETTE.

Hé! doucement, ma sœur. Où donc est la morale
Qui sait si bien régir la partie animale,
Et retenir la bride aux efforts du courroux (2)?

ARMANDE.

Mais vous, qui m'en parlez, où la pratiquez-vous (3),
De répondre à l'amour que l'on vous fait paroître,
Sans le congé de ceux qui vous ont donné l'être?
Sachez que le devoir vous soumet à leurs lois,
Qu'il ne vous est permis d'aimer que par leur choix,
Qu'ils ont sur votre cœur l'autorité suprême,
Et qu'il est criminel d'en disposer vous-même.

HENRIETTE.

Je rends grace aux bontés que vous me faites voir,
De m'enseigner si bien les choses du devoir.
Mon cœur sur vos leçons veut régler sa conduite;
Et, pour vous faire voir, ma sœur, que j'en profite,
Clitandre, prenez soin d'appuyer votre amour
De l'agrément de ceux dont j'ai reçu le jour.
Faites-vous sur mes vœux un pouvoir légitime,

---

(1) Arsinoé, dans *le Misanthrope*, dit de même à Alceste qui la refuse:

> Eh! croyez-vous, monsieur, qu'on ait cette pensée,
> Et que de vous avoir on soit tant empressée?
> Je vous trouve un esprit bien plein de vanité,
> Si de cette créance il peut s'être flatté.

(2) Au propre, comme au figuré, on dit, *tenir*, et non pas, *retenir la bride : tenez la bride à votre cheval; tenez la bride à vos passions.*

(3) *Où la pratiquez-vous?* — *Où*, dans cette phrase, signifie, *en quoi*, ou plutôt, *comment*.

Et me donnez moyen de vous aimer sans crime.

CLITANDRE.

J'y vais de tous mes soins travailler hautement;
Et j'attendois de vous ce doux consentement.

ARMANDE.

Vous triomphez, ma sœur, et faites une mine
A vous imaginer que cela me chagrine ⁽¹⁾.

HENRIETTE.

Moi, ma sœur? point du tout. Je sais que sur vos sens
Les droits de la raison sont toujours tout-puissans,
Et que, par les leçons qu'on prend dans la sagesse,
Vous êtes au-dessus d'une telle faiblesse.
Loin de vous soupçonner d'aucun chagrin, je croi
Qu'ici vous daignerez vous employer pour moi,
Appuyer sa demande, et, de votre suffrage,
Presser l'heureux moment de notre mariage.
Je vous en sollicite; et, pour y travailler...

ARMANDE.

Votre petit esprit se mêle de railler,
Et d'un cœur qu'on vous jette on vous voit toute fière.

HENRIETTE.

Tout jeté qu'est ce cœur, il ne vous déplaît guère;
Et, si vos yeux sur moi le pouvoient ramasser,
Ils prendroient aisément le soin de se baisser ⁽²⁾.

---

(1) On comprend sans peine que cela veut dire : Vous faites la mine d'une personne qui imagine que cela me chagrine; mais la phrase n'en est pas moins étrange.

(2) Cette réponse d'Henriette fait rire; mais, peut-être, seulement parce qu'elle doit piquer Armande. J'ose n'y point trouver la franchise de style

ARMANDE.

A répondre à cela je ne daigne descendre,
Et ce sont sots discours qu'il ne faut pas entendre.

HENRIETTE.

C'est fort bien fait à vous, et vous nous faites voir
Des modérations [1] qu'on ne peut concevoir [2].

SCÈNE III.

CLITANDRE, HENRIETTE.

HENRIETTE.

Votre sincère aveu ne l'a pas peu surprise.

CLITANDRE.

Elle mérite assez une telle franchise,
Et toutes les hauteurs de sa folle fierté
Sont dignes, tout au moins, de ma sincérité.
Mais, puisqu'il m'est permis, je vais à votre père,
Madame...

HENRIETTE.

Le plus sûr est de gagner ma mère.

---

qui appartenoit à l'auteur et qui convenoit au personnage. On seroit moins étonné de la rencontrer dans Marivaux que dans Molière.

(1) Ces pluriels de noms métaphysiques, que quelques écrivains affectent aujourd'hui, ne sont pas une invention nouvelle. Bossuet, et d'autres auteurs du même temps, en faisoient un assez fréquent usage.

(2) Henriette nous avoit déjà mis de son parti par la franchise de son humeur et par le naturel de son esprit, opposés à la sournoiserie pédante de son aînée. Nous avons vu avec plaisir, dans cette scène, que Clitandre donne à Henriette la préférence sur Armande; mais celle-ci menace de traverser leurs amours de tout son pouvoir; et de là naît un commencement d'intérêt.

Mon père est d'une humeur à consentir à tout;
Mais il met peu de poids aux choses qu'il résout :
Il a reçu du ciel certaine bonté d'ame
Qui le soumet d'abord à ce que veut sa femme;
C'est elle qui gouverne, et, d'un ton absolu,
Elle dicte pour loi ce qu'elle a résolu.
Je voudrois bien vous voir pour elle et pour ma tante
Une ame, je l'avoue, un peu plus complaisante,
Un esprit qui, flattant les visions du leur,
Vous pût de leur estime attirer la chaleur.

CLITANDRE.

Mon cœur n'a jamais pu, tant il est né sincère,
Même dans votre sœur, flatter leur caractère;
Et les femmes docteurs ne sont point de mon goût.
Je consens qu'une femme ait des clartés de tout [1];
Mais je ne lui veux point la passion choquante
De se rendre savante, afin d'être savante;
Et j'aime que souvent, aux questions qu'on fait,
Elle sache ignorer les choses qu'elle sait;
De son étude, enfin, je veux qu'elle se cache,
Et qu'elle ait du savoir sans vouloir qu'on le sache,
Sans citer les auteurs, sans dire de grands mots,
Et clouer de l'esprit à ses moindres propos [2].
Je respecte beaucoup madame votre mère;
Mais je ne puis du tout approuver sa chimère,

---

(1) On ne dit pas, *avoir des clartés de tout*; le mot propre seroit, *notions*, *connoissances*, *lumières*.

(2) Ce que dit ici Clitandre est l'opinion de tous les hommes sensés, est l'opinion de Molière lui-même, sur le degré d'instruction auquel les femmes peuvent aspirer, et sur l'usage qu'elles doivent faire de leur savoir. Thomas a commis, à cet égard, une erreur bien étrange. Voir la Notice.

ACTE I, SCÈNE III.

Et me rendre l'écho des choses qu'elle dit,
Aux encens qu'elle donne à son héros d'esprit.[1]
Son monsieur Trissotin me chagrine, m'assomme;
Et j'enrage de voir qu'elle estime un tel homme,
Qu'elle nous mette au rang des grands et beaux esprits
Un benêt dont partout on siffle les écrits,
Un pédant dont on voit la plume libérale
D'officieux papiers fournir toute la halle.

HENRIETTE.

Ses écrits, ses discours, tout m'en semble ennuyeux,
Et je me trouve assez votre goût et vos yeux;
Mais, comme sur ma mère il a grande puissance,
Vous devez vous forcer à quelque complaisance.
Un amant fait sa cour où s'attache son cœur;
Il veut de tout le monde y gagner la faveur;
Et, pour n'avoir personne à sa flamme contraire,
Jusqu'au chien du logis il s'efforce de plaire.[2]

CLITANDRE.

Oui, vous avez raison; mais monsieur Trissotin

---

(1) On ne voit pas bien comment ce vers s'attache aux deux qui précédent. Rien ne régit ce datif, *aux encens*, ou, pour parler en termes de grammaire françoise, rien ne détermine l'emploi de la préposition à. On ne peut guère expliquer cette phrase, qu'en la traduisant ainsi : Quand je la vois donner de l'encens à son héros d'esprit.

(2) Molière a emprunté cette idée à Plaute. Dans *l'Asinaire*, act. I, sc. III. Cléérète, vieille courtisane, dit :

Volt placere sese amicæ; volt mihi, volt pedissequæ,
Volt famulis, volt etiam ancillis, et quoque catulo meo
Subblanditur novus amator.

« Un amant s'efforce de plaire à celle qu'il aime, à moi, à la suivante,
« aux valets, aux servantes même; et il n'est pas jusqu'à mon petit chien
« à qui il ne fasse des caresses. »

M'inspire au fond de l'ame un dominant chagrin (1).
Je ne puis consentir, pour gagner ses suffrages,
A me déshonorer en prisant ses ouvrages :
C'est par eux qu'à mes yeux il a d'abord paru,
Et je le connoissois avant que l'avoir vu.
Je vis, dans le fatras des écrits qu'il nous donne,
Ce qu'étale en tous lieux sa pédante personne,
La constante hauteur de sa présomption,
Cette intrépidité de bonne opinion,
Cet indolent état de confiance extrême,
Qui le rend en tout temps si content de soi-même,
Qui fait qu'à son mérite incessamment il rit,
Qu'il se sait si bon gré de tout ce qu'il écrit,
Et qu'il ne voudroit pas changer sa renommée
Contre tous les honneurs d'un général d'armée. (2)

HENRIETTE.

C'est avoir de bons yeux que de voir tout cela (3).

---

(1) Ni Clitandre, ni Henriette ne soupçonnent encore que Trissotin va bientôt disputer à l'un la main de l'autre. Le projet de Philaminte, à cet égard, est si déraisonnable, qu'il doit échapper à l'œil inquiet des deux amans.

(2) Il y a dans cette tirade, contre un sot présomptueux, une verve admirable de mépris et de colère; elle convenoit à Molière, l'homme de génie le plus modeste et le plus difficile envers lui-même. Entendant un jour ces vers de la satire que Boileau lui a adressée :

> Mais un esprit sublime en vain veut s'élever
> A ce degré parfait qu'il tâche de trouver;
> Et toujours mécontent de ce qu'il vient de faire,
> Il plaît à tout le monde, et ne sauroit se plaire.

Voilà, dit-il au satirique, en lui serrant la main, *la plus belle vérité que vous ayez jamais dite. Je ne suis pas du nombre de ces esprits sublimes dont vous parlez; mais, tel que je suis, je n'ai rien fait en ma vie, dont je sois véritablement content.*

(3) Vers devenu proverbe.

ACTE I, SCÈNE III.

CLITANDRE.

Jusques à sa figure encor la chose alla,
Et je vis, par les vers qu'à la tête il nous jette,
De quel air il falloit que fût fait le poëte;
Et j'en avois si bien deviné tous les traits,
Que, rencontrant un homme un jour dans le Palais [1],
Je gageai que c'étoit Trissotin en personne,
Et je vis qu'en effet la gageure étoit bonne.

HENRIETTE.

Quel conte!

CLITANDRE.

Non; je dis la chose comme elle est:
Mais je vois votre tante. Agréez, s'il vous plaît,
Que mon cœur lui déclare ici notre mystère,
Et gagne sa faveur auprès de votre mère [2].

---

[1] *Le Palais*, c'est-à-dire le Palais de Justice, dont les galeries étoient alors très-fréquentées par la meilleure compagnie.

[2] Dans cette scène excellente, tous les personnages principaux sont esquissés : c'est ici l'exposition des caractères, comme c'étoit précédemment celle du sujet et de l'intrigue. Nous connoissons déja, avant qu'ils paroissent, et le foible Chrysale, et l'impérieuse Philaminte, et la folle Bélise, et le ridicule Trissotin. De plus, Clitandre, en faisant éclater son aversion pour le faux bel-esprit, se peint lui-même, et nous montre d'avance l'homme qui, dans la grande scène du quatrième acte, doit venger la raison, l'esprit et le bon goût, en écrasant de ses victorieux sarcasmes la pédanterie bassement vaine et jalouse.

SCÈNE IV.

BÉLISE, CLITANDRE.

CLITANDRE.

Souffrez, pour vous parler, madame, qu'un amant
Prenne l'occasion de cet heureux moment,
Et se découvre à vous de la sincère flamme... (1)

BÉLISE.

Ah! tout beau : gardez-vous de m'ouvrir trop votre ame.
Si je vous ai su mettre au rang de mes amans,
Contentez-vous des yeux pour vos seuls truchemens (2),
Et ne m'expliquez point, par un autre langage,
Des desirs qui, chez moi, passent pour un outrage.
Aimez-moi, soupirez, brûlez pour mes appas;
Mais qu'il me soit permis de ne le savoir pas.
Je puis fermer les yeux sur vos flammes secrètes,

---

(1). Et se découvre à vous de la sincère flamme.

On dit, *découvrir une chose à quelqu'un*, ou absolument, *se découvrir à quelqu'un*, mais non, *se découvrir à quelqu'un d'une chose;* il faudroit, *et s'ouvre à vous de la sincère flamme*.

(2) Ces expressions d'*yeux pour truchemens*, et quelques vers plus loin, de *muets interprètes*, que Molière met ici dans la bouche d'une vieille folle, Corneille les a prêtées à un personnage raisonnable de sa comédie intitulée, *la Suivante*. Théante, un des amoureux, dit:

    Au langage des yeux son amour est réduit;
    Mais, n'est-ce pas assez pour se communiquer?
    Que faut-il aux amans de plus pour s'expliquer?
....
    L'un dans l'autre, à tous coups, leurs regards se confondent.
    Et, d'un commun accord, ces *muets truchemens*,
    Ne se disent que trop leurs amoureux tourmens.

Tant que vous vous tiendrez aux muets interprètes ;
Mais, si la bouche vient à s'en vouloir mêler,
Pour jamais de ma vue il vous faut exiler.

CLITANDRE.

Des projets de mon cœur ne prenez point d'alarme.
Henriette, madame, est l'objet qui me charme ;
Et je viens ardemment conjurer vos bontés
De seconder l'amour que j'ai pour ses beautés.

BÉLISE.

Ah! certes, le détour est d'esprit [1], je l'avoue :
Ce subtil faux-fuyant mérite qu'on le loue ;
Et, dans tous les romans où j'ai jeté les yeux,
Je n'ai rien rencontré de plus ingénieux [2].

CLITANDRE.

Ceci n'est point du tout un trait d'esprit, madame,
Et c'est un pur aveu de ce que j'ai dans l'âme.
Les cieux, par les liens d'une immuable ardeur,
Aux beautés d'Henriette ont attaché mon cœur ;
Henriette me tient sous son aimable empire,
Et l'hymen d'Henriette est le bien où j'aspire.
Vous y pouvez beaucoup ; et tout ce que je veux,
C'est que vous y daigniez favoriser mes vœux.

BÉLISE.

Je vois où doucement veut aller la demande,
Et je sais sous ce nom ce qu'il faut que j'entende.

---

[1] On dit, *un trait d'esprit*, mais on ne dit pas, *ce trait*, et encore moins, *ce détour est d'esprit*.

[2] Aux chimères dont la tête de Bélise est remplie, on auroit gagé qu'elle étoit grande lectrice de romans.

La figure est adroite; et, pour n'en point sortir,
Aux choses que mon cœur m'offre à vous repartir [1],
Je dirai qu'Henriette à l'hymen est rebelle,
Et que, sans rien prétendre, il faut brûler pour elle.

CLITANDRE.

Eh! madame, à quoi bon un pareil embarras?
Et pourquoi voulez-vous penser ce qui n'est pas?

BÉLISE.

Mon dieu! point de façons. Cessez de vous défendre
De ce que vos regards m'ont souvent fait entendre.
Il suffit que l'on est contente du détour
Dont s'est adroitement avisé votre amour,
Et que, sous la figure où le respect l'engage,
On veut bien se résoudre à souffrir son hommage [2],
Pourvu que ses transports, par l'honneur éclairés,
N'offrent à mes autels que des vœux épurés.

CLITANDRE.

Mais...

BÉLISE.

Adieu. Pour ce coup, ceci doit vous suffire,
Et je vous ai plus dit que je ne voulois dire.

---

(1) Voici encore une construction embarrassée, obscure, ou plutôt voici un vers qui ne se lie grammaticalement ni à ce qui précède ni à ce qui suit, et dont le sens est difficile à saisir; je ne vois qu'un moyen de l'expliquer, c'est de supposer qu'*aux choses*, signifie, *entre les choses, parmi les choses*.

(2) *Il suffit que l'on est... et qu'on veut bien.* — Elmire, répondant à la déclaration de Tartuffe, ne parle d'elle-même qu'en employant le mot *on*. C'est, de sa part, un artifice ingénieux et délicat. Bélise en use également ici, mais par un raffinement ridicule de prude romanesque.

ACTE I, SCÈNE IV.

CLITANDRE.

Mais votre erreur...

BÉLISE.

Laissez. Je rougis maintenant,
Et ma pudeur s'est fait un effort surprenant.

CLITANDRE.

Je veux être pendu, si je vous aime; et sage...

BÉLISE.

Non, non, je ne veux rien entendre davantage [1].

---

(1) *Non, non, je ne veux rien entendre davantage.*

Il seroit plus exact de dire, *je ne veux rien entendre de plus*, ou bien, *je n'en veux pas entendre davantage*.

On a remarqué, avec raison, que le rôle de Bélise est emprunté à la comédie des *Visionnaires*, de Desmarets. On n'en sauroit douter, en lisant ce commencement de scène entre Hespérie, *qui croit que tout le monde l'aime*, comme l'auteur la qualifie lui-même, dans la liste des personnages, et sa sœur Mélisse, autre folle, qui est amoureuse d'Alexandre-le-Grand :

HESPÉRIE.

Ma sœur, dites le vrai, que vous disoit Phalante?

MÉLISSE.

Il me parloit d'amour.

HESPÉRIE.

O la ruse excellente!
Donc il s'adresse à vous, n'osant pas m'aborder,
Pour vous donner le soin de me persuader.

MÉLISSE.

Ne flattez point, ma sœur, votre esprit de la sorte :
Phalante me parloit de l'amour qu'il me porte.

....

HESPÉRIE.

Vous pensez m'abuser d'un entretien moqueur,
Pour prendre mieux le temps de le mettre en mon cœur;
Mais, ma sœur, croyez-moi, n'en prenez point la peine, etc.

Le débat continue pendant toute la scène, qu'Hespérie termine ainsi :

Par cette habileté, vous pensez me séduire,

SCÈNE V.

CLITANDRE, seul.

Diantre soit de la folle avec ses visions!
A-t-on rien vu d'égal à ses préventions?
Allons commettre un autre au soin que l'on me donne,
Et prenons le secours d'une sage personne [1].

> Et, dessous votre nom, me conter son martyre.

Dans un autre acte, cette même Hespérie, entendant un personnage, nommé Philidan, et qualifié *amoureux en idée*, qui débite des vers passionnés pour sa maîtresse imaginaire, s'écrie :

> Respectueux amant, on accepte vos vœux.
> Celle que vous aimez, de ma part, vous assure,
> Qu'elle a pitié des maux que votre cœur endure;
> Mais, sans rien desirer, adorez sa vertu.

Dans *le Baron d'Albikrac*, de Thomas Corneille, joué quatre ans avant *les Femmes savantes*, il y a une *tante*, imitée aussi de l'Hespérie des *Visionnaires*, et que Molière pourroit bien avoir imitée lui-même dans quelques traits du rôle de Bélise. Cette tante, qui croit que tous les hommes sont amoureux d'elle, n'en veut point démordre, quelques sermens qu'ils fassent du contraire; et elle prend pour des détours délicats leurs démentis les plus offensans. Léandre, un de ces prétendus amans, lui dit, entre autres douceurs :

> Vous avez vu tout ce qu'il vous plaira;
> Mais je ne vous aimai cependant de ma vie. —
> Vous ne m'aimez pas? — Non, et n'en ai point d'envie.

Plus loin, la tante lui dit : *Puis-je souffrir votre mort, pouvant vous secourir?* et il lui répond :

> Eh! faites-moi l'honneur de me laisser mourir.

[1] Voici le seul monologue qui existe dans *les Femmes savantes*. Il n'y en a pas un seul dans *le Misanthrope* et dans *Tartuffe*. Il est des monologues nécessaires, et dont on ne peut faire un reproche aux auteurs;

mais s'en passer est toujours un mérite, et ce n'est pas fortuitement que Molière s'en est abstenu dans ses trois principaux chefs-d'œuvre.

Cet acte est tout entier d'exposition. L'action, qui consiste uniquement dans les amours de Clitandre et d'Henriette, traversés par la rivalité de Trissotin et par la jalousie d'Armande, ne doit être entamée que dans l'acte suivant.

FIN DU PREMIER ACTE.

ACTE II.

SCÈNE PREMIÈRE.

ARISTE, *quittant Clitandre, et lui parlant encore.*

Oui, je vous porterai la réponse au plus tôt ;
J'appuierai, presserai, ferai tout ce qu'il faut.
Qu'un amant, pour un mot, a de choses à dire !
Et qu'impatiemment il veut ce qu'il desire [1] !
Jamais...

SCÈNE II.

CHRYSALE, ARISTE.

ARISTE.

Ah ! Dieu vous gard', mon frère [2].

CHRYSALE.

Et vous aussi,
Mon frère.

---

[1] Molière a dit de même, dans *Tartuffe* :

Et qu'avec violence il veut ce qu'il veut desire !

[2] *Dieu vous gard'*. — Dans notre ancienne poésie, la suppression de l'e muet final, remplacé par une apostrophe, étoit une chose fort commune. Elle n'existe plus que dans ce petit nombre de phrases du style familier : *Dieu vous gard'*, *grand'messe*, *grand'mère*, *grand'tante*, etc.

ACTE II, SCÈNE II.

ARISTE.
Savez-vous ce qui m'amène ici?

CHRYSALE.
Non; mais, si vous voulez, je suis prêt à l'entendre [1].

ARISTE.
Depuis assez long-temps vous connoissez Clitandre?

CHRYSALE.
Sans doute, et je le vois qui fréquente chez nous.

ARISTE.
En quelle estime est-il, mon frère, auprès de vous [2]?

CHRYSALE.
D'homme d'honneur, d'esprit, de cœur et de conduite;
Et je vois peu de gens qui soient de son mérite [3].

ARISTE.
Certain desir qu'il a, conduit ici mes pas,

---

(1) Ce petit jeu de dialogue a déja été employé deux fois par Molière. Dans *l'Étourdi*:

TRUFALDIN.
Écoute! sais-tu bien ce que je viens de faire?

MASCARILLE.
Non; mais, si vous voulez, je ne tarderai guère,
Sans doute, à le savoir.

Dans les *Fourberies de Scapin*:

OCTAVE.
Hélas! tu ne sais pas la cause de mon inquiétude?

SCAPIN.
Non; mais il ne tiendra qu'à vous que je ne la sache bientôt.

(2). On diroit aujourd'hui, *quel cas faites-vous de lui? Être en estime*, est une expression hors d'usage.

(3) Il falloit, de toute nécessité, pour l'économie de la pièce, que Chrysale estimât beaucoup Clitandre, et se fît une grande joie de l'avoir pour gendre. Autrement, il n'y auroit point conflit de volonté entre lui et sa femme: le débonnaire mari n'auroit aucun motif pour la contrarier, ou du moins il lui céderoit encore plus facilement qu'il ne fait.

Et je me réjouis que vous en fassiez cas.

CHRYSALE.

Je connus feu son père en mon voyage à Rome.

ARISTE.

Fort bien.

CHRYSALE.

C'étoit, mon frère, un fort bon gentilhomme [1].

ARISTE.

On le dit.

CHRYSALE.

Nous n'avions alors que vingt-huit ans,
Et nous étions, ma foi, tous deux de verts-galans.

ARISTE.

Je le crois.

CHRYSALE.

Nous donnions chez les dames romaines,
Et tout le monde, là, parloit de nos fredaines :
Nous faisions des jaloux [2].

ARISTE.

Voilà qui va des mieux ;
Mais venons au sujet qui m'amène en ces lieux.

---

[1] Nous ne serons pas étonnés de voir Clitandre prendre le parti de la cour : nous voyons qu'il y appartient par sa naissance.

[2] Rien de plus naturel, de plus vrai que ces souvenirs de la jeunesse. Quel vieillard n'en a de pareils? et qui pourroit y trouver du ridicule? Depuis Nestor jusqu'à Chrysale, tout homme avancé en âge aime à parler des années de sa jeunesse. On se dédommage ainsi des facultés qu'on a perdues, des plaisirs qu'on ne peut plus goûter ; on se console, par le passé, du présent, et même de l'avenir.

Dandin, des *Plaideurs*, dit de même :

Savez-vous que j'étois un compère autrefois ?
On a parlé de nous.

SCÈNE III.

BÉLISE, *entrant doucement, et écoutant;*
CHRYSALE, ARISTE.

ARISTE.

Clitandre auprès de vous me fait son interprète,
Et son cœur est épris des graces d'Henriette.

CHRYSALE.

Quoi! de ma fille?

ARISTE.

Oui; Clitandre en est charmé,
Et je ne vis jamais amant plus enflammé.

BÉLISE, *à Ariste.*

Non, non; je vous entends. Vous ignorez l'histoire,
Et l'affaire n'est pas ce que vous pouvez croire.

ARISTE.

Comment, ma sœur?

BÉLISE.

Clitandre abuse vos esprits;
Et c'est d'un autre objet que son cœur est épris.

ARISTE.

Vous raillez. Ce n'est pas Henriette qu'il aime?

BÉLISE.

Non; j'en suis assurée.

ARISTE.

Il me l'a dit lui-même.

BÉLISE.

Hé! oui.

LES FEMMES SAVANTES.

ARISTE.

Vous me voyez, ma sœur, chargé par lui
D'en faire la demande à son père aujourd'hui.

BÉLISE.

Fort bien.

ARISTE.

Et son amour même m'a fait instance
De presser les momens d'une telle alliance.

BÉLISE.

Encor mieux (1). On ne peut tromper plus galamment.
Henriette, entre nous, est un amusement,
Un voile ingénieux, un prétexte, mon frère,
A couvrir d'autres feux dont je sais le mystère (2) ;
Et je veux bien, tous deux, vous mettre hors d'erreur.

ARISTE.

Mais, puisque vous savez tant de choses, ma sœur,
Dites-nous, s'il vous plaît, cet autre objet qu'il aime.

BÉLISE.

Vous le voulez savoir?

ARISTE.

Oui. Quoi?

---

(1) C'est pousser loin la folie, il faut l'avouer. Un personnage d'une extravagance si outrée étoit peu digne du pinceau de Molière, et ne méritoit pas surtout de figurer dans un de ses chefs-d'œuvre.

(2) *Un prétexte à couvrir d'autres feux.* — On diroit aujourd'hui, *pour couvrir*. La Harpe, à propos de ce vers d'*Andromaque*,

Il n'attend qu'un prétexte à l'éloigner de lui,

déclare que l'ancienne manière de parler lui semble préférable; il y voit une de ces ellipses qui animent la diction : *un prétexte* (qui sert) *à*. Sans blâmer sa prédilection, j'observe qu'il y a ellipse également dans la façon de parler actuelle : *un prétexte* (fait, propre) *pour*.

ACTE II, SCÈNE III.

BÉLISE.

Moi.

ARISTE.

Vous?

BÉLISE.

Moi-même.

ARISTE.

Hai, ma sœur!

BÉLISE.

Qu'est-ce donc que veut dire ce hai?
Et qu'a de surprenant le discours que je fai?
On est faite d'un air, je pense, à pouvoir dire
Qu'on n'a pas pour un cœur soumis à son empire;
Et Dorante, Damis, Cléonte et Lycidas,
Peuvent bien faire voir qu'on a quelques appas (1).

ARISTE.

Ces gens vous aiment?

BÉLISE.

Oui, de toute leur puissance.

ARISTE.

Ils vous l'ont dit?

---

(1) L'Hespérie des *Visionnaires* débite de même une longue kyrielle d'amans, qui soupirent, qui brûlent, qui meurent pour elle. Levert, auteur d'une comédie intitulée *le Docteur amoureux*, et jouée en 1638, y a mis une folle de la même espèce, à qui l'on dit:

Est-il d'autres amans qui soupirent pour vous?

et qui répond:

Que trop, Lysis, Hylas, Philomède, Clitandre,
Célidan, Phocion, Amyntas, Polexandre,
Palémon et Lysarque, en tiennent tous pour moi,
Sans mille autres encor qu'à peine je connoi.

BÉLISE.

Aucun n'a pris cette licence;
Ils m'ont su révérer si fort jusqu'à ce jour,
Qu'ils ne m'ont jamais dit un mot de leur amour.
Mais, pour m'offrir leur cœur et vouer leur service,
Les muets truchemens ont tous fait leur office [1].

ARISTE.

On ne voit presque point céans venir Damis.

BÉLISE.

C'est pour me faire voir un respect plus soumis.

ARISTE.

De mots piquans, partout, Dorante vous outrage.

BÉLISE.

Ce sont emportemens d'une jalouse rage.

ARISTE.

Cléonte et Lycidas ont pris femme tous deux.

BÉLISE.

C'est par un désespoir, où j'ai réduit leurs feux.

ARISTE.

Ma foi, ma chère sœur, vision toute claire.

CHRYSALE, *à Bélise.*

De ces chimères-là vous devez vous défaire.

BÉLISE.

Ah! chimères! ce sont des chimères, dit-on.
Chimères, moi! Vraiment, chimères est fort bon!

---

[1] Encore *les muets truchemens.* Voy. acte Ier, scène IV, p. 82, note 2.

Je me réjouis fort de chimères, mes frères;
Et je ne savois pas que j'eusse des chimères [1].

SCÈNE IV.

CHRYSALE, ARISTE.

CHRYSALE.

Notre sœur est folle, oui [2].

ARISTE.

Cela croît tous les jours.
Mais, encore une fois, reprenons le discours.
Clitandre vous demande Henriette pour femme;
Voyez quelle réponse on doit faire à sa flamme.

CHRYSALE.

Faut-il le demander? J'y consens de bon cœur,
Et tiens son alliance à singulier honneur.

---

[1] *Chimères* lui semble, par rapport à elle, un mot si dénué de sens, si déraisonnable, qu'elle ne peut trop s'en étonner; et tout ce qu'elle peut faire, c'est de le répéter et d'en rire. Dancourt a imité ce passage, dans *la folle Enchère*. Madame Argante dit, en parlant de Champagne, déguisé en marquise: « Il est vrai qu'il faut être étrangement entêté de « chimères! » et Champagne, s'adressant à Angélique, déguisée en homme, lui dit: « Comment! des chimères! Vous souffrez qu'on m'appelle chi-« mères, monsieur?»

Il est inutile de faire observer que cette scène est toute épisodique. Bélise interrompt l'entretien des deux frères. Ceux-ci, dès qu'elle a cessé de parler et s'est retirée, reprennent leur conversation au point où elle en étoit lors de son arrivée.

[2] Ici, l'*e* muet s'élide devant *oui*. Il vaudroit peut-être mieux qu'il n'y eût pas élision: il est difficile de prononcer l'hémistiche, sans lui donner une syllabe de trop.

ARISTE.

Vous savez que de bien il n'a pas l'abondance [1],
Que...

CHRYSALE.

C'est un intérêt qui n'est pas d'importance;
Il est riche en vertu, cela vaut des trésors:
Et puis son père et moi n'étions qu'un en deux corps [2].

ARISTE.

Parlons à votre femme, et voyons à la rendre
Favorable...

CHRYSALE.

Il suffit; je l'accepte pour gendre.

ARISTE.

Oui; mais, pour appuyer votre consentement,
Mon frère, il n'est pas mal d'avoir son agrément.
Allons...

CHRYSALE.

Vous moquez-vous? Il n'est pas nécessaire.
Je réponds de ma femme, et prends sur moi l'affaire [3].

---

(1) On dit, *avoir abondance de biens*; et non pas, *avoir l'abondance de bien*. Le premier est une phrase faite, qu'on doit employer telle que l'usage l'a consacrée.

(2) On lit, dans *les Apparences trompeuses*, comédie de d'Ouville, ce vers, qui ressemble fort à celui de Molière:

Enfin, son père et moi ne faisions rien qu'une ame.

(3) Si nous n'étions déja prévenus, par les confidences d'Henriette, que Chrysale

..... A reçu du ciel certaine bonté d'ame,
Qui le soumet d'abord à ce que veut sa femme,

nous croirions, à l'entendre, qu'il est tout-à-fait le maître chez lui;

ARISTE.

Mais...

CHRYSALE.

Laissez faire, dis-je, et n'appréhendez pas.
Je la vais disposer aux choses de ce pas.

ARISTE.

Soit (1). Je vais là-dessus sonder votre Henriette,
Et reviendrai savoir...

CHRYSALE.

C'est une affaire faite;
Et je vais à ma femme en parler sans délai.

SCÈNE V.

CHRYSALE, MARTINE.

MARTINE.

Me voilà bien chanceuse (2)! Hélas! l'an dit bien vrai,
Qui veut noyer son chien, l'accuse de la rage;
Et service d'autrui n'est pas un héritage (3).

---

mais nous savons le contraire, et nous commençons ici à nous amuser de cette plaisante forfanterie d'un homme sans caractère, qui parle de son pouvoir sur les autres, fait le rodomont en leur absence, mollit aussitôt qu'ils paroissent, et s'en venge en gourmandant ceux qui sont de son avis, ou ne peuvent lui résister. Ce rôle de Chrysale est, d'un bout à l'autre, une admirable création, ou, pour parler plus justement, une parfaite imitation de la nature.

(1) Ariste, on le voit bien, ne fait pas grand fond sur les assurances de Chrysale; et nous ne nous y fions pas plus que lui.

(2) *Chanceux* signifie heureux; il est employé ici ironiquement.

(3) Comme Sancho Pança, comme tous les gens du peuple, Martine

CHRYSALE.

Qu'est-ce donc ? Qu'avez-vous, Martine ?

MARTINE.

Ce que j'ai ?

CHRYSALE.

Oui.

MARTINE.

J'ai que l'an me donne aujourd'hui mon congé, Monsieur.

CHRYSALE.

Votre congé ?

MARTINE.

Oüi. Madame me chasse.

CHRYSALE.

Je n'entends pas cela. Comment ?

MARTINE.

On me menace,
Si je ne sors d'ici, de me bailler cent coups.

CHRYSALE.

Non, vous demeurerez ; je suis content de vous.
Ma femme bien souvent a la tête un peu chaude ;
Et je ne veux pas, moi... (1)

---

enfile des proverbes. Ce sont leurs sentences. Le vers,

Qui veut noyer son chien, l'accuse de la rage,

se trouve, mot pour mot, dans *le Gouvernement de Sanche Pança*, comédie de Guérin de Bouscal, imprimée en 1641, et restée long-temps au théâtre.

(1) Toujours fort en l'absence de sa femme ; mais la voici : nous allons voir du changement.

SCÈNE VI.

PHILAMINTE, BÉLISE, CHRYSALE, MARTINE.

PHILAMINTE, *apercevant Martine.*

Quoi! je vous vois, maraude :
Vite, sortez, friponne; allons, quittez ces lieux;
Et ne vous présentez jamais devant mes yeux.

CHRYSALE.

Tout doux.

PHILAMINTE.

Non, c'en est fait.

CHRYSALE.

Hé!

PHILAMINTE.

Je veux qu'elle sorte.

CHRYSALE.

Mais qu'a-t-elle commis, pour vouloir de la sorte?..

PHILAMINTE.

Quoi! vous la soutenez?

CHRYSALE.

En aucune façon.

PHILAMINTE.

Prenez-vous son parti contre moi?

CHRYSALE.

Mon dieu! non;
Je ne fais seulement que demander son crime.

PHILAMINTE.

Suis-je pour la chasser sans cause légitime?

CHRYSALE.

Je ne dis pas cela; mais il faut de nos gens...

PHILAMINTE.

Non; elle sortira, vous dis-je, de céans.

CHRYSALE.

Hé bien! oui. Vous dit-on quelque chose là-contre?

PHILAMINTE.

Je ne veux point d'obstacle aux desirs que je montre.

CHRYSALE.

D'accord.

PHILAMINTE.

Et vous devez, en raisonnable époux,
Être pour moi contre elle, et prendre mon courroux [1].

CHRYSALE.

(*se tournant vers Martine.*)

Aussi fais-je. Oui, ma femme avec raison vous chasse,
Coquine, et votre crime est indigne de grace.

MARTINE.

Qu'est-ce donc que j'ai fait?

CHRYSALE, *bas.*

Ma foi, je ne sais pas.

PHILAMINTE.

Elle est d'humeur encore à n'en faire aucun cas [2].

---

[1] *Prendre mon courroux.* — L'usage ne permet pas de dire, *prenez mon courroux*, comme on dit, *prenez mon parti*. On diroit plutôt, en pareil cas, *partagez mon courroux*.

[2] *A n'en faire aucun cas*, c'est-à-dire, à regarder cela comme peu de chose. On disoit autrefois, *ce n'est pas grand cas*, pour dire, ce n'est pas grand'chose. Ces façons de parler sont hors d'usage. *Faire cas d'une chose*, signifie aujourd'hui, l'estimer, la priser.

CHRYSALE.

A-t-elle, pour donner matière à votre haine,
Cassé quelque miroir ou quelque porcelaine?

PHILAMINTE.

Voudrois-je la chasser (1)? et vous figurez-vous
Que, pour si peu de chose, on se mette en courroux?

CHRYSALE.

(à Martine.)   (à Philaminte.)
Qu'est-ce à dire? L'affaire est donc considérable?

PHILAMINTE.

Sans doute. Me voit-on femme déraisonnable?

CHRYSALE.

Est-ce qu'elle a laissé, d'un esprit négligent,
Dérober quelque aiguière ou quelque plat d'argent?

PHILAMINTE.

Cela ne seroit rien.

CHRYSALE, *à Martine.*

Oh! oh! peste, la belle!

(à Philaminte.)
Quoi! l'avez-vous surprise à n'être pas fidèle?

PHILAMINTE.

C'est pis que tout cela.

CHRYSALE.

Pis que tout cela?

---

(1) *Voudrois-je la chasser?* — L'idée n'est pas complète; et, grammaticalement, elle ne peut être complétée par ces mots, *pour si peu de chose*, qui se trouvent dans le vers suivant, et qui appartiennent à une autre phrase; mais il est facile de sous-entendre, *si elle n'eût fait que cela.*

LES FEMMES SAVANTES.

PHILAMINTE.

Pis.

CHRYSALE.

(à Martine.)   (à Philaminte.)
Comment! diantre, friponne! Euh! a-t-elle commis?.. (1)

PHILAMINTE.

Elle a, d'une insolence à nulle autre pareille,
Après trente leçons, insulté mon oreille,
Par l'impropriété d'un mot sauvage et bas,
Qu'en termes décisifs condamne Vaugelas (2).

CHRYSALE.

Est-ce là?..

PHILAMINTE.

Quoi! toujours, malgré nos remontrances,
Heurter le fondement de toutes les sciences,
La grammaire, qui sait régenter jusqu'aux rois,
Et les fait, la main haute, obéir à ses lois (3)!

---

(1) Après l'*infidélité*, c'est-à-dire, le larcin, le vol, il est difficile de concevoir raisonnablement ce que Martine peut avoir fait de *pis*; et, par conséquent, de deviner où vont les soupçons de Chrysale, quand il dit: *Euh! a-t-elle commis?...* Aussi je crois que lui-même ne sait pas trop ce qu'il veut dire, et que Philaminte fait bien de l'interrompre.

(2) Il est question de Vaugelas jusqu'à cinq fois dans cette pièce; ce qui prouve en quelle recommandation étoit la mémoire de ce grammairien, mort en 1650, c'est-à-dire, vingt-deux avant *les Femmes savantes*. Il est certain que ses *Remarques sur la Langue françoise* avoient fait de lui le législateur du langage. Claude Favre, seigneur de Vaugelas, étoit né, en 1585, à Bourg en Bresse.

(3) Le proverbe latin, *Cæsar est supra grammaticam*, « César est au-« dessus de la grammaire, » est contraire à l'opinion de Philaminte: mais Philaminte a raison contre le proverbe; car on sait que Claude, tout César qu'il étoit, n'eut pas le pouvoir d'ajouter à l'alphabet trois lettres qu'il jugeoit nécessaires.

CHRYSALE.

Du plus grand des forfaits je la croyois coupable.

PHILAMINTE.

Quoi! vous ne trouvez pas ce crime impardonnable?

CHRYSALE.

Si fait.

PHILAMINTE.

Je voudrois bien que vous l'excusassiez.

CHRYSALE.

Je n'ai garde.

BÉLISE.

Il est vrai que ce sont des pitiés.
Toute construction est par elle détruite;
Et des lois du langage on l'a cent fois instruite.

MARTINE.

Tout ce que vous prêchez est, je crois, bel et bon;
Mais je ne saurois, moi, parler votre jargon.

PHILAMINTE.

L'impudente! appeler un jargon le langage
Fondé sur la raison et sur le bel usage!

MARTINE.

Quand on se fait entendre, on parle toujours bien,
Et tous vos biaux dictons ne servent pas de rien.

PHILAMINTE.

Hé bien! ne voilà pas encore de son style?
Ne servent pas de rien!

BÉLISE.

O cervelle indocile!
Faut-il qu'avec les soins qu'on prend incessamment,
On ne te puisse apprendre à parler congruement?

De *pas* mis avec *rien* tu fais la récidive;
Et c'est, comme on t'a dit, trop d'une négative.⁽¹⁾

MARTINE.

Mon dieu! je n'avons pas étugué comme vous,
Et je parlons tout droit comme on parle cheux nous.⁽²⁾

PHILAMINTE.

Ah! peut-on y tenir?

BÉLISE.

Quel solécisme horrible!

PHILAMINTE.

En voilà pour tuer une oreille sensible.

BÉLISE.

Ton esprit, je l'avoue, est bien matériel!
Je n'est qu'un singulier, *avons* est pluriel *.

VARIANTE. * *Avons est un pluriel.*

---

(1) Bélise se trompe. Martine n'a pas mis dans sa phrase, *trop d'une négative*. Il n'y en a qu'une; c'est *ne*. *Rien* et *pas* sont de petits mots qui l'accompagnent et qui la fortifient seulement. *Rien* vient du latin *res* (chose), et *pas*, de *passus* (pas, ce qu'on fait pour marcher). Ces mots se joignent à la négative de la même manière que *point*, *brin*, *mie* et *goutte*, dans ces phrases: *je n'en ai point; je n'en ai brin; je n'en veux mie; je n'y vois goutte*. Tous ces mots, *pas*, *point*, *brin*, *mie*, *goutte*, expriment la plus petite quantité, la plus petite partie d'une chose; et c'est pour cela qu'ils se joignent à la négative qui exprime l'absence de cette chose. *Je n'en ai point*, signifie, littéralement, je n'en ai même un point; *je n'en veux mie*, je n'en veux même une miette, etc. La faute de Martine consiste donc seulement à avoir mis, dans la même phrase, *pas* et *rien*: il ne falloit que l'un des deux. Du reste, Molière lui-même a commis plusieurs fois la même faute; et on la remarque aussi dans ce vers des *Plaideurs*:

On ne veut pas rien faire ici qui vous déplaise.

(2) Marotte, des *Précieuses ridicules*, dit de même à ses maîtresses qui la reprennent sur son langage: « Damé! je n'entends point le latin, et je « n'ai pas appris, comme vous, la filophie dans le grand Cyre. »

ACTE II, SCÈNE VI.

Veux-tu toute ta vie offenser la grammaire?

MARTINE.

Qui parle d'offenser grand'mère ni grand-père?

PHILAMINTE.

O ciel!

BÉLISE.

Grammaire est prise à contre-sens par toi [1],
Et je t'ai déja dit d'où vient ce mot.

MARTINE.

Ma foi,
Qu'il vienne de Chaillot, d'Auteuil ou de Pontoise,
Cela ne me fait rien.

BÉLISE.

Quelle ame villageoise!
La grammaire, du verbe et du nominatif,
Comme de l'adjectif avec le substantif,
Nous enseigne les lois.

MARTINE.

J'ai, madame, à vous dire
Que je ne connois point ces gens-là.

PHILAMINTE.

Quel martyre!

BÉLISE.

Ce sont les noms des mots; et l'on doit regarder
En quoi c'est qu'il les faut faire ensemble accorder.

---

[1] *Grammaire est prise...* — Il faudroit, *est pris*. En langage de grammaire, les mots, considérés comme mots seulement, sont toujours au singulier masculin, quels que soient leur genre et leur nombre. On dit, *grammaire est féminin, avons est pluriel.* On sous-entend, *un mot : grammaire est un mot féminin,* etc.

MARTINE.

Qu'ils s'accordent entre eux, ou se gourment, qu'importe [1]

PHILAMINTE, *à Bélise.*

Hé! mon dieu! finissez un discours de la sorte.
(*à Chrysale.*)
Vous ne voulez pas, vous, me la faire sortir?

CHRYSALE.

(*à part.*)
Si fait. A son caprice il me faut consentir.
Va, ne l'irrite point; retire-toi, Martine.

PHILAMINTE.

Comment! vous avez peur d'offenser la coquine?
Vous lui parlez d'un ton tout-à-fait obligeant.

CHRYSALE.

(*d'un ton ferme.*) (*d'un ton plus doux.*)
Moi? point. Allons, sortez. Va-t-en, ma pauvre enfant [2].

---

(1) Dans *le Fidèle*, comédie de Pierre Larivey, Champenois, auteur du XVIe siècle, il y a une scène qui rappelle celle-ci. Une servante, nommée Babille, va trouver un pédant nommé Josse. Celui-ci, au lieu de songer à ce qu'elle lui dit, épilogue sur ses fautes de langue; et la pauvre fille, en s'excusant, en fait de plus grosses encore que les premières. Babille, impatientée, finit par lui dire: *Toutes ces vostres niaiseries ne m'importent rien*; et le pédant, de même que Bélise, lui reproche l'emploi de deux négatives. Molière a certainement profité de ce dialogue. Mais ce qui lui appartient en propre, c'est la manière si plaisante et si naturelle, dont les leçons pédantesques de Bélise sont reçues par Martine, qui s'obstine à voir, dans les termes de grammaire, des gens *qu'elle ne connoît point*, et dont elle ne se soucie pas. Il n'y a que cette folle de Bélise qui puisse essayer de régenter ainsi une pauvre servante. Philaminte, malgré sa manie, sent toute l'extravagance de cette tentative: aussi va-t-elle dire à sa belle-sœur d'en finir, et le lui dire avec ce ton impérieux qui est constamment le sien.

(2) Il ne manquoit à l'humiliante soumission de ce pauvre Chrysale, que d'être contraint à mettre lui-même Martine à la porte.

SCÈNE VII.

PHILAMINTE, CHRYSALE, BÉLISE.

CHRYSALE.

Vous êtes satisfaite, et la voilà partie ;
Mais je n'approuve point une telle sortie [1] :
C'est une fille propre aux choses qu'elle fait,
Et vous me la chassez pour un maigre sujet.

PHILAMINTE.

Vous voulez que toujours je l'aie à mon service,
Pour mettre incessamment mon oreille au supplice,
Pour rompre toute loi d'usage et de raison [2],
Par un barbare amas de vices d'oraison,
De mots estropiés, cousus, par intervalles,
De proverbes traînés dans les ruisseaux des halles ?

BÉLISE.

Il est vrai que l'on sue à souffrir ses discours ;
Elle y met Vaugelas en pièces tous les jours ;
Et les moindres défauts de ce grossier génie,
Sont ou le pléonasme, ou la cacophonie [3].

Toute réflexion sur cette scène seroit superflue jusqu'à en être ridicule. Que pourroit-on y faire remarquer, qui n'eût pas déja été senti, admiré par tout le monde ?

[1] *Une telle sortie*, c'est-à-dire, le motif d'une telle sortie, la cause pour laquelle vous la renvoyez.

[2] *Rompre toute loi.* — On dit plus ordinairement, *enfreindre*, qui, étymologiquement, a la même signification.

[3] Si, selon Boileau, Pradon, qui étoit un auteur de profession, prenoit pour des termes de chimie les mots de *métaphore* et de *métonymie*,

CHRYSALE.

Qu'importe qu'elle manque aux lois de Vaugelas,
Pourvu qu'à la cuisine elle ne manque pas?
J'aime bien mieux, pour moi, qu'en épluchant ses herbes,
Elle accommode mal les noms avec les verbes,
Et redise cent fois un bas et méchant mot,
Que de brûler ma viande ou saler trop mon pot.
Je vis de bonne soupe, et non de beau langage.
Vaugelas n'apprend point à bien faire un potage;
Et Malherbe et Balzac, si savans en beaux mots,
En cuisine, peut-être, auroient été des sots [1].

PHILAMINTE.

Que ce discours grossier terriblement assomme!
Et quelle indignité, pour ce qui s'appelle homme,
D'être baissé sans cesse aux soins matériels,
Au lieu de se hausser vers les spirituels!
Le corps, cette guenille, est-il d'une importance,
D'un prix à mériter seulement qu'on y pense?
Et ne devons-nous pas laisser cela bien loin?

CHRYSALE.

Oui, mon corps est moi-même, et j'en veux prendre soin:
Guenille, si l'on veut; ma guenille m'est chère.

BÉLISE.

Le corps avec l'esprit fait figure, mon frère;

---

y auroit-il de la pédanterie à dire, pour les personnes peu familiarisées avec les termes de la grammaire, que *pléonasme*, signifie, superfluité de paroles, et *cacophonie*, concours de sons désagréables?

(1) Jusqu'ici rien n'est plus sensé que ce que dit Chrysale. Mais il ne se tiendra pas toujours ainsi sur la ligne de la raison : il est trop passionné pour cela.

ACTE II, SCÈNE VII.

Mais, si vous en croyez tout le monde savant,
L'esprit doit sur le corps prendre le pas devant (1) ;
Et notre plus grand soin, notre première instance (2),
Doit être à le nourrir du suc de la science.

CHRYSALE.

Ma foi, si vous songez à nourrir votre esprit,
C'est de viande bien creuse, à ce que chacun dit;
Et vous n'avez nul soin, nulle sollicitude,
Pour...

PHILAMINTE.

Ah! *sollicitude* à mon oreille est rude (3) ;
Il put * étrangement son ancienneté (4).

BÉLISE.

Il est vrai que le mot est bien collet monté (5).

VARIANTE. * *Il pue.*

---

(1) On dit, *prendre le pas sur quelqu'un*, ou, *avoir le pas devant quelqu'un*. Bélise met, dans la même phrase, *sur* et *devant* : l'un des deux est de trop. Molière a déjà fait la même faute dans ce vers d'*Amphitryon* :

    Du pas devant sur moi tu prendras l'avantage.

(2) *Notre première instance*, pour dire, ce qu'il y a de plus instant, de plus pressant pour nous, est une expression tout-à-fait impropre.

(3) *Sollicitude*, qui déplait à Philaminte, comme rude et vieux, étoit et est encore d'un très-bon usage dans ces phrases, *la sollicitude pastorale, la sollicitude paternelle*, etc.

(4) *Il put*. — On dit, aujourd'hui, *il pue*, et l'on a raison. *Puer* doit se conjuguer comme *tuer*, *suer*, etc.

(5) Un *collet monté*, étoit un collet où il entroit du carton et du fil de fer pour le soutenir. Comme, du temps de Molière, c'étoit déjà une mode ancienne, on en donnoit le nom à tout ce qui étoit antique, suranné. Il existoit et il existe encore une autre signification proverbiale du mot *collet monté*. Ces collets, roides de carton et de fil d'archal, qui s'élevoient en entonnoir, du menton jusqu'aux yeux, obligeoient les gens à tenir la

LES FEMMES SAVANTES.

CHRYSALE.

Voulez-vous que je dise? il faut qu'enfin j'éclate,
Que je lève le masque, et décharge ma rate.
De folles on vous traite, et j'ai fort sur le cœur...

PHILAMINTE.

Comment donc?

CHRYSALE, *à Bélise.*

C'est à vous que je parle, ma sœur [1].
Le moindre solécisme en parlant vous irrite;
Mais vous en faites, vous, d'étranges en conduite [2].
Vos livres éternels ne me contentent pas;
Et, hors un gros Plutarque à mettre mes rabats [3],

---

tête haute et droite. C'est ce qui fait dire d'une chose qui a l'air contraint, ou d'une personne qui affecte une gravité outrée, qu'*elle est collet monté*. C'est en ce sens que madame de Sévigné, parlant du chevalier de Méré, dit: « Son chien de style, et la ridicule critique qu'il fait en *collet monté* « d'un esprit libre, badin et charmant comme Voiture, etc. »

[1] Dans *le Festin de Pierre*, Sganarelle use du même artifice qu'ici Chrysale, pour faire entendre à son maître des reproches qu'il ne supporteroit pas, s'ils lui étoient adressés directement. Au premier mot de ces remontrances, Don Juan témoigne son mécontentement. Sganarelle lui dit: « Je ne parle pas à vous, Dieu m'en garde. » ! et, dans le cours de sa tirade, il a bien soin de redire de temps en temps : « Je parle au maître que j'ai « dit. — Ce n'est pas à vous que je parle, c'est à l'autre. »

[2] *Solécisme en conduite* est une expression heureuse. Ce n'est pas, au surplus, la première fois qu'on ait appliqué ce mot de *solécisme* à toute autre chose qu'au langage. Martial, dans une de ses épigrammes, en fait un emploi qu'on ne peut pas même indiquer. Chez je ne sais plus quel peuple de l'antiquité, un comédien faisoit un geste faux; on lui cria qu'il faisoit *un solécisme de la main*.

[3] Ces *rabats*, c'est-à-dire ces collets rabattus que portoient les hommes, étoient empesés, et il importoit qu'ils ne prissent point de plis. C'est pour cela qu'on les tenoit étendus entre les feuillets d'un gros livre, comme le Plutarque *in-folio* de M. Chrysale. Dans *le Roman bourgeois*,

ACTE II, SCÈNE VII.

Vous devriez brûler tout ce meuble inutile,
Et laisser la science aux docteurs de la ville;
M'ôter, pour faire bien, du grenier de céans,
Cette longue lunette à faire peur aux gens,
Et cent brimborions dont l'aspect importune;
Ne point aller chercher ce qu'on fait dans la lune,
Et vous mêler un peu de ce qu'on fait chez vous [1],
Où nous voyons aller tout sans dessus dessous.
Il n'est pas bien honnête, et pour beaucoup de causes,
Qu'une femme étudie et sache tant de choses.
Former aux bonnes mœurs l'esprit de ses enfans,
Faire aller son ménage, avoir l'œil sur ses gens [2],
Et régler la dépense avec économie,
Doit être son étude et sa philosophie.
Nos pères, sur ce point, étoient gens bien sensés,
Qui disoient qu'une femme en sait toujours assez,
Quand la capacité de son esprit se hausse
A connoître un pourpoint d'avec un haut-de-chausse [3].

---

de Furetière, un personnage ridicule, nommé Bélastre, va chez un libraire, et lui demande *un livre. Quel livre?* dit le marchand. *A quoi voulez-vous vous en servir? C'est pour mettre mes rabats en presse,* répond notre imbécille.

(1) *De ce qu'on fait chez vous*, est excellent en parlant à Bélise, qui n'est pas *chez elle*, mais chez son frère.

(2) *Ses enfans, ses gens, son ménage*: comme tout cela convient bien encore à Bélise!

(3) Si Chrysale lisoit, on croiroit qu'il a lu Montaigne, car il le cite en cet endroit. On lit dans les *Essais* : « François, duc de Bretagne, fils
« de Jean V, comme on lui parla de son mariage avec Isabeau, fille d'Écosse,
« et qu'on lui ajouta qu'elle avoit été nourrie simplement et sans aucune
« instruction de lettres, répondit qu'il l'en aimoit mieux; et qu'une femme
« étoit assez savante quand elle savoit mettre différence entre la chemise et
« le pourpoint de son mari. »

Les leurs ne lisoient point, mais elles vivoient bien ;
Leurs ménages étoient tout leur docte entretien ;
Et leurs livres, un dé, du fil et des aiguilles,
Dont elles travailloient au trousseau de leurs filles.
Les femmes d'à-présent sont bien loin de ces mœurs ;
Elles veulent écrire et devenir auteurs.
Nulle science n'est pour elles trop profonde,
Et céans, beaucoup plus qu'en aucun lieu du monde,
Les secrets les plus hauts s'y laissent concevoir,
Et l'on sait tout chez moi, hors ce qu'il faut savoir.
On y sait comme vont lune, étoile polaire,
Vénus, Saturne et Mars, dont je n'ai point affaire ;
Et, dans ce vain savoir, qu'on va chercher si loin,
On ne sait comme va mon pot, dont j'ai besoin.
Mes gens à la science aspirent pour vous plaire,
Et tous ne font rien moins que ce qu'ils ont à faire.
Raisonner est l'emploi de toute ma maison,
Et le raisonnement en bannit la raison.
L'un me brûle mon rôt, en lisant quelque histoire ;
L'autre rêve à des vers, quand je demande à boire :
Enfin, je vois par eux votre exemple suivi,
Et j'ai des serviteurs, et ne suis point servi.
Une pauvre servante au moins m'étoit restée,
Qui de ce mauvais air n'étoit point infectée,
Et voilà qu'on la chasse avec un grand fracas,
A cause qu'elle manque à parler Vaugelas [1].
Je vous le dis, ma sœur, tout ce train-là me blesse,

---

(1) *Parler Vaugelas*, comme on diroit, *parler françois*, est une expression hardie et heureuse. Rotrou a dit de même, dans sa comédie de *Clarice* :

Essayez de parler plus courtisan qu'auteur.

Car c'est, comme j'ai dit, à vous que je m'adresse.
Je n'aime point céans tous vos gens à latin,
Et principalement ce monsieur Trissotin;
C'est lui qui, dans des vers, vous a tympanisées [1] :
Tous les propos qu'il tient sont des billevesées.
On cherche ce qu'il dit après qu'il a parlé;
Et je lui crois, pour moi, le timbre un peu fêlé [2].

---

[1] *Tympaniser quelqu'un*, c'est le décrier hautement, publiquement, et comme à son de tambour. Molière connoissoit bien ce sens du mot, lui qui a dit dans *l'École des Femmes:*

    Gare qu'aux carrefours on ne vous tympanise!

Chrysale ne veut pas dire ici que Trissotin a publié des vers satiriques contre sa femme et sa sœur; il veut dire qu'il les a rendues ridicules dans le monde, en les célébrant dans ses poésies.

[2] Chrysale avoit bien dit qu'il alloit *décharger sa rate*. Il a débité cette tirade tout d'une haleine, comme s'il craignoit d'être interrompu et de ne plus se trouver une autre fois le même courage. Dans cette admirable tirade, il y a des choses d'une vérité générale et éternelle sur la destination naturelle des femmes, qui doivent s'occuper avant tout de leur ménage, de leurs enfans, et ne pas donner à leurs valets l'exemple de songer à autre chose qu'à leur devoir. Il y a aussi des traits d'humeur qui tiennent au caractère et à la situation particulière de Chrysale : il méprise la science, parce qu'il y est entièrement étranger; et, d'ailleurs, il en souffre tant, qu'il lui est permis d'être un peu injuste envers elle. Voilà ce que Thomas n'a pas su apercevoir et distinguer, lorsqu'il a prétendu que Chrysale était *l'homme raisonnable de la pièce*, celui que Molière a fait contraster avec Armande et Philaminte; tandis que c'est Henriette qui contraste véritablement avec elles, et que c'est Clitandre qui professe la véritable doctrine du bon sens, en ce qui regarde l'instruction des femmes.

« Est-il possible, dit La Harpe, de peindre mieux l'effet que produit le
« phébus et le galimatias, dans la conversation comme dans les livres,
« que par ce vers si heureux:

    « On cherche ce qu'il dit après qu'il a parlé.

« Ce pourroit être encore la devise de plus d'un bel-esprit de nos jours. »

PHILAMINTE.

Quelle bassesse, ô ciel! et d'ame et de langage!

BÉLISE.

Est-il de petits corps un plus lourd assemblage,
Un esprit composé d'atomes plus bourgeois (1)?
Et de ce même sang se peut-il que je sois (2)?
Je me veux mal de mort d'être de votre race,
Et, de confusion, j'abandonne la place.

SCÈNE VIII.

PHILAMINTE, CHRYSALE.

PHILAMINTE.

Avez-vous à lâcher encore quelque trait?

CHRYSALE.

Moi? Non. Ne parlons plus de querelle; c'est fait (3).
Discourons d'autre affaire. A votre fille aînée
On voit quelque dégoût pour les nœuds d'hyménée;
C'est une philosophe enfin, je n'en dis rien;
Elle est bien gouvernée, et vous faites fort bien:
Mais de tout autre humeur se trouve sa cadette,

---

(1) On lit, dans le *Carpenteriana*, que ce vers est une imitation de ce que disoit Néoclès de son frère Épicure, que, *lorsqu'il fut conçu, la nature rassembla dans le ventre de sa mère tous les atomes de la prudence.*

(2) Dans *les Précieuses ridicules*, Madelon dit de même à son père: « Pour moi, un de mes étonnemens, c'est que vous ayez pu faire une fille « si spirituelle que moi. »

(3) Après l'effort qu'il vient de faire, il est bien juste qu'il se repose. D'ailleurs, ceux qu'on redoute, on les craint toujours plus quand on est en tête-à-tête avec eux, que lorsqu'il y a un tiers.

ACTE II, SCÈNE IX.

Et je crois qu'il est bon de pourvoir Henriette,
De choisir un mari...

PHILAMINTE.

C'est à quoi j'ai songé,
Et je veux vous ouvrir l'intention que j'ai [1].
Ce monsieur Trissotin, dont on nous fait un crime,
Et qui n'a pas l'honneur d'être dans votre estime,
Est celui que je prends pour l'époux qu'il lui faut;
Et je sais mieux que vous juger de ce qu'il vaut.
La contestation est ici superflue,
Et de tout point chez moi l'affaire est résolue.
Au moins ne dites mot du choix de cet époux;
Je veux à votre fille en parler avant vous.
J'ai des raisons à faire approuver ma conduite [2],
Et je connoîtrai bien si vous l'aurez instruite.

SCÈNE IX.

ARISTE, CHRYSALE.

ARISTE.

Hé bien! la femme sort, mon frère, et je vois bien
Que vous venez d'avoir ensemble un entretien.

CHRYSALE.

Oui.

---

(1) On dit, *s'ouvrir à quelqu'un d'une chose;* on dit aussi, *faire une ouverture à quelqu'un;* mais on ne dit pas, *ouvrir à quelqu'un son intention.*

(2) Ce vers, qui signifie, j'ai pour me conduire ainsi de bonnes raisons, des raisons qu'on approuveroit, manque d'élégance et même de correction.

ARISTE.

Quel est le succès? Aurons-nous Henriette?
A-t-elle consenti? l'affaire est-elle faite?

CHRYSALE.

Pas tout-à-fait encor.

ARISTE.

Refuse-t-elle?

CHRYSALE.

Non.

ARISTE.

Est-ce qu'elle balance?

CHRYSALE.

En aucune façon.

ARISTE.

Quoi donc?

CHRYSALE.

C'est que pour gendre elle m'offre un autre homme.

ARISTE.

Un autre homme pour gendre!

CHRYSALE.

Un autre.

ARISTE.

Qui se nomme?

CHRYSALE.

Monsieur Trissotin.

ARISTE.

Quoi! ce monsieur Trissotin!...

CHRYSALE.

Oui, qui parle toujours de vers et de latin.

ACTE II, SCÈNE IX.

ARISTE.

Vous l'avez accepté?

CHRYSALE.

Moi, point : à Dieu ne plaise!

ARISTE.

Qu'avez-vous répondu?

CHRYSALE.

Rien; et je suis bien aise
De n'avoir point parlé, pour ne m'engager pas.

ARISTE.

La raison est fort belle, et c'est faire un grand pas.
Avez-vous su du moins lui proposer Clitandre?

CHRYSALE.

Non; car, comme j'ai vu qu'on parloit d'autre gendre [1],
J'ai cru qu'il étoit mieux de ne m'avancer point [2].

ARISTE.

Certes, votre prudence est rare au dernier point.
N'avez-vous point de honte, avec votre mollesse?
Et se peut-il qu'un homme ait assez de foiblesse
Pour laisser à sa femme un pouvoir absolu,
Et n'oser attaquer ce qu'elle a résolu?

---

[1] Il faudroit, *d'un autre gendre*; l'adjectif *un* est indispensable quand il s'agit d'un objet déterminé. Ce qui le prouve, c'est que, *parlons d'autre chose*, signifie seulement, changeons de discours; tandis que, si l'on veut passer d'un objet à quelque autre objet qu'on a en vue, il faut dire, *parlons d'une autre chose*.

[2] Peut-on peindre avec plus de vérité, et d'une manière plus comique les subterfuges, les faux-fuyans d'un pauvre homme qui voudroit cacher sa foiblesse, où, du moins, en reculer le plus possible l'humiliant aveu?

CHRYSALE.

Mon dieu! vous en parlez, mon frère, bien à l'aise;
Et vous ne savez pas comme le bruit me pèse.
J'aime fort le repos, la paix et la douceur,
Et ma femme est terrible avecque son humeur [1].
Du nom de philosophe elle fait grand mystère [2]:
Mais elle n'en est pas pour cela moins colère;
Et sa morale, faite à mépriser le bien [3],
Sur l'aigreur de sa bile opère comme rien.
Pour peu que l'on s'oppose à ce que veut sa tête,
On en a pour huit jours d'effroyable tempête.
Elle me fait trembler dès qu'elle prend son ton;
Je ne sais où me mettre, et c'est un vrai dragon;
Et cependant, avec toute sa diablerie,
Il faut que je l'appelle et mon cœur et mamie [4].

---

(1) Dans cette pièce, écrite avec soin, on est surpris de trouver deux fois *avecque*, pour *avec*. Depuis les premières comédies de Molière, où on le rencontre souvent, il étoit presque tombé en désuétude.

(2) On disoit alors, *faire un mystère d'une chose*, dans le sens de, en faire de l'étalage, y donner de l'importance; ce qui est presque le contraire du sens qu'on attache aujourd'hui à cette expression. Dans *l'Esprit follet*, de d'Ouville, on lit:

Le mal n'est pas si grand, pour en faire un mystère.
— Comment! cela vaut-il la peine d'en parler?

(3) *Faite à mépriser le bien*, ressemble assez à une cheville. Cependant ces mots nous préviennent que Philaminte fait fort peu de cas de la richesse; et nous en aurons la preuve, dans la scène où elle apprend avec tant de résignation la perte de toute sa fortune.

(4) Chrysale, enfin, convient de sa lâche condescendance, de sa honteuse soumission; mais, par un dernier stratagême de l'amour-propre, il essaie de les couvrir du nom spécieux d'*amour du repos, de la paix et de la douceur*.

ARISTE.

Allez, c'est se moquer. Votre femme, entre nous,
Est, par vos lâchetés, souveraine sur vous.
Son pouvoir n'est fondé que sur votre foiblesse;
C'est de vous qu'elle prend le titre de maîtresse;
Vous-même à ses hauteurs vous vous abandonnez,
Et vous faites mener en bête par le nez.
Quoi! vous ne pouvez pas, voyant comme on vous nomme,
Vous résoudre une fois à vouloir être un homme,
A faire condescendre une femme à vos vœux,
Et prendre assez de cœur pour dire un Je le veux!
Vous laisserez, sans honte, immoler votre fille
Aux folles visions qui tiennent la famille,
Et de tout votre bien revêtir un nigaud,
Pour six mots de latin qu'il leur fait sonner haut;
Un pédant qu'à tout coup votre femme apostrophe
Du nom de bel-esprit et de grand philosophe,
D'homme qu'en vers galans jamais on n'égala,
Et qui n'est, comme on sait, rien moins que tout cela!
Allez, encore un coup, c'est une moquerie,
Et votre lâcheté mérite qu'on en rie [1].

---

[1] Ariste est un de ces frères ou beaux-frères, remplis de sagesse et de fermeté, que, dans plusieurs de ses grandes comédies, Molière a opposés à la folie, à la foiblesse d'un personnage principal; mais son rôle est le moins important de tous ceux du même genre. Il faut, en effet, moins de paroles et d'efforts de raisonnement pour prouver à un homme qu'il a tort de se laisser mener par sa femme, qu'il n'en faut à l'Ariste de *l'Ecole des Maris*, pour combattre un faux système d'éducation; au Cléante de *Tartuffe*, pour démasquer la fausse dévotion, sans porter atteinte à la dévotion véritable; et au Béralde du *Malade imaginaire*, pour attaquer la triste et dangereuse manie de se médicamenter pour les maux qu'on croit avoir, infaillible moyen de se donner les maux qu'on n'a pas. Tel qu'il est, toutefois, l'Ariste des *Femmes savantes* est un personnage nécessaire : il

CHRYSALE.

Oui, vous avez raison, et je vois que j'ai tort.
Allons, il faut enfin montrer un cœur plus fort,
Mon frère.

ARISTE.

C'est bien dit.

CHRYSALE.

C'est une chose infâme
Que d'être si soumis au pouvoir d'une femme.

ARISTE.

Fort bien.

CHRYSALE.

De ma douceur elle a trop profité.

ARISTE.

Il est vrai.

CHRYSALE.

Trop joui de ma facilité.

ARISTE.

Sans doute.

CHRYSALE.

Et je lui veux faire aujourd'hui connoître
Que ma fille est ma fille, et que j'en suis le maître,
Pour lui prendre un mari qui soit selon mes vœux [1].

ARISTE.

Vous voilà raisonnable, et comme je vous veux.

---

est le seul de la pièce qui ait le droit de gourmander Chrysale sur sa foiblesse, et de l'en faire rougir.

[1] Comme il se bat les flancs! comme il tâche de se bien mettre en colère! Cela durera-t-il?

ACTE II, SCÈNE IX.

CHRYSALE.

Vous êtes pour Clitandre, et savez sa demeure,
Faites-le-moi venir, mon frère, tout à l'heure.

ARISTE.

J'y cours tout de ce pas.

CHRYSALE.

     C'est souffrir trop long-temps,
Et je m'en vais être homme à la barbe des gens [1].

---

[1] Dans ce second acte, le sujet et l'action marchent de front. Le sujet, qui est l'affectation du savoir chez les femmes, reçoit un premier développement dans l'admirable scène où Martine est chassée pour un solécisme; et l'action fait de même un premier pas dans la scène où Philaminte déclare qu'elle veut donner Trissotin pour époux à sa fille, tandis que Chrysale la destine à Clitandre.

FIN DU SECOND ACTE.

ACTE III.

SCÈNE PREMIÈRE.

PHILAMINTE, ARMANDE, BÉLISE, TRISSOTIN, LÉPINE.

PHILAMINTE.

Ah! mettons-nous ici pour écouter à l'aise
Ces vers que mot à mot il est besoin qu'on pèse.

ARMANDE.

Je brûle de les voir.

BÉLISE.

Et l'on s'en meurt chez nous.

PHILAMINTE, *à Trissotin.*

Ce sont charmes pour moi, que ce qui part de vous.

ARMANDE.

Ce m'est une douceur à nulle autre pareille.

BÉLISE.

Ce sont repas friands qu'on donne à mon oreille.

PHILAMINTE.

Ne faites point languir de si pressans desirs.

ARMANDE.

Dépêchez.

BÉLISE.

Faites tôt, et hâtez nos plaisirs.

ACTE III, SCÈNE I.

PHILAMINTE.

A notre impatience offrez votre épigramme.

TRISSOTIN, *à Philaminte.*

Hélas! c'est un enfant tout nouveau né, madame;
Son sort assurément a lieu de vous toucher,
Et c'est dans votre cour que j'en viens d'accoucher [1].

PHILAMINTE.

Pour me le rendre cher, il suffit de son père.

TRISSOTIN.

Votre approbation lui peut servir de mère.

BÉLISE.

Qu'il a d'esprit [2] !

---

[1] Je soupçonne ici Trissotin de vouloir en imposer. L'impromptu est la prétention ordinaire des beaux-esprits de coterie; et l'on sait, depuis long-temps, à quoi s'en tenir sur ces petits vers dont *ils viennent d'accoucher*. Nous verrons que ceux de Trissotin ont dû lui coûter : c'est de la sottise travaillée.

[2] Qui n'a pas vu quelquefois, en sa vie, un moderne Trissotin accueilli par de nouvelles Philamintes, et ne croiroit pas, en lisant la scène de Molière, être encore témoin de cette grotesque ovation? C'est bien là l'empressement ridicule, les éloges outrés, les expressions affectées de ces femmes sottement engouées d'un bel-esprit de bas étage; c'est bien là le maintien et le langage orgueilleusement modeste du héros de la fête. Quand vous entendez une de ces folles s'écrier, *qu'il a d'esprit!* soyez sûr qu'il vient de dire sa plus grosse sottise.

SCÈNE II.

HENRIETTE, PHILAMINTE, BÉLISE, ARMANDE, TRISSOTIN, LÉPINE.

PHILAMINTE, *à Henriette, qui veut se retirer.*

Holà! pourquoi donc fuyez-vous?

HENRIETTE.

C'est de peur de troubler un entretien si doux.

PHILAMINTE.

Approchez, et venez, de toutes vos oreilles,
Prendre part au plaisir d'entendre des merveilles.

HENRIETTE.

Je sais peu les beautés de tout ce qu'on écrit,
Et ce n'est pas mon fait que les choses d'esprit.

PHILAMINTE.

Il n'importe : aussi-bien ai-je à vous dire ensuite
Un secret dont il faut que vous soyez instruite [1].

TRISSOTIN, *à Henriette.*

Les sciences n'ont rien qui vous puisse enflammer,
Et vous ne vous piquez que de savoir charmer [2].

---

[1] On sait que Philaminte s'est chargée d'apprendre elle-même à Henriette qu'elle lui destine Trissotin pour époux. Il y a de l'adresse à rappeler ce beau projet de mariage, au moment où Trissotin va se montrer si ridicule. L'intérêt que déja l'on porte à Henriette, doit s'augmenter de toutes les sottises qu'on entendra dire à ce pédant bel-esprit.

[2] Voilà déja que Trissotin, qui est dans la confidence, commence à faire le galant et à débiter des fadeurs à Henriette.

ACTE III, SCÈNE II.

HENRIETTE.

Aussi peu l'un que l'autre; et je n'ai nulle envie...

BÉLISE.

Ah! songeons à l'enfant nouveau-né, je vous prie.

PHILAMINTE, *à Lépine.*

Allons, petit garçon, vite de quoi s'asseoir.

(*Lépine se laisse tomber.*)

Voyez l'impertinent! Est-ce que l'on doit choir,
Après avoir appris l'équilibre des choses [1]?

BÉLISE.

De ta chute, ignorant, ne vois-tu pas les causes,
Et qu'elle vient d'avoir, du point fixe, écarté
Ce que nous appelons centre de gravité [2]?

LÉPINE.

Je m'en suis aperçu, madame, étant par terre.

---

[1] Est-ce que Lépine a pris des leçons de statique? On le croiroit, à entendre Philaminte. Pourquoi non? Chrysale n'a-t-il pas dit à sa femme :

    Mes gens à la science aspirent pour vous plaire?

[2] Expliquer théoriquement à un valet qui vient de tomber, *la cause de sa chute*, est-il rien de plus caractéristique et de plus plaisant? Du reste, don Quichotte, qui n'est pas pédant, mais qui aime assez à disserter, a une conversation semblable avec Sancho, dans une occasion presque pareille. Sancho, ayant reçu un grand coup de levier, s'en plaint à son maître, et lui dit que, depuis le bout de l'épine du dos jusqu'à la nuque du cou, il sent une douleur qui lui fait perdre la parole. « La cause de cette
« douleur, dit gravement don Quichotte, vient sans doute de ce que le
« levier étant long et large, il a porté sur toutes les parties qui te font
« mal; et, s'il en eût touché davantage, tu sentirois davantage de douleur.
« Oh! pardi, répond Sancho, vous m'avez découvert là une chose bien
« cachée! Et jarni diable, est-ce que la cause du mal que je sens est si
« difficile à deviner, qu'il fallût me dire avec tant d'éloquence, que j'en
« ai dans tous les endroits où j'ai été frappé? »

PHILAMINTE, *à Lépine, qui sort.*

Le lourdaud!

TRISSOTIN.

Bien lui prend de n'être pas de verre [1].

ARMANDE.

Ah! de l'esprit partout!

BÉLISE.

Cela ne tarit pas.

(*Ils s'asseyent.*)

PHILAMINTE.

Servez-nous promptement votre aimable repas.

TRISSOTIN.

Pour cette grande faim qu'à mes yeux on expose,
Un plat seul de huit vers me semble peu de chose;
Et je pense qu'ici je ne ferai pas mal
De joindre à l'épigramme, ou bien au madrigal [2],
Le ragoût d'un sonnet qui, chez une princesse,
A passé pour avoir quelque délicatesse.
Il est de sel attique assaisonné partout,
Et vous le trouverez, je crois, d'assez bon goût [3].

---

[1] Montfleury, dans *Crispin gentilhomme*, a dit de même:

Et bien nous en a pris de n'être pas de verre.

[2] Par *l'épigramme*, ou *le madrigal*, Trissotin entend une seule et même pièce. Autrefois, on appelait *épigramme* toute pièce de vers fort courte, sur un sujet quelconque. Aujourd'hui, on distingue; et le mot d'*épigramme* s'applique exclusivement aux vers satiriques, de même que celui de *madrigal* aux vers galans. La pièce que nous allons entendre porte, dans les œuvres de Cotin, le titre d'*épigramme*.

[3] Bélise a parlé des *repas friands qu'on donne à son oreille;* Philaminte demande qu'on lui *serve promptement un aimable repas.* Trissotin

ARMANDE.

Ah! je n'en doute point.

PHILAMINTE.

Donnons vite audience.

BÉLISE, *interrompant Trissotin chaque fois qu'il se dispose à lire.*

Je sens d'aise mon cœur tressaillir par avance.
J'aime la poésie avec entêtement [1],
Et surtout quand les vers sont tournés galamment.

PHILAMINTE.

Si nous parlons toujours, il ne pourra rien dire.

TRISSOTIN.

So...

BÉLISE, *à Henriette.*

Silence, ma nièce [2].

ARMANDE.

Ah! laissez-le donc lire.

---

garde de ne pas s'emparer de cette jolie métaphore; et l'on voit tout le parti qu'il en a tiré. Voiture lui en avoit donné l'exemple. Écrivant à Costar, il lui mandoit qu'il vouloit s'abstenir de recevoir de ses lettres, à cause qu'on étoit dans le carême, et que, pour un temps de pénitence, *c'étoient de trop grands festins.* « Pour vous, ajoutoit-il, vous pouvez sans scrupule « recevoir ce que je vous envoie; à peine ai-je de quoi vous faire une « légère collation : je ne vous servirai que des légumes, etc. »

(1) *Entêtement*, qui ne signifie plus guère aujourd'hui que, obstination, opiniâtreté, est défini, dans le Dictionnaire de l'Académie, édition de 1694, « grand attachement aux choses dont on est préoccupé. » C'est en ce sens que Molière l'emploie.

(2) N'est-il pas plaisant que cette même Bélise, qui parle toujours, impose silence à Henriette, qui ne dit rien? L'enthousiasme de ces femmes les rend folles : elles ne savent ce qu'elles font, ni ce qu'elles disent.

LES FEMMES SAVANTES.

TRISSOTIN.

Sonnet à la princesse URANIE, *sur sa fièvre* (1).

Votre prudence est endormie,
De traiter magnifiquement,
Et de loger superbement
Votre plus cruelle ennemie.

BÉLISE.

Ah! le joli début!

ARMANDE.

Qu'il a le tour galant (2)!

PHILAMINTE.

Lui seul des vers aisés possède le talent.

ARMANDE.

A *prudence endormie* il faut rendre les armes (3).

BÉLISE.

Loger son ennemie, est pour moi plein de charmes.

---

(1) Le sonnet, tel que Trissotin va le lire, se trouve dans les *OEuvres galantes en prose et en vers*, de M. Cotin, chez Étienne Loyson, Paris, 1663. Il est intitulé: *Sonnet à mademoiselle de Longueville, à présent duchesse de Nemours, sur sa fièvre quarte.*

(2) Madelon, dans *les Précieuses ridicules*, dit de même de Mascarille: « Il a un tour admirable dans l'esprit. »

(3) *Prudence endormie*, n'est point une expression ridicule: elle est employée par les meilleurs auteurs, et notamment par Corneille, dans ce vers de *Nicomède:*

Ma prudence n'est pas tout-à-fait endormie.

Ce n'est point de Trissotin, ou, pour mieux dire, de Cotin, que Molière se moque en cet endroit: c'est de ce trio de femmes qui s'extasient follement sur les choses qui le méritent le moins.

ACTE III, SCÈNE I.

PHILAMINTE.

J'aime *superbement* et *magnifiquement*;
Ces deux adverbes joints font admirablement [1]!

BÉLISE.

Prêtons l'oreille au reste [2].

TRISSOTIN.

Votre prudence est endormie,
De traiter magnifiquement,
Et de loger superbement
Votre plus cruelle ennemie.

ARMANDE.

Prudence endormie!

BÉLISE.

Loger son ennemie!

PHILAMINTE.

Superbement et *magnifiquement!*

TRISSOTIN.

Faites-la sortir; quoi qu'on die,
De votre riche appartement,

---

[1] Ce vers est devenu proverbe, et s'applique chaque fois qu'on rencontre deux de ces longs adverbes en *ment*, trop rapprochés l'un de l'autre.

[2] On demande à Trissotin de poursuivre; mais il n'a garde; et il va répéter son premier quatrain, pour recueillir de nouveaux complimens.
Cet hémistiche, *prêtons l'oreille au reste*, demeurera seul, et le vers ne sera point achevé. La même chose se remarque plusieurs fois dans cette scène. Il y a plus, les exclamations de Philaminte, de Bélise, et d'Armande, ne sont ni mesurées, ni rimées : c'est de la simple prose. Il étoit, en effet, difficile de les assujettir aux règles de la versification, sans ôter au dialogue de son naturel et de sa liberté.

Où cette ingrate insolemment
Attaque votre belle vie (1).

BÉLISE.

Ah! tout doux! laissez-moi, de grace, respirer.

ARMANDE.

Donnez-nous, s'il vous plaît, le loisir d'admirer.

PHILAMINTE.

On se sent, à ces vers, jusques au fond de l'ame,
Couler je ne sais quoi qui fait que l'on se pâme.

ARMANDE.

Faites-la sortir, quoi qu'on die,
De votre riche appartement.

Que *riche appartement* est là joliment dit!
Et que la métaphore est mise avec esprit!

PHILAMINTE.

Faites-la sortir, quoi qu'on die.

Ah! que ce *quoi qu'on die* est d'un goût admirable!
C'est, à mon sentiment, un endroit impayable.

ARMANDE.

De *quoi qu'on die* aussi mon cœur est amoureux.

---

(1) Le faux bel-esprit et la pure sottise se touchent quelquefois de bien près. Une demoiselle Duplessis, créature bête et méchante, que madame de Sévigné avoit souvent aux Rochers, et qu'elle ne pouvoit supporter qu'à force de se moquer d'elle; dit un jour, d'une fièvre qu'elle avoit, quelque chose d'aussi affecté, d'aussi ridicule que le quatrain de Trissotin. *Ne parlons pas de ma fièvre*, disoit-elle; *c'est une méchante, c'est une intéressée*. Une intéressée! dit madame de Sévigné, toute surprise. — *Oui, madame, une intéressée qui veut toujours être avec moi. Je la croyois généreuse*, lui répondit tout doucement madame de Sévigné.

BÉLISE.

Je suis de votre avis, *quoi qu'on die* est heureux.

ARMANDE.

Je voudrois l'avoir fait.

BÉLISE.

Il vaut toute une pièce.

PHILAMINTE.

Mais en comprend-on bien, comme moi, la finesse?

ARMANDE ET BÉLISE.

Oh! oh!

PHILAMINTE.

Faites-la sortir, quoi qu'on die.
Que de la fièvre on prenne ici les intérêts,
N'ayez aucun égard, moquez-vous des caquets.
  Faites-la sortir, quoi qu'on die,
  Quoi qu'on die, quoi qu'on die.

Ce *quoi qu'on die* en dit beaucoup plus qu'il ne semble.
Je ne sais pas, pour moi, si chacun me ressemble;
Mais j'entends là-dessous un million de mots.

BÉLISE.

Il est vrai qu'il dit plus de choses qu'il n'est gros [1].

PHILAMINTE, *à Trissotin.*

Mais, quand vous avez fait ce charmant *quoi qu'on die*,
Avez-vous compris, vous, toute son énergie?

---

(1) On dit quelquefois d'un homme, qu'*il a plus d'esprit qu'il n'est gros*; mais appliquer ce proverbe à une phrase, parce qu'elle n'est que de trois syllabes, c'est le comble de l'affectation et du ridicule.

Songiez-vous bien vous-même à tout ce qu'il nous dit?
Et pensiez-vous alors y mettre tant d'esprit (1)?

TRISSOTIN.

Hai! hai!

ARMANDE.

J'ai fort aussi l'*ingrate* dans la tête.
Cette ingrate de fièvre, injuste, malhonnête,
Qui traite mal les gens qui la logent chez eux.

PHILAMINTE.

Enfin, les quatrains sont admirables tous deux.
Venons-en promptement aux tiercets (2), je vous prie.

ARMANDE.

Ah! s'il vous plaît, encore une fois *quoi qu'on die*.

TRISSOTIN.

Faites-la sortir, quoi qu'on die,

PHILAMINTE, ARMANDE ET BÉLISE.

Quoi qu'on die!

TRISSOTIN.

De votre riche appartement,

---

(1) *Quoi qu'on die*, n'est qu'une cheville dans une mauvaise pièce, et il ne mériteroit pas même qu'on le relevât pour s'en moquer. Mais c'est précisément parce que *quoi qu'on die* ne dit rien, que Molière l'a choisi, pour faire éclater, avec le plus de force, le ridicule enthousiasme de ces trois folles. C'est le commentaire seul qui est plaisant, et que Molière livre à la risée publique. On pourroit croire qu'il a donné à Saint-Hyacinthe l'idée de ses remarques burlesquement admiratives sur le *chef-d'œuvre d'un inconnu*.

(2) Le vrai mot est *tercet*. Il est écrit de cette manière dans toutes les éditions du Dictionnaire de l'Académie, à l'article *Sonnet*; mais, ce qui est extraordinaire, il n'a été placé à son rang, comme mot de la langue, que dans l'édition de 1762.

ACTE III, SCÈNE II.

PHILAMINTE, ARMANDE ET BÉLISE.

Riche appartement !

TRISSOTIN.

Où cette ingrate insolemment

PHILAMINTE, ARMANDE ET BÉLISE.

Cette *ingrate* de fièvre !

TRISSOTIN.

Attaque votre belle vie.

PHILAMINTE.

Votre belle vie !

ARMANDE ET BÉLISE.

Ah !

TRISSOTIN.

Quoi ! sans respecter votre rang,
Elle se prend à votre sang,

PHILAMINTE, ARMANDE ET BÉLISE.

Ah !

TRISSOTIN.

Et nuit et jour vous fait outrage !
Si vous la conduisez aux bains,
Sans la marchander davantage,
Noyez-la de vos propres mains.

PHILAMINTE.

On n'en peut plus.

BÉLISE.

On pâme.

ARMANDE.

On se meurt de plaisir [1].

---

[1] « Est-ce qu'on n'en meurt point ? » dit de même Cathos, des *Précieuses ridicules*, en entendant les vers de Mascarille.

PHILAMINTE.

De mille doux frissons vous vous sentez saisir.

ARMANDE.

Si vous la conduisez aux bains,

BÉLISE.

Sans la marchander davantage,

PHILAMINTE.

Noyez-la de vos propres mains.
De vos propres mains, là, noyez-la dans les bains.

ARMANDE.

Chaque pas dans vos vers rencontre un trait charmant.

BÉLISE.

Partout on s'y promène avec ravissement.

PHILAMINTE.

On n'y sauroit marcher que sur de belles choses.

ARMANDE.

Ce sont petits chemins tout parsemés de roses.

TRISSOTIN.

Le sonnet donc vous semble...

PHILAMINTE.

Admirable, nouveau;
Et personne jamais n'a rien fait de si beau.

BÉLISE, *à Henriette.*

Quoi ! sans émotion pendant cette lecture !
Vous faites là, ma nièce, une étrange figure !

HENRIETTE.

Chacun fait ici-bas la figure qu'il peut,

Ma tante; et bel-esprit, il ne l'est pas qui veut (1).

TRISSOTIN.

Peut-être que mes vers importunent madame.

HENRIETTE.

Point. Je n'écoute pas.

PHILAMINTE.

Ah! voyons l'épigramme.

TRISSOTIN.

Sur un carrosse de couleur amarante donné à une dame de ses amies (2).

PHILAMINTE.

Ses titres ont toujours quelque chose de rare.

ARMANDE.

A cent beaux traits d'esprit leur nouveauté prépare.

TRISSOTIN.

L'amour si chèrement m'a vendu son lien.

---

(1) *Il ne l'est pas qui veut.* — *Il* est de trop. *Ne l'est pas qui veut*, est la phrase vraiment françoise. Cependant Ménage, que je demande pardon de citer, comme autorité, dans le commentaire d'une pièce où il est tourné en ridicule, a dit:

Vous m'accusez d'être volage:
Hélas! belle Doris, il ne l'est pas qui veut.

(2) L'épigramme se trouve dans le même volume que le sonnet, et elle est intitulée ainsi: *sur un carrosse de couleur amarante, acheté pour une dame*. MADRIGAL. A la fin, on lit cette note: « En fayeur des Grecs et des « Latins, et de quelques-uns de nos François, qui affectent ces rencontres « aux mots, quoique froides, j'ai fait grace à cette épigramme. » Je ne vois pas ce que fait, *en faveur des Grecs et des Latins*, cette détestable pointe: leurs plus froids jeux de mots étoient, en comparaison, des traits d'un naturel exquis. La note témoigne que Cotin, lui-même, faisoit peu de cas de son épigramme; mais il ne la méprisoit pas assez, puisqu'il a osé la faire imprimer.

PHILAMINTE, ARMANDE ET BÉLISE.

Ah!

TRISSOTIN.

Qu'il m'en coûte déja la moitié de mon bien;
Et, quand tu vois ce beau carrosse,
Où tant d'or se relève en bosse,
Qu'il étonne tout le pays,
Et fait pompeusement triompher ma Laïs...

PHILAMINTE.

Ah! *ma Laïs!* voilà de l'érudition.
L'enveloppe [1] est jolie, et vaut un million.

TRISSOTIN.

Et, quand tu vois ce beau carrosse,
Où tant d'or se relève en bosse,
Qu'il étonne tout le pays,
Et fait pompeusement triompher ma Laïs,
Ne dis plus qu'il est amarante,
Dis plutôt qu'il est de ma rente.

ARMANDE.

Oh! oh! oh! celui-là ne s'attend point du tout.

PHILAMINTE.

On n'a que lui qui puisse écrire de ce goût [2].

BÉLISE.

Ne dis plus qu'il est amarante,
Dis plutôt qu'il est de ma rente.

Voilà qui se décline, *ma rente, de ma rente, à ma rente.*

---

(1) *L'enveloppe*, c'est sûrement ce nom de *Laïs*, qui donne assez clairement à entendre, que la dame au carrosse n'est autre chose qu'une fille entretenue.

(2) Cathos, dans *les Précieuses ridicules*, dit, en parlant de Mascarille: « Il faut avouer qu'il dit les choses d'une manière particulière. »

ACTE III, SCÈNE II.

PHILAMINTE.

Je ne sais, du moment que je vous ai connu,
Si, sur votre sujet, j'eus l'esprit prévenu ;
Mais j'admire partout vos vers et votre prose.

TRISSOTIN, *à Philaminte.*

Si vous vouliez de vous nous montrer quelque chose,
A notre tour aussi nous pourrions admirer.

PHILAMINTE.

Je n'ai rien fait en vers [1] ; mais j'ai lieu d'espérer
Que je pourrai bientôt vous montrer, en amie,
Huit chapitres du plan de notre académie.
Platon s'est au projet simplement arrêté,
Quand de sa République il a fait le traité ;
Mais à l'effet entier je veux pousser l'idée
Que j'ai sur le papier en prose accommodée.
Car enfin, je me sens un étrange dépit
Du tort que l'on nous fait du côté de l'esprit ;
Et je veux nous venger, toutes tant que nous sommes,
De cette indigne classe où nous rangent les hommes,
De borner nos talens à des futilités [2],
Et nous fermer la porte aux sublimes clartés [3].

---

[1] Dans la seconde scène du quatrième acte, Armande dit à Philaminte en parlant de Clitandre :

Vingt fois, comme ouvrages nouveaux,
J'ai lu des vers de vous, qu'il n'a point trouvés beaux.

Quand Philaminte dit ici, *je n'ai rien fait en vers*, elle veut dire apparemment, je n'ai point fait de vers depuis peu, depuis ceux que je vous ai lus.

[2] *Cette indigne classe où nous rangent les hommes, de nous borner...* — *En nous bornant,* seroit plus régulièrement construit.

[3] Nous avons déjà vu, *ait des clartés de tout;* voici de *sublimes*

ARMANDE.

C'est faire à notre sexe une trop grande offense,
De n'étendre l'effort de notre intelligence
Qu'à juger d'une jupe, ou de l'air d'un manteau,
Ou des beautés d'un point, ou d'un brocard nouveau.

BÉLISE.

Il faut se relever de ce honteux partage,
Et mettre hautement notre esprit hors de page [1].

TRISSOTIN.

Pour les dames on sait mon respect en tous lieux;
Et, si je rends hommage aux brillans de leurs yeux,
De leur esprit aussi j'honore les lumières.

PHILAMINTE.

Le sexe aussi vous rend justice en ces matières;
Mais nous voulons montrer à de certains esprits,
Dont l'orgueilleux savoir nous traite avec mépris,
Que de science aussi les femmes sont meublées;
Qu'on peut faire, comme eux, de doctes assemblées,
Conduites en cela par des ordres meilleurs;
Qu'on y veut réunir ce qu'on sépare ailleurs,
Mêler le beau langage et les hautes sciences [2],

---

clartés, et, plus loin, dans la même scène, nous verrons de *vives clartés*. C'est abuser d'une expression qu'il ne falloit pas même employer une seule fois.

(1) *Hors de page*, hors de dépendance. Expression tirée de l'ancienne chevalerie. A sept ans, un jeune gentilhomme étoit placé en qualité de *page*, de *damoiseau*, ou de *varlet*, auprès de quelque haut baron, ou de quelque illustre chevalier. A quatorze ans, il étoit *hors de page*, et devenoit écuyer.

(2) Il est difficile de ne pas apercevoir ici une allusion à l'Académie Françoise, et à l'Académie des Sciences, occupées, l'une du *beau langage*,

Découvrir la nature en mille expériences ;
Et, sur les questions qu'on pourra proposer,
Faire entrer chaque secte, et n'en point épouser.

TRISSOTIN.

Je m'attache pour l'ordre au péripatétisme (1).

PHILAMINTE.

Pour les abstractions, j'aime le platonisme.

ARMANDE.

Épicure me plaît, et ses dogmes sont forts.

BÉLISE.

Je m'accommode assez, pour moi, des petits corps ;
Mais le vide à souffrir me semble difficile,
Et je goûte bien mieux la matière subtile.

TRISSOTIN.

Descartes, pour l'aimant, donne fort dans mon sens.

ARMANDE.

J'aime ses tourbillons.

PHILAMINTE.

Moi, ses mondes tombans (2).

---

et l'autre des *hautes sciences*. Philaminte veut réunir, dans son académie, leurs attributions séparées.

(1) *Péripatétisme.* — Ce mot, formé d'un mot grec, qui signifie, *se promener*, a été employé pour signifier la doctrine d'Aristote, parce que ceux qui la suivoient disputoient entre eux, en se promenant dans le Lycée. Ils avoient du moins cela de commun avec leurs antagonistes les platoniciens, qui furent autrement nommés *académiciens*, parce qu'ils philosophoient de même en se promenant sous les arbres du jardin d'Académus.

(2) Dans cet étalage de science, assez ridicule, que font nos trois pédantes, et leur *héros d'esprit*, il n'y a pourtant pas un mot qui porte à faux, ou qui soit dit en l'air. *L'ordre*, ou l'enchaînement logique des pro-

ARMANDE.

Il me tarde de voir notre assemblée ouverte,
Et de nous signaler par quelque découverte.

TRISSOTIN.

On en attend beaucoup de vos vives clartés;
Et pour vous la nature a peu d'obscurités.

PHILAMINTE.

Pour moi, sans me flatter, j'en ai déja fait une;
Et j'ai vu clairement des hommes dans la lune.

BÉLISE.

Je n'ai point encor vu d'hommes, comme je crois [1];
Mais j'ai vu des clochers tout comme je vous vois [2].

---

positions, distingue, en effet, le péripatétisme; et *les abstractions* du platonisme sont célèbres. Quant à Épicure, on sait que *les petits corps,* ou atomes, étoient le principe de sa physique, et qu'il admettoit *le vide;* et peut-être, dans ces paroles d'Armande, *Épicure me plaît et ses dogmes sont forts,* est-il permis d'apercevoir une marque de la prédilection de Molière pour la doctrine de ce philosophe, que Gassendi, son maître, lui avoit enseignée. Enfin, personne n'ignore que *la matière subtile, les tourbillons,* et *les mondes tombans,* appartiennent au système du monde imaginé par Descartes, et que ce grand homme a cru expliquer les propriétés de *l'aimant,* par un certain mouvement de la matière subtile à travers la matière cannelée. L'éducation forte qu'avoit reçue Molière, et son savoir, aussi varié que profond, se font sentir en toute circonstance.

Destouches semble avoir imité ce passage, dans *la Fausse Agnès.* Angélique dit: « J'aime les tourbillons; mais j'ai peine à résister à l'at-
« traction. Descartes me ravit et Newton m'entraîne. » Puis elle demande à la comtesse lequel des deux systèmes elle préfère; et la comtesse répond:
« Oh! je suis furieusement pour l'attraction. J'aime tout ce qui attire. —
« Je m'en étois doutée. Et madame la présidente? — Pour moi, je me jette
« à corps perdu dans les tourbillons. »

(1) *Comme je crois.* — On dit mieux, *à ce que je crois,* ou, *que je crois,* ou simplement, *je crois.*

(2) Qui pourroit ne pas se rappeler ici l'anecdote racontée par Helvétius,

ARMANDE.

Nous approfondirons, ainsi que la physique,
Grammaire, histoire, vers, morale et politique.

PHILAMINTE.

La morale a des traits dont mon cœur est épris,
Et c'étoit autrefois l'amour des grands esprits;
Mais aux stoïciens je donne l'avantage,
Et je ne trouve rien de si beau que leur sage [1].

ARMANDE.

Pour la langue, on verra dans peu nos réglemens,
Et nous y prétendons faire des remuemens.
Par une antipathie, ou juste, ou naturelle [2],
Nous avons pris chacune une haine mortelle
Pour un nombre de mots, soit ou verbes, ou noms [3],
Que mutuellement nous nous abandonnons:
Contre eux nous préparons de mortelles sentences [4],

---

d'un curé et d'une femme galante, qui, ayant ouï dire que la lune étoit habitée, tâchoient, le télescope en main, d'en reconnoître les habitans? *Je vois deux ombres qui s'inclinent l'une vers l'autre,* dit la dame. — *Que dites-vous?* s'écria le curé; *ce sont les deux clochers d'une cathédrale.*

(1) On sait que Zénon, le chef des stoïciens, a renfermé la plupart des principes de sa philosophie morale, dans le portrait qu'il a fait d'un *sage*, orné de toutes les vertus que sa doctrine recommande, et exempt des vices ou des défauts qu'elle condamne.

(2) *Par une antipathie ou juste ou naturelle.* — *Juste* et *naturel* ne sont pas opposés l'un à l'autre. Par *antipathie juste*, Molière entend sans doute celle qui vient du jugement, du raisonnement, à la différence d'*antipathie naturelle*, celle qui vient de l'instinct.

(3) *Soit ou verbes ou noms.* — *Soit ou*, est une espèce de tautologie. Il faut dire, *soit verbes, soit noms;* ou bien, *soit verbes ou noms;* ou enfin, *verbes ou noms.* Molière a commis plus d'une fois cette faute.

(4) Par *mortelles sentences*, Armande veut certainement dire, *des sentences à mort*, et elle ne le dit pas.

Et nous devons ouvrir nos doctes conférences
Par les proscriptions de tous ces mots divers,
Dont nous voulons purger et la prose et les vers [1].

PHILAMINTE.

Mais le plus beau projet de notre académie,
Une entreprise noble, et dont je suis ravie,
Un dessein plein de gloire, et qui sera vanté
Chez tous les beaux-esprits de la postérité,
C'est le retranchement de ces syllabes sales,
Qui, dans les plus beaux mots, produisent des scandales;
Ces jouets éternels des sots de tous les temps;
Ces fades lieux communs de nos méchans plaisans;
Ces sources d'un amas d'équivoques infâmes,
Dont on vient faire insulte à la pudeur des femmes [2].

TRISSOTIN.

Voilà certainement d'admirables projets!

BÉLISE.

Vous verrez nos statuts quand ils seront tous faits.

---

(1) On avoit accusé les premiers académiciens françois de vouloir, ainsi que le propose Armande, purger la langue de certains mots qui leur sembloient rudes ou surannés. C'est à ce sujet que Ménage a fait une assez ingénieuse satire, intitulée, *la Requête des Dictionnaires*. Saint-Évremont s'est moqué du même projet, dans sa comédie des *Académiciens*; et il est probable que Molière y fait ici une allusion maligne. Pélisson, historien de l'Académie, assure que ces plaisanteries n'ont pas le moindre fondement.

(2) Dans *la Critique de l'École des Femmes*, Molière s'étoit déja moqué de la ridicule délicatesse des prudes de son temps. Dorante, parlant de la marquise Araminte, dont le scrupule est d'une telle habileté, qu'il découvre des saletés où personne n'en avoit jamais vu, dit : « On tient qu'il « va, ce scrupule, jusques à défigurer notre langue, et qu'il n'y a point « presque de mots dont la sévérité de cette dame ne veuille retrancher ou « la tête ou la queue, pour les syllabes déshonnêtes qu'elle y trouve. »

ACTE III, SCÈNE II.

TRISSOTIN.

Ils ne sauroient manquer d'être tous beaux et sages.

ARMANDE.

Nous serons, par nos lois, les juges des ouvrages ;
Par nos lois, prose et vers, tout nous sera soumis :
Nul n'aura de l'esprit, hors nous et nos amis [1].
Nous chercherons partout à trouver à redire,
Et ne verrons que nous qui sachent bien écrire [2].

---

(1) Ce vers est devenu proverbe, et il n'en est certainement pas un, dans tout Molière, dont on puisse faire de plus fréquentes applications.

(2)   Et ne verrons que nous qui sachent bien écrire.

Il faudroit, *qui sachions.* Voir, sur cette question de langue, tome I, page 259, note 1. L'édition originale et celle de 1682 portent, *qui sache ;* mais c'est évidemment une faute d'impression, qui a passé d'une édition dans l'autre.

    Les deux premières scènes de cet acte, qui n'en font, à bien dire, qu'une seule, sont justement fameuses ; elles sont pleines d'excellens vers de comédie et de mots devenus proverbes. Ce qui les rend surtout piquantes, ce qui en augmente singulièrement l'effet à la représentation, c'est la présence d'Henriette et son silence. Oserai-je dire que je trouve des longueurs dans la grande scène, non pas, certes, au commencement et à la fin, mais au milieu, lorsque les deux pièces de Trissotin sont lues et commentées ? Il semble que la peinture des ridicules qui ne tiennent qu'à l'esprit, ne doit pas être aussi prolongée que celle des travers de la passion ou du caractère. Après que Trissotin a lu un vers ridicule, et que les trois pédantes ont exprimé plus ridiculement encore l'admiration qu'il leur cause, il n'y a plus qu'à recommencer ; et cette suite, un peu longue, de mauvais vers et de sottes louanges, ne pouvant plus piquer la curiosité, peut finir par faire languir l'attention.

SCÈNE III.

PHILAMINTE, BÉLISE, ARMANDE, HENRIETTE, TRISSOTIN, LÉPINE.

LÉPINE, *à Trissotin.*

Monsieur, un homme est là, qui veut parler à vous;
Il est vêtu de noir, et parle d'un ton doux [1].

(*Ils se lèvent.*)

TRISSOTIN.

C'est cet ami savant qui m'a fait tant d'instance
De lui donner l'honneur de votre connoissance.

PHILAMINTE.

Pour le faire venir vous avez tout crédit.

(*Trissotin va au-devant de Vadius.*)

SCÈNE IV.

PHILAMINTE, BÉLISE, ARMANDE, HENRIETTE.

PHILAMINTE, *à Armande et à Bélise.*

Faisons bien les honneurs au moins de notre esprit [2].
(*à Henriette, qui veut sortir.*)
Holà! Je vous ai dit, en paroles bien claires,

---

(1) « On veut me faire accroire, dit Ménage, que je suis le savant qui « *parle d'un ton doux* ; c'est une chose cependant que Molière désavouoit. » Ceci est une question qu'on verra traitée dans une note de la scène suivante, et plus amplement encore dans la Notice.

(2) Dans *les Précieuses ridicules*, Madelon dit, de même, à Cathos, quand on vient leur annoncer la visite du marquis de Mascarille : « Soute- « nons notre réputation. »

Que j'ai besoin de vous.

HENRIETTE.

Mais pour quelles affaires?

PHILAMINTE.

Venez; on va dans peu vous les faire savoir.

SCÈNE V.

TRISSOTIN, VADIUS, PHILAMINTE, BÉLISE, ARMANDE, HENRIETTE.

TRISSOTIN, *présentant Vadius*.

Voici l'homme qui meurt du desir de vous voir;
En vous le produisant [1], je ne crains point le blâme
D'avoir admis chez vous un profane, madame.
Il peut tenir son coin parmi de beaux-esprits [2].

PHILAMINTE.

La main qui le présente en dit assez le prix.

TRISSOTIN.

Il a des vieux auteurs la pleine intelligence,
Et sait du grec, madame, autant qu'homme de France.

PHILAMINTE, *à Bélise*.

Du grec, ô ciel! du grec! Il sait du grec, ma sœur!

---

(1) Il faudroit, *en le produisant chez vous*, ou bien, *en vous le présentant*.

(2) Mascarille, dans *les Précieuses ridicules*, dit de même à Cathos et à Madelon, en parlant de Jodelet : « Mesdames, agréez que je vous présente ce gentilhomme-ci : sur ma parole, il est digne d'être connu de « vous. »

BÉLISE, *à Armande.*

Ah! ma nièce, du grec!

ARMANDE.

Du grec! quelle douceur!

PHILAMINTE.

Quoi! monsieur sait du grec? Ah! permettez, de grace,
Que, pour l'amour du grec, monsieur, on vous embrasse.
(*Vadius embrasse aussi Bélise et Armande.*)

HENRIETTE, *à Vadius, qui veut aussi l'embrasser.*

Excusez-moi, monsieur, je n'entends pas le grec [1].
(*Ils s'asseyent.*)

PHILAMINTE.

J'ai pour les livres grecs un merveilleux respect.

VADIUS.

Je crains d'être fâcheux, par l'ardeur qui m'engage
A vous rendre aujourd'hui, madame, mon hommage;
Et j'aurai pu troubler quelque docte entretien.

PHILAMINTE.

Monsieur, avec du grec on ne peut gâter rien.

TRISSOTIN.

Au reste, il fait merveille en vers ainsi qu'en prose,
Et pourroit, s'il vouloit, vous montrer quelque chose.

VADIUS.

Le défaut des auteurs, dans leurs productions,

---

[1] Quel mot fin et piquant, sous une apparence de naïveté! Ne diroit-on pas que ces autres dames *entendent le grec?* elles qui se laissent de si bon cœur embrasser par Vadius. Vraiment, pourroient-elles dire à Henriette, nous ne l'entendons pas plus que vous, et c'est justement pour cela que nous en raffolons.

C'est d'en tyranniser les conversations [1],
D'être au Palais, au Cours, aux ruelles [2], aux tables,
De leurs vers fatigans lecteurs infatigables.
Pour moi, je ne vois rien de plus sot, à mon sens,
Qu'un auteur qui partout va gueuser des encens,
Qui, des premiers venus saisissant les oreilles,
En fait le plus souvent les martyrs de ses veilles.
On ne m'a jamais vu ce fol entêtement;
Et d'un Grec, là-dessus, je suis le sentiment,
Qui, par un dogme exprès, défend à tous ses sages
L'indigne empressement de lire leurs ouvrages.
Voici de petits vers pour de jeunes amans,
Sur quoi je voudrois bien avoir vos sentimens [3].

TRISSOTIN.

Vos vers ont des beautés que n'ont point tous les autres.

VADIUS.

Les Graces et Vénus règnent dans tous les vôtres [4].

---

[1] *Dans leurs productions.* — Ce n'est pas *dans* leurs productions, c'est *au sujet de* leurs productions, qu'ils ont ce défaut.

[2] *Au Palais, au Cours, aux ruelles.* — Le *Palais*, on l'a déja vu, est le Palais de Justice; ou plutôt les galeries qu'il renferme. Le *Cours*, c'est le Cours-la-Reine. Quant aux *ruelles*, on sait que ce mot vient de l'usage où les femmes étoient alors de recevoir leurs visites familières dans leurs alcoves, soit qu'elles fussent couchées ou non.

[3] *Voici de petits vers.* C'est là, comme dit La Harpe, un de ces traits qui confondent, un de ces endroits où l'acclamation est universelle. « J'ai « vu, ajoute-t-il, des spectateurs saisis d'une surprise réelle; ils avoient « pris Vadius pour le sage de la pièce. »

[4] Chacun de nos deux pédans a le langage qui lui convient. Les complimens de Trissotin ont une tournure moderne, telle qu'il appartient à un bel-esprit de profession. Il y a, dans ceux du savant Vadius, quelque chose qui sent les *vieux auteurs*. Souvent les anciens, pour caractériser tout

TRISSOTIN.

Vous avez le tour libre, et le beau choix des mots.

VADIUS.

On voit partout chez vous l'*ithos* et le *pathos* (1).

TRISSOTIN.

Nous avons vu de vous des églogues d'un style,
Qui passe en doux attraits Théocrite et Virgile.

VADIUS.

Vos odes ont un air noble, galant et doux,
Qui laisse de bien loin votre Horace après vous.

TRISSOTIN.

Est-il rien d'amoureux comme vos chansonnettes?

VADIUS.

Peut-on rien voir d'égal aux sonnets que vous faites?

TRISSOTIN.

Rien qui soit plus charmant que vos petits rondeaux?

VADIUS.

Rien de si plein d'esprit que tous vos madrigaux?

TRISSOTIN.

Aux ballades surtout vous êtes admirable.

VADIUS.

Et dans les bouts-rimés je vous trouve adorable.

---

ce qui est délicat, élégant, aimable, emploient les noms de *Graces* et de *Vénus : Charites Veneresque*.

(1) Il ne pouvoit pas se dispenser de lâcher quelques mots grecs. *Ithos*, est le mot un peu altéré d'Ἰθὺς, ύος, qui signifie, impétuosité, fougue ; et *pathos* est le mot pur (Πάθος), qui veut dire, passion, mouvement.

ACTE III, SCÈNE V.

TRISSOTIN.

Si la France pouvoit connoître votre prix,

VADIUS.

Si le siècle rendoit justice aux beaux-esprits,

TRISSOTIN.

En carrosse doré vous iriez par les rues.

VADIUS.

On verroit le public vous dresser des statues [1].
    (*à Trissotin.*)
Hom! C'est une ballade, et je veux que tout net
Vous m'en...

TRISSOTIN, *à Vadius.*

    Avez-vous vu certain petit sonnet
Sur la fièvre qui tient la princesse Uranie [2]?

VADIUS.

Oui; hier il me fut lu dans une compagnie.

TRISSOTIN.

Vous en savez l'auteur?

VADIUS.

    Non; mais je sais fort bien
Qu'à ne le point flatter, son sonnet ne vaut rien.

---

[1] Dans *les Visionnaires*, Amidor, poëte extravagant et ridicule, dit de lui-même:

    Siècle, si tu pouvois savoir ce que je vaux,
    J'aurois une statue en la place publique.

[2] Comme chacun d'eux n'a loué que pour être loué à son tour, c'est à qui maintenant brillera le plus aux yeux de ces dames. Vadius s'apprête à dire des vers: vite, Trissotin détourne la conversation pour parler des siens.

TRISSOTIN.

Beaucoup de gens pourtant le trouvent admirable.

VADIUS.

Cela n'empêche pas qu'il ne soit misérable ;
Et, si vous l'avez vu, vous serez de mon goût.

TRISSOTIN.

Je sais que là-dessus je n'en suis point du tout,
Et que d'un tel sonnet peu de gens sont capables.

VADIUS.

Me préserve le ciel d'en faire de semblables !

TRISSOTIN.

Je soutiens qu'on ne peut en faire de meilleur [1] ;
Et ma grande raison, c'est que j'en suis l'auteur*.

VADIUS.

Vous ?

TRISSOTIN.

Moi.

VADIUS.

Je ne sais donc comment se fit l'affaire.

TRISSOTIN.

C'est qu'on fut malheureux de ne pouvoir vous plaire.

VADIUS.

Il faut qu'en écoutant j'aie eu l'esprit distrait,
Ou bien que le lecteur m'ait gâté le sonnet [2].

VARIANTE. * *Est que j'en suis l'auteur ?*

---

(1) *De meilleur.* — Il faudroit, *un meilleur*, ou *de meilleurs*.

(2) Cette excuse de Vadius fait souvenir d'une anecdote assez piquante

Mais laissons ce discours, et voyons ma ballade.

TRISSOTIN.

La ballade, à mon goût, est une chose fade :
Ce n'en est plus la mode ; elle sent son vieux temps.

VADIUS.

La ballade pourtant charme beaucoup de gens.

TRISSOTIN.

Cela n'empêche pas qu'elle ne me déplaise.

VADIUS.

Elle n'en reste pas pour cela plus mauvaise.

TRISSOTIN.

Elle a pour les pédans de merveilleux appas.

VADIUS.

Cependant nous voyons qu'elle ne vous plaît pas.

TRISSOTIN.

Vous donnez sottement vos qualités aux autres.

(*Ils se lèvent tous.*)

VADIUS.

Fort impertinemment vous me jetez les vôtres.

TRISSOTIN.

Allez, petit grimaud, barbouilleur de papier.

---

racontée par madame de Sévigné. Un jour, Louis XIV montra au maréchal de Grammont un madrigal qu'il avoit fait, et que lui-même ne trouvoit pas bon. *Lisez*, lui dit-il, *et voyez si vous avez jamais lu un madrigal si impertinent.* Le vieux courtisan y fut pris, et enchérit sur ce qu'avoit dit le maître. *N'est-il pas vrai*, dit encore le roi, *que celui qui l'a fait est bien fat?* — *Sire, il n'y a pas moyen de lui donner un autre nom.* — *Eh bien! je suis ravi que vous m'en ayez parlé si bonnement ; c'est moi qui l'ai fait.* — *Ah! sire, quelle trahison! Que votre majesté me le rende ; je l'ai lu brusquement.*

VADIUS.

Allez, rimeur de balle (1), opprobre du métier.

TRISSOTIN.

Allez, fripier d'écrits, impudent plagiaire.

VADIUS.

Allez, cuistre...

PHILAMINTE.

Eh! messieurs, que prétendez-vous faire?

TRISSOTIN, *à Vadius.*

Va, va restituer tous les honteux larcins
Que réclament sur toi les Grecs et les Latins.

VADIUS.

Va, va-t'en faire amende honorable au Parnasse,
D'avoir fait à tes vers estropier Horace.

TRISSOTIN.

Souviens-toi de ton livre, et de son peu de bruit.

VADIUS.

Et toi, de ton libraire à l'hôpital réduit.

TRISSOTIN.

Ma gloire est établie; en vain tu la déchires.

VADIUS.

Oui, oui, je te renvoie à l'auteur des Satires (2).

TRISSOTIN.

Je t'y renvoie aussi.

---

(1) On nomme *marchandises de balle*, les marchandises de qualité inférieure que colportent les petits marchands appelés *porte-balle*. *Rimeur de balle* est dans le même sens.

(2) C'est-à-dire, à Boileau.

ACTE III, SCÈNE V.

VADIUS.

J'ai le contentement
Qu'on voit qu'il m'a traité plus honorablement.
Il me donne en passant une atteinte légère
Parmi plusieurs auteurs qu'au Palais on révère;
Mais jamais dans ses vers il ne te laisse en paix,
Et l'on t'y voit partout être en butte à ses traits [1].

TRISSOTIN.

C'est par là que j'y tiens un rang plus honorable.
Il te met dans la foule ainsi qu'un misérable;
Il croit que c'est assez d'un coup pour t'accabler,
Et ne t'a jamais fait l'honneur de redoubler.
Mais il m'attaque à part comme un noble adversaire
Sur qui tout son effort lui semble nécessaire;
Et ses coups, contre moi redoublés en tous lieux,
Montrent qu'il ne se croit jamais victorieux.

VADIUS.

Ma plume t'apprendra quel homme je puis être.

---

[1] On n'a jamais douté que Trissotin ne fût l'abbé Cotin, et lui-même ne pouvoit le nier. Mais Ménage, comme on l'a vu, se défendoit d'être l'original de Vadius, et s'autorisoit en cela du désaveu de Molière. Il est cependant bien difficile de ne pas le reconnoître à plusieurs traits. D'abord, une scène pareille à celle qu'on vient de voir, s'étoit passée entre lui et l'abbé Cotin, au palais de Luxembourg. Ensuite, on l'accusoit d'être un grand plagiaire, et de piller surtout les anciens. Enfin, nous venons d'entendre Vadius s'applaudir de ce que l'auteur des Satires ne lui a donné, en passant, qu'une atteinte légère, tandis qu'il ne se lasse point de lancer des traits contre Trissotin; et cela s'applique parfaitement à Ménage, dont Boileau n'a mis qu'une seule fois le nom dans ses Satires, lorsque celui de Cotin y revient sans cesse, et se trouve jusqu'à neuf fois dans la satire *à mon esprit*. Voir la Notice.

TRISSOTIN.

Et la mienne saura te faire voir ton maître.

VADIUS.

Je te défie en vers, prose, grec et latin.

TRISSOTIN.

Eh bien! nous nous verrons seul à seul chez Barbin (1).

SCÈNE VI.

TRISSOTIN, PHILAMINTE, ARMANDE, BÉLISE, HENRIETTE.

TRISSOTIN.

A mon emportement ne donnez aucun blâme;
C'est votre jugement que je défends, madame,

---

(1) Rien n'est plus plaisant que ce défi : ce n'est pas sur le pré qu'ils s'appellent, c'est *chez Barbin ;* et, si, des paroles, ils en doivent venir aux mains, leurs armes seront probablement des livres, comme dans le fameux combat que décrit *le Lutrin*, et dont la boutique de ce même libraire fut le théâtre, ou plutôt l'arsenal.

Il y a, dans *les Académiciens*, cette comédie de Saint-Évremont, dont il est parlé plus haut, une scène assez semblable à celle-ci, entre Collelet et Godeau, évêque de Grasse : ils commencent, de même, par des congratulations, et, de même, finissent par des injures, le tout, à propos de leurs ouvrages. Si Molière a imité Saint-Évremont, ou plutôt s'est rencontré avec lui, il a été imité lui-même par l'auteur de la comédie des *Philosophes*. Après que deux personnages de la pièce ont passé des complimens aux invectives, un tiers s'interpose, et dit :

Messieurs, n'imitons pas les pédans de Molière.

Il y a quelque adresse dans ce vers ; mais il est un peu tard de dire, *n'imitons pas*, quand on a poussé l'imitation à peu près aussi loin qu'elle peut aller. Cette imitation est d'autant plus frappante, que la querelle vient de ce qu'un des deux acteurs dit du mal d'un ouvrage de l'autre, sans savoir qu'il en est l'auteur.

Dans le sonnet qu'il a l'audace d'attaquer.

PHILAMINTE.

A vous remettre bien je me veux appliquer;
Mais parlons d'autre affaire (1). Approchez, Henriette.
Depuis assez long-temps mon ame s'inquiète
De ce qu'aucun esprit en vous ne se fait voir;
Mais je trouve un moyen de vous en faire avoir.

HENRIETTE.

C'est prendre un soin pour moi qui n'est pas nécessaire :
Les doctes entretiens ne sont point mon affaire;
J'aime à vivre aisément; et, dans tout ce qu'on dit,
Il faut se trop peiner pour avoir de l'esprit;
C'est une ambition que je n'ai point en tête.
Je me trouve fort bien, ma mère, d'être bête;
Et j'aime mieux n'avoir que de communs propos,
Que de me tourmenter pour dire de beaux mots.

PHILAMINTE.

Oui; mais j'y suis blessée (2), et ce n'est pas mon compte
De souffrir dans mon sang une pareille honte.
La beauté du visage est un frêle ornement,
Une fleur passagère, un éclat d'un moment,
Et qui n'est attaché qu'à la simple épiderme (3);

---

(1) *Mais parlons d'autre affaire.* — Voir plus haut, page 117, note 1.

(2) *Oui, mais j'y suis blessée.* — Philaminte veut dire, si cela vous est indifférent, cela ne me l'est pas; j'en souffre, moi. Sa pensée n'est pas assez clairement exprimée.

(3) *Épiderme*, que Molière fait ici féminin, est masculin. De son temps, on a hésité beaucoup sur le genre de certains mots tirés du grec; commençant par *épi*, et finissant par un *e* muet, tels que *épigramme*, *épitaphe*, *épithète*, etc. Anciennement, tous ceux qui étoient masculins, ou neutres, en grec, étoient masculins en françois; mais l'élision de l'article

LES FEMMES SAVANTES.

Mais celle de l'esprit est inhérente et ferme.
J'ai donc cherché long-temps un biais de vous donner
La beauté que les ans ne peuvent moissonner [1],
De faire entrer chez vous le desir des sciences,
De vous insinuer les belles connoissances;
Et la pensée enfin où mes vœux ont souscrit,
C'est d'attacher à vous un homme plein d'esprit :
  (*montrant Trissotin.*)
Et cet homme est monsieur, que je vous détermine
A voir comme l'époux que mon choix vous destine [2].

HENRIETTE.

Moi! ma mère?

PHILAMINTE.

Oui, vous [3]. Faites la sotte un peu.

BÉLISE, à *Trissotin.*

Je vous entends; vos yeux demandent mon aveu
Pour engager ailleurs un cœur que je possède.
Allez, je le veux bien. A ce nœud je vous cède;
C'est un hymen qui fait votre établissement.

---

le, devant la voyelle initiale, empêchant de distinguer le genre de ces substantifs, et la terminaison en étant féminine, l'usage les a faits peu à peu de ce dernier genre. Les mots de science et d'arts, moins usuels, tels que *épiderme, épithalame, épisode,* etc., sont seuls restés masculins.

(1) *Un biais de vous donner.* — *Biais* n'est pas le mot propre; et *un biais de* est une mauvaise construction; il falloit, *un moyen de vous donner,* etc.

(2) *Que je vous détermine à voir,* ne signifie, ni *que je vous engage à voir,* ni *que je vous prescris de voir;* et c'est une de ces deux choses que veut dire Philaminte.

(3) *Moi! ma mère?* — *Oui, vous.* — Il n'y a point encore ici d'élision de l'*e* muet devant le monosyllabe *oui.*

TRISSOTIN, *à Henriette.*

Je ne sais que vous dire en mon ravissement,
Madame; et cet hymen dont je vois qu'on m'honore,
Me met...

HENRIETTE.

Tout beau! monsieur; il n'est pas fait encore;
Ne vous pressez pas tant.

PHILAMINTE.

Comme vous répondez!
Savez-vous bien que si?.. Suffit. Vous m'entendez.
(*à Trissotin.*)
Elle se rendra sage. Allons, laissons-la faire.

SCÈNE VII.

HENRIETTE, ARMANDE.

ARMANDE.

On voit briller pour vous les soins de notre mère,
Et son choix ne pouvoit d'un plus illustre époux...

HENRIETTE.

Si le choix est si beau, que ne le prenez-vous?

ARMANDE.

C'est à vous, non à moi, que sa main est donnée.

HENRIETTE.

Je vous le cède tout, comme à ma sœur aînée.

ARMANDE.

Si l'hymen, comme à vous, me paroissoit charmant,
J'accepterois votre offre avec ravissement.

HENRIETTE.

Si j'avois, comme vous, les pédans dans la tête,
Je pourrois le trouver un parti fort honnête.

ARMANDE.

Cependant, bien qu'ici nos goûts soient différens,
Nous devons obéir, ma sœur, à nos parens.
Une mère a sur nous une entière puissance;
Et vous croyez en vain, par votre résistance... (1)

SCÈNE VIII.

CHRYSALE, ARISTE, CLITANDRE, HENRIETTE, ARMANDE.

CHRYSALE, *à Henriette, lui présentant Clitandre.*

Allons, ma fille, il faut approuver mon dessein.
Otez ce gant. Touchez à monsieur dans la main,
Et le considérez désormais dans votre ame,
En homme dont je veux que vous soyez la femme.

ARMANDE.

De ce côté, ma sœur, vos penchans sont fort grands.

HENRIETTE.

Il nous faut obéir, ma sœur, à nos parens;
Un père a sur nos vœux une entière puissance (2).

---

(1) Armande triomphe doublement. Elle se flatte que Clitandre ne sera pas l'époux d'Henriette, et que celle-ci va devenir la femme d'un homme qu'elle déteste. L'amour qu'elle conserve pour l'un, et l'inimitié jalouse qu'elle a conçue contre l'autre, trouvent également leur compte dans cette circonstance.

(2) Ici, Henriette fait à sa sœur la meilleure de toutes les réponses: elle lui rétorque son propre argument, et dans les mêmes termes.

ARMANDE.

Une mère a sa part à notre obéissance.

CHRYSALE.

Qu'est-ce à dire?

ARMANDE.

Je dis que j'appréhende fort
Qu'ici ma mère et vous ne soyez pas d'accord;
Et c'est un autre époux...

CHRYSALE.

Taisez-vous, péronnelle;
Allez philosopher tout le saoul avec elle,
Et de mes actions ne vous mêlez en rien.
Dites-lui ma pensée, et l'avertissez bien
Qu'elle ne vienne pas m'échauffer les oreilles;
Allons vite.

SCÈNE IX.

CHRYSALE, ARISTE, HENRIETTE, CLITANDRE.

ARISTE.

Fort bien. Vous faites des merveilles.

CLITANDRE.

Quel transport! quelle joie! Ah! que mon sort est doux!

CHRYSALE, *à Clitandre*.

Allons, prenez sa main, et passez devant nous;
Menez-la dans sa chambre. Ah! les douces caresses!
  (*à Ariste.*)
Tenez, mon cœur s'émeut à toutes ces tendresses,

Cela ragaillardit tout-à-fait mes vieux jours;
Et je me ressouviens de mes jeunes amours [1].

---

[1] Dans ce troisième acte, comme dans le précédent, la peinture du ridicule qui est le sujet de la pièce, et l'action qui est associée à cette peinture, se développent dans une proportion presque égale. La grande scène est consacrée à la partie comique de l'ouvrage : le reste est réservé à la partie dramatique. Le nœud de l'action est formé, puisqu'il y a conflit, au sujet du mariage d'Henriette, entre toutes les volontés qui y sont intéressées.

FIN DU TROISIÈME ACTE.

ACTE IV.

SCÈNE PREMIÈRE.

PHILAMINTE, ARMANDE.

ARMANDE.

Oui, rien n'a retenu son esprit en balance [1];
Elle a fait vanité de son obéissance;
Son cœur, pour se livrer, à peine devant moi
S'est-il donné le temps d'en recevoir la loi,
Et sembloit suivre moins les volontés d'un père,
Qu'affecter de braver les ordres d'une mère [2].

PHILAMINTE.

Je lui montrerai bien aux lois de qui des deux
Les droits de la raison soumettent tous ses vœux,
Et qui doit gouverner, ou sa mère, ou son père,

---

(1) On ne dit pas *retenir*, mais *tenir en balance*. D'ailleurs, il faut être en balance pour y être *retenu* ou *tenu*; et Henriette n'a pas balancé un seul instant. C'est ce qu'Armande vouloit dire et qu'elle n'a pas dit.

(2) Armande s'entend à flatter les passions de sa mère, qui sont l'amour de la domination et le desir de briller par l'esprit. Ici, elle l'irrite contre Henriette, en lui disant qu'elle a bravé son autorité: tout à l'heure elle va la courroucer contre Clitandre, en lui apprenant qu'il n'estime point ses écrits.

Ou l'esprit ou le corps, la forme ou la matière.

ARMANDE.

On vous en devoit bien, au moins, un compliment [1];
Et ce petit monsieur en use étrangement
De vouloir, malgré vous, devenir votre gendre.

PHILAMINTE.

Il n'en est pas encore où son cœur peut prétendre.
Je le trouvois bien fait, et j'aimois vos amours;
Mais, dans ses procédés, il m'a déplu toujours.
Il sait que, dieu merci, je me mêle d'écrire;
Et jamais il ne m'a prié [2] de lui rien lire.

SCÈNE II.

CLITANDRE, *entrant doucement, et écoutant sans se montrer;* ARMANDE, PHILAMINTE.

ARMANDE.

Je ne souffrirois point, si j'étois que de vous [3],
Que jamais d'Henriette il pût être l'époux.
On me feroit grand tort d'avoir quelque pensée
Que là-dessus je parle en fille intéressée;
Et que le lâche-tour que l'on voit qu'il me fait

---

(1) C'est-à-dire, on devoit bien au moins vous demander votre agrément pour ce mariage.

(2) Il faudroit, *et jamais il ne m'a priée;* sur ce point la règle est formelle, et elle l'étoit déja du temps de Molière.

(3) *Si j'étois que de vous.* — Voir, pour ce gallicisme, tome V, page 17, note 1.

Jette au fond de mon cœur quelque dépit secret.
Contre de pareils coups l'ame se fortifie
Du solide secours de la philosophie,
Et par elle on se peut mettre au-dessus de tout;
Mais vous traiter ainsi, c'est vous pousser à bout.
Il est de votre honneur d'être à ses vœux contraire;
Et c'est un homme, enfin, qui ne doit point vous plaire.
Jamais je n'ai connu, discourant entre nous,
Qu'il eût au fond du cœur de l'estime pour vous.

PHILAMINTE.

Petit sot!

ARMANDE.

Quelque bruit que votre gloire fasse,
Toujours à vous louer il a paru de glace.

PHILAMINTE.

Le brutal!

ARMANDE.

Et vingt fois, comme ouvrages nouveaux,
J'ai lu des vers de vous qu'il n'a point trouvés beaux.

PHILAMINTE.

L'impertinent[1]!

ARMANDE.

Souvent nous en étions aux prises;
Et vous ne croiriez point de combien de sottises...

CLITANDRE, à Armande.

Hé! doucement, de grace. Un peu de charité,

---

[1] *Petit sot!.. Le brutal!.. L'impertinent!* Comme la colère de Philaminte croît, à mesure qu'Armande allègue une nouvelle preuve du peu de cas que Clitandre fait de son esprit!

11.

Madame, ou, tout au moins, un peu d'honnêteté ⁽¹⁾.
Quel mal vous ai-je fait? et quelle est mon offense
Pour armer contre moi toute votre éloquence,
Pour vouloir me détruire ⁽²⁾, et prendre tant de soin
De me rendre odieux aux gens dont j'ai besoin?
Parlez, dites, d'où vient ce courroux effroyable?
Je veux bien que madame en soit juge équitable.

ARMANDE.

Si j'avois le courroux dont on veut m'accuser,
Je trouverois assez de quoi l'autoriser.
Vous en seriez trop digne; et les premières flammes
S'établissent des droits si sacrés sur les ames,
Qu'il faut perdre fortune, et renoncer au jour,
Plutôt que de brûler des feux d'un autre amour ⁽³⁾.
Au changement de vœux nulle horreur ne s'égale ⁽⁴⁾;
Et tout cœur infidèle est un monstre en morale.

---

(1) *Honnêteté* ne doit pas être pris ici dans le sens de, civilité, politesse; c'est le *quod honestum, quod decens*, ce que l'honneur, la bienséance exige.

(2) *Détruire quelqu'un*, le perdre dans l'esprit des autres, est une expression qui commence à n'être plus en usage, et qu'on peut regretter pour son énergie.

(3) Ces quatre vers se trouvent déjà dans *Don Garcie de Navarre*, mais avec quelques différences qui tiennent au ton différent du sujet. Les voici tels qu'ils sont dans la comédie héroïque:

> Oui, seigneur, c'est un crime, et les premières flammes
> Ont des droits si sacrés sur les illustres ames,
> Qu'il faut perdre grandeur, et renoncer au jour,
> Plutôt que de pencher vers un second amour.

(4) *Ne s'égale.* — Il étoit facile à Molière de mettre, *n'est égale*, qui est plus exact ou du moins plus usité.

ACTE IV, SCENE II.

CLITANDRE.

Appelez-vous, madame, une infidélité
Ce que m'a de votre ame ordonné la fierté?
Je ne fais qu'obéir aux lois qu'elle m'impose;
Et, si je vous offense, elle seule en est cause.
Vos charmes ont d'abord possédé tout mon cœur.
Il a brûlé deux ans d'une constante ardeur;
Il n'est soins empressés, devoirs, respects, services,
Dont il ne vous ait fait d'amoureux sacrifices.
Tous mes feux, tous mes soins ne peuvent rien sur vous;
Je vous trouve contraire à mes vœux les plus doux;
Ce que vous refusez, je l'offre au choix d'une autre.
Voyez. Est-ce, madame, ou ma faute, où la vôtre?
Mon cœur court-il au change [1], ou si vous l'y poussez?
Est-ce moi qui vous quitte, ou vous qui me chassez [2]?

ARMANDE.

Appelez-vous, monsieur, être à vos vœux contraire,
Que de leur arracher ce qu'ils ont de vulgaire,
Et vouloir les réduire à cette pureté,
Où du parfait amour consiste la beauté?
Vous ne sauriez pour moi tenir votre pensée

---

(1) *Change* se disoit alors pour, changement; et Molière l'a souvent employé en ce sens. On lit, dans *le Dépit amoureux* : Comment! courir au change!

(2) Il y a du rapport entre ce couplet de Clitandre et celui du comte d'Olban, dans *Nanine* :

J'étois à vous ; vous aviez su me plaire, etc.

Sans vouloir, à propos de ce simple rapprochement, immoler l'auteur de *Nanine* à celui des *Femmes savantes*, on peut, je crois, faire remarquer combien il y a de naturel dans ce que dit ici l'amant d'Henriette, en comparaison de cette tirade poétique et ambitieuse :

Je vous l'ai dit, l'Amour a deux carquois ;
L'un est rempli de ces traits tout de flamme, etc.

Du commerce des sens nette et débarrassée;
Et vous ne goûtez point, dans ses plus doux appas,
Cette union des cœurs, où les corps n'entrent pas.
Vous ne pouvez aimer que d'une amour grossière,
Qu'avec tout l'attirail des nœuds de la matière;
Et, pour nourrir les feux que chez vous on produit,
Il faut un mariage, et tout ce qui s'ensuit [1].
Ah! quel étrange amour! et que les belles ames
Sont bien loin de brûler de ces terrestres flammes!
Les sens n'ont point de part à toutes leurs ardeurs;
Et ce beau feu ne veut marier que les cœurs.
Comme une chose indigne, il laisse là le reste;
C'est un feu pur et net comme le feu céleste:
On ne pousse avec lui que d'honnêtes soupirs,
Et l'on ne penche point vers les sales desirs.
Rien d'impur ne se mêle au but qu'on se propose;
On aime pour aimer, et non pour autre chose;
Ce n'est qu'à l'esprit seul que vont tous les transports,
Et l'on ne s'aperçoit jamais qu'on ait un corps.

CLITANDRE.

Pour moi, par un malheur, je m'aperçois, madame,
Que j'ai, ne vous déplaise, un corps tout comme une ame;
Je sens qu'il y tient trop pour le laisser à part:
De ces détachemens je ne connois point l'art;
Le ciel m'a dénié cette philosophie,
Et mon ame et mon corps marchent de compagnie [2].

---

(1) *Et tout ce qui s'ensuit.* — Cet *et cœtera* est bien de la même prude qui, au commencement de la pièce, frissonnoit en pensant aux *suites* du mot de *mariage*.

(2) Clitandre dit, en homme d'esprit et bien élevé, ce que Chrysale a

Il n'est rien de plus beau, comme vous avez dit,
Que ces vœux épurés qui ne vont qu'à l'esprit,
Ces unions de cœurs, et ces tendres pensées,
Du commerce des sens si bien débarrassées ;
Mais ces amours pour moi sont trop subtilisés :
Je suis un peu grossier, comme vous m'accusez [1] ;
J'aime avec tout moi-même, et l'amour qu'on me donne
En veut, je le confesse, à toute la personne [2].
Ce n'est pas là matière à de grands châtimens,
Et, sans faire de tort à vos beaux sentimens,
Je vois que, dans le monde, on suit fort ma méthode,
Et que le mariage est assez à la mode,
Passe pour un lien assez honnête et doux,
Pour avoir desiré [3] de me voir votre époux,
Sans que la liberté d'une telle pensée

---

exprimé, avec une trivialité plus que bourgeoise, dans ce vers :

    Guenille, si l'on veut, ma guenille m'est chère.

(1) Il faudroit, *comme vous m'en accusez.*

(2) Il y a, dans *la Suite du Menteur*, une contestation toute pareille entre des valets. Cliton demande à Lyse quelques baisers pour gage de l'amour qu'elle lui promet.

LYSE.

Pour l'ame et pour le cœur, tout ce que tu voudras ;
Mais, pour le bout des doigts, ne le demande pas :
Un amour délicat hait ces faveurs grossières.
. . . .
Ayant l'ame et le cœur, que te faut-il de plus ?

CLITON.

J'ai le goût fort grossier en matière de flamme :
Je sais que c'est beaucoup d'avoir le cœur et l'ame ;
Mais je ne sais pas moins qu'on a fort peu de fruit
Et de l'ame et du cœur, si le reste ne suit.

(3) L'exactitude grammaticale voudroit, *pour que j'aie desiré.*

Ait dû vous donner lieu d'en paroître offensée (1).

ARMANDE.

Hé bien! monsieur, hé bien! puisque, sans m'écouter,
Vos sentimens brutaux veulent se contenter;
Puisque, pour vous réduire à des ardeurs fidèles,
Il faut des nœuds de chair, des chaînes corporelles,
Si ma mère le veut, je résous mon esprit
A consentir pour vous à ce dont il s'agit (2).

CLITANDRE.

Il n'est plus temps, madame; une autre a pris la place;
Et, par un tel retour, j'aurois mauvaise grace
De maltraiter l'asile et blesser les bontés,
Où je me suis sauvé de toutes vos fiertés.

PHILAMINTE.

Mais enfin, comptez-vous, monsieur, sur mon suffrage,
Quand vous vous promettez cet autre mariage;
Et, dans vos visions, savez-vous, s'il vous plaît,
Que j'ai pour Henriette un autre époux tout prêt?

CLITANDRE.

Hé! madame, voyez votre choix, je vous prie;
Exposez-moi, de grace, à moins d'ignominie,

---

(1) Avec combien d'esprit et de malice Clitandre vient de plaider la cause de la matière contre le spiritualisme d'Armande! Il étoit aisé de faire sentir aussi bien le ridicule de ce travers peu commun; mais il ne l'étoit pas de le combattre avec tant de délicatesse et de décence.

(2) La fière Armande est ici bien abaissée. Clitandre l'a déja conjurée de ne tenter aucun effort pour le ramener à elle; et elle a été assez justement blessée d'une telle prière. Voici cependant qu'au risque d'un refus encore plus offensant, elle se propose elle-même. Il faut que, malgré ses protestations du contraire, elle ait fort envie de rattraper Clitandre; il faut surtout qu'elle ait un grand desir de l'enlever à Henriette.

Et ne me rangez pas à l'indigne destin
De me voir le rival de monsieur Trissotin [1].
L'amour des beaux-esprits, qui chez vous m'est contraire,
Ne pouvoit m'opposer un moins noble adversaire.
Il en est, et plusieurs, que, pour le bel-esprit,
Le mauvais goût du siècle a su mettre en crédit;
Mais monsieur Trissotin n'a pu duper personne,
Et chacun rend justice aux écrits qu'il nous donne.
Hors céans, on le prise en tous lieux ce qu'il vaut;
Et ce qui m'a vingt fois fait tomber de mon haut,
C'est de vous voir au ciel élever des sornettes
Que vous désavoueriez, si vous les aviez faites.

PHILAMINTE.

Si vous jugez de lui tout autrement que nous,
C'est que nous le voyons par d'autres yeux que vous [2].

---

[1] Son dépit est juste. Il est certain qu'en amour, comme en toute autre chose, on peut avoir tel rival dont on ait fort à rougir. Quelque justice qu'on se rende et qui vous soit rendue par les autres, il y a, dans une concurrence indigne, je ne sais quoi d'humiliant qui vous feroit préférer le danger d'une concurrence honorable. Au reste, si Trissotin est bien ridicule et bien vil pour être opposé à Clitandre et l'emporter sur lui dans l'esprit de Philaminte, la sottise et la bassesse du personnage n'en font que mieux ressortir l'étrange infatuation de sa dupe.

[2] Voici le vrai moment de faire arriver Trissotin, pour le mettre, devant nous, aux prises avec son rival. Tout est préparé pour que ce conflit excite vivement notre curiosité; et nous jugerons si elle a été satisfaite.

SCÈNE III.

TRISSOTIN, PHILAMINTE, ARMANDE, CLITANDRE.

TRISSOTIN, *à Philaminte.*

Je viens vous annoncer une grande nouvelle.
Nous l'avons en dormant, madame, échappé belle.
Un monde près de nous a passé tout du long,
Est chu tout au travers de notre tourbillon,
Et, s'il eût en chemin rencontré notre terre,
Elle eût été brisée en morceaux comme verre (1).

PHILAMINTE.

Remettons ce discours pour une autre saison.
Monsieur n'y trouveroit ni rime ni raison ;
Il fait profession de chérir l'ignorance,
Et de haïr, surtout, l'esprit et la science.

CLITANDRE.

Cette vérité veut quelque adoucissement.

---

(1) L'anecdote suivante, rapportée dans le *Ménagiana*, a pu donner à Molière l'idée de cette entrée de Trissotin. « On s'entretenoit à l'hôtel de « Rambouillet des macules nouvellement découvertes dans le disque du « soleil, qui pouvoient faire appréhender que cet astre ne s'affoiblît. M. de « Voiture entra dans ce temps-là. Mademoiselle de Rambouillet lui dit : « *Eh bien ! monsieur, quelles nouvelles ? Mademoiselle*, dit-il, *il court de « mauvais bruits du soleil.* »

Voltaire, dans ses *Singularités de la Nature*, prend la peine de justifier Trissotin, au sujet de ce passage. « On prétend, dit-il, qu'une comète peut « heurter notre globe en son chemin ; et Trissotin n'a peut-être pas eu tort « de dire :

« Je viens vous annoncer, etc.

« La théorie des comètes n'étoit pas encore connue, lorsque la comédie des « *Femmes savantes* fut jouée à la cour, en 1672. »

ACTE IV, SCÈNE III.

Je m'explique, madame; et je hais seulement
La science et l'esprit qui gâtent les personnes.
Ce sont choses, de soi, qui sont belles et bonnes;
Mais j'aimerois mieux être au rang des ignorans,
Que de me voir savant comme certaines gens.

TRISSOTIN.

Pour moi, je ne tiens pas, quelque effet qu'on suppose,
Que la science soit pour gâter quelque chose.

CLITANDRE.

Et c'est mon sentiment qu'en faits comme en propos
La science est sujette à faire de grands sots.

TRISSOTIN.

Le paradoxe est fort.

CLITANDRE.

Sans être fort habile,
La preuve m'en seroit, je pense, assez facile.
Si les raisons manquoient, je suis sûr qu'en tout cas
Les exemples fameux ne me manqueroient pas.

TRISSOTIN.

Vous en pourriez citer qui ne conclueroient guère.

CLITANDRE.

Je n'irois pas bien loin pour trouver mon affaire.

TRISSOTIN.

Pour moi, je ne vois pas ces exemples fameux.

CLITANDRE.

Moi, je les vois si bien, qu'ils me crèvent les yeux [1].

---

[1] Le trait est assez direct pour que l'acteur doive s'abstenir, en le disant, de regarder Trissotin avec affectation. Le vers, accompagné d'un tel regard, n'est plus une épigramme que Trissotin soit le maître de ne

TRISSOTIN.

J'ai cru jusques ici que c'étoit l'ignorance
Qui faisoit les grands sots, et non pas la science.

CLITANDRE.

Vous avez cru fort mal, et je vous suis garant
Qu'un sot savant est sot plus qu'un sot ignorant [1].

TRISSOTIN.

Le sentiment commun est contre vos maximes,
Puisque ignorant et sot sont termes synonymes [2].

CLITANDRE.

Si vous le voulez prendre aux usages du mot,
L'alliance est plus forte entre pédant et sot.

TRISSOTIN.

La sottise, dans l'un, se fait voir toute pure.

CLITANDRE.

Et l'étude, dans l'autre, ajoute à la nature.

TRISSOTIN.

Le savoir garde en soi son mérite éminent.

CLITANDRE.

Le savoir, dans un fat, devient impertinent.

TRISSOTIN.

Il faut que l'ignorance ait pour vous de grands charmes,

---

pas s'appliquer; c'est une injure dite en face, à bout portant, qu'il seroit impossible à Trissotin lui-même de ne pas relever.

[1] La Fontaine, dans une lettre en prose et en vers adressée à Racine, a dit à peu près de même :

Un sot plein de savoir est plus sot qu'un autre homme.

[2] Trissotin n'est pas fort en synonymie.

ACTE IV, SCÈNE III.

Puisque pour elle ainsi vous prenez tant les armes.

CLITANDRE.

Si pour moi l'ignorance a des charmes bien grands,
C'est depuis qu'à mes yeux s'offrent certains savans.

TRISSOTIN.

Ces certains savans-là peuvent, à les connoître,
Valoir certaines gens que nous voyons paroître.

CLITANDRE.

Oui, si l'on s'en rapporte à ces certains savans;
Mais on n'en convient pas chez ces certaines gens (1).

PHILAMINTE, *à Clitandre*.

Il me semble, monsieur...

CLITANDRE.

Hé! madame, de grace;
Monsieur est assez fort, sans qu'à son aide on passe :

---

(1) *Certaines gens, certains savans*, rien n'est plus vague, plus indéfini; et pourtant ils ne veulent dire là que Clitandre et Trissotin. C'est un artifice assez ordinaire de la dispute, que de généraliser les reproches, au lieu de les adresser directement : on se dit ainsi des choses moins grossières, qui n'en sont que plus malignes. Il y a un trait semblable dans *la Cistellaire*, de Plaute.

LAMPADISQUE.

« Certain homme se vante de savoir où est cette corbeille.

HALISCA.

« Eh bien! il obligera beaucoup certaine femme, s'il veut la lui indiquer.

LAMPADISQUE.

« Mais ce certain homme demande une récompense.

HALISCA.

« Eh bien! cette certaine femme n'a rien à lui donner. »

Ce *certain homme*, c'est Lampadisque lui-même, et cette *certaine femme*, c'est Halisca. *Quidam* est le mot qui, dans le latin, répond au mot *certain*.

Je n'ai déjà que trop d'un si rude assaillant;
Et, si je me défends, ce n'est qu'en reculant.

ARMANDE.

Mais l'offensante aigreur de chaque repartie (1),
Dont vous...

CLITANDRE.

Autre second? Je quitte la partie.

PHILAMINTE.

On souffre aux entretiens ces sortes de combats,
Pourvu qu'à la personne on ne s'attaque pas.

CLITANDRE.

Hé! mon dieu! tout cela n'a rien dont il s'offense.
Il entend raillerie autant qu'homme de France (2);
Et de bien d'autres traits il s'est senti piquer,
Sans que jamais sa gloire ait fait que s'en moquer.

TRISSOTIN.

Je ne m'étonne pas, au combat que j'essuie,
De voir prendre à monsieur la thèse qu'il appuie;
Il est fort enfoncé dans la cour, c'est tout dit (3).
La cour, comme l'on sait, ne tient pas pour l'esprit.
Elle a quelque intérêt d'appuyer l'ignorance;
Et c'est en courtisan qu'il en prend la défense.

---

(1) Montfleury, dans *la Dupe de soi-même*, a dit:

L'aigreur que vous mêlez en chaque repartie.

(2) Dancourt a pris ce vers de Molière tout entier pour le mettre dans sa prose. « Monsieur des Soupirs est bon prince, dit Lisette, dans *l'Été des Coquettes*; il entend raillerie autant qu'homme du monde. »

(3) *C'est tout dit.* — Il faudroit, *tout est dit*, ou, *c'est tout dire*.

ACTE IV, SCÈNE III.

CLITANDRE.

Vous en voulez beaucoup à cette pauvre cour;
Et son malheur est grand de voir que, chaque jour,
Vous autres, beaux-esprits, vous déclamiez contre elle;
Que de tous vos chagrins vous lui fassiez querelle,
Et, sur son méchant goût lui faisant son procès,
N'accusiez que lui seul de vos méchans succès.
Permettez-moi, monsieur Trissotin, de vous dire,
Avec tout le respect que votre nom m'inspire,
Que vous feriez fort bien, vos confrères et vous,
De parler de la cour d'un ton un peu plus doux :
Qu'à le bien prendre, au fond, elle n'est pas si bête
Que, vous autres messieurs, vous vous mettez en tête [1];
Qu'elle a du sens commun pour se connoître à tout;
Que chez elle on se peut former quelque bon goût,
Et que l'esprit du monde y vaut, sans flatterie,
Tout le savoir obscur de la pédanterie [2].

---

[1] *Vous vous mettez en tête.* — Il faudroit, *vous vous le mettez en tête.*

[2] Clitandre vient de traduire en vers excellens ce qu'avoit déjà dit en prose fort piquante Dorante, de *la Critique de l'École des Femmes*. Dorante allègue, en faveur de *l'École des Femmes*, le suffrage de la cour. M. Lysidas, pédant vain et jaloux, comme Trissotin, répond avec mépris : « Ah ! mon-« sieur, la cour ! » Et Dorante reprend :

« Achevez, M. Lysidas. Je vois bien que vous voulez dire que la cour ne
« se connoît pas à ces choses ; et c'est le refuge ordinaire de vous autres,
« messieurs les auteurs, dans le mauvais succès de vos ouvrages, que
« d'accuser l'injustice du siècle et le peu de lumières des courtisans. Sa-
« chez, s'il vous plaît, M. Lysidas, que les courtisans ont d'aussi bons
« yeux que d'autres ; qu'on peut être habile avec un point de Venise et
« des plumes, aussi-bien qu'avec une perruque courte et un petit rabat
« uni ; que la grande épreuve de toutes vos comédies, c'est le jugement de
« la cour ; que c'est son goût qu'il faut étudier pour trouver l'art de réussir ;
« qu'il n'y a point de lieu où les décisions soient si justes ; et, sans mettre

TRISSOTIN.

De son bon goût, monsieur, nous voyons des effets.

CLITANDRE.

Où voyez-vous, monsieur, qu'elle l'ait si mauvais?

TRISSOTIN.

Ce que je vois, monsieur? C'est que pour la science
Rasius et Baldus [1] font honneur à la France;
Et que tout leur mérite, exposé fort au jour,
N'attire point les yeux et les dons de la cour.

CLITANDRE.

Je vois votre chagrin, et que, par modestie,
Vous ne vous mettez point, monsieur, de la partie;
Et, pour ne vous point mettre aussi dans le propos,
Que font-ils pour l'État, vos habiles héros?
Qu'est-ce que leurs écrits lui rendent de service,
Pour accuser la cour d'une horrible injustice,
Et se plaindre en tous lieux que sur leurs doctes noms
Elle manque à verser la faveur de ses dons?
Leur savoir à la France est beaucoup nécessaire!
Et des livres qu'ils font, la cour a bien affaire!
Il semble à trois gredins [2], dans leur petit cerveau,

« en ligne de compte tous les gens savans qui y sont, que, du simple bon
« sens naturel et du commerce de tout le beau monde, on s'y fait une
« manière d'esprit, qui, sans comparaison, juge plus finement des choses,
« que tout le savoir enrouillé des pédans. »

(1) *Rasius* et *Baldus* sont des noms forgés, latinisés à la manière des
érudits du seizième siècle. Voltaire, dans *le Temple du Goût*, a donné le
nom de *Baldus* à un de ces commentateurs des anciens qui obstruent les
avenues du temple.

(2) Notez qu'il a promis à Trissotin *de ne pas le mettre dans le propos*,
et de ne parler que de ses deux héros, Rasius et Baldus. Voilà pourtant

Que pour être imprimés, et reliés en veau,
Les voilà dans l'État d'importantes personnes;
Qu'avec leur plume ils font les destins des couronnes;
Qu'au moindre petit bruit de leurs productions,
Ils doivent voir chez eux voler les pensions;
Que sur eux l'univers a la vue attachée;
Que partout de leur nom la gloire est épanchée;
Et qu'en science ils sont des prodiges fameux,
Pour savoir ce qu'ont dit les autres avant eux,
Pour avoir eu trente ans des yeux et des oreilles,
Pour avoir employé neuf ou dix mille veilles
A se bien barbouiller de grec et de latin,
Et se charger l'esprit d'un ténébreux butin
De tous les vieux fatras qui traînent dans les livres.
Gens qui de leur savoir paroissent toujours ivres;
Riches, pour tout mérite, en babil importun;
Inhabiles à tout; vides de sens commun,
Et pleins d'un ridicule et d'une impertinence
A décrier partout l'esprit et la science.

PHILAMINTE.

Votre chaleur est grande; et cet emportement
De la nature en vous marque le mouvement.
C'est le nom de rival, qui dans votre ame excite... (1)

---

qu'ici il compte *trois gredins*. Il est bien difficile de croire que Trissotin ne fasse pas le troisième.

(1) Cette scène est la plus belle ou du moins la plus brillante de la pièce, celle qui produit le plus d'effet au théâtre. On ne peut y comparer que la grande scène du second acte, où Chrysale décharge sa bile contre les femmes qui méprisent les devoirs et les travaux de leur sexe, pour s'occuper exclusivement de sciences et de lettres. Si Chrysale a fait justice des pédantes, Clitandre, à son tour, immole les pédans et les prétendus beaux-esprits

SCÈNE IV.

TRISSOTIN, PHILAMINTE, CLITANDRE, ARMANDE, JULIEN.

JULIEN.

Le savant qui tantôt vous a rendu visite,
Et de qui j'ai l'honneur d'être l'humble valet,
Madame, vous exhorte à lire ce billet.

PHILAMINTE.

Quelque important que soit ce qu'on veut que je lise,
Apprenez, mon ami, que c'est une sottise
De se venir jeter au travers d'un discours;
Et qu'aux gens d'un logis il faut avoir recours,
Afin de s'introduire en valet qui sait vivre [1].

---

dont elles sont engouées. Ce n'est, de la part de l'un ni de l'autre, une censure générale et désintéressée. Chrysale plaide pour son ménage qui va mal et son pot au feu qu'on néglige ; Clitandre tire vengeance d'un rival ridicule qu'on lui préfère : aussi leurs discours ont-ils ce mouvement, cette chaleur, cette verve, que la passion seule peut donner ; et, toutefois, un peu d'exagération chez l'un, beaucoup de vivacité et presque d'emportement chez l'autre, n'empêchent pas qu'au fond leur opinion ne soit très-sensée, et que tout le public n'y applaudisse justement.

L'apologie de la cour, faite par Clitandre, n'est pas seulement une convenance du personnage et une adresse de la part du poëte; c'est aussi une justice : il y avoit à la cour de Louis XIV trop d'esprit, trop d'élégance, trop de délicatesse, et un sentiment trop sûr des bienséances, pour qu'il n'y eût pas aussi beaucoup de goût : car le goût se compose de toutes ces choses.

[1] Philaminte ne recevroit pas avec cette dureté le valet de Vadius, si le maître n'eût pas tant maltraité son cher Trissotin.

ACTE IV, SCÈNE IV.

JULIEN.

Je noterai cela, madame, dans mon livre [1].

PHILAMINTE.

« Trissotin s'est vanté, madame, qu'il épouseroit votre
« fille. Je vous donne avis que sa philosophie n'en veut
« qu'à vos richesses, et que vous ferez bien de ne point
« conclure ce mariage, que vous n'ayez vu le poëme que
« je compose contre lui. En attendant cette peinture, où
« je prétends vous le dépeindre de toutes ses couleurs,
« je vous envoie Horace, Virgile, Térence et Catulle, où
« vous verrez notés en marge tous les endroits qu'il a
« pillés. »

Voilà, sur cet hymen que je me suis promis,
Un mérite attaqué de beaucoup d'ennemis ;
Et ce déchaînement aujourd'hui me convie
A faire une action qui confonde l'envie,
Qui lui fasse sentir que l'effort qu'elle fait,
De ce qu'elle veut rompre, aura pressé l'effet [2].

(à Julien.)

Reportez tout cela sur l'heure à votre maître,
Et lui dites qu'afin de lui faire connoître
Quel grand état je fais de ses nobles avis,
Et comme je les crois dignes d'être suivis,

---

[1] Tel maître, tel valet. Celui-ci est un apprenti pédant. Il prend des notes ; au premier jour, il fera paroître un ouvrage.

[2] C'est ce que produit ordinairement l'opposition sur une personne entêtée d'une folle idée. En provoquant l'esprit de contradiction, on fait souvent faire aux gens ce qu'ils n'ont pas envie de faire. Quand c'est une chose qu'ils desirent, ils ont le double plaisir de se satisfaire et de contrarier les autres.

(*montrant Trissotin.*)
Dès ce soir, à monsieur je marierai ma fille.

SCÈNE V.

PHILAMINTE, ARMANDE, CLITANDRE.

PHILAMINTE, *à Clitandre.*

Vous, monsieur, comme ami de toute la famille,
A signer leur contrat vous pourrez assister;
Et je vous y veux bien, de ma part [1], inviter.
Armande, prenez soin d'envoyer au notaire [2],
Et d'aller avertir votre sœur de l'affaire.

ARMANDE.

Pour avertir ma sœur, il n'en est pas besoin;
Et monsieur que voilà saura prendre le soin
De courir lui porter bientôt cette nouvelle,
Et disposer son cœur à vous être rebelle.

PHILAMINTE.

Nous verrons qui sur elle aura plus de pouvoir,
Et si je la saurai réduire à son devoir.

---

(1) *De ma part*, se dit communément lorsqu'on charge quelqu'un de dire ou de remettre une chose à un autre, en lui déclarant de qui elle vient : *invitez-le de ma part; portez-lui cela de ma part*. *De ma part*, signifie aussi, comme dans le vers de Molière, quant à moi, pour ce qui me regarde. Aujourd'hui, on dit plus ordinairement, dans ce dernier cas, *pour ma part*, afin d'éviter l'équivoque.

(2) *Envoyer au notaire*, qui se trouve encore dans la seconde scène après celle-ci, est du style le plus négligé. On dit, *envoyer chez le notaire*, ou mieux encore, *mander, faire venir le notaire*.

SCÈNE VI.

ARMANDE, CLITANDRE.

ARMANDE.

J'ai grand regret, monsieur, de voir qu'à vos visées
Les choses ne soient pas tout-à-fait disposées.

CLITANDRE.

Je m'en vais travailler, madame, avec ardeur,
A ne vous point laisser ce grand regret au cœur.

ARMANDE.

J'ai peur que votre effort n'ait pas trop bonne issue.

CLITANDRE.

Peut-être verrez-vous votre crainte déçue.

ARMANDE.

Je le souhaite ainsi.

CLITANDRE.

J'en suis persuadé,
Et que de votre appui je serai secondé.

ARMANDE.

Oui, je vais vous servir de toute ma puissance.

CLITANDRE.

Et ce service est sûr de ma reconnoissance [1].

---

[1] Scène de picoterie bien courte, mais excellente. L'ironie y est parfaitement soutenue.

SCÈNE VII.

CHRYSALE, ARISTE, HENRIETTE, CLITANDRE.

CLITANDRE.

Sans votre appui, monsieur, je serai malheureux ;
Madame votre femme a rejeté mes vœux,
Et son cœur prévenu veut Trissotin pour gendre.

CHRYSALE.

Mais quelle fantaisie a-t-elle donc pu prendre ?
Pourquoi, diantre ! vouloir ce monsieur Trissotin (1) ?

ARISTE.

C'est par l'honneur qu'il a de rimer à latin,
Qu'il a sur son rival emporté l'avantage.

CLITANDRE.

Elle veut dès ce soir faire ce mariage.

CHRYSALE.

Dès ce soir ?

CLITANDRE.

Dès ce soir.

CHRYSALE.

Et dès ce soir je veux,
Pour la contrecarrer, vous marier tous deux.

---

(1). C'est bien le moment de se récrier sur ce que Philaminte veut Trissotin pour gendre ! Ne diroit-on pas qu'il l'apprend pour la première fois ? Mais, fatigué sans doute de l'effort qu'il a fait, il semble déjà mollir, et il nous prépare à le voir bientôt proposer à Clitandre d'épouser Armande, pour accommoder l'affaire.

ACTE IV, SCÈNE VII.

CLITANDRE.

Pour dresser le contrat, elle envoie au notaire.

CHRYSALE.

Et je vais le quérir pour celui qu'il doit faire.

CLITANDRE, *montrant Henriette.*

Et madame doit être instruite par sa sœur,
De l'hymen où l'on veut qu'elle apprête son cœur.

CHRYSALE.

Et moi, je lui commande, avec pleine puissance,
De préparer sa main à cette autre alliance (1).
Ah! je leur ferai voir si, pour donner la loi,
Il est dans ma maison d'autre maître que moi.

(*à Henriette.*)

Nous allons revenir : songez à nous attendre.
Allons, suivez mes pas, mon frère, et vous, mon gendre.

HENRIETTE, *à Ariste.*

Hélas! dans cette humeur conservez-le toujours.

ARISTE.

J'emploierai toute chose à servir vos amours. (2).

---

(1) Personne n'est plus disposé à exercer le despotisme que ceux qui le subissent; et les esclaves ne manquent jamais d'être des tyrans, quand ils le peuvent. Ce pauvre Chrysale, qui ne sait pas avoir une volonté avec sa femme, parle à sa fille de sa *pleine puissance*, et il lui *commande* la chose même dont elle a le plus envie.

(2) Comme Ariste ne peut pas avoir été placé dans l'ouvrage uniquement pour reprocher à Chrysale sa foiblesse, et que nous attendons toujours quelque chose de lui pour le succès des amours de Clitandre et d'Henriette, ce vers nous avertit qu'il doit enfin agir, et prépare le stratagème dont il doit user au dénouement.

SCÈNE VIII.

HENRIETTE, CLITANDRE.

CLITANDRE.

Quelque secours puissant qu'on promette à ma flamme,
Mon plus solide espoir, c'est votre cœur, madame [1].

HENRIETTE.

Pour mon cœur, vous pouvez vous assurer de lui.

CLITANDRE.

Je ne puis qu'être heureux, quand j'aurai son appui.

HENRIETTE.

Vous voyez à quels nœuds on prétend le contraindre.

CLITANDRE.

Tant qu'il sera pour moi, je ne vois rien à craindre.

HENRIETTE.

Je vais tout essayer pour nos vœux les plus doux [2];
Et, si tous mes efforts ne me donnent à vous,
Il est une retraite où notre ame se donne,
Qui m'empêchera d'être à toute autre personne [3].

---

[1] Dans *Tartuffe*, Valère dit de même à Mariane :

.... Quelques efforts que nous préparions tous,
Ma plus grande espérance, à vrai dire, est en vous.

[2] Ce vers annonce la première scène de l'acte suivant.

[3] Le couvent est la ressource ordinaire des amoureuses de Molière, quand leurs parens menacent de contraindre leur inclination. Elvire, dans *Don Garcie de Navarre*, et Mariane, dans *Tartuffe*, annoncent la même résolution qu'Henriette. Comme dit Orgon :

Ah ! voilà justement de mes religieuses,
Quand un père combat leurs flammes amoureuses !

ACTE IV, SCÈNE VIII.

CLITANDRE.

Veuille le juste ciel me garder en ce jour
De recevoir de vous cette preuve d'amour [1] !

---

[1] Les comédiens suppriment quelquefois cette scène à la représentation. Il me semble qu'ils ont tort. Sans doute elle est inutile au développement de l'action ; mais elle ne l'est pas à celui des amours de Clitandre et d'Henriette, dont la peinture ne seroit pas achevée sans ce coup de pinceau. Les deux amans sont en grand danger: leur sort semble dépendre uniquement de la résolution d'un homme qui n'en a jamais eu de sa vie (car ils ignorent quel secours Aristé leur prépare). N'est-il pas naturel que, dans ce moment de crise, ils aient besoin de se trouver ensemble sans témoin, pour se réconforter par de mutuelles protestations de tendresse et de persévérance ?

Dans ce quatrième acte, ainsi que dans les précédens, la matière de l'ouvrage, peu ample et peu riche en elle-même, est ménagée avec infiniment d'art. Ce qui regarde l'intrigue, l'action, est placé au commencement et à la fin de l'acte, qui par là se trouve lié à celui qui précède et à celui qui suit. Ce qui concerne le sujet est renfermé dans la troisième scène, cette scène admirable où nos savantes sont en jeu, quoiqu'elles gardent presque entièrement le silence, puisque Clitandre les attaque elles-mêmes dans le ridicule personnage, objet de leur admiration.

FIN DU QUATRIÈME ACTE.

ACTE V.

SCÈNE PREMIÈRE.

HENRIETTE, TRISSOTIN.

HENRIETTE.

C'est sur le mariage où (1) ma mère s'apprête
Que j'ai voulu, monsieur, vous parler tête à tête ;
Et j'ai cru, dans le trouble où je vois la maison,
Que je pourrois vous faire écouter la raison.
Je sais qu'avec mes vœux vous me jugez capable
De vous porter en dot un bien considérable :
Mais l'argent, dont on voit tant de gens faire cas,
Pour un vrai philosophe a d'indignes appas ;
Et le mépris du bien et des grandeurs frivoles
Ne doit point éclater dans vos seules paroles.

TRISSOTIN.

Aussi n'est-ce point là ce qui me charme en vous ;
Et vos brillans attraits, vos yeux perçans et doux,
Votre grace et votre air, sont les biens, les richesses,
Qui vous ont attiré mes vœux et mes tendresses :
C'est de ces seuls trésors que je suis amoureux.

---

(1) *Où*, pour, *auquel*.

ACTE V, SCÈNE I.

HENRIETTE.

Je suis fort redevable à vos feux généreux.
Cet obligeant amour a de quoi me confondre,
Et j'ai regret, monsieur, de n'y pouvoir répondre.
Je vous estime autant qu'on sauroit estimer;
Mais je trouve un obstacle à vous pouvoir aimer.
Un cœur, vous le savez, à deux ne sauroit être,
Et je sens que du mien Clitandre s'est fait maître.
Je sais qu'il a bien moins de mérite que vous,
Que j'ai de méchans yeux pour le choix d'un époux;
Que, par cent beaux talens, vous devriez me plaire :
Je vois bien que j'ai tort, mais je n'y puis que faire;
Et tout ce que sur moi peut le raisonnement,
C'est de me vouloir mal d'un tel aveuglement [1].

TRISSOTIN.

Le don de votre main, où l'on me fait prétendre,
Me livrera ce cœur que possède Clitandre;
Et, par mille doux soins, j'ai lieu de présumer
Que je pourrai trouver l'art de me faire aimer.

HENRIETTE.

Non : à ses premiers vœux mon ame est attachée,
Et ne peut de vos soins, monsieur, être touchée.
Avec vous librement j'ose ici m'expliquer,
Et mon aveu n'a rien qui vous doive choquer.
Cette amoureuse ardeur, qui dans les cœurs s'excite,

---

[1] On diroit, *tout ce que je puis faire, c'est de me vouloir mal...* mais, *tout ce que peut faire le raisonnement, c'est de me vouloir mal...* est une construction vicieuse; il y a un faux rapport grammatical entre le verbe *vouloir* et le sujet de la proposition. Il faudroit, *c'est que je me veuille mal.*

N'est point, comme l'on sait, un effet du mérite :
Le caprice y prend part; et, quand quelqu'un nous plaît,
Souvent nous avons peine à dire pourquoi c'est.
Si l'on aimoit, monsieur, par choix et par sagesse,
Vous auriez tout mon cœur et toute ma tendresse;
Mais on voit que l'amour se gouverne autrement.
Laissez-moi, je vous prie, à mon aveuglement,
Et ne vous servez point de cette violence
Que, pour vous, on veut faire à mon obéissance.
Quand on est honnête homme, on ne veut rien devoir
A ce que des parens ont sur nous de pouvoir :
On répugne à se faire immoler ce qu'on aime,
Et l'on veut n'obtenir un cœur que de lui-même [1].
Ne poussez point ma mère à vouloir, par son choix,
Exercer sur mes vœux la rigueur de ses droits.
Otez-moi votre amour, et portez à quelque autre
Les hommages d'un cœur aussi cher que le vôtre [2].

TRISSOTIN.

Le moyen que ce cœur puisse vous contenter ?
Imposez-lui des lois qu'il puisse exécuter.

---

(1) Done Elvire, dans *Don Garcie de Navarre*, exprime la même pensée dans ces vers :

> Peut-on être jamais satisfait de soi-même,
> Lorsque par la contrainte on obtient ce qu'on aime ?
> C'est un triste avantage; et l'amant généreux
> A ces conditions refuse d'être heureux.
> Il ne veut rien devoir à cette violence
> Qu'exercent sur nos cœurs les droits de la naissance;
> Et pour l'objet qu'il aime est toujours trop zélé,
> Pour souffrir qu'en victime il lui soit immolé.

(2) *Un cœur aussi cher que le vôtre.* — Henriette veut dire, un cœur qui a tant de prix, qui est si précieux. *Cher*, employé absolument, n'a pas cette signification : il signifie, qui coûte beaucoup.

De ne vous point aimer peut-il être capable,
A moins que vous cessiez ⁽¹⁾, madame, d'être aimable,
Et d'étaler aux yeux les célestes appas?..

HENRIETTE.

Eh! monsieur, laissons là ce galimatias.
Vous avez tant d'Iris, de Philis, d'Amarantes ⁽²⁾,
Que partout dans vos vers vous peignez si charmantes,
Et pour qui vous jurez tant d'amoureuse ardeur...

TRISSOTIN.

C'est mon esprit qui parle, et ce n'est pas mon cœur.
D'elles on ne me voit amoureux qu'en poëte;
Mais j'aime tout de bon l'adorable Henriette.

HENRIETTE.

Eh! de grace, monsieur...

TRISSOTIN.

Si c'est vous offenser,
Mon offense envers vous n'est pas prête à cesser.
Cette ardeur, jusqu'ici de vos yeux ignorée,
Vous consacre des vœux d'éternelle durée.
Rien n'en peut arrêter les aimables transports;
Et, bien que vos beautés condamnent mes efforts,

---

(1) *A moins que vous cessiez.* — On dit aujourd'hui, *à moins que vous ne cessiez.* Voyez tome I, page 181, note 3.

(2) *Iris* et *Amarante* étoient, en effet, les deux beautés en l'air à qui l'abbé Cotin adressoit ses madrigaux. Envoyant le recueil de ces fadeurs à un M. de La Moussaye, il lui dit : « Ne faites point d'application aux « dames que nous connoissons, quand vous lirez ce que j'ai fait pour *Iris* « et pour *Amarante* : ce sont, monsieur, des noms de romans. » C'est exactement le sens de la réponse que Trissotin va faire à Henriette :

D'elles on ne me voit amoureux qu'en poëte.

Je ne puis refuser le secours d'une mère
Qui prétend couronner une flamme si chère;
Et, pourvu que j'obtienne un bonheur si charmant,
Pourvu que je vous aie, il n'importe comment.

HENRIETTE.

Mais savez-vous qu'on risque un peu plus qu'on ne pense,
A vouloir sur un cœur user de violence;
Qu'il ne fait pas bien sûr, à vous le trancher net,
D'épouser une fille en dépit qu'elle en ait (1);
Et qu'elle peut aller, en se voyant contraindre,
A des ressentimens que le mari doit craindre?

TRISSOTIN.

Un tel discours n'a rien dont je sois altéré (2).
A tous évènemens le sage est préparé.
Guéri, par la raison, des foiblesses vulgaires,
Il se met au-dessus de ces sortes d'affaires,
Et n'a garde de prendre aucune ombre d'ennui (3)
De tout ce qui n'est pas pour dépendre de lui.

HENRIETTE.

En vérité, monsieur, je suis de vous ravie;
Et je ne pensois pas que la philosophie

---

(1) On dit, en parlant d'un lieu où il y a quelque danger à courir, *il n'y fait pas bien sûr*. Mais, *il ne fait pas bien sûr de faire telle chose*, est une phrase contraire à l'usage.

(2) *Altéré*, qui signifie étymologiquement, rendu autre, changé, se disoit souvent alors pour, troublé, abattu, découragé. On lit, dans *les Occasions perdues*, tragi-comédie de Rotrou :

Je ne sais quels soupçons ont mon ame altérée.

(3) *Ennui*, de l'italien *noia*, signifiant, chagrin, est souvent employé par les auteurs du siècle de Louis XIV : il est vingt fois dans Racine.

ACTE V, SCÈNE I.

Fût si belle qu'elle est, d'instruire ainsi les gens
A porter constamment de pareils accidens.
Cette fermeté d'ame, à vous si singulière (1),
Mérite qu'on lui donne une illustre matière,
Est digne de trouver qui prenne avec amour
Les soins continuels de la mettre en son jour;
Et, comme, à dire vrai, je n'oserois me croire
Bien propre à lui donner tout l'éclat de sa gloire,
Je le laisse à quelque autre, et vous jure, entre nous,
Que je renonce au bien de vous voir mon époux.

TRISSOTIN, *en sortant.*

Nous allons voir bientôt comment ira l'affaire;
Et l'on a là-dedans fait venir le notaire (2).

---

(1) *A vous si singulière.* — On dit d'une chose, qu'*elle est particulière à quelqu'un*, mais non pas, qu'*elle lui est singulière.*

(2) Dans cette scène, Trissotin n'est plus un sot, mais un misérable; il n'est plus ridicule, il est digne de mépris. Remarquons que son langage change avec sa position. Il cesse de dire des fariboles et des fadaises, propres à charmer des pédantes follement entêtées du bel-esprit. Vivement attaqué par Henriette, et poussé par elle jusqu'aux derniers retranchemens, il se défend avec beaucoup d'habileté; et, si ses pensées sont infâmes, ses expressions, du moins, sont franches et naturelles. On peut trouver qu'Henriette, elle-même, va un peu loin, lorsqu'elle le menace de certaine disgrace, suite assez ordinaire des unions faites de force. Mais le caractère d'Henriette est la franchise; mais, après avoir vainement sollicité la générosité de Trissotin, il ne lui reste plus qu'une ressource, celle d'exciter ses craintes; mais, enfin, s'apercevant elle-même qu'elle s'est trop avancée, elle fait un pas en arrière, et tient le discours d'une honnête femme, en déclarant à Trissotin qu'elle ne se sent pas d'humeur à lui donner lieu d'exercer cette résignation philosophique qui lui apprend à supporter certains accidens.

Destouches, dans sa comédie de *l'Ingrat*, s'est souvenu de la scène de Molière, à qui même il a pris un vers tout entier; mais la menace que fait Henriette, il la met dans la bouche d'une suivante en présence de sa maîtresse. Voici le passage :

SCÈNE II.

CHRYSALE, CLITANDRE, HENRIETTE, MARTINE.

CHRYSALE.

Ah! ma fille, je suis bien aise de vous voir;
Allons, venez-vous-en faire votre devoir,
Et soumettre vos vœux aux volontés d'un père.
Je veux, je veux apprendre à vivre à votre mère;
Et, pour la mieux braver, voilà, malgré ses dents,
Martine que j'amène et rétablis céans (1).

LISETTE.

.... A dire vrai, c'est faire une sottise
D'épouser une fille en dépit qu'elle en ait;
Et tout homme d'honneur en doit craindre l'effet.
Je pourrois sur cela me mieux faire comprendre;
Mais vous m'entendez bien, si vous voulez m'entendre.

DAMIS.

Si madame consent que je sois son époux,
Sa vertu me répond du bonheur le plus doux.

LISETTE.

Ne vous y fiez pas.

Auparavant, le valet de Damis lui avoit donné le même avis, et il avoit répondu à peu près comme Trissotin :

PASQUIN.

Votre front pourra bien être armé par la belle.

DAMIS.

Ce malheur aujourd'hui n'est qu'une bagatelle :
De pareilles frayeurs sont visions de fous.

(1) S'il ramène Martine, c'est peut-être moins pour *mieux braver* sa femme, que pour avoir contre elle un renfort qui va lui être plus nécessaire que jamais. Toujours la jactance de la foiblesse qui voudroit passer pour fermeté.

ACTE V, SCÈNE II.

HENRIETTE.

Vos résolutions sont dignes de louange.
Gardez que cette humeur, mon père, ne vous change [1];
Soyez ferme à vouloir ce que vous souhaitez;
Et ne vous laissez point séduire à vos bontés [2].
Ne vous relâchez pas, et faites bien en sorte
D'empêcher que sur vous ma mère ne l'emporte.

CHRYSALE.

Comment! Me prenez-vous ici pour un benêt?

HENRIETTE.

M'en préserve le ciel!

CHRYSALE.

Suis-je un fat, s'il vous plaît?

HENRIETTE.

Je ne dis pas cela.

CHRYSALE.

Me croit-on incapable
Des fermes sentimens d'un homme raisonnable?

HENRIETTE.

Non, mon père.

CHRYSALE.

Est-ce donc qu'à l'âge où je me vois,

---

[1] *Ne vous change.* — Dans cette phrase, *vous* est pour *en vous*; mais cette façon de parler est inusitée, et prête à un faux sens. Il faudroit, *ne vous quitte, ne vous abandonne.*

[2] *Séduire à vos bontés.* — *Séduire par*, seroit plus correct. Ensuite, *bontés* au pluriel, s'entend seulement des marques, des témoignages de bonté, et ne peut se prendre pour la bonté elle-même. Le singulier étoit indispensable.

Je n'aurois pas l'esprit d'être maître chez moi?
HENRIETTE.
Si fait.
CHRYSALE.
Et que j'aurois cette foiblesse d'ame,
De me laisser mener par le nez à ma femme [1]?
HENRIETTE.
Eh! non, mon père.
CHRYSALE.
Quais! Qu'est-ce donc que ceci?
Je vous trouve plaisante à me parler ainsi [2]!
HENRIETTE.
Si je vous ai choqué, ce n'est pas mon envie.
CHRYSALE.
Ma volonté céans doit être en tout suivie.
HENRIETTE.
Fort bien, mon père.
CHRYSALE.
Aucun, hors moi, dans la maison,
N'a droit de commander.
HENRIETTE.
Oui; vous avez raison.

---

(1) *Par le nez par ma femme*, seroit fâcheux pour l'oreille, à cause de la répétition du mot *par*; mais *par le nez à ma femme* produit un faux sens, et il n'y avoit pas à hésiter, ce semble.

(2) Il falloit, *de me parler ainsi*; et Molière ne l'ignoroit pas, car, dans cette même pièce (acte I, scène II), il a dit:

Je vous trouve plaisant de vous le figurer.

La mesure est cause de cette faute.

ACTE V, SCÈNE II.

CHRYSALE.

C'est moi qui tiens le rang de chef de la famille.

HENRIETTE.

D'accord.

CHRYSALE.

C'est moi qui dois disposer de ma fille.

HENRIETTE.

Eh! oui!

CHRYSALE.

Le ciel me donne un plein pouvoir sur vous.

HENRIETTE.

Qui vous dit le contraire?

CHRYSALE.

Et, pour prendre un époux,
Je vous ferai bien voir que c'est à votre père
Qu'il vous faut obéir, non pas à votre mère [1].

HENRIETTE.

Hélas! vous flattez là le plus doux de mes vœux;
Veuillez être obéi : c'est tout ce que je veux.

CHRYSALE.

Nous verrons si ma femme à mes desirs rebelle...

CLITANDRE.

La voici qui conduit le notaire avec elle.

---

(1) C'est un excellent trait de caractère que cette algarade sans motif faite par Chrysale à Henriette. N'osant gourmander sa femme qui contrarie ses volontés, il s'en venge en querellant sa fille, qui ne demande pas mieux que de lui obéir, et il en saisit le plus léger prétexte. Par là il croit encore faire preuve de fermeté; et puis il se met en haleine pour le combat qu'il va avoir à soutenir.

CHRYSALE.

Secondez-moi bien tous [1].

MARTINE.

Laissez-moi. J'aurai soin
De vous encourager, s'il en est de besoin [2].

SCÈNE III.

PHILAMINTE, BÉLISE, ARMANDE, TRISSOTIN, UN NOTAIRE, CHRYSALE, CLITANDRE, HENRIETTE, MARTINE.

PHILAMINTE, *au notaire.*

Vous ne sauriez changer votre style sauvage,
Et nous faire un contrat qui soit en beau langage?

LE NOTAIRE.

Notre style [3] est très-bon, et je serois un sot,
Madame, de vouloir y changer un seul mot.

BÉLISE.

Ah! quelle barbarie au milieu de la France!

---

[1] Tout à l'heure il s'indignoit de la seule pensée qu'on pût le soupçonner de céder à sa femme; il se croyoit tout seul assez fort contre elle. On l'annonce, et tout son courage s'évanouit; il appelle tout le monde à son secours; le pauvre homme est plus qu'à demi vaincu.

[2] On dit, aujourd'hui, *s'il en est besoin.*

[3] *Style*, ici, n'est pas une expression générale, signifiant simplement, manière d'écrire: dans la bouche d'un notaire, c'est un mot technique, qui s'entend de la manière de dresser, de *formuler* des actes. Il y a des livres qui l'enseignent, et qui sont intitulés, *Style du Notaire, Style du Palais,* etc.

Mais au moins en faveur, monsieur, de la science,
Veuillez, au lieu d'écus, de livres et de francs,
Nous exprimer la dot en mines et talens;
Et dater par les mots d'ides et de calendes [1].

LE NOTAIRE.

Moi? Si j'allois, madame, accorder vos demandes,
Je me ferois siffler de tous mes compagnons.

PHILAMINTE.

De cette barbarie en vain nous nous plaignons.
Allons, monsieur, prenez la table pour écrire.
(apercevant Martine.)
Ah! ah! Cette impudente ose encor se produire?
Pourquoi donc, s'il vous plaît, la ramener chez moi?

CHRYSALE.

Tantôt avec loisir on vous dira pourquoi [2].
Nous avons maintenant autre chose à conclure.

LE NOTAIRE.

Procédons au contrat. Où donc est la future?

---

[1]. Balzac, dans *le Barbon*, satire en prose contre Montmaur, prête aussi à son pédant la manie de dater par *ides* et *calendes*, et d'exprimer les sommes d'argent en *mines* et *talens*. « Je vous laisse à penser, dit-il, « si un homme de cette humeur date ses lettres du 1er et du 20e du mois, « on bien des *calendes* et des *ides*... Il compte son âge quelquefois par « *lustres*, et quelquefois par *olympiades*. Il suppute son argent, tantôt par « *sesterces romains*, tantôt par *drachmes*, et tantôt par *mines attiques*. » Il y a certainement imitation de la part de Molière.

[2] Il n'avoit qu'à dire : Parce que cela me plaît ; mais il renvoie l'explication à *tantôt* : c'est toujours du temps de gagné. La prudence se commande quelquefois des délais : la foiblesse de caractère y a sans cesse recours.

LES FEMMES SAVANTES.

PHILAMINTE.

Celle que je marie est la cadette.

LE NOTAIRE.

Bon.

CHRYSALE, *montrant Henriette.*

Oui, la voilà, monsieur : Henriette est son nom [1].

LE NOTAIRE.

Fort bien. Et le futur?

PHILAMINTE, *montrant Trissotin.*

L'époux que je lui donne,
Est monsieur.

CHRYSALE, *montrant Clitandre.*

Et celui, moi, qu'en propre personne
Je prétends qu'elle épouse, est monsieur.

LE NOTAIRE.

Deux époux!
C'est trop pour la coutume [2].

---

[1] Jusque là ils sont d'accord. Chrysale se dépêche de confirmer la déclaration de sa femme, en y ajoutant la circonstance du nom; et cela pour faire croire qu'il exprime une volonté. Toujours le manège d'un pauvre homme sans caractère, qui le sait, qui en rougit, et qui voudroit bien qu'on ne s'en aperçût pas tant.

[2] Les notaires, dans les comédies, sont des personnages très-peu importans, malgré leur utilité. Celui-ci ne joue pas un rôle plus considérable que les autres; mais ce qu'il dit est piquant. Il a répondu fort bien à la ridicule critique de Philaminte et de Bélise ; et, ici, il s'exprime très-plaisamment au sujet de ces deux maris présentés à la fois pour une seule fille. *C'est trop pour la coutume*, ce trait d'esprit seroit une bêtise fort risible dans la bouche d'un personnage tel que Bridoison.

ACTE V, SCÈNE III.

PHILAMINTE, *au notaire.*

Où vous arrêtez-vous ?
Mettez, mettez, monsieur, Trissotin pour mon gendre*.

CHRYSALE.

Pour mon gendre mettez, mettez, monsieur, Clitandre** (1).

LE NOTAIRE.

Mettez-vous donc d'accord, et, d'un jugement mûr,
Voyez à convenir entre vous du futur.

PHILAMINTE.

Suivez, suivez, monsieur, le choix où je m'arrête.

CHRYSALE.

Faites, faites, monsieur, les choses à ma tête.

LE NOTAIRE.

Dites-moi donc à qui j'obéirai des deux.

PHILAMINTE, *à Chrysale.*

Quoi donc ? Vous combattrez les choses que je veux !

CHRYSALE.

Je ne saurois souffrir qu'on ne cherche ma fille (2)
Que pour l'amour du bien qu'on voit dans ma famille (3).

VARIANTES. * *Mettez, mettez monsieur Trissotin pour mon gendre.*
— ** *Pour mon gendre mettez, mettez monsieur Clitandre.*

---

(1) Voilà certainement la première fois que Chrysale exprime avec cette force une volonté contraire à celle de sa femme. Pour s'être monté à ce ton, il ne lui falloit rien moins que son altercation avec Henriette, et la certitude d'être soutenu par Martine.

(2) *Qu'on ne cherche ma fille.* — *Rechercher,* est l'expression propre et nécessaire.

(3) Il entre déjà en explication, au lieu de signifier encore une fois son ordre absolu.

LES FEMMES SAVANTES.

PHILAMINTE.

Vraiment, à votre bien on songe bien ici !
Et c'est là, pour un sage, un fort digne souci [1] !

CHRYSALE.

Enfin, pour son époux, j'ai fait choix de Clitandre. [2]

PHILAMINTE.

(*montrant Trissotin.*)

Et moi, pour son époux, voici qui je veux prendre.
Mon choix sera suivi ; c'est un point résolu.

CHRYSALE.

Ouais ! Vous le prenez là d'un ton bien absolu. [3]

MARTINE.

Ce n'est point à la femme à prescrire, et je sommes
Pour céder le dessus en toute chose aux hommes [4].

CHRYSALE.

C'est bien dit.

MARTINE.

Mon congé cent fois me fût-il hoc [5],

---

(1) Cette confiance de Philaminte dans le désintéressement de Trissotin, prépare merveilleusement bien le dénouement.

(2) Le langage de Chrysale foiblit ; et celui de Philaminte va, comme de raison, s'affermir d'autant, et devenir plus impérieux que jamais. Il est temps que Martine donne, ou bien la bataille est perdue.

(3) On dit, *parler d'un ton absolu*, et, *le prendre sur un ton absolu*.

(4) Vers très-gai, trop gai pour la scène, et que, sans doute, on n'y laisseroit pas dire aujourd'hui pour la première fois.

(5) *Me fût-il hoc*, me fût-il assuré. Cette expression proverbiale vient du *hoc*, jeu de cartes qu'on appelle ainsi parce qu'il y a six cartes, savoir, les quatre rois, la dame de pique, et le valet de carreau, qui sont *hoc*, c'est-à-dire, assurées à celui qui les joue, et qui coupent toutes les

ACTE V, SCÈNE III.

La poule ne doit point chanter devant le coq ⁽¹⁾.

CHRYSALE.

Sans doute.

MARTINE.

Et nous voyons que d'un homme on se gausse,
Quand sa femme, chez lui, porte le haut de chausse ⁽²⁾.

CHRYSALE.

Il est vrai.

MARTINE.

Si j'avois un mari, je le dis,

---

autres cartes. La Fontaine, dans sa fable intitulée *le Loup et le Cheval*, a employé le même proverbe :

Eh ! que n'es-tu mouton ? car tu me serois boc.

(1) Jean de Meung avoit dit, long-temps avant Molière :

C'est chose qui moult me déplaist,
Quand poule parle et coq se taist.

(2) On fait venir ce proverbe d'un vieux conte où un mari et sa femme se disputent le haut de chausse. C'est remonter bien haut, et prendre bien de la peine. Le haut de chausse est comme l'attribut du mari, de même que la jupe est celui de la femme. Une femme qui porte le haut de chausse usurpe, dans la maison, le rôle et l'autorité du mari. Il n'y a pas de figure plus simple et plus facile à comprendre. Je demande la permission de citer à ce propos un petit impromptu de notre illustre Delille, ce grand poëte, qui étoit un si bon et si aimable homme. M. Andrieux, mon confrère et mon ami, étoit allé lui rendre visite. *Parbleu !* lui dit-il, *il faut que je vous régale d'un petit quatrain que je viens de faire. Vous voyez bien cette culotte*, ajouta-t-il, en frappant sur sa cuisse ; *voici ce qu'elle m'a inspiré :*

Cette culotte est un bienfait
De ma compagne, ouvrière très-forte.
C'est elle-même qui les fait,
Aussi c'est elle qui les porte.

Et il rioit lui-même, comme un enfant, de cette petite turlupinade ; jamais il n'avoit eu autant de plaisir à réciter les plus belles tirades des *Jardins*, ou de *l'Imagination*.

Je voudrois qu'il se fît le maître du logis :
Je ne l'aimerois point, s'il faisoit le Jocrisse (1);
Et, si je contestois contre lui par caprice,
Si je parlois trop haut, je trouverois fort bon
Qu'avec quelques soufflets il rabaissât mon ton.

CHRYSALE.

C'est parler comme il faut.

MARTINE.

                Monsieur est raisonnable,
De vouloir pour sa fille un mari convenable.

CHRYSALE.

Oui.

MARTINE.

Par quelle raison, jeune et bien fait qu'il est,
Lui refuser Clitandre? Et pourquoi, s'il vous plaît,
Lui bâiller un savant, qui sans cesse épilogue?
Il lui faut un mari, non pas un pédagogue;
Et, ne voulant savoir le grais ni le latin,
Elle n'a pas besoin de monsieur Trissotin.

CHRYSALE.

Fort bien.

PHILAMINTE.

   Il faut souffrir qu'elle jase à son aise (2).

---

(1) Molière a déjà dit, dans *le Cocu imaginaire* :

    Et demeure les bras croisés comme un Jocrisse.

Voyez tome II, page 112, note 4.

(2) Philaminte fait bien d'en faire la remarque : autrement, nous la ferions nous-mêmes. Il est certain que, pour une femme de son caractère et de son humeur, elle écoute bien patiemment les discours de Martine. On

ACTE V, SCÈNE III.

MARTINE.

Les savans ne sont bons que pour prêcher en chaise [1];
Et, pour mon mari, moi, mille fois je l'ai dit,
Je ne voudrois jamais prendre un homme d'esprit.
L'esprit n'est point du tout ce qu'il faut en ménage.
Les livres cadrent [2] mal avec le mariage;
Et je veux, si jamais on engage ma foi,
Un mari qui n'ait point d'autre livre que moi,
Qui ne sache A ne B [3], n'en déplaise à madame,
Et ne soit, en un mot, docteur que pour sa femme.

PHILAMINTE, à *Chrysale.*

Est-ce fait? et, sans trouble [4], ai-je assez écouté

---

peut attribuer en partie son silence à la surprise et au désir de voir jusqu'où peut aller l'insolence d'une servante. Mais la meilleure raison, sans doute, c'est qu'il faut que Martine dise tout ce qu'elle dit.

(1) *Chaise*, n'est point une erreur de Martine. Autrefois on appeloit ainsi ce que nous nommons aujourd'hui *chaire* : on disoit, *une chaise de prédicateur, de régent.* Vaugelas préféroit, en ce sens, le mot *chaire*; mais il n'excluoit pas le mot *chaise.* Ce dernier ne se dit plus que des sièges ordinaires.

(2) Bussy-Rabutin blâme le mot de *cadrer*, comme mal placé dans la bouche d'une servante ignorante et parlant mal. Cette critique n'est pas sans fondement, et elle pourroit s'étendre au mot *épiloguer*, qui est dans la tirade précédente.

(3) *Qui ne sache A ne B.* — Anciennement, on disoit *ne* pour *ni.* Thomas Diafoirus dit de même, *ne plus ne moins que la statue de Memnon.* Les paysans et les pédans sont ceux qui emploient les vieilles expressions, les uns par attachement aux anciens usages, et les autres par ignorance des nouveaux.

(4) *Sans trouble*, peut signifier, sans être troublé, comme dans cette phrase : *Il a entendu sans trouble les reproches qu'on lui adressoit.* Mais, ici, il paroit avoir une signification active, et vouloir dire, sans troubler, sans interrompre celle qui parloit : alors l'expression est, pour le moins, inusitée.

Votre digne interprète (1) ?

CHRYSALE.

Elle a dit vérité.

PHILAMINTE.

Et moi, pour trancher court toute cette dispute,
Il faut qu'absolument mon désir s'exécute.
(*montrant Trissotin.*)
Henriette et monsieur seront joints de ce pas (2).
Je l'ai dit, je le veux : ne me répliquez pas ;
Et, si votre parole à Clitandre est donnée,
Offrez-lui le parti d'épouser son aînée.

CHRYSALE.

Voilà dans cette affaire un accommodement (3).
(*à Henriette et à Clitandre.*)
Voyez ; y donnez-vous votre consentement ?

HENRIETTE.

Hé ! mon père !

CLITANDRE, *à Chrysale.*

Hé ! monsieur !

BÉLISE.

On pourroit bien lui faire

---

(1) Voici la seconde fois que Philaminte prévient, en la faisant elle-même, la réflexion que nous pourrions faire sur la patience qu'elle a mise à écouter Martine.

(2) *De ce pas*, veut dire, sur-le-champ ; mais seulement dans cette phrase, *j'y vais de ce pas.* On ne peut employer *de ce pas* comme synonyme de *sur-le-champ*, dans une phrase où il n'y a point de mouvement exprimé.

(3) *Un accommodement !* Tout le contraire de ce qu'il a voulu ! la chose même que veut Philaminte ! ce qui doit désespérer Henriette et Clitandre ! Voilà Chrysale tout entier.

Des propositions qui pourroient mieux lui plaire;
Mais nous établissons une espèce d'amour
Qui doit être épuré comme l'astre du jour :
La substance qui pense y peut être reçue;
Mais nous en bannissons la substance étendue [1].

SCÈNE IV.

ARISTE, CHRYSALE, PHILAMINTE, BÉLISE, HENRIETTE, ARMANDE, TRISSOTIN, UN NOTAIRE, CLITANDRE, MARTINE.

ARISTE.

J'ai regret de troubler un mystère joyeux,
Par le chagrin qu'il faut que j'apporte en ces lieux.
Ces deux lettres me font porteur de deux nouvelles
Dont j'ai senti pour vous les atteintes cruelles [2];

---

[1] Le caractère de Bélise, beaucoup moins vrai que tous les autres, n'est cependant pas soutenu avec moins d'art. Bélise ne laisse échapper aucune occasion de mettre en avant ses prétendus droits sur le cœur de tous les hommes. S'ils songent à épouser d'autres femmes qu'elle, c'est qu'elle leur a rendu leur liberté, ou qu'ils sont désespérés de ses rigueurs.

Cette scène est admirable, et produit le plus grand effet à la représentation. Il n'est personne qui ne jouisse de voir cette servante, cette paysanne chassée pour une faute de langue, rentrer en triomphe au logis, devenir le champion de son maître, qui ne sait pas se défendre lui-même, et tenir tête à cette altière Philaminte devant qui personne n'ose avoir une volonté. Tout ce que dit Martine est plein de sens; et la rusticité de ses expressions donne à son langage une valeur que n'auroient pas les discours les plus polis.

[2] On veut, au théâtre, que les dénouemens ne soient ni tout-à-fait prévus, ni entièrement inopinés. Le juste tempérament est difficile à trouver. Ariste a dit, vers la fin du quatrième-acte :

J'emploierai toute chose à servir vos amours.

(*à Philaminte.*)
L'une, pour vous, me vient de votre procureur;
(*à Chrysale.*)
L'autre, pour vous, me vient de Lyon.

PHILAMINTE.

Quel malheur,
Digne de nous troubler, pourroit-on nous écrire?

ARISTE.

Cette lettre en contient un que vous pouvez lire.

PHILAMINTE.

« Madame, j'ai prié monsieur votre frère de vous rendre
« cette lettre, qui vous dira ce que je n'ai osé vous aller
« dire. La grande négligence que vous avez pour vos af-
« faires a été cause que le clerc de votre rapporteur ne
« m'a point averti, et vous avez perdu absolument votre
« procès que vous deviez gagner. »

CHRYSALE, *à Philaminte.*

Votre procès perdu!

PHILAMINTE, *à Chrysale.*

Vous vous troublez beaucoup!
Mon cœur n'est point du tout ébranlé de ce coup.
Faites, faites paroître une ame moins commune
A braver, comme moi, les traits de la fortune.

Ce vers est une préparation du stratagème qu'il emploie en ce moment. Mais cette préparation est-elle suffisante? Le spectateur ne peut-il pas croire d'abord que les deux fâcheuses nouvelles apportées par Ariste sont véritables? Au reste, cette erreur du public ne tireroit pas à conséquence; elle n'est pas de celles dont il lui déplaît d'être désabusé, et dont il se venge ordinairement sur l'auteur.

« Le peu de soin que vous avez vous coûte quarante
« mille écus; et c'est à payer cette somme, avec les dé-
« pens, que vous êtes condamnée par arrêt de la cour. »
Condamnée? Ah! ce mot est choquant, et n'est fait
Que pour les criminels ⁽¹⁾!

ARISTE.

Il a tort, en effet;
Et vous vous êtes là justement récriée.
Il devoit avoir mis que vous êtes priée,
Par arrêt de la cour, de payer au plus tôt
Quarante mille écus, et les dépens qu'il faut.

PHILAMINTE.

Voyons l'autre.

CHRYSALE.

« Monsieur, l'amitié qui me lie à monsieur votre frère
« me fait prendre intérêt à tout ce qui vous touche. Je
« sais que vous avez mis votre bien entre les mains d'Ar-
« gante et de Damon, et je vous donne avis qu'en même
« jour ils ont fait tous deux banqueroute. »
O ciel! tout à la fois, perdre ainsi tout son bien!

PHILAMINTE, à *Chrysale*.

Ah! quel honteux transport! Fi! tout cela n'est rien:
Il n'est pour le vrai sage aucun revers funeste;
Et, perdant toute chose, à soi-même il se reste.
Achevons notre affaire, et quittez votre ennui.

---

(1) Cette susceptibilité de Philaminte est fort plaisante : elle ramène le comique dans une situation qui tournoit à l'attendrissement. Philaminte, qui trouve choquant d'être *condamnée*, fait penser à madame de Pimbêche, qui ne veut pas être *liée*, et même à Lisette, du *Légataire*, qui se récrie sur le mot d'*interloquée*.

(montrant Trissotin.)
Son bien nous peut suffire et pour nous et pour lui [1].

TRISSOTIN.

Non, madame : cessez de presser cette affaire.
Je vois qu'à cet hymen tout le monde est contraire;
Et mon dessein n'est point de contraindre les gens.

PHILAMINTE.

Cette réflexion vous vient en peu de temps;
Elle suit de bien près, monsieur, notre disgrace.

TRISSOTIN.

De tant de résistance à la fin je me lasse.
J'aime mieux renoncer à tout cet embarras,
Et ne veux point d'un cœur qui ne se donne pas [2].

PHILAMINTE.

Je vois, je vois de vous, non pas pour votre gloire,
Ce que jusques ici j'ai refusé de croire.

---

[1] Chrysale nous avoit bien dit que la morale de sa femme étoit *faite à mépriser le bien ;* mais ce mépris, qui, poussé à l'excès, n'est jamais un sentiment bien raisonnable, est-il véritablement en elle une vertu philosophique ? Rien moins. Philaminte est désintéressée par le seul effet de sa préoccupation, de sa passion pour les sciences : elle dédaigne la fortune, par la même raison qu'elle néglige son ménage. Quoi qu'il en soit, elle ne doute pas un instant que Trissotin, ce vrai sage, ce grand philosophe, ne soit aussi indifférent qu'elle sur les revers de fortune qui viennent d'accabler sa maison; et cette sécurité va rendre beaucoup plus comique, beaucoup plus théâtral, le lâche refus de son héros.

[2] Cette expression heureuse et précise, *un cœur qui ne se donne pas*, a déja été employée par Molière, dans ce vers de *Don Garcie de Navarre:*

Que vous donner un cœur qui ne se donne pas.

Racine a dit depuis, dans *Mithridate :*

Qu'à contraindre des cœurs qui ne se donnent pas.

ACTE V, SCÈNE V.

TRISSOTIN.

Vous pouvez voir de moi tout ce que vous voudrez,
Et je regarde peu comment vous le prendrez :
Mais je ne suis pas homme à souffrir l'infamie
Des refus offensans qu'il faut qu'ici j'essuie.
Je vaux bien que de moi l'on fasse plus de cas;
Et je baise les mains à qui ne me veut pas [1].

SCÈNE V.

ARISTE, CHRYSALE, PHILAMINTE, BÉLISE, ARMANDE, HENRIETTE, CLITANDRE, UN NOTAIRE, MARTINE.

PHILAMINTE.

Qu'il a bien découvert son ame mercenaire!
Et que peu philosophe [2] est ce qu'il vient de faire!

CLITANDRE.

Je ne me vante point de l'être [3]; mais enfin

---

(1) Dans la plupart des pièces où un personnage odieux, après avoir trompé quelque temps les autres, est à la fin démasqué, il y a une sortie pareille à celle de Trissotin. Le public, en cette occasion, semble vouloir deux choses presque contradictoires, l'une, que le vice soit confondu et puni; l'autre, que le vicieux ne fasse pas retraite en lâche et d'une manière trop humiliante. Voilà pourquoi tous les personnages dont je parle, ne quittent la scène qu'en essayant de cacher leur confusion sous des paroles hautaines ou même menaçantes.

(2) Molière a déja employé *philosophe* pris adjectivement, au lieu de *philosophique*, dans ces deux vers du *Misanthrope*:

Mon flegme est *philosophe* autant que votre bile.
Ce chagrin *philosophe* est un peu trop sauvage.

(3) Si, comme on n'en peut douter, le mot de *philosophe*, dans la

Je m'attache, madame, à tout votre destin ;
Et j'ose vous offrir, avecque ma personne,
Ce qu'on sait que de bien la fortune me donne.

PHILAMINTE.

Vous me charmez, monsieur, par ce trait généreux,
Et je veux couronner vos desirs amoureux.
Oui, j'accorde Henriette à l'ardeur empressée...

HENRIETTE.

Non, ma mère : je change à présent de pensée.
Souffrez que je résiste à votre volonté.

CLITANDRE.

Quoi ! vous vous opposez à ma félicité ?
Et, lorsqu'à mon amour je vois chacun se rendre...

HENRIETTE.

Je sais le peu de bien que vous avez, Clitandre ;
Et je vous ai toujours souhaité pour époux,
Lorsqu'en satisfaisant à mes vœux les plus doux,
J'ai vu que mon hymen ajustoit vos affaires ;
Mais, lorsque nous avons les destins si contraires,
Je vous chéris assez, dans cette extrémité,
Pour ne vous charger point de notre adversité.

CLITANDRE.

Tout destin avec vous me peut être agréable ;
Tout destin me seroit sans vous insupportable.

---

phrase de Philaminte, est pour *philosophique*, Clitandre ne doit pas dire, *je ne me vante point de l'être,* attendu que cet adjectif ne peut s'appliquer aux personnes. Il parle comme si Philaminte avoit dit : Que ce qu'il vient de faire est peu d'un philosophe !

ACTE V, SCÈNE V.

HENRIETTE.

L'amour, dans son transport, parle toujours ainsi.
Des retours importuns évitons le souci.
Rien n'use tant l'ardeur de ce nœud qui nous lie,
Que les fâcheux besoins des choses de la vie;
Et l'on en vient souvent à s'accuser tous deux
De tous les noirs chagrins qui suivent de tels feux [1].

ARISTE, *à Henriette.*

N'est-ce que le motif que nous venons d'entendre
Qui vous fait résister à l'hymen de Clitandre?

HENRIETTE.

Sans cela, vous verriez tout mon cœur y courir;
Et je ne fuis sa main, que pour le trop chérir.

ARISTE.

Laissez-vous donc lier par des chaînes si belles.
Je ne vous ai porté que de fausses nouvelles;
Et c'est un stratagême, un surprenant secours,
Que j'ai voulu tenter pour servir vos amours,
Pour détromper ma sœur, et lui faire connoître
Ce que son philosophe à l'essai pouvoit être.

CHRYSALE.

Le ciel en soit loué!

PHILAMINTE.
    J'en ai la joie au cœur,

---

[1] Dans le refus qu'Henriette fait d'épouser Clitandre, il n'y a rien d'exagéré, rien de romanesque. L'amour, chez les femmes, est un sentiment généreux et dévoué, capable de tout sacrifier et de se sacrifier lui-même. Non-seulement cette délicatesse d'Henriette ajoute un nouveau charme à son aimable caractère; mais elle fournit à Ariste un moyen aussi simple qu'ingénieux de déclarer le stratagême dont il s'est servi.

Par le chagrin qu'aura ce lâche déserteur.
Voilà le châtiment de sa basse avarice,
De voir qu'avec éclat cet hymen s'accomplisse.

   CHRYSALE, *à Clitandre.*

Je le savois bien, moi, que vous l'épouseriez ⁽¹⁾.

   ARMANDE, *à Philaminte.*

Ainsi donc à leurs vœux vous me sacrifiez?

   PHILAMINTE.

Ce ne sera point vous que je leur sacrifie;
Et vous avez l'appui de la philosophie,
Pour voir d'un œil content couronner leur ardeur.

   BÉLISE.

Qu'il prenne garde au moins que je suis dans son cœur;
Par un prompt désespoir souvent on se marie,
Qu'on s'en repent après tout le temps de sa vie.

   CHRYSALE, *au notaire.*

Allons, monsieur, suivez l'ordre que j'ai prescrit,
Et faites le contrat ainsi que je l'ai dit ⁽²⁾.

---

(1) « Le dernier trait de ce rôle, dit La Harpe, est celui qui peint le « mieux la foiblesse de caractère, de tous les défauts le plus commun, et « peut-être le plus dangereux... Que voilà bien l'homme foible, qui se « croit fort quand il n'y a personne à combattre, et qui croit avoir une « volonté quand il fait celle d'autrui ! Qu'il est adroit d'avoir donné ce dé-« faut à un mari d'ailleurs beaucoup plus sensé que sa femme, mais qui « perd, faute de caractère, tout l'avantage que lui donneroit sa raison ! Sa « femme est une folle ridicule ; elle commande : il est fort raisonnable ; il « obéit. »

(2) Chaque personnage garde jusqu'au bout son caractère : *servetur ad imum.* Armande conserve sa rancune jalouse contre Henriette, et ses sen-

timens moitié doux, moitié amers pour Clitandre; Philaminte reste fidèle à sa chère philosophie; Bélise persiste à se croire souveraine de tous les cœurs; et Chrysale couronne dignement son rôle, en donnant ses *ordres* avec vigueur, quand il voit que personne ne lui résiste plus.

FIN DES FEMMES SAVANTES.

NOTICE

HISTORIQUE ET LITTÉRAIRE

SUR LES FEMMES SAVANTES.

Il y avoit treize ans que Molière avoit frappé les précieuses d'un coup dont il sembloit qu'elles ne dussent pas se relever. Mais un ridicule est bien vivace, quand il a pour racine l'amour-propre. On croit l'avoir détruit : il n'a fait que changer de forme. Chez les femmes de la haute société, le desir de se singulariser, de se distinguer autrement encore que par l'éclat du rang et de la richesse, avoit engendré cette manie d'un langage subtil, affecté et presque énigmatique, dont les secrets, renfermés entre les adeptes, étoient inconnus au profane vulgaire. Molière, n'osant attaquer de front une coterie que de grands noms, de grandes alliances rendoient redoutable, avoit déguisé, sous les noms bourgeois de Cathos et de Madelon, les puissantes dames que réunissoit l'hôtel de Rambouillet. Il sembloit ne diriger ses traits que contre leurs grossières et maladroites imitatrices, en faisant de celles-ci une espèce particulière qu'il avoit appelée *les précieuses ridicules*, comme si cette qualification n'eût pas dû appartenir au genre entier. Les véritables précieuses ne furent pas dupes du détour; elles se tinrent pour averties, et elles renoncèrent du mieux qu'il leur fut possible, au platonisme hypocrite et au jargon quintescencié qui venoit de faire rire tout Paris à leurs dépens.

Mais devoient-elles pour cela devenir simples et naturelles dans leurs sentimens, dans leurs manières, dans leurs expressions? Étoient-elles radicalement guéries de cet amour de la distinction, qui fonde toutes les sectes, qui dicte tous leurs symboles et tous leurs vocabulaires? Non, sans doute. Débusquées, pour ainsi dire, du genre précieux, elles se retranchèrent dans le genre pédant. Ne pouvant plus aussi ouvertement raffiner sur le sentiment et le bel-esprit, elles se mirent à déraisonner sur la science. Les fades madrigaux étoient toujours de leur goût; mais elles s'extasioient bien davantage sur le grec qu'elles ne savoient pas même lire, et sur la théorie des tourbillons, à laquelle elles ne comprenoient rien. Descartes avoit mis à la mode la physique transcendante, et nos précieuses réformées n'avoient pas été les moins ardentes à se perdre dans les spéculations de la philosophie corpusculaire. Molière, qui observoit leur marche et n'étoit pas trompé par leur métamorphose, résolut de les attaquer une seconde fois sous leur nouvelle forme; et il composa *les Femmes savantes*.

Une simple observation suffit pour prouver que *les Précieuses ridicules* et *les Femmes savantes*, ces deux ouvrages dont, en quelque sorte, l'un ouvre et l'autre ferme la carrière dramatique de Molière, sont comme deux actes d'une même volonté, deux résultats d'un même dessein, c'est que la petite pièce en prose est proprement le germe de la grande comédie en vers. Les personnages de la première sont devenus, avec un peu plus d'élévation dans l'état et dans le langage, les personnages de la seconde; et ceux-ci agissent exactement comme ceux-là. Chrysale est un nouveau Gorgibus, dont la juste colère s'exhale en termes un peu moins grossiers. Philaminte, Armande et Bélise montrent, sous des formes un peu moins vulgaires, tous les mêmes ridicules que Cathos et Madelon, savoir, leur prétention au beau langage, leur desir de briller et d'être connues, leur bonne opinion d'elles-mêmes, leur dédain pour les autres, leur engouement, enfin, pour un belesprit fort ridicule, qui se trouve être au dénouement un faquin fort méprisable. Trissotin vient, comme Mascarille, lire ses sottises rimées à des folles qu'elles font pâmer de plaisir; et, comme lui encore, il leur présente un de ses amis, qui n'est pas moins impertinent que lui, et conséquemment n'est pas accueilli avec moins de faveur: il n'y a qu'une différence, et elle est peu considérable, c'est celle qui existe entre deux laquais travestis en hommes de qualité, et deux auteurs qui déshonorent leur profession. Enfin, Martine, avec ses mots estropiés et ses phrases villageoises, imite exactement le langage de Marotte, qui n'a pas appris, comme ses maîtresses, *la filofie dans le grand Cyre*, et demande qu'on lui *parle chrétien*.

Ni Clitandre, ni Henriette ne sont indiqués dans *les Précieuses ridicules;* mais ils le sont l'un et l'autre dans *la Critique de l'École des Femmes*. Là se trouvent aussi, comme deux esquisses légères, que Molière semble n'y avoir jetées que pour les transporter plus tard dans une composition plus vaste et plus régulière, et cette Élise qui, franche et naturelle comme la fille cadette de Chrysale, se moque si bien de la prude Climène, dont le scrupule veut voir des impuretés dans d'innocentes syllabes, et ce Dorante qui, dans les mêmes termes que l'amant d'Henriette, venge si bien la cour des mépris de M. Lysidas, auteur vain et jaloux, dont la peinture a également fourni quelques traits pour celle de Trissotin.

Molière n'employa ni autant de temps ni autant de soin à l'exécution d'aucun autre ouvrage. Dans aucun autre, en effet, la versification n'est aussi régulière, la diction aussi exacte et aussi élégante. Les négligences qui se laissent apercevoir en assez grand nombre dans ses plus belles pièces, ont presque entièrement disparu dans celle-ci; et elle peut passer pour un modèle de style aussi-bien que de composition. On a prétendu qu'il n'avoit tant tardé à montrer ses *Femmes savantes* sur le théâtre, que pour laisser au ridicule qu'il peignoit le temps de s'affoiblir, et à quelques-uns de ses modèles le temps de disparoître de la scène du monde. A l'appui de cette vaine supposition, on a rappelé que la mort de madame de Montausier, la grande maîtresse de l'ordre des précieuses, avoit précédé d'un an la représentation des *Femmes savantes*. Rien n'est moins raisonnable. Celui qui n'avoit pas craint d'attaquer l'hôtel de Rambouillet dans toute la force de sa puissance, dans tout l'éclat de sa gloire, auroit-il redouté les débris d'une coterie vieillissante, expirant sans bruit au sein d'une génération nouvelle qui daignoit à peine s'en souvenir? Et Molière connoissoit-il si peu les intérêts de son art et de sa gloire, qu'il attendît, pour étaler des portraits comiques sur la scène, que les originaux ne pussent plus être aperçus dans la société, ou ne méritassent plus d'y être remarqués?

La comédie des *Femmes savantes* fut représentée sur le théâtre du Palais-Royal, le 11 mars 1672, et elle n'eut que dix-neuf représentations, dont les neuf premières seulement furent un peu suivies. La pièce avoit été, en quelque sorte, condamnée avant d'être entendue. Sur le titre seul, on avoit jugé que le fond étoit trop stérile pour qu'il pût en sortir autre chose qu'un ouvrage languissant et froid, où le défaut d'action entraîneroit l'abus du dialogue, et où quelques portraits satiriques tiendroient lieu de caractères. La prévention avoit fasciné les yeux à ce point, qu'on vit l'ouvrage, non pas tel qu'il étoit, mais tel qu'on se l'étoit figuré d'avance. Il fallut que la voix tardive des hommes de goût s'élevât contre cette injuste froideur qui accueilloit un chef-d'œuvre, et ramenât le public à la vérité de ses propres impressions.

La pièce n'avoit point encore paru sur le théâtre, et le bruit couroit que l'abbé Cotin y devoit être immolé à la risée du parterre. De Visé, dans son *Mercure galant*, rendant compte de la première représentation, dit que, deux jours auparavant, Molière *s'en étoit suffisamment justifié par une harangue qu'il fit au public*. Il est fâcheux, à tous égards, que cette harangue ne nous ait pas été conservée. Il seroit curieux de voir comment Molière *se justifie suffisamment* d'avoir traduit sur la scène un homme vivant, dont il emprunte les vers et parodie le nom même. Ménage prétend qu'il alla *jusqu'à faire acheter un des habits de l'abbé Cotin, pour le faire porter à l'acteur chargé du personnage*. Le fait de la harangue est trop bien constaté, pour que ce dernier soit croyable. Il y auroit eu, de la part de Molière, une impudente contradiction à désavouer publiquement le dessein de jouer l'abbé Cotin, et à le faire paroître ensuite sous ses propres vêtemens. Ajoutons que, dans ce temps-là, le costume des auteurs et de tous les hommes de profession grave ne différoit guère de celui des ecclésiastiques.

L'habit noir, le manteau, les cheveux courts, la calotte et le rabat même, dont la forme n'étoit pas celle d'aujourd'hui, leur étoient communs à tous ; et le même habillement qui convenoit à un poëte de condition laïque, étoit, à peu de chose près, celui que devoit porter un abbé courant le monde et fréquentant les ruelles. Ménage peut y avoir été trompé : c'est la seule manière d'expliquer son assertion, que démentent des faits prouvés, et que sa bonne foi reconnue empêche de regarder comme une imposture.

Mais laissons Ménage et son erreur ; laissons l'apologie de Molière, que nous ne pouvons apprécier, puisqu'elle n'existe plus, et examinons la question en elle-même, telle qu'elle s'offre à nous, d'après la comédie que nous avons tous sous les yeux, et les détails avérés que l'histoire littéraire nous transmet sur l'abbé Cotin. Le personnage de la pièce s'appeloit d'abord *Tricotin*. Lorsque le sonnet sur la fièvre de la princesse Uranie et le madrigal sur le carrosse amarante sont extraits textuellement des œuvres imprimées du malencontreux poëte, qui oseroit soutenir que ce nom de Tricotin n'est pas le nom de Cotin même, précédé d'une syllabe qui l'allonge et ne le déguise pas ? Molière changea bientôt *Tricotin* en *Trissotin* : étrange réparation, qui doubloit l'injure en paroissant l'effacer ! C'est une satisfaction toute semblable à celle que Piron offrit à l'abbé Desfontaines, lorsque, celui-ci se plaignant d'être appelé *bouc* dans une de ses épigrammes, il lui proposa de remplacer le mot entier par la lettre initiale. Cotin étant désigné dans la pièce par son nom et par ses propres écrits, est-il besoin d'ajouter qu'il y est fait une allusion évidente au malheur qu'il avoit d'être incessamment en butte au courroux satirique de Boileau? Est-il nécessaire aussi de rappeler que la querelle entre Trissotin et Vadius est la peinture d'une dispute semblable que l'abbé Cotin et Ménage eurent, au palais de Luxembourg, en présence de MADEMOISELLE? Ces preuves sont surabondantes, et il est tout-à-fait inutile de s'y arrêter. Que pouvoit dire Molière pour sa justification? Une seule chose, à ce qu'il semble, c'est que l'abbé Cotin, étant dans les ordres sacrés, étant prêtre en un mot, ne pouvoit être le personnage qui aspire à la main d'une jeune fille, et qui est sur le point de l'obtenir. Sans doute les lâchetés de Trissotin se résignant philosophiquement à certaine disgrace que lui peut faire subir le dépit d'une femme épousée malgré elle, puis renonçant à ce mariage qu'il a tant poursuivi, dès qu'il croit que la dot a disparu, ces lâchetés sont des traits qui ne peuvent porter sur l'abbé Cotin: sa robe seule l'en garantit. Mais n'y a-t-il donc de personnalités au théâtre que celles qui enveloppent tout un personnage et durent toute une pièce? Trissotin, quand il s'agit d'Henriette, n'est plus l'abbé Cotin; mais il est l'abbé Cotin lui-même, en propre original, quand il récite complaisamment ces fameux vers si ridicules, quand, après avoir comblé de louanges impertinentes un pédant qui l'en accable par réciprocité, il le charge d'injures grossières qui lui sont rendues avec la même exactitude.

En une telle affaire, il eût été tout à fait indigne de Molière d'être l'agresseur: aussi ne le fut-il point. Mais il eût été vraiment digne de lui de mépriser l'injure reçue; et de n'en point tirer cette énorme vengeance. Attaqué par Despréaux, Cotin avoit, à son tour, lancé contre lui quelques écrits satiriques;

c'étoit une représaille juste, quoique bien inégale et bien imprudente. Mais il avoit fait une chose à la fois téméraire et injuste, en mêlant dans cette querelle Molière, qui n'y étoit pour rien (1). Il avoit encore donné depuis à l'auteur du *Misanthrope*

---

(1) Ce n'est point dans *la Critique désintéressée sur les satires du temps*, que Cotin a attaqué Molière, comme ont paru le croire tous les biographes et tous les critiques; c'est dans une satire principalement dirigée contre Boileau, satire dont il est partout question, mais dont nulle part on ne cite rien, pas même le titre. Cette pièce, dans laquelle le pâtissier Mignot enveloppoit ses biscuits pour la mieux répandre, et se venger ainsi de Boileau qui l'avoit traité d'empoisonneur, cette pièce étoit devenue sans doute infiniment rare. D'ailleurs, Cotin ne l'avoit pas avouée, et il avoit même voulu donner le change au public, en en faisant une censure assez vive dans sa *Critique désintéressée*. Les contemporains n'y furent point trompés; mais les critiques du siècle suivant, ne connoissant pas cette satire, ou, faute de réflexion, ne la reconnoissant pas dans celle que Cotin lui-même avoit durement critiquée, n'en ont parlé qu'en termes vagues, et ils ont été chercher les raisons du courroux de Molière contre Cotin, dans *la Critique désintéressée*, où il n'est pas dit un seul mot contre Molière.

Cette satire de Cotin, intitulée : *Despréaux, ou la Satire des Satires*, est tombée entre mes mains : on ne doutera pas que ce ne soit elle-même, quand on aura rapproché les passages que j'en vais extraire, de ceux de la satire IX.e de Boileau, qui en sont la réponse et la punition.

> J'appelle Horace, Horace; et Boileau, traducteur.
> Si vous voulez savoir la manière de l'homme,
> Il applique à Paris ce qu'il a lu de Rome.
> Ce qu'il dit en françois, il le doit au latin,
> Et ne fait pas un vers qui ne soit un larcin.
> Si le bon Juvénal étoit mort sans écrire,
> Le malin Despréaux n'eût point fait de satire, etc.

C'est pour se venger de cette accusation ridicule, que Boileau la répète en ces termes :

> Mais lui, qui fait ici le régent du Parnasse,
> N'est qu'un gueux revêtu des dépouilles d'Horace.

une marque de son malin vouloir, en essayant de persuader au duc de Montausier qu'il étoit joué ouvertement dans le rôle d'Alceste. Molière, occupé des *Femmes savantes*, et ayant besoin d'un poëte ridicule pour mettre en jeu le mauvais goût et le fol enthousiasme de ses trois héroïnes, se souvint du malheureux abbé; et, son ressentiment lui faisant trouver légitime ce qu'en tout autre cas son honnêteté naturelle lui eût défendu, il le traduisit en personne et, pour ainsi dire, le pilloria en plein théâtre.

Tout le respect qui environne le nom de Molière et tout le

  Avant lui Juvénal avoit dit en latin,
  Qu'on est assis à l'aise aux sermons de Cotin.

Cotin n'avoit d'abord dit qu'une sottise : plus loin, il débite contre Boileau les plus odieuses calomnies, en l'accusant d'avoir manqué de respect au roi, et d'avoir outragé le parlement, le clergé, la religion même. Je ne rapporterai que ce qui regarde ce dernier chef.

  Quelquefois, emporté des vapeurs de sa bile,
  Sans respecter les cieux, sans croire à l'Évangile,
  Afin de débiter des blasphèmes nouveaux,
  Du fond de son sommeil il tire Desbarreaux.
  ....
  Quel État peut souffrir une telle insolence?
  Sous un roi très-chrétien, qu'en peut dire la France?

Boileau répond :

  Vous les verrez bientôt, féconds en impostures,
  Amasser contre vous des volumes d'injures,
  Traiter, en vos écrits, chaque vers d'attentat,
  Et d'un mot innocent faire un crime d'État.
  Vous aurez beau vanter le roi dans vos ouvrages,
  Et de ce nom sacré sanctifier vos pages ;
  Qui méprise Cotin, n'estime point son roi,
  Et n'a, selon Cotin, ni Dieu, ni foi, ni loi.

Dans cette même satire où il attaque Boileau avec tant de fureur, Cotin ne ménage guère plus Molière. Je me bornerai à cette citation, où Boileau

mépris qui s'attache au nom de Cotin, ne peuvent empêcher qu'un tel procédé ne nous paroisse aujourd'hui un acte de licence, digne de la muse effrontée d'Aristophane. Mais, comme j'ai déja eu occasion de le faire observer, on n'en jugeoit pas avec la même sévérité dans ce beau siècle où pourtant les plus étroites bienséances sembloient régir la société entière. Les auteurs dramatiques ne se faisoient point scrupule de se nommer eux-mêmes, et de nommer les autres dans leurs ouvrages. On ne peut le nier, lorsque, sur le théâtre, on signale un homme, fût-ce pour le louer, soit par son nom, soit par le titre ou le

---

et son ami sont diffamés de compagnie :

> Despréaux, sans argent, crotté jusqu'à l'échine,
> S'en va chercher son pain de cuisine en cuisine.
> Son Turlupin l'assiste, et, jouant de son nez,
> Chez le sot campagnard gagne de bons dînés.
> Despréaux à ce jeu répond par sa grimace,
> Et fait, en bateleur, cent tours de passe-passe.
> Puis ensuite enivrés et du bruit et du vin,
> L'un sur l'autre tombant renversent le festin.
> On les promet tous deux, quand on fait chère entière,
> Ainsi que l'on promet et Tartuffe et Molière (*).
> Il n'est comte danois, ni baron allemand,
> Qui n'ait à ses repas un couple si charmant ;
> Et, dans la Croix-de-Fer (**), eux seuls en valent mille
> Pour faire aux étrangers l'honneur de cette ville ;
> Ils ne se quittent point. O ciel! quelle amitié !
> Et que leur mauvais sort est digne de pitié !
> Ce couple si divin par les tables mendie,
> Et, pour vivre, aux Côteaux (***) donne la comédie.

(*) Tout ceci fait allusion à la satire III de Boileau, où il est dit :
> Molière avec Tartuffe y doit jouer son rôle.

(**) Fameux cabaret de ce temps-là.

(***) Pour l'explication de ce nom de *Côteaux*, voir, dans les éditions de Boileau avec commentaires, la note sur le vers 107 de la satire III.

texte d'un de ses écrits, on dispose d'une chose propre, inhérente à sa personne, et qui ne peut appartenir à aucun autre. L'usage admis des personnalités louangeuses entraîne facilement celui des personnalités satiriques, et l'on finit par ne se refuser guère plus celles-ci que les autres. C'est ce qui étoit arrivé. Déja, Molière lui-même, dans *l'Impromptu de Versailles*, avoit nommé injurieusement Boursault, qui, dans *le Portrait du Peintre*, avoit commencé par le désigner outrageusement; et Louis XIV, arbitre et modèle des bienséances, avoit autorisé de sa présence, de son approbation même, cette cruelle représaille. Ceci n'est point une apologie du tort de Molière : c'est simplement une remarque qui peut servir à en mesurer l'étendue.

Cotin, qui avoit assez bravement supporté les coups redoublés de Boileau, et les lui avoit rendus de son mieux, resta écrasé sous celui que Molière venoit de lui porter. Quelle différence, en effet, de la publicité des livres les plus répandus, à la publicité des ouvrages dramatiques : l'une, s'adressant à des lecteurs isolés qui ne peuvent se communiquer que de loin à loin leurs froides réflexions ; l'autre, produisant simultanément ses vives et promptes impressions sur un peuple d'auditeurs que paroît animer un seul esprit, et rassemblant mille fois de suite une même foule composée d'individus différens, pour lui faire partager les mêmes émotions, les mêmes sentimens ! Afin d'aggraver le tort de Molière, on a prétendu que Cotin en étoit mort de chagrin. « Si le chagrin le tua, dit La Harpe, ce fut un « peu tard ; car il mourut à quatre-vingt-cinq ans. » La Harpe auroit dû dire, soixante-dix-huit ans ; il auroit dû aussi ajouter qu'entre cette mort et la première représentation des *Femmes savantes*, il ne s'étoit pas écoulé moins de dix années. Ce qu'il y a de vrai, c'est que, pendant tout cet intervalle, sa vie fut une mort anticipée, qui put être prise pour une mort véritable. S'apercevant qu'on s'éloignoit de lui, comme si le ridicule dont il étoit frappé étoit quelque chose de contagieux, il se retira d'un monde où il ne pouvoit plus paroître sans exciter la moquerie ou la pitié. Desirant, mais désespérant sans doute d'être oublié, il s'abstint du moins de tout ce qui pouvoit entretenir sa triste célébrité, et il se condamna dès lors à un silence absolu. Sur la fin de ses jours, les facultés de son esprit parurent baisser, et ses parens agirent pour qu'il fût mis en curatelle. Alors, tel que Sophocle, lisant son *OEdipe à Colone* devant les magistrats, pour prouver que sa raison n'étoit point affoiblie, comme d'ingrats enfans le prétendoient, il invita ses juges à venir l'entendre prêcher, et il gagna sa cause tout d'une voix. Le public n'apprit qu'il n'existoit plus, qu'en apprenant qu'on venoit de le remplacer à l'Académie Françoise. A peine son successeur osa-t-il parler de lui; et, comme si l'on eût craint de divulguer le peu qu'il en avoit dit, son discours ne fut point inséré dans le recueil des harangues de la compagnie. Quant au directeur, comme il n'avoit pas fait la moindre mention du défunt, on ne vit aucun inconvénient à publier sa réponse; et elle nous a été conservée. Telle fut la fin, telles furent les obsèques littéraires d'un homme qui n'étoit dépourvu ni d'esprit, ni de savoir, qui étoit versé dans la philosophie humaine et divine, qui savoit l'hébreu et le syriaque, qui pouvoit réciter par cœur Homère et Platon, qui fit un madrigal charmant, au moins égal à celui qui seul fait toute la réputation de Saint-Aulaire; mais qui eut le tort, bien cruellement expié, d'irriter deux hommes, dont *un trait de plume*, suivant l'expression de l'abbé d'Olivet, *donnoit à qui bon leur sembloit, une immortalité de gloire ou d'ignominie.*

Ménage est-il l'original de Vadius, comme l'abbé Cotin est celui de Trissotin ? Écoutons sur ce point Ménage lui-même : « On veut me faire accroire, dit-il, que je suis le savant qui « parle d'un ton doux : c'est une chose cependant que Molière « désavouoit. » Molière, sans trahir la vérité, a pu nier que Vadius fût Ménage, par la raison que le rôle du premier n'offre aucun trait qui soit entièrement propre et particulier à la personne du second. Beaucoup de savans, comme Trissotin le reproche à Vadius, et comme on le reprochoit à Ménage lui-même, avoient pillé les auteurs grecs et latins. Plus d'un écrivain, comme il est dit de Vadius, et comme il étoit vrai de Ménage, n'avoit vu son nom enchâssé qu'une seule fois dans les malins hémistiches de Despréaux. Enfin, c'étoit un évènement trop naturel, trop commun, que deux beaux-esprits commençant un entretien par des louanges réciproques, et le finissant par des injures mutuelles, pour qu'il fallût absolument que la querelle entre Trissotin et Vadius eût été copiée d'après celle que Cotin et Ménage avoient eue ensemble; et j'ajouterai que l'histoire littéraire, voulant indiquer le véritable type de la scène, semble hésiter entre quatre altercations toutes pareilles, dans l'une desquelles Molière lui-même figure comme acteur. Je l'avouerai toutefois, j'ai la conviction que Ménage est le modèle qu'eut principalement en vue Molière, lorsqu'il créa le rôle de Vadius. Mais, comme les traits empruntés à la figure de ce savant pouvoient appartenir à celle de beaucoup d'autres, Molière avoit le droit de ne pas convenir qu'ils fussent ceux de Ménage lui-même ; et surtout celui-ci avoit parfaitement raison de ne pas le croire, ou du moins d'en faire le semblant. Je serois fâché, je l'avoue, que Molière eût eu envers Ménage un tort plus grave et plus évident. Nous avons vu Ménage, en plusieurs circonstances importantes, prendre hautement le parti du poëte calomnié ou méconnu, depuis *les Précieuses ridicules*, à la représentation desquelles il eut le courage de proclamer l'abolition du faux culte dont il étoit un des ministres [1], jusqu'aux *Femmes savantes* elles-mêmes, qu'il eut la bonne foi ou, si l'on veut, le bon esprit de défendre contre les fureurs de madame de Montausier. *Eh quoi! monsieur*, lui avoit-elle dit, *vous souffrirez que cet impertinent de Molière nous joue de la sorte! Madame*, avoit répondu Ménage, *j'ai vu la pièce; elle est parfaitement belle; on n'y peut trouver à redire ni à critiquer.*

L'opinion de Ménage est devenue le jugement même de la postérité. Oui, la pièce est *parfaitement belle*, et la critique la plus sévère n'a presque rien à y reprendre. Elle forme, avec *le Misanthrope* et *Tartuffe*, la première ligne des chefs-d'œuvre de Molière. La peinture des mœurs y est moins étendue, moins générale que dans *le Misanthrope*; mais l'action en est plus vive et plus animée. L'intérêt y est beaucoup moins puissant que dans *Tartuffe*; mais la marche en est plus régulière et l'exécution plus correcte. Il falloit toutes les ressources du génie le plus fécond, pour rendre comique et même attachant, ce tableau d'un intérieur bourgeois, où la lutte n'est établie qu'entre le bon sens un peu grossier d'un chef de famille, et la folie pédantesque de sa femme, de sa sœur et de sa fille aînée;

---

[1] On sait son mot : *Il nous faudra brûler ce que nous avons adoré, et adorer ce que nous avons brûlé.*

où tout le danger qui menace les personnages est le projet d'un mariage ridicule, opposé à celui d'un hymen bien assorti.

La pédanterie, déja fort impertinente chez les hommes, est vraiment intolérable chez les femmes. Elle détruit, elle exclut leurs plus naturelles et leurs plus aimables qualités, la grace, et cette sorte de pudeur qui doit voiler leur esprit même. Une femme vraiment savante auroit déja à se faire pardonner d'être supérieure à tout son sexe, et de rivaliser avec l'élite du nôtre. Une femme pédante ne mérite et n'obtient aucune indulgence. En punition des avantages qu'elle affecte, on lui refuse ceux qu'elle possède. Les hommes et les femmes, le savoir et l'ignorance, la modestie et la vanité, elle choque tout, blesse tout, et tout se réunit contre elle. Il y a eu depuis Molière, il y a encore aujourd'hui, il y aura toujours des pédantes telles qu'il les a peintes, c'est-à-dire des femmes douées de quelque esprit et ornées de quelques connoissances, mais s'en croyant beaucoup plus qu'elles n'en ont, et brûlant d'en montrer encore plus qu'elles ne s'en croient; puristes et prudes tout ensemble; raffinant sur les idées, les sentimens et les expressions; dédaignant tous les soins d'épouse, de mère et de maîtresse de maison; méprisant tout ce qui n'est pas de leur coterie, et réservant tout leur enthousiasme pour elles-mêmes d'abord, puis pour quelque petit auteur bien sot, bien vain, bien envieux, qui les flagorne, et qui fonde sur leur engouement l'espoir de sa renommée, souvent même celui de sa fortune. Le travers que Molière a mis sur le théâtre, est heureusement borné à un petit nombre de personnes; mais il n'est rien moins que passager. Il subira des variations, il changera d'objet et de forme, selon le mouvement des esprits et des mœurs; mais il subsistera toujours, et la race des Philamintes est impérissable comme celle des Trissotins.

Un auteur du dernier siècle, dont le caractère avoit autant d'élévation véritable et la conduite de noblesse réelle, qu'il y avoit quelquefois de fausse grandeur dans ses idées et de pompe affectée dans son langage, Thomas, a fait le procès à Molière, au sujet des *Femmes savantes*. « Il mit, dit-il, la folie
« à la place de la raison, et l'on peut dire qu'il trouva l'effet
« théâtral plus que la vérité... Armande et Philaminte sont des
« êtres très-ridicules, j'en conviens, et qui méritent qu'on en
« fasse justice; mais le bonhomme Chrysale, qui, dans sa
« grossièreté franche et bourgeoise, renvoie sans cesse les
« femmes à leur dé, leur fil et leurs aiguilles, et ne veut pas
« qu'une femme lise et sache rien, hors *veiller sur son pot*,
« n'est plus du siècle de Louis XIV. C'étoit remonter à deux cents
« ans; c'étoit oublier que les mœurs d'un siècle sont incom-
« patibles avec celles d'un autre, et que, par un certain enchaî-
« nement de vertus et de vices, il y a un progrès nécessaire de
« lumières comme de mœurs, auquel il est impossible de ré-
« sister. »

Qui ne riroit un peu d'entendre un rhéteur de nos jours reprocher à Molière, ou de n'avoir pas bien connu les mœurs, les opinions, les préjugés de son siècle, ou d'avoir violé une des premières règles de son art, en introduisant dans une peinture contemporaine un personnage d'une autre époque, c'est-à-dire en manquant au costume, en faisant ce qu'on pourroit appeler un anachronisme dramatique? Thomas étoit-il bien sûr qu'il n'existât plus de Chrysales sous Louis XIV, et que, pour en trouver, il fallût remonter jusqu'au règne de Louis XI (car la prétendue erreur commise par Molière n'est pas de moins de deux siècles, selon lui)? Il me semble, à moi, que Chrysale est de tous les temps, et que, dans le nôtre même, malgré les lumières dont il s'enorgueillit, il ne seroit pas difficile de trouver un bon bourgeois, même de la classe la plus opulente, qui fît fort peu de cas du savoir et du beau langage, et qui mît bien au-dessus les commodités et les jouissances de la vie. L'indifférence d'un tel homme pour la philosophie et les lettres se changeroit certainement en haine, en emportement, s'il avoit une femme telle que Philaminte, qui, négligeant son ménage pour cultiver son esprit, fût cause qu'il dînât mal et qu'il fût mal servi. Cet homme, s'il parloit comme Chrysale, parleroit fort bien, et on ne le prendroit pas pour un contemporain de Jacques Cœur ou de Monstrelet.

Bien que Thomas vécût dans un monde à part, dans un monde presque idéal, il ne pouvoit ignorer à ce point la société commune. Son erreur, si ce n'est qu'une erreur, doit avoir une cause particulière qu'il importe d'éclaircir. Il semble nier positivement qu'il y eût, du temps de Molière, des hommes de l'humeur et du sentiment de Chrysale. Mais ce n'est pas là ce qu'il dit, ou plutôt ce qu'il veut dire. Ce qu'il reproche à Molière, c'est d'avoir uniquement opposé Chrysale à Philaminte, comme le représentant, l'organe de l'opinion générale de l'époque sur le degré de savoir auquel il étoit permis aux femmes d'aspirer. « Chrysale, dit-il, est donné pour l'homme raison-« nable de la pièce. » Nous avons vu Rousseau, voulant accuser Molière d'avoir favorisé les mauvaises mœurs dans *le Bourgeois gentilhomme*; prétendre faussement que Dorante, malhonnête homme moralement parlant, est *l'honnête homme* de la pièce,

c'est-à-dire l'homme qui a raison et à qui l'on s'intéresse.
Le doux et sincère Thomas, pour un autre motif que je ferai
connoître tout à l'heure, donne exactement ici la même entorse
à la vérité que le sophiste éloquent et chagrin. Chrysale est
raisonnable, quand il se plaint de la tyrannie que Philaminte
exerce sur lui; et il le seroit encore davantage, s'il savoit se
résoudre à secouer ce joug humiliant. Il est *raisonnable*, lorsqu'il
trouve mauvais qu'à l'exemple de sa femme, tous ses valets
fassent de l'esprit, au lieu de faire leur service, et qu'il désapprouve
qu'on chasse une bonne servante pour une faute de
françois. Il est *raisonnable*, enfin, lorsqu'il préfère pour époux
de sa fille l'aimable et honnête Clitandre à ce vil et sot pédant
de Trissotin. Mais il cesse d'être raisonnable, lorsque, dans
son juste dépit contre le faux savoir et le faux esprit, il
attaque l'esprit et le savoir véritables; quand, révolté de voir
des femmes qui abandonnent les travaux de leur sexe pour
manier le télescope et l'astrolabe, il voudroit qu'elles ne touchassent
même pas un livre; quand, enfin, il regrette le temps
où toute leur science se bornoit *à connoître un pourpoint
d'avec un haut de chausses*. Il est alors, dramatiquement parlant,
bien mieux qu'un personnage raisonnable; il est un personnage
comique, passionné, opposant un ridicule à un ridicule, un
excès à un excès. Ce n'est assurément pas, en tenant de semblables
discours, qu'il exprime l'opinion de Molière et celle de
tous les hommes sensés de son siècle. Cette opinion, elle est
placée dans la bouche de Clitandre, lorsqu'il dit :

> Je consens qu'une femme ait des clartés de tout ;
> Mais je ne lui veux point la passion choquante
> De se rendre savante afin d'être savante ;

> Et j'aime que souvent, aux questions qu'on fait,
> Elle sache ignorer les choses qu'elle sait;
> De son étude, enfin, je veux qu'elle se cache,
> Et qu'elle ait du savoir sans vouloir qu'on le sache,
> Sans citer les auteurs, sans dire de grands mots,
> Et clouer de l'esprit à ses moindres propos.

Cela est net et positif. Clitandre est d'avis qu'une femme étudie et acquière du savoir. Il ne limite pas même la sphère de son instruction, car il consent qu'elle ait des *clartés de tout*. Certes, les plus zélés partisans des prérogatives du sexe n'en sauroient demander davantage. Mais, à ces concessions si larges, et j'ajouterai, si légitimes, il met une seule restriction, c'est que les femmes ne fassent point parade de leurs connoissances, qu'elles sachent même quelquefois les dissimuler; et voilà ce que les pédantes et leurs complaisans ne pardonneront jamais à Clitandre, ou plutôt à cet *impertinent* de Molière, comme elles l'appellent toutes, à l'exemple de madame de Montausier. Voilà, pour dire la vérité et donner enfin l'explication que j'ai promise, ce qui est cause que Thomas a fait de la comédie de Molière un faux exposé, pour en tirer une fausse conséquence.

C'est un fait connu de tout le monde, que la tendre amitié qui l'unissoit à madame Necker, personne douée des plus hautes vertus, mais qui avoit reçu, du côté de l'esprit, une éducation toute masculine, et avoit apporté, au milieu de nos mœurs élégamment frivoles, les idées sévères et en même temps les manières roides et empruntées qu'on attribue aux femmes de son pays. Éprise de la célébrité, elle avoit voulu se la procurer par des publications littéraires. Son mari, qui étoit dévoré de la même passion, mais qui la croyoit peu compatible avec la destination naturelle d'une femme, avoit obtenu de la sienne qu'elle ne se livrât pas, comme auteur, aux jugemens du public. Elle avoit renoncé à se faire imprimer, mais non pas à écrire; elle écrivoit sans cesse, et de beaux-esprits, dont elle étoit toujours entourée, étoient les confidens indiscrets de ces mêmes productions qu'elle regrettoit de ne pas étaler à un plus grand jour. Elle entretenoit surtout un grand nombre de correspondances; et ses lettres, qu'on montroit en divers lieux, ressembloient trop aux pages d'un livre écrit sans naturel, sans grace et sans facilité. Ainsi madame Necker, quoique aucun ouvrage sorti de sa main, ou du moins portant son nom, n'eût été multiplié par la presse, avoit acquis, dans l'opinion, le titre de femme auteur; et la malignité ne lui épargnoit pas celui de pédante : le nom de *Philaminte* étoit même employé, dans mainte épigramme, comme le voile ou plutôt le synonyme du sien. Thomas, si je l'ose dire, en voulut mal à Molière : il se persuada, du moins, qu'il avoit contribué à établir, chez notre nation moqueuse, ce préjugé contre le savoir des femmes, dont sa vertueuse amie lui paroissoit être victime; et, pour la venger, pour la louer en même temps, il affronta courageusement le ridicule d'enseigner à Molière comment il auroit dû s'y prendre pour faire sa comédie. Le moyen qu'il propose consisteroit à faire contraster avec Armande et Philaminte, au lieu de Chrysale (qui, soit dit en passant, ne contraste pas avec elles), « une « femme jeune et aimable (ici je transcris), qui eût reçu, du « côté des connoissances et de l'esprit, la meilleure éducation, « et qui eût conservé toutes les graces de son sexe; qui sût pen- « ser profondément et qui n'affectât rien; qui couvrît d'un voile « doux ses lumières, et eût toujours un esprit facile, de ma- « nière que ses connoissances acquises parussent ressembler à la

« nature; qui... » Mais je m'arrête; car Thomas, qui n'étoit pas, comme on sait, avare de périodes, en est vraiment prodigue en cette circonstance, et il n'emploie pas moins d'une demi-page encore à terminer sa phrase, dont chacun des membres renferme une des qualités de son amie. De peur que ce portrait ne fût pas reconnu (et, il faut l'avouer, il étoit assez flatté pour qu'on s'y trompât), l'auteur eut, pour ainsi dire, le soin d'écrire au bas le nom de celle qu'il avoit voulu peindre. « Je ne « sais pas, dit-il en note, si Molière eût trouvé un pareil mo- « dèle dans le siècle de Louis XIV; mais je sais bien qu'il l'eût « trouvé dans le nôtre. » La liaison si célèbre de Thomas et de madame Necker ne permit pas qu'on hésitât un seul instant sur le mot de cette flatteuse énigme.

Admirons, en nous résumant, dans quelles erreurs étranges peut tomber un homme, d'ailleurs plein de lumières et de bonne foi, quand la prévention lui a mis son bandeau sur les yeux. Thomas voit dans Chrysale, qui est de tous les siècles, un homme qui, depuis deux cents ans, n'étoit plus du siècle de Molière; il voit surtout en lui le personnage que Molière a chargé d'exprimer l'opinion commune et la sienne propre sur la part qu'une femme doit prendre aux choses de l'esprit, et il n'aperçoit pas, il ne veut pas apercevoir Clitandre, qui, sur ce point où est renfermée toute la moralité de la pièce, professe l'opinion de tous les hommes raisonnables et celle de Molière lui-même. D'un autre côté, voyant encore, dans ce même Chrysale, le personnage qui contraste avec Armande et Philaminte, bien qu'il leur soit seulement opposé, ce qui est fort différent, il n'aperçoit pas Henriette, qui contraste véritablement avec elles, puisque ayant, comme on doit le conclure de l'élégante pureté de ses discours, toute l'instruction qu'on peut souhaiter dans une femme, elle a aussi la timide réserve et la grace modeste qui conviennent à son sexe, et dont nos deux pédantes sont privées. Lorsqu'on voit un homme tel que Thomas faire de telles bévues, ou, si l'on veut, avoir de telles distractions, doit-on être surpris que certaines gens, qui n'ont ni son savoir, ni son jugement, ni son esprit, s'évertuent si ridiculement à chercher dans Molière ce qui n'y est pas, par compensation apparemment de ce qu'ils ne savent pas apercevoir ce qui s'y trouve?

Je n'ai pas achevé de comparer entre eux Clitandre et Chrysale. Leur parallèle est fertile en observations morales et dramatiques. Ils ont un intérêt, un but commun; c'est la main d'Henriette, que l'un brûle d'obtenir, et que l'autre brûle de lui accorder. Leurs ennemis sont les mêmes : c'est l'altière Philaminte, qui veut disposer de sa fille en faveur d'un autre; c'est la jalouse Armande, qui seconde les projets de sa mère, afin que Clitandre lui reste ou lui revienne; c'est le ridicule et odieux Trissotin, qui, ne voyant que la dot, épouseroit aussi volontiers l'aînée que la cadette, mais qui est obligé de s'attacher aux volontés toutes puissantes de la mère. Envers ces trois ennemis, chacun d'eux a une manière particulière d'agir. Chrysale, qui auroit droit de donner des ordres à sa femme, n'ose pas même lui adresser des reproches, et il se sert d'un détour pour lui faire entendre quelques vérités qu'il ne peut plus retenir : Clitandre, qui voit le sort de son amour dépendre de cette femme impérieuse, ne sauroit se faire violence au point d'admirer ses écrits, et il la blesse sensiblement en perçant devant elle, des traits les plus acérés, l'homme dont elle est enthousiasmée. Chrysale appelle à son secours et son frère et sa fille et sa servante; il feroit venir jusqu'aux gens du voisinage : Clitandre compte peu sur tous ces auxiliaires, et il met, avec raison, sa plus grande espérance dans l'amour persévérant d'Henriette. Chrysale, qui voit que la science est cause de ce que son pot-au-feu ne va pas bien et de ce qu'on veut marier déraisonnablement sa fille, vante, dans l'intérêt de sa fille et de son pot-au-feu surtout, les avantages de l'ignorance, qui lui paroît être le seul remède à tous ces maux : Clitandre, victime aussi de la pédanterie, ne méprise pas, ne déteste pas pour cela le savoir; il n'en hait que la charlatanerie, l'apparence fausse et ridicule. Cette différence de conduite et de sentimens, dans une situation presque semblable, provient tout naturellement de la différence des états, des esprits et des caractères. Chrysale est un honnête bourgeois, riche d'un patrimoine acquis peut-être par le commerce, qui, restant indifférent, étranger même au progrès de la civilisation, a conservé toute la simplicité des opinions anciennes et des mœurs paternelles : du reste, raisonnable, mais borné, ayant des volontés, mais privé de la force nécessaire pour les faire prévaloir, il est le type de ces bons maris, qui ont laissé prendre à leurs femmes un empire dont ils enragent; qui, cachant leur foiblesse sous le nom d'amour du repos, endurent un malheur de toute la vie pour éviter une querelle d'un quart d'heure; mais qui se vengent de la tyrannie qu'ils subissent, en querellant ceux qui sont de leur avis, en les contraignant quand ils ne s'opposent à rien, et en leur ordonnant impérieusement ce qu'ils ont envie de faire. Clitandre est un jeune gentilhomme, qui n'est pas d'une assez haute naissance pour se mésallier en épousant la fille d'un roturier, et qui a trop peu de bien pour ne pas desirer de faire un riche mariage, mais qui ne fait pas de son nom un trafic, et de sa recherche une spéculation; qui aime Henriette bien moins pour sa richesse, que pour ses vertus, ses charmes et ses graces, et qui se montre désintéressé, en offrant de partager sa fortune avec une famille qu'il croit entièrement dépouillée de la sienne : d'ailleurs, plein d'honneur et de loyauté, sensible au mérite parce qu'il en a lui-même, trop naturel pour ne pas être ennemi de l'affectation, et trop franc pour cacher un sentiment qui peut lui nuire, il est le modèle de ces jeunes gens raisonnables sans froid calcul, sensibles sans exaltation romanesque, et généreux sans faste, comme sans effort, dont je voudrois pouvoir dire que la société abonde, mais que certainement toutes les mères devroient vouloir pour gendres, ainsi que leurs filles pour maris. On parle de contraste : en est-il un plus vrai, mieux ménagé, plus suivi, et toutefois moins tranchant et moins symétrique, que celui de Chrysale et de Clitandre, dont je viens de marquer les principaux traits? Voilà les contrastes tels que les donne la nature, et que Molière les savoit imiter.

Il n'est pas un personnage de la comédie des *Femmes savantes*, qui, soumis à cette espèce d'analyse, et considéré soit à part, soit comparativement, ne pût suggérer de ces réflexions propres à faire éclater le génie de Molière dans la composition et le jeu des caractères. Trois femmes sont affectées exactement du même ridicule. Combien la monotonie qui pourroit en résulter est habilement sauvée par la variété des positions, des rapports et des humeurs ! La pédanterie de Philaminte est hautaine, impérieuse, comme il convient à une femme qui règne despotiquement sur son mari et toute sa famille : elle fait des réglemens, des statuts, des lois; elle envahit toutes les sciences pour les faire entrer dans son domaine; elle proscrit les mots qui lui déplaisent, elle exclut les personnes qui lui font ombrage. La pédanterie d'Armande est un mélange hypocrite de platonisme et de sensualité; c'est celle d'une sœur jalouse de sa cadette, qui ne s'est peut-être faite savante que pour complaire à sa mère, maîtresse absolue au logis, et qui est toute prête à sacrifier son horreur pour la matière au desir de rattraper l'amant qui lui échappe. La pédanterie de Bélise est exaltée et presque visionnaire; c'est celle d'une vieille fille qui, n'ayant sans doute pas trouvé à se marier, s'imagine qu'elle n'a voulu accepter la main d'aucun homme, et croit qu'ils sont tous amoureux d'elle, même quand ils lui jurent le contraire. Ce rôle de Bélise, il le faut bien avouer, manque de vérité; du moins il n'a pas la vérité dramatique, qui n'est autre que la vraisemblance. Il n'est pas impossible qu'il existe une folle telle que Bélise; mais ce seroit là la manie d'un individu, et non le travers d'une espèce : le théâtre ne doit point représenter ce qui ne peut se trouver dans le monde que par accident. Le rôle de Bélise est la seule tache de ce chef-d'œuvre.

Les deux pédans ont aussi chacun leur physionomie très-distincte. L'un est le pédant du bel-esprit, l'autre est celui de l'érudition. Le premier, répandu dans le monde, a une vanité sournoise et jalouse qui ne loue que pour être louée, et une galanterie intéressée qui ne feint la passion que pour arriver à la fortune; le second, vivant dans la poussière de ses livres grecs et latins, a une brutalité d'orgueil et de colère, qui rappelle les injurieux démêlés des Scaliger et des Scioppius.

Martine, l'excellente Martine, à qui l'on ne peut comparer que Nicole, a une place à part dans l'ouvrage, et il est impossible de la passer sous silence. A elle seule, elle a plus de raison que tous ses maîtres ensemble, en exceptant Henriette, et sans excepter Chrysale. Elle ne hait pas, comme celui-ci, la science qu'elle ne connoît point, et avec qui elle ne devroit avoir rien à démêler. Chassée pour un solécisme, elle ne comprend pas un mot, dieu merci, à la querelle qu'on lui fait : mais elle sait très-bien, elle dit très-bien aussi, qu'une servante qui fait son devoir ne doit pas être renvoyée; qu'un mari qui n'est pas le tyran de sa femme, ne doit pas être pour cela son esclave, et qu'une jeune fille, recherchée par un galant homme qu'elle aime, ne doit pas être sacrifiée à un pédant qu'elle déteste. Martine ne parle pas en fort bons termes; mais, d'après le témoignage de Chrysale, il paroît qu'elle fait une fort bonne cuisine; et l'on ne dit pas qu'elle gagne sur ses marchés. Elle pourroit, comme un autre, flatter sa maîtresse, sous qui tout tremble au logis; mais, par droiture d'esprit, comme par générosité de cœur, elle est du parti de ce pauvre mari, qui a toujours raison et à qui l'on donne toujours tort. Martine, il en faut convenir, est une servante comme on n'en voit plus qu'au théâtre.

Si l'on ne considéroit qu'elle, il faudroit être de l'avis de ceux qui prétendent que la comédie des *Femmes savantes* peint des individus qui n'existent plus et des mœurs qui sont passées de mode. Mais, je l'ai déjà dit, et je le répète en finissant, tous les autres personnages de la pièce sont de notre temps, comme ils étoient du temps de Molière. Les Henriettes et les Clitandres sont rares; mais en quel siècle ont-ils été communs? Les Philamintes et les Armandes ne nous manquent point : n'avons-nous pas celles de la politique, celles du romantisme, aussi vaines, aussi dédaigneuses, aussi exclusives que leurs aînées?

Les Vadius, assez peu nombreux de nos jours, sont un peu moins grossiers et beaucoup moins savans; mais, en revanche, les Trissotins fourmillent, et ils sont, pour le moins, aussi ridicules que leur illustre ancêtre, Trissotin premier du nom. Quant aux Chrysalés, c'est-à-dire aux maris débonnaires que leurs femmes mènent par le nez, on assure qu'en cherchant un peu, il n'est pas impossible d'en rencontrer encore.

LE MALADE
IMAGINAIRE,
COMÉDIE-BALLET.

1673.

AVERTISSEMENT

DU COMMENTATEUR.

La comédie du *Malade imaginaire*, sous le rapport de l'impression, présente une question à la fois littéraire et bibliographique, qui n'est ni sans importance ni sans difficulté. Le 7 janvier 1674, la troupe de Molière obtint une lettre de cachet, portant défense à tous autres comédiens de la jouer, tant qu'elle ne seroit pas imprimée. Voulant jouir long-temps du privilège de la représenter, ils ne se hâtèrent point de la livrer à l'impression. Ce délai ne faisoit pas le compte des libraires étrangers, toujours prêts à multiplier les ouvrages françois, à leur profit et au détriment de nos auteurs ou de nos libraires; mais il falloit avoir la pièce. Il est probable que, ne pouvant s'en procurer une copie, ils chargèrent quelque obscur écrivain de leur en fabriquer une. Il parut, en 1674, chez Daniel Elzevir, un *Malade imaginaire*, croquis informe de celui de Molière, où tout est stupidement changé, altéré, défiguré, tout jusqu'au nom des personnages, dont un même, le notaire Bonnefoi, est totalement supprimé. Désespérant d'exprimer combien la supposition est grossière, je prends le parti de transcrire le monologue d'*Argan*, appelé *Orgon* par le faussaire: à peine cet échantillon donnera-t-il une idée du reste.

« Quinze médecines, trois de reste du mois passé,
« et douze pour tout le mois de janvier, trente
« livres. Ho! monsieur Turbon, si j'ai bonne mé-
« moire, je ne pris que dix médecines dans tout le
« mois de décembre; et vous m'en comptez douze
« pour tout le mois de janvier que nous achevons:
« à ce compte, je suis plus malade ce mois-ci que
« l'autre. Plus, vingt-deux lavemens, trente-trois
« livres. Mais, monsieur Turbon, il me semble que
« vous m'en ordonnez plus que de coutume; et
« vous, monsieur l'apothicaire, que vous me les
« comptez un peu trop; et, à la quantité de re-
« mèdes que je prends, ce seroit bien assez de
« vingt sols pour lavement, et trente pour méde-
« cine. Plus, six juleps, neuf livres : passe pour cet
« article. Plus, en apozèmes et divers sirops, treize
« livres quinze sols. Plus, pour une potion cordiale
« et quelques conserves, trois livres cinq sols. Cinq
« et cinq sont dix, et dix sont vingt. Plus, pour
« un vomitoire, trente-cinq sols. Vingt et dix sont
« trente; un, deux, trois, quatre et cinq sols.
« Quatre-vingt-douze livres quinze sols. Vos par-
« ties sont un peu grasses, monsieur l'apothicaire,
« et je m'en plaindrai à monsieur Turbon. Holà,
« Cato, quelqu'un, drelin, drelin, drelin. »

AVERTISSEMENT.

Le public, même celui de Hollande, ne pouvoit être long-temps dupe d'une si dégoûtante falsification. Dans la même année 1674, Jean Sambix, libraire de Cologne, fit paroître un nouveau *Malade imaginaire*. Le texte de celui-ci est le même, en très-grande partie, que celui de l'édition de 1682, répété par toutes les éditions suivantes; et, dans les endroits où il en diffère, il n'est pas indigne de Molière: Bret penche même à croire qu'il est le texte véritable. Quoi qu'il en soit, cette édition de 1674 fut reproduite plusieurs fois à l'étranger; elle le fut même à Paris, en 1675, par les mêmes libraires, Thierry et Barbin, qui, sept ans plus tard, en 1682, publièrent l'édition des *OEuvres de Molière*, donnée par La Grange et Vinot. Ceux-ci annoncèrent la comédie du *Malade imaginaire*, comme *corrigée sur l'original de l'auteur, de toutes les fausses additions et suppositions de scènes entières, faites dans les éditions précédentes*. De plus, ils eurent soin d'avertir, en tête de deux scènes du premier acte et au commencement du troisième acte, que ces deux scènes et cet acte tout entier, dans les éditions précédentes, *n'étoient point de la prose de M. Molière*, et qu'ils les donnoient *rétablis sur l'original de l'auteur*. Que La Grange et Vinot, tous deux amis de Molière, et le premier son camarade, aient été mis par sa veuve en possession des manuscrits de ses comédies inédites, pour faire l'édition de ses œuvres, c'est un fait dont on n'a aucune raison de douter. Mais il a été prouvé plus d'une fois, dans le cours de la présente édition, qu'ils s'étoient permis d'altérer plus ou moins gravement le texte de leur auteur, constaté par des éditions faites sous ses yeux (voyez tome Ier, page 98, note 1.). S'ils ont pu retrancher des *Fourberies de Scapin* (voy. t. VIII, page 372, note 1) une portion de scène qui se trouve dans l'édition originale de la pièce, imprimée du vivant de Molière, par la seule raison peut-être qu'elle est répétée littéralement dans le *Malade imaginaire*, n'ont-ils pas pu introduire, dans le texte de cette dernière comédie, des altérations plus ou moins considérables, soit de leur propre fait, soit d'après ces changemens que les comédiens se permettent souvent à la scène, surtout lorsque l'auteur n'est plus là pour s'y opposer? On pourroit douter qu'ils eussent eu la hardiesse d'en agir ainsi à l'égard d'une pièce qui n'avoit que onze ans de date, et qui pouvoit être restée dans la mémoire de beaucoup de personnes, telle que l'avoit laissée Molière. Mais comment qualifieroit-on l'audace de Thierry et de Barbin, deux libraires considérables de Paris, qui, deux ans seulement après la première représentation du *Malade imaginaire*, et quand cette comédie faisoit encore courir toute la ville au théâtre, n'auroient pas craint de l'offrir aux lecteurs toute différente de ce qu'ils l'auroient pu voir la veille comme spectateurs? Ayant imprimé deux actes, moins deux scènes, tels qu'ils sont dans l'édition de 1682, leur auroit-il été si difficile de se procurer le véritable texte du reste, ne fût-ce qu'à l'aide de ces mémoires heureuses comme celle du sieur de Neufvillenaine, qui apprit par cœur *le Cocu imaginaire*, et le fit imprimer? Je ne prétends point toutefois décider entre les deux textes : chacun d'eux peut être le texte original, le texte même de Molière. Je me suis contenté d'exposer la difficulté, et je laisse le soin de la résoudre à de plus éclairés ou à de plus hardis que moi. A l'exemple de tous les éditeurs qui m'ont précédé, je donne le texte de 1682, celui que les comédiens suivent, et j'imprime, en variantes, celui de 1674, d'après l'édition de Paris, 1675, purgée de toutes les fautes typographiques qui défigurent l'édition de Cologne. Ces variantes, qui consistent principalement en deux scènes et en un acte entier, seront, à cause de leur étendue, rejetées à la fin de la pièce, au lieu d'être, suivant la coutume, portées au bas des pages, où je continuerai de mettre celles qui n'offriront que des différences peu importantes.

ACTEURS.

ACTEURS DE LA COMÉDIE.

ARGAN, malade imaginaire.
BÉLINE, seconde femme d'Argan.
ANGÉLIQUE, fille d'Argan, et amante de Cléante.
LOUISON, petite fille d'Argan, et sœur d'Angélique.
BÉRALDE, frère d'Argan.
CLÉANTE, amant d'Angélique.
MONSIEUR DIAFOIRUS, médecin.
THOMAS DIAFOIRUS, son fils, et amant d'Angélique.
MONSIEUR PURGON, médecin d'Argan.
MONSIEUR FLEURANT, apothicaire [1].
MONSIEUR BONNEFOI, notaire.
TOINETTE, servante.

---

(1) Il sembleroit d'abord que le nom de *Fleurant* est, comme ceux de *Diafoirus*, de *Purgon* et de *Bonnefoi*, un nom significatif, forgé par Molière (*). Il n'en est rien, s'il faut ajouter foi à l'anecdote suivante, tirée de l'ouvrage intitulé, *Lyon tel qu'il étoit*, etc., par A. G. (Aimé Guillon). Molière étoit à Lyon. Passant par la rue Saint-Dominique, il voit un

(*) Il faut observer que le verbe *flairer*, qui, suivant le Dictionnaire de l'Académie, édition de 1694, se prononçoit ordinairement *fleurer*, étoit écrit de cette manière par Molière, témoin le vers de *l'École des Maris*:

Et soit des damoiseaux fleurée en liberté.

ACTEURS DU PROLOGUE.

FLORE.
DEUX ZÉPHYRS, dansans.
CLIMÈNE.
DAPHNÉ.
TIRCIS, amant de Climène, chef d'une troupe de bergers.
DORILAS, amant de Daphné, chef d'une troupe de bergers.
BERGERS et BERGÈRES de la suite de Tircis, dansans et chantans.
BERGERS et BERGÈRES de la suite de Dorilas, chantans et dansans.
PAN.
FAUNES, dansans.

ACTEURS DES INTERMÈDES.

DANS LE PREMIER ACTE.

POLICHINELLE.
UNE VIEILLE.

---

apothicaire sur le pas de sa porte; il l'aborde et lui demande comment il se nomme. L'apothicaire hésite. Molière insiste. *Eh bien!* dit le pharmacopole, *je m'appelle Fleurant. Ah!* dit Molière, *je l'avois pressenti, que votre nom feroit honneur à l'apothicaire de ma comédie. On parlera long-temps de vous, M. Fleurant.* Je tiens de M. Beuchot, bibliographe instruit et ingénieux, qu'en 1795, il a vu à Genay, petit village au-dessus de Neuville-sur-Saône, un petit-fils de l'apothicaire de Lyon, qui portoit le même nom que son aïeul, et racontoit lui-même l'anecdote qu'on vient de lire.

VIOLONS.
ARCHERS, chantans et dansans.

DANS LE SECOND ACTE.

QUATRE ÉGYPTIENNES, chantantes.
ÉGYPTIENS et ÉGYPTIENNES, chantans et dansans.

DANS LE TROISIÈME ACTE.

TAPISSIERS, dansans.
LE PRÉSIDENT de la faculté de médecine.
DOCTEURS.
ARGAN, bachelier.
APOTHICAIRES, avec leurs mortiers et leurs pilons.
PORTE-SERINGUES.
CHIRURGIENS.

La scène est à Paris.

PROLOGUE.

Après les glorieuses fatigues et les exploits victorieux de notre auguste monarque, il est bien juste que tous ceux qui se mêlent d'écrire, travaillent ou à ses louanges, ou à son divertissement. C'est ce qu'ici l'on a voulu faire; et ce prologue est un essai des louanges de ce grand prince, qui donne entrée à la comédie du *Malade imaginaire*, dont le projet a été fait pour le délasser de ses nobles travaux.

Le théâtre représente un lieu champêtre, et néanmoins fort agréable.

ÉCLOGUE

EN MUSIQUE ET EN DANSE.

SCÈNE PREMIÈRE.

FLORE; DEUX ZÉPHYRS, *dansans*.

FLORE.

Quittez, quittez vos troupeaux;
Venez, bergers, venez, bergères;
Accourez, accourez sous ces tendres ormeaux :
Je viens vous annoncer des nouvelles bien chères,

Et réjouir tous ces hameaux.
Quittez, quittez vos troupeaux;
Venez, bergers, venez, bergères;
Accourez, accourez sous ces tendres ormeaux.

SCÈNE II.

FLORE; DEUX ZÉPHYRS, *dansans;* CLIMÈNE, DAPHNÉ, TIRCIS, DORILAS.

CLIMÈNE, *à Tircis;* ET DAPHNÉ, *à Dorilas.*
Berger, laissons là tes feux :
Voilà Flore qui nous appelle.
TIRCIS, *à Climène;* ET DORILAS, *à Daphné.*
Mais au moins, dis-moi, cruelle,

TIRCIS.
Si d'un peu d'amitié tu payeras (1) mes vœux.

DORILAS.
Si tu seras sensible à mon ardeur fidèle.

CLIMÈNE ET DAPHNÉ.
Voilà Flore qui nous appelle.

TIRCIS ET DORILAS.
Ce n'est qu'un mot, un mot, un seul mot que je veux.

TIRCIS.
Languirai-je toujours dans ma peine mortelle?

---

(1) *Payeras.* Anciennement l'*e* muet qui est au milieu de ce mot se prononçoit, et, en conséquence, comptoit pour une syllabe dans le vers. Aujourd'hui, on prononce *païras*, quoiqu'on écrive habituellement *paieras*, et le mot n'a plus que deux syllabes.

PROLOGUE.

DORILAS.

Puis-je espérer qu'un jour tu me rendras heureux?

CLIMÈNE ET DAPHNÉ.

Voilà Flore qui nous appelle.

SCÈNE III.

FLORE; DEUX ZÉPHYRS, *dansans*; CLIMÈNE, DAPHNÉ, TIRCIS, DORILAS; BERGERS et BERGÈRES *de la suite de Tircis et de Dorilas, chantans et dansans.*

PREMIÈRE ENTRÉE DE BALLET.

Toute la troupe des bergers et des bergères va se placer en cadence autour de Flore.

CLIMÈNE.

Quelle nouvelle parmi nous,
Déesse, doit jeter tant de réjouissance?

DAPHNÉ.

Nous brûlons d'apprendre de vous
Cette nouvelle d'importance.

DORILAS.

D'ardeur nous en soupirons tous.

CLIMÈNE, DAPHNÉ, TIRCIS, DORILAS.

Nous en mourons d'impatience.

FLORE.

La voici; silence, silence!

PROLOGUE.

Vos vœux sont exaucés, LOUIS est de retour[1];
Il ramène en ces lieux les plaisirs et l'amour,
Et vous voyez finir vos mortelles alarmes.
Par ses vastes exploits son bras voit tout soumis :
   Il quitte les armes,
   Faute d'ennemis.

CHOEUR.

  Ah! quelle douce nouvelle!
  Qu'elle est grande! qu'elle est belle!
Que de plaisirs! que de ris! que de jeux!
   Que de succès heureux!
Et que le ciel a bien rempli nos vœux!
  Ah! quelle douce nouvelle!
  Qu'elle est grande! qu'elle est belle!

DEUXIÈME ENTRÉE DE BALLET.

Tous les bergers et bergères expriment, par des danses, les transports de leur joie.

FLORE.

 De vos flûtes bocagères
 Réveillez les plus beaux sons;
 LOUIS offre à vos chansons
 La plus belle des matières.
  Après cent combats
  Où cueille son bras

---

[1] Louis XIV étoit de retour de cette fameuse campagne pendant laquelle il fit en personne la conquête de trois provinces de la Hollande, qu'il fut obligé de rendre, l'année suivante, en moins de temps encore qu'il n'en avoit mis à les prendre.

PROLOGUE.

Une ample victoire [1],
Formez, entre vous,
Cent combats plus doux,
Pour chanter sa gloire.

CHOEUR.

Formons, entre nous,
Cent combats plus doux,
Pour chanter sa gloire.

FLORE.

Mon jeune amant, dans ce bois,
Des présens de mon empire,
Prépare un prix à la voix
Qui saura le mieux nous dire
Les vertus et les exploits
Du plus auguste des rois [2].

CLIMÈNE.

Si Tircis a l'avantage,

DAPHNÉ.

Si Dorilas est vainqueur,

CLIMÈNE.

A le chérir je m'engage.

DAPHNÉ.

Je me donne à son ardeur.

---

[1] *Cueillir une victoire*, est une mauvaise expression qui mérite d'être remarquée au milieu de toutes celles dont est rempli ce prologue, si fadement, si peu délicatement louangeur.

[2] Il y a de la recherche et même un peu d'obscurité dans ce couplet où domine la périphrase poétique. Flore pouvoit dire plus simplement : Zéphyre prépare une couronne de fleurs pour celui qui chantera le mieux Louis.

PROLOGUE.

TIRCIS.

O trop chère espérance!

DORILAS.

O mot plein de douceur!

TIRCIS ET DORILAS.

Plus beau sujet, plus belle récompense
Peuvent-ils animer un cœur (1)?

(*Les violons jouent un air pour animer les deux bergers au combat, tandis que Flore, comme juge, va se placer au pied d'un bel arbre qui est au milieu du théâtre, avec deux zéphyrs; et que le reste, comme spectateurs, va occuper les deux côtés de la scène.*)

TIRCIS.

Quand la neige fondue enfle un torrent fameux,
Contre l'effort soudain de ses flots écumeux
    Il n'est rien d'assez solide;
    Digues, châteaux, villes et bois,
    Hommes et troupeaux à la fois,
    Tout cède au courant qui le guide:
    Tel, et plus fier et plus rapide,
    Marche LOUIS dans ses exploits.

TROISIÈME ENTRÉE DE BALLET.

Les bergers et bergères du côté de Tircis dansent autour de lui, sur une ritournelle, pour exprimer leurs applaudissemens.

---

(1) Rien n'est plus ordinaire, chez les poëtes bucoliques de l'antiquité, que ces luttes de chant entre deux bergers. Il y en a jusqu'à trois dans les dix églogues de Virgile.

PROLOGUE.

DORILAS.

Le foudre menaçant qui perce avec fureur
L'affreuse obscurité de la nue enflammée,
  Fait, d'épouvante et d'horreur,
  Trembler le plus ferme cœur;
  Mais, à la tête d'une armée,
  LOUIS jette plus de terreur.

QUATRIÈME ENTRÉE DE BALLET.

Les bergers et bergères du côté de Dorilas font de même que les autres.

TIRCIS.

Des fabuleux exploits que la Grèce a chantés,
Par un brillant amas de belles vérités
  Nous voyons la gloire effacée;
  Et tous ces fameux demi-dieux
  Que vante l'histoire passée [1],
  Ne sont point à notre pensée,
  Ce que LOUIS est à nos yeux.

CINQUIÈME ENTRÉE DE BALLET.

Les bergers et bergères du côté de Tircis font encore la même chose.

DORILAS.

LOUIS fait à nos temps, par ses faits inouïs,
Croire tous les beaux faits que nous chante l'histoire

---

[1] *L'histoire passée*, pour *l'histoire du passé*; de même qu'on dit, *l'histoire ancienne*, pour *l'histoire des anciens*.

PROLOGUE.

Des siècles évanouis;
Mais nos neveux, dans leur gloire,
N'auront rien qui fasse croire
Tous les beaux faits de LOUIS.

SIXIÈME ENTRÉE DE BALLET.

Les bergers et bergères du côté de Dorilas font encore de même.

SEPTIÈME ENTRÉE DE BALLET.

Les bergers et bergères du côté de Tircis et de celui de Dorilas se mêlent et dansent ensemble.

SCÈNE IV.

FLORE, PAN; DEUX ZÉPHYRS, *dansans;* CLIMÈNE, DAPHNÉ, TIRCIS, DORILAS; FAUNES, *dansans;* BERGERS ET BERGÈRES, *chantans et dansans.*

PAN.

Laissez, laissez, bergers, ce dessein téméraire;
Hé! que voulez-vous faire?
Chanter sur vos chalumeaux
Ce qu'Apollon sur sa lyre,
Avec ses chants les plus beaux,
N'entreprendroit pas de dire :
C'est donner trop d'essor au feu qui vous inspire;
C'est monter vers les cieux sur des ailes de cire,
Pour tomber dans le fond des eaux [1].

---

(1) Ces deux vers sont une foible imitation de la fameuse strophe

PROLOGUE.

Pour chanter de LOUIS l'intrépide courage,
　　Il n'est point d'assez docte voix,
Point de mots assez grands pour en tracer l'image;
　　　Le silence est le langage
　　　Qui doit louer ses exploits.
Consacrez d'autres soins à sa pleine victoire;
Vos louanges n'ont rien qui flatte ses desirs :
　　　Laissez, laissez là sa gloire;
　　　Ne songez qu'à ses plaisirs.

CHOEUR.

　　　Laissons, laissons là sa gloire;
　　　Ne songeons qu'à ses plaisirs.

FLORE, à Tircis et à Dorilas.

Bien que pour étaler ses vertus immortelles,
　　　La force manque à vos esprits,
Ne laissez pas tous deux de recevoir le prix.
　　　Dans les choses grandes et belles,
　　　Il suffit d'avoir entrepris [1].

---

d'Horace :

Pindarum quisquis studet æmulari,
Jule, ceratis ope Dædaleâ
Nititur pennis, vitreo daturus
Nomina ponto.

L'ambitieux rival qui veut suivre Pindare,
Sur une aile de cire est porté dans les airs,
Et va donner son nom, comme un nouvel Icare,
　　　A l'abyme des mers...
　　　　　　(*Traduction de* M. DARU.)

[1] C'est la traduction de l'adage latin, tiré de Tibulle : *In magnis et voluisse sat est.* La Fontaine a dit de même, en terminant son *Discours à M. le Dauphin :*

Et, si de t'agréer je n'emporte le prix,
J'aurai du moins l'honneur de l'avoir entrepris.

PROLOGUE.

HUITIÈME ENTRÉE DE BALLET.

Les deux zéphyrs dansent avec deux couronnes de fleurs à la main, qu'ils viennent donner ensuite aux deux bergers.

CLIMÈNE ET DAPHNÉ, *donnant la main à leurs amans.*
Dans les choses grandes et belles,
Il suffit d'avoir entrepris.

TIRCIS ET DORILAS.
Ah! que d'un doux succès notre audace est suivie!

FLORE ET PAN.
Ce qu'on fait pour LOUIS, on ne le perd jamais.

CLIMÈNE, DAPHNÉ, TIRCIS, DORILAS.
Au soin de ses plaisirs donnons-nous désormais.

FLORE ET PAN.
Heureux, heureux qui peut lui consacrer sa vie!

CHOEUR.
Joignons tous dans ces bois
Nos flûtes et nos voix :
Ce jour nous y convie,
Et faisons aux échos redire mille fois :
LOUIS est le plus grand des rois ;
Heureux, heureux qui peut lui consacrer sa vie!

NEUVIÈME ENTRÉE DE BALLET.

Faunes, bergers et bergères, tous se mêlent, et il se fait entre eux des jeux de danse, après quoi ils se vont préparer pour la comédie [1].

---

[1] Molière devoit beaucoup de reconnoissance à Louis XIV, et il est probable que, comme tous les autres hommes de génie de ce siècle, il ad-

AUTRE PROLOGUE.

UNE BERGÈRE, *chantante.*

Votre plus haut savoir n'est que pure chimère,
  Vains et peu sages médecins ;
Vous ne pouvez guérir, par vos grands mots latins,
  La douleur qui me désespère.
Votre plus haut savoir n'est que pure chimère.

  Hélas ! hélas ! je n'ose découvrir
   Mon amoureux martyre
  Au berger pour qui je soupire,
  Et qui seul peut me secourir.
  Ne prétendez pas le finir,
Ignorans médecins ; vous ne sauriez le faire,
Votre plus haut savoir n'est que pure chimère.

Ces remèdes peu sûrs, dont le simple vulgaire
Croit que vous connoissez l'admirable vertu,

---

miroit sincèrement un monarque qui savoit imprimer à toutes les parties de son règne un caractère de véritable grandeur. Mais la flatterie n'étoit pas sa vocation ; et il faut reconnoître qu'il a réussi moins qu'aucun autre dans l'art d'apprêter la louange. Peut-être pensoit-il que l'encens le moins délicat a toujours assez bonne odeur, et que c'eût été perdre ses soins et son temps, que de les employer à des ouvrages de circonstance, qui ne pouvoient avoir qu'une existence éphémère.

PROLOGUE.

Pour les maux que je sens n'ont rien de salutaire;
Et tout votre caquet ne peut être reçu
 Que d'un MALADE IMAGINAIRE.

Votre plus haut savoir n'est que pure chimère,
 Vains et peu sages médecins, etc. (1)

---

(1) Le premier prologue ne pouvoit servir long-temps, puisque, comme on le sait, la fameuse conquête qu'il célèbre fut reprise au bout de l'année. C'est peut-être à cause de cela que Molière a composé cet *autre prologue*. Il a, sur le premier, l'avantage d'être infiniment plus court, et d'annoncer le sujet de la comédie; mais, du reste, l'idée en est fort commune, et l'exécution ne la relève pas.

Le théâtre change et représente une chambre.

ARGAN.

Ah! mondieu! ils me laisseront ici mourir. drelin, drelin, drelin.

Le Malade Imaginaire, Acte Ier Scène Ire

LE MALADE
IMAGINAIRE,
COMÉDIE-BALLET.

ACTE PREMIER.

SCÈNE PREMIÈRE.

ARGAN, *assis, une table devant lui, comptant avec des jetons les parties de son apothicaire.*

Trois et deux font cinq, et cinq font dix, et dix font vingt; trois et deux font cinq. « Plus, du vingt-qua-
« trième (1), un petit clystère insinuatif, préparatif, et re-
« mollient (2), pour amollir, humecter et rafraîchir les en-

---

(1) *Plus du vingt-quatrième.* — Ce sont les *parties* d'un mois tout entier qu'Argan examine, comme nous le verrons à la fin. Mais la vérification d'un mémoire aussi chargé d'articles auroit été extrêmement longue. C'est pourquoi le rideau ne se lève qu'au moment où Argan en est au *vingt-quatrième* du mois; et c'en est bien assez pour nous faire connoître d'abord l'étrange manie d'un homme bien portant, qui, comme dit le peuple avec son énergie accoutumée, *fait de son corps une boutique d'apothicaire.*

(2) *Remollient.* On dit aujourd'hui, *émollient.*

« trailles de monsieur *(1). » Ce qui me plaît de monsieur Fleurant, mon apothicaire, c'est que ses parties sont toujours fort civiles. « Les entrailles de monsieur, trente « sols. » Oui; mais, monsieur Fleurant, ce n'est pas tout que d'être civil; il faut être aussi raisonnable, et ne pas écorcher les malades. Trente sols un lavement! Je suis votre serviteur, je vous l'ai déja dit; vous ne me les avez mis dans les autres parties qu'à vingt sols; et vingt sols en langage d'apothicaire, c'est-à-dire, dix sols; les voilà, dix sols **. « Plus, dudit jour, un bon clystère détersif, « composé avec catholicon double, rhubarbe, miel rosat, « et autres, suivant l'ordonnance, pour balayer, laver et « nettoyer le bas-ventre de monsieur, trente sols. » Avec votre permission, dix sols. « Plus, dudit jour, le soir, un « julep hépatique (2), soporatif et somnifère ***, composé « pour faire dormir monsieur, trente-cinq sols. » Je ne me plains pas de celui-là; car il me fit bien dormir. Dix, quinze, seize et dix-sept sols six deniers (3). « Plus, du

VARIANTES. * *Les entrailles de monsieur, trente sols* (édit. de 1675).
— ** *C'est-à-dire, dix sols : les voilà* (édit. de 1675). — *** *Soporatif, somnifère.*

(1) Ce premier article est un échantillon de toutes les *parties*, de tous les *mémoires* de marchands et d'ouvriers. Ils amplifient la chose qu'ils ont faite, ou fournie, en accumulant les épithètes et les synonymes. Ils croient donner par là une plus grande idée de la valeur de l'objet, et en obtenir plus facilement un prix plus considérable. Ils n'ont pas tort : ce charlatanisme leur réussit assez.

(2) *Hépatique*, propre aux maladies du foie.

(3) La manière dont Argan suppute en réglant ces parties, a embarrassé quelques personnes. Voici un *julep*, porté pour *trente-cinq sols*, par M. Fleurant. Argan se loue de l'effet de ce remède, de manière à faire croire qu'il va passer l'article tel qu'il est. Point du tout. Comme, suivant

« vingt-cinquième, une bonne médecine purgative et cor-
« roborative, composée de casse récente avec séné levan-
« tin, et autres, suivant l'ordonnance de monsieur Pur-
« gon, pour expulser et évacuer la bile de monsieur, quatre
« livres. » Ah! monsieur Fleurant, c'est se moquer : il faut
vivre avec les malades. Monsieur Purgon ne vous a pas ordonné de mettre quatre francs *. Mettez, mettez trois
livres, s'il vous plaît. Vingt et trente sols (1). « Plus, du-
« dit jour, une potion anodine et astringente, pour faire
« reposer monsieur, trente sols. » Bon, dix et quinze
sols (2). « Plus, du vingt-sixième, un clystère carminatif,
« pour chasser les vents de monsieur, trente sols. » Dix
sols, monsieur Fleurant. « Plus, le clystère de monsieur,
« réitéré le soir, comme dessus, trente sols. » Monsieur
Fleurant, dix sols. « Plus, du vingt-septième, une bonne
« médecine, composée pour hâter d'aller, et chasser de-

VARIANTE. * Quatre livres (édit. de 1675).

son principe, qu'*en langage d'apothicaire*, vingt sols veut dire dix sols,
il accorde la moitié juste des trente-cinq sols; c'est-à-dire, *dix-sept
sols six deniers*. Ainsi, avec ses jetons, il marque d'abord dix, puis cinq,
ce qui fait quinze; puis un, ce qui fait seize; puis enfin un et demi; ce
qui fait dix-sept et demi.

(1) Il en est de même en cet endroit. La *médecine* est portée pour
quatre francs. Argan dit : « Mettez, mettez trois livres, s'il vous plaît. » Il
va donc passer *trois livres* ? Nullement. *Trois livres* est ce que M. Fleurant
devoit porter; et lui, Argan, qui sait le *langage d'apothicaire*, réduit les
trois livres à la moitié; savoir, à *trente sols*. Car, il ne faut pas s'y tromper,
quand il dit : « vingt et trente sols, » ce n'est pas le total des deux nombres, c'est-à-dire cinquante sols, qu'il accorde : il marque d'abord vingt,
avec ses jetons, puis il ajoute dix; ce qui fait trente.

(2) De même ici, *dix et quinze sols*, ne sont pas vingt-cinq sols, mais
quinze sols seulement, moitié des *trente sols* demandés.

« hors les mauvaises humeurs de monsieur, trois livres. »
Bon, vingt et trente sols; je suis bien aise que vous soyez
raisonnable. « Plus, du vingt-huitième, une prise de pe-
« tit lait clarifié et dulcoré [1], pour adoucir, lénifier, tem-
« pérer, et rafraîchir le sang de monsieur, vingt sols. »
Bon, dix sols. « Plus, une potion cordiale et préserva-
« tive, composée avec douze grains de bézoard [2], sirop
« de limon et grenades, et autres *, suivant l'ordonnance,
« cinq livres [3]. » Ah! monsieur Fleurant, tout doux, s'il
vous plaît; si vous en usez comme cela, on ne voudra
plus être malade : contentez-vous de quatre francs **,
vingt et quarante sols [4]. Trois et deux font cinq, et cinq
font dix, et dix font vingt. Soixante et trois livres quatre
sols six deniers. Si bien donc que, de ce mois, j'ai pris
une, deux, trois, quatre, cinq, six, sept et huit médecines; et un, deux, trois, quatre, cinq, six, sept, huit,
neuf, dix, onze et douze lavemens; et l'autre mois, il y
avoit douze médecines, et vingt lavemens ***. Je ne m'é-

VARIANTES. * *Sirop de limon, grenade et autres* (édit. de 1675). —
** *Contentez-vous de quarante sols* (ibid.). — *** *Si bien donc que de
ce mois j'ai pris un, deux, trois, quatre, cinq, six, sept, huit, neuf,
dix, onze et douze lavemens; et l'autre mois, il y avoit douze médecines
et vingt lavemens* (ibid.).

---

(1) *Dulcoré.* On dit aujourd'hui, *édulcorer*, rendre doux par le moyen
du sucre ou de quelque sirop.

(2) *Bézoard*, pierre qui se trouve dans le corps de certains animaux des
Indes, et qui étoit regardée comme un excellent contre-poison.

(3) Gui Patin définit un apothicaire, *animal bene faciens partes et
lucrans mirabiliter*. On voit si la définition convient à M. Fleurant.

(4) Encore ici, Argan réduit d'abord les *cinq livres* à *quatre francs*,
qu'auroit dû porter le mémoire, et il accorde la moitié de cette dernière
somme, savoir, *quarante sols*.

tonne pas, si je ne me porte pas si bien ce mois-ci que l'autre. Je le dirai à monsieur Purgon, afin qu'il mette ordre à cela. Allons, qu'on m'ôte tout ceci. (*voyant que personne ne vient, et qu'il n'y a aucun de ses gens dans sa chambre.*) Il n'y a personne. J'ai beau dire : on me laisse toujours seul; il n'y a pas moyen de les arrêter ici. (*après avoir sonné une sonnette qui est sur sa table.*) Ils n'entendent point, et ma sonnette ne fait pas assez de bruit. Drelin, drelin, drelin. Point d'affaire. Drelin, drelin, drelin. Ils sont sourds... Toinette. Drelin, drelin, drelin. Tout comme si je ne sonnois point. Chienne! coquine! Drelin, drelin, drelin. J'enrage [1]! (*il ne sonne plus, mais il crie.*) Drelin, drelin, drelin. Carogne, à tous les diables! Est-il possible qu'on laisse comme cela un pauvre malade tout seul *? Drelin, drelin, drelin. Voilà qui est pitoyable! Drelin, drelin, drelin. Ah! mon dieu! Ils me laisseront ici mourir. Drelin, drelin, drelin [2].

VARIANTE. * *Un pauvre malade.*

---

(1) Jusqu'ici, les mots, *drelin, drelin*, ne sont écrits que pour figurer le son de la sonnette d'Argan; et des éditeurs modernes les ont retranchés comme inutiles. Mais, à partir de cet endroit, ce sont des mots qu'Argan lui-même prononce, pour suppléer au bruit de sa sonnette, en l'imitant.

(2) Ce monologue d'Argan forme une des meilleures expositions du théâtre, une exposition égale et assez semblable à celle du *Misanthrope*. On ne vient pas nous faire plus ou moins adroitement confidence du caractère du personnage principal : c'est lui-même qui nous le révèle, non par de simples discours, mais par une véritable action; car c'en est une que ce contrôle des *parties* de M. Fleurant, parties très-enflées, suivant la coutume, mais très-judicieusement réduites par Argan, que sa manie n'aveugle pas entièrement sur ses intérêts. En récapitulant les médecines et les lavemens du mois, il s'aperçoit qu'il en a pris moins que le mois dernier. *Je ne m'étonne pas*, dit-il, *si je ne me porte pas si bien ce mois-ci que l'autre.* Tout le personnage est dans cette réflexion si comique; et

SCÈNE II.

ARGAN, TOINETTE.

TOINETTE, *en entrant.*

On y va.

ARGAN.

Ah! chienne! ah! carogne!

TOINETTE, *faisant semblant de s'être cogné la tête.*

Diantre soit fait de votre impatience*! Vous pressez si fort les personnes, que je me suis donné un grand coup de tête** contre la carne d'un volet (1).

ARGAN, *en colère.*

Ah! traîtresse!..

TOINETTE, *interrompant Argan.*

Ah!

ARGAN.

Il y a...

TOINETTE.

Ah!

ARGAN.

Il y a une heure...

VARIANTES. * *Diantre soit de votre impatience!* — ** *A la tête.*

Argan ne sera pas mieux connu à la fin de la pièce, qu'il l'est dès à présent. Veut-on apprendre l'art d'animer, de varier un long monologue? Qu'on prenne exemple sur celui d'Argan. C'est d'abord une espèce d'entretien entre lui et M. Fleurant; c'est ensuite une querelle qu'il fait à ses gens, comme s'ils étoient présens. Quel dialogue seroit d'un effet plus vif et plus soutenu?

(1) *La carne d'un volet.* La *carne* est l'angle extérieur d'une chose.

ACTE I, SCÈNE II.

TOINETTE.

Ah!

ARGAN.

Tu m'as laissé...

TOINETTE.

Ah!

ARGAN.

Tais-toi donc, coquine, que je te querelle.

TOINETTE.

Çamon⁽¹⁾, ma foi, j'en suis d'avis, après ce que je me suis fait.

ARGAN.

Tu m'as fait égosiller, carogne.

TOINETTE.

Et vous m'avez fait, vous, casser la tête : l'un vaut bien l'autre. Quitte à quitte, si vous voulez.

ARGAN.

Quoi! coquine...

TOINETTE.

Si vous querellez, je pleurerai.

ARGAN.

Me laisser, traîtresse...

TOINETTE, *interrompant encore Argan.*

Ah!

ARGAN.

Chienne, tu veux...

---

(1) *Çamon.* Voir, pour l'étymologie et le sens de cette vieille expression, *le Bourgeois gentilhomme*, tome VIII, page 68, note 2.

TOINETTE.

Ah!

ARGAN.

Quoi! il faudra encore que je n'aie pas le plaisir de la quereller?

TOINETTE.

Querellez tout votre saoul : je le veux bien.

ARGAN.

Tu m'en empêches, chienne, en m'interrompant à tous coups *.

TOINETTE.

Si vous avez le plaisir de quereller, il faut bien que, de mon côté, j'aie le plaisir de pleurer : chacun le sien, ce n'est pas trop. Ah!

ARGAN.

Allons, il faut en passer par là. Ote-moi ceci, coquine, ôte-moi ceci. (*après s'être levé.*) Mon lavement d'aujourd'hui a-t-il bien opéré?

TOINETTE.

Votre lavement?

ARGAN.

Oui. Ai-je bien fait de la bile?

TOINETTE.

Ma foi! je ne me mêle point de ces affaires-là; c'est à monsieur Fleurant à y mettre le nez, puisqu'il en a le profit.

ARGAN.

Qu'on ait soin de me tenir un bouillon prêt, pour l'autre que je dois tantôt prendre.

Variante. * *A tout coup.*

ACTE I, SCÈNE III.

TOINETTE.

Ce monsieur Fleurant-là et ce monsieur Purgon s'égayent bien sur votre corps; ils ont en vous une bonne vache à lait, et je voudrois bien leur demander quel mal vous avez, pour vous faire tant de remèdes.

ARGAN.

Taisez-vous, ignorante; ce n'est pas à vous à contrôler les ordonnances de la médecine. Qu'on me fasse venir ma fille Angélique : j'ai à lui dire quelque chose.

TOINETTE.

La voici qui vient d'elle-même; elle a deviné votre pensée (1).

SCÈNE III.

ARGAN, ANGÉLIQUE, TOINETTE.

ARGAN.

Approchez, Angélique : vous venez à propos; je voulois vous parler.

ANGÉLIQUE.

Me voilà prête à vous ouïr.

---

(1) Cette seconde scène fait peu de chose pour l'action, puisque Toinette n'est appelée que pour ôter une table qu'Argan pouvoit bien laisser en place, et ensuite pour faire venir Angélique, qui arrive d'elle-même à point nommé. Mais les discours de Toinette et d'Argan continuent de développer le sujet : on voit qu'Argan, par sa manie, par les soins dégoûtans qu'elle exige, s'est mis dans la dépendance de ses serviteurs, et qu'il est devenu leur jouet. Toinette est une servante de la même espèce que Dorine de *Tartuffe*, et Martine du *Bourgeois gentilhomme* : c'étoient les vraies servantes de la bourgeoisie de ce temps, et on les appelle aujourd'hui *les servantes de Molière*.

ARGAN.

Attendez. (*à Toinette.*) Donnez-moi mon bâton. Je vais revenir tout à l'heure (1).

TOINETTE.

Allez vite, monsieur, allez. Monsieur Fleurant nous donne des affaires.

SCÈNE IV.

ANGÉLIQUE, TOINETTE.

ANGÉLIQUE.

Toinette!

TOINETTE.

Quoi?

ANGÉLIQUE.

Regarde-moi un peu.

TOINETTE.

Hé bien! je vous regarde.

ANGÉLIQUE.

Toinette!

TOINETTE.

Hé bien! quoi, Toinette?

ANGÉLIQUE.

Ne devines-tu point de quoi je veux parler?

---

(1) On veut qu'au théâtre les sorties soient motivées : celle d'Argan l'est autant qu'elle puisse l'être, et le *motif*, qui appartient tout-à-fait au sujet, va nous être plaisamment indiqué par Toinette. Cette sortie si *naturelle* d'Argan va laisser à Angélique la liberté de s'entretenir devant nous de son amour pour Cléante. On verra, dans cette scène, une nouvelle preuve du soin que Molière prend toujours de rendre ses amoureux intéressans.

ACTE I, SCÈNE IV.

TOINETTE.

Je m'en doute assez : de notre jeune amant*; car c'est sur lui depuis six jours que roulent tous nos entretiens**; et vous n'êtes point bien, si vous n'en parlez à toute heure.

ANGÉLIQUE.

Puisque tu connois cela, que n'es-tu donc la première à m'en entretenir? Et que ne m'épargnes-tu *** la peine de te jeter sur ce discours?

TOINETTE.

Vous ne m'en donnez pas le temps; et vous avez des soins là-dessus qu'il est difficile de prévenir.

ANGÉLIQUE.

Je t'avoue que je ne saurois me lasser de te parler de lui, et que mon cœur profite avec chaleur de tous les momens de s'ouvrir à toi. Mais, dis-moi, condamnes-tu, Toinette, les sentimens que j'ai pour lui?

TOINETTE.

Je n'ai garde.

ANGÉLIQUE.

Ai-je tort de m'abandonner à ces douces impressions?

TOINETTE.

Je ne dis pas cela.

ANGÉLIQUE.

Et voudrois-tu que je fusse insensible aux tendres protestations de cette passion ardente qu'il témoigne pour moi?

VARIANTES. * *De votre jeune amant* (édit. de 1675). — ** *Tous vos entretiens* (ibid.). — *** *Et ne m'épargnes-tu* (ibid.).

TOINETTE.

A dieu ne plaise!

ANGÉLIQUE.

Dis-moi un peu; ne trouves-tu pas, comme moi, quelque chose du ciel, quelque effet du destin, dans l'aventure inopinée de notre connoissance?

TOINETTE.

Oui.

ANGÉLIQUE.

Ne trouves-tu pas que cette action d'embrasser ma défense, sans me connoître, est tout-à-fait d'un honnête homme [1]?

TOINETTE.

Oui.

ANGÉLIQUE.

Que l'on ne peut pas en user plus généreusement?

TOINETTE.

D'accord.

ANGÉLIQUE.

Et qu'il fit tout cela* de la meilleure grace du monde?

VARIANTE. * Et qu'il fait tout cela (édit. de 1675).

---

[1] Molière a déja fondé la passion mutuelle d'Élise et de Valère, dans l'*Avare*, sur ce qu'un service important, dans une rencontre fortuite, peut inspirer de tendres sentimens à celui qui le rend et à celle qui le reçoit. Comme dit Angélique, embrasser, à tout risque, la défense d'une femme qu'on insulte ou qu'on opprime, est l'action d'un honnête homme; et, si elle lui attire l'estime de tout le monde, quelle tendre reconnoissance ne doit-elle pas lui mériter de la part de celle qui en a été l'objet, surtout si le généreux champion se trouve être en même temps un cavalier jeune et bien fait? Des amours nés d'une telle cause sont bien plus vraisemblables, et intéressent bien plus que tous ces coups de sympathie, si prodigués dans la foule des comédies et des romans.

ACTE I, SCÈNE IV.

TOINETTE.

Oh! oui.

ANGÉLIQUE.

Ne trouves-tu pas, Toinette, qu'il est bien fait de sa personne?

TOINETTE.

Assurément.

ANGÉLIQUE.

Qu'il a l'air le meilleur du monde *?

TOINETTE.

Sans doute.

ANGÉLIQUE.

Que ses discours, comme ses actions, ont quelque chose de noble?

TOINETTE.

Cela est sûr.

ANGÉLIQUE.

Qu'on ne peut rien entendre de plus passionné que tout ce qu'il me dit?

TOINETTE.

Il est vrai.

ANGÉLIQUE.

Et qu'il n'est rien de plus fâcheux que la contrainte où l'on me tient, qui bouche tout commerce aux doux empressemens de cette mutuelle ardeur que le ciel nous inspire?

TOINETTE.

Vous avez raison (1).

VARIANTE. * *Qu'il a le meilleur air du monde.*

(1) Quel charmant dialogue! Il y a six jours qu'Angélique a fait la

ANGÉLIQUE.

Mais, ma pauvre Toinette, crois-tu qu'il m'aime autant qu'il me le dit?

TOINETTE.

Hé! hé! ces choses-là parfois sont un peu sujettes à caution. Les grimaces d'amour ressemblent fort à la vérité; et j'ai vu de grands comédiens là-dessus.

ANGÉLIQUE.

Ah! Toinette, que dis-tu là? Hélas! de la façon qu'il parle, seroit-il bien possible qu'il ne me dît pas vrai?

TOINETTE.

En tout cas, vous en serez bientôt éclaircie; et la résolution où il vous écrivit hier qu'il étoit de vous faire demander en mariage, est une prompte voie à vous faire connoître * s'il vous dit vrai ou non [1]. C'en sera là la bonne preuve **.

VARIANTES. * *Est une prompte marque pour vous faire connoître* (édit. de 1675). — ** *Ce sera là une bonne preuve* (ibid.)

---

connoissance de Cléante; depuis ce temps, elle parle de lui sans cesse, et elle croit n'en avoir jamais assez parlé. Si elle interroge Toinette, ce n'est assurément pas qu'elle ait besoin qu'on lui réponde; la forme de ses questions ne permet ni la contradiction ni le doute : elle ne veut qu'épancher son cœur, et avoir la douceur de louer tout haut celui qu'elle aime. Aussi Toinette ne répond que par un seul mot à chacune de ses phrases, et comme pour dire : Je vous entends.

(1) En nous apprenant que Cléante a écrit hier qu'il alloit demander Angélique en mariage, Toinette prépare le quiproquo de la scène suivante, entre Angélique et son père. Nous verrons, au troisième acte, que c'est Béralde, l'oncle même d'Angélique, qui a été chargé par Cléante de cette demande.

ANGÉLIQUE.

Ah! Toinette, si celui-là me trompe, je ne croirai de ma vie aucun homme.

TOINETTE.

Voilà votre père qui revient.

SCÈNE V.

ARGAN, ANGÉLIQUE, TOINETTE.

ARGAN.

Oh çà*, ma fille, je vais vous dire une nouvelle, où peut-être ne vous attendez-vous pas ⁽¹⁾. On vous demande en mariage. Qu'est-ce que cela? Vous riez? Cela est plaisant, oui, ce mot de mariage! Il n'y a rien** de plus drôle pour les jeunes filles. Ah! nature, nature ⁽²⁾! À ce que je puis voir, ma fille, je n'ai que faire de vous demander si vous voulez bien vous marier***.

ANGÉLIQUE.

Je dois faire, mon père, tout ce qu'il vous plaira de m'ordonner.

VARIANTES. * *Or çà*. — ** *Il n'est rien*. — *** *Si vous voulez bien être mariée* (édit. de 1675).

---

(1) *Où*, pour, *à laquelle*. On lit de même, dans *Pourceaugnac*: « Voilà « une connoissance où je ne m'attendois pas. » Voyez t. VII, p. 376, n. 1.

(2) Dans la pastorale héroïque de *Mélicerte*, Myrtil, cru fils de Lycarsis, à obtenu de son prétendu père, à force d'instances et de cajoleries, qu'il consentît à son mariage avec Mélicerte; et le bonhomme, étourdi de l'éloquente vivacité de cet adolescent, s'écrie, de même qu'Argan: *Ah! nature, nature!* C'est une exclamation qui devoit échapper bien souvent à Molière lui-même.

ARGAN.

Je suis bien aise d'avoir une fille si obéissante : la chose est donc conclue, et je vous ai promise.

ANGÉLIQUE.

C'est à moi, mon père, de suivre* aveuglément toutes vos volontés.

ARGAN.

Ma femme, votre belle-mère, avoit envie que je vous fisse religieuse, et votre petite sœur Louison aussi; et de tout temps elle a été aheurtée à cela (1).

TOINETTE, *à part*.

La bonne bête à ses raisons (2).

ARGAN.

Elle ne vouloit point consentir à ce mariage; mais je l'ai emporté, et ma parole est donnée.

ANGÉLIQUE.

Ah! mon père, que je vous suis obligée de toutes vos bontés!

TOINETTE, *à Argan*.

En vérité, je vous sais bon gré de cela; et voilà l'action la plus sage que vous ayez faite de votre vie.

VARIANTE. * *A suivre* (édit. de 1675).

---

(1) Argan a laissé prendre à sa femme tant d'empire sur son esprit, et il a les yeux tellement fascinés par sa fausse tendresse, qu'il n'aperçoit seulement pas le motif qu'elle a de vouloir que ses deux belles-filles soient religieuses : il en parle comme de la chose du monde la plus naturelle, comme d'une façon particulière de voir dans une question indifférente. En nous faisant connoître sa femme, il achève de se peindre lui-même.

(2) Cet *à parte* nous apprend que Toinette est dans le parti des enfans contre la belle-mère, et nous ne pouvons nous empêcher de nous en réjouir.

ARGAN.

Je n'ai point encore vu la personne; mais on m'a dit que j'en serois content, et toi aussi.

ANGÉLIQUE.

Assurément, mon père.

ARGAN.

Comment! l'as-tu vu?

ANGÉLIQUE.

Puisque votre consentement m'autorise à vous pouvoir ouvrir mon cœur, je ne feindrai point de vous dire que le hasard nous a fait connoître (1) il y a six jours, et que la demande qu'on vous a faite est un effet de l'inclination que, dès cette première vue, nous avons prise l'un pour l'autre.

ARGAN.

Ils ne m'ont pas dit cela; mais j'en suis bien aise, et c'est tant mieux que les choses soient de la sorte. Ils disent que c'est un grand jeune garçon bien fait.

ANGÉLIQUE.

Oui, mon père.

ARGAN.

De belle taille.

ANGÉLIQUE.

Sans doute.

ARGAN.

Agréable de sa personne.

ANGÉLIQUE.

Assurément.

---

(1) Régulièrement, il faudroit, *nous a fait nous connoître*, ou bien, *nous a fait connoître l'un de l'autre*.

ARGAN.

De bonne physionomie.

ANGÉLIQUE.

Très-bonne.

ARGAN.

Sage et bien né.

ANGÉLIQUE.

Tout-à-fait.

ARGAN.

Fort honnête.

ANGÉLIQUE.

Le plus honnête du monde *.

ARGAN.

Qui parle bien latin et grec (1).

ANGÉLIQUE.

C'est ce que je ne sais pas.

ARGAN.

Et qui sera reçu médecin dans trois jours.

ANGÉLIQUE.

Lui, mon père?

ARGAN.

Oui. Est-ce qu'il ne te l'a pas dit?

ANGÉLIQUE.

Non, vraiment. Qui vous l'a dit, à vous?

VARIANTE. * *Le plus honnête homme du monde.*

---

(1) Jusqu'ici rien ne nous empêche de partager jusqu'à certain point l'erreur d'Angélique, bien qu'il soit peu probable qu'un père tel qu'Argan veuille pour gendre le même homme que sa fille veut pour mari; mais ces mots, *qui parle bien latin et grec*, sont déjà faits pour faire soupçonner qu'il s'agit de deux personnages différens.

ACTE I, SCÈNE V.

ARGAN.

Monsieur Purgon.

ANGÉLIQUE.

Est-ce que monsieur Purgon le connoît?

ARGAN.

La belle demande! Il faut bien qu'il le connoisse, puisque c'est son neveu.

ANGÉLIQUE.

Cléante, neveu de monsieur Purgon?

ARGAN.

Quel Cléante? Nous parlons de celui pour qui l'on t'a demandée en mariage.

ANGÉLIQUE.

Hé! oui.

ARGAN.

Hé bien! c'est le neveu de monsieur Purgon, qui est le fils de son beau-frère le médecin, monsieur Diafoirus; et ce fils s'appelle Thomas Diafoirus, et non pas Cléante; et nous avons conclu ce mariage-là ce matin, monsieur Purgon, monsieur Fleurant et moi; et demain, ce gendre prétendu doit m'être amené par son père. Qu'est-ce? Vous voilà toute ébaubie [1]!

ANGÉLIQUE.

C'est, mon père, que je connois que vous avez parlé d'une personne, et que j'ai entendu une autre.

---

(1) Regnard, dans *l'Homme à bonnes fortunes*, comédie jouée au Théâtre Italien, a imité une partie de cette scène, et principalement la méprise d'Angélique. Brocantin parle à sa fille avec éloge d'un homme qu'il lui veut faire épouser. Elle ne doute pas qu'il ne s'agisse de celui qu'elle aime; elle confirme tout le bien que son père dit du futur, et elle n'est détrompée que lorsqu'il lui nomme M. Bassinet, médecin. Sur son refus de l'épouser, Brocantin la menace du couvent.

TOINETTE.

Quoi! monsieur, vous auriez fait ce desssein burlesque? Et, avec tout le bien que vous avez, vous voudriez marier votre fille avec un médecin?

ARGAN.

Oui. De quoi te mêles-tu, coquine, impudente que tu es?

TOINETTE.

Mon dieu! tout doux. Vous allez d'abord aux invectives. Est-ce que nous ne pouvons pas raisonner ensemble, sans nous emporter? Là, parlons de sang-froid [1]. Quelle est votre raison, s'il vous plaît, pour un tel mariage?

ARGAN.

Ma raison est que, me voyant infirme et malade comme je suis, je veux me faire un gendre et des alliés médecins, afin de m'appuyer de bons secours contre ma maladie, d'avoir dans ma famille les sources des remèdes qui me sont nécessaires, et d'être à même des consultations et des ordonnances.

TOINETTE.

Hé bien! voilà dire une raison, et il y a plaisir à se répondre doucement les uns aux autres. Mais, monsieur,

---

(1) Dans *Tartuffe*, la servante Dorine, en une circonstance toute semblable, dit de même à Orgon:

Parlons sans nous fâcher, monsieur, je vous supplie.

Mais Dorine, qui veut qu'on ne se fâche pas, se fâche elle-même aussitôt: *Vous moquez-vous des gens?* etc.; au lieu que Toinette raisonne effectivement de *sang-froid, sans s'emporter*, et son flegme est aussi plaisant que la colère de Dorine. C'est la même situation, mais habilement variée.

ACTE I, SCÈNE V.

mettez la main à la conscience : est-ce que vous êtes malade ?

ARGAN.

Comment, coquine ! si je suis malade ! Si je suis malade, impudente !

TOINETTE.

Hé bien ! oui, monsieur, vous êtes malade ; n'ayons point de querelle là-dessus. Oui, vous êtes fort malade ; j'en demeure d'accord, et plus malade que vous ne pensez : voilà qui est fait. Mais votre fille doit épouser un mari pour elle ; et, n'étant point malade, il n'est pas nécessaire de lui donner un médecin.

ARGAN.

C'est pour moi que je lui donne ce médecin ; et une fille de bon naturel doit être ravie d'épouser ce qui est utile à la santé de son père.

TOINETTE.

Ma foi, monsieur, voulez-vous qu'en amie je vous donne un conseil ?

ARGAN.

Quel est-il, ce conseil ?

TOINETTE.

De ne point songer à ce mariage-là.

ARGAN.

Et la raison ?

TOINETTE.

La raison *, c'est que votre fille n'y consentira point.

VARIANTE. * Ces deux mots, *la raison*, sont omis dans plusieurs éditions.

ARGAN.

Elle n'y consentira point?

TOINETTE.

Non.

ARGAN.

Ma fille?

TOINETTE.

Votre fille. Elle vous dira qu'elle n'a que faire de monsieur Diafoirus, ni de son fils Thomas Diafoirus, ni de tous les Diafoirus du monde.

ARGAN.

J'en ai affaire, moi, outre que le parti est plus avantageux qu'on ne pense. Monsieur Diafoirus n'a que ce fils-là pour tout héritier; et, de plus, monsieur Purgon, qui n'a ni femme, ni enfans, lui donne tout son bien en faveur de ce mariage; et monsieur Purgon est un homme qui a huit mille bonnes livres de rente.

TOINETTE.

Il faut qu'il ait tué bien des gens, pour s'être fait si riche.

ARGAN.

Huit mille livres de rente sont quelque chose, sans compter le bien du père.

TOINETTE.

Monsieur, tout cela est bel et bon; mais j'en reviens toujours là : je vous conseille, entre nous, de lui choisir un autre mari; et elle n'est point faite pour être madame Diafoirus.

ARGAN.

Et je veux, moi, que cela soit.

TOINETTE.

Hé, fi! ne dites pas cela.

ARGAN.

Comment! que je ne dise pas cela?

TOINETTE.

Hé, non.

ARGAN.

Et pourquoi ne le dirai-je pas?

TOINETTE.

On dira que vous ne songez pas à ce que vous dites.

ARGAN.

On dira ce qu'on voudra; mais je vous dis que je veux qu'elle exécute la parole que j'ai donnée.

TOINETTE.

Non; je suis sûre qu'elle ne le fera pas [1].

ARGAN.

Je l'y forcerai bien.

TOINETTE.

Elle ne le fera pas, vous dis-je.

ARGAN.

Elle le fera, ou je la mettrai dans un couvent [2].

---

[1] Depuis cette phrase de Toinette inclusivement jusques et y compris cette phrase d'Argan : « Je ne suis point bon, et je suis méchant quand « je veux », se trouve répété textuellement le dialogue entre Scapin et Argante, dans la sixième scène du premier acte des *Fourberies de Scapin*. Il n'y a guère, entre les deux passages, qu'une seule différence, et elle étoit indispensable : Argante parle de déshériter son fils, et Argan de mettre sa fille au couvent.

[2] On lit, *convent*, dans l'édition de 1682. C'est de cette manière que le mot, qui vient du latin *conventus*, s'écrivoit alors, par respect pour

TOINETTE.

Vous?

ARGAN.

Moi.

TOINETTE.

Bon!

ARGAN.

Comment! bon?

TOINETTE.

Vous ne la mettrez point dans un couvent.

ARGAN.

Je ne la mettrai point dans un couvent?

TOINETTE.

Non.

ARGAN.

Non?

TOINETTE.

Non.

ARGAN.

Ouais! Voici qui est plaisant! Je ne mettrai pas ma fille dans un couvent, si je veux?

TOINETTE.

Non, vous dis-je.

---

l'étymologie, tandis qu'il se prononçoit comme aujourd'hui, par égard pour l'oreille. L'usage et Vaugelas l'avoient décidé ainsi; et la première édition du Dictionnaire de l'Académie confirma leur décision. Ce n'est que dans l'édition de 1740, que l'orthographe et la prononciation de ce mot ont été mises d'accord. Il en est de même de *moustier*, ou *moutier*, qu'on écrivoit *monstier*, comme venant de *monasterium*, et qu'on n'en prononçoit pas moins comme on l'écrit aujourd'hui.

ARGAN.
Qui m'en empêchera?
TOINETTE.
Vous-même.
ARGAN.
Moi?
TOINETTE.
Oui. Vous n'aurez pas ce cœur-là.
ARGAN.
Je l'aurai.
TOINETTE.
Vous vous moquez.
ARGAN.
Je ne me moque point.
TOINETTE.
La tendresse paternelle vous prendra.
ARGAN.
Elle ne me prendra point.
TOINETTE.
Une petite larme ou deux, des bras jetés au cou, un Mon petit papa mignon, prononcé tendrement, sera assez pour vous toucher.
ARGAN.
Tout cela ne fera rien.
TOINETTE.
Oui, oui.
ARGAN.
Je vous dis que je n'en démordrai point.

TOINETTE.

Bagatelles.

ARGAN.

Il ne faut point dire, Bagatelles.

TOINETTE.

Mon dieu! je vous connois, vous êtes bon naturellement.

ARGAN, *avec emportement.*

Je ne suis point bon, et je suis méchant quand je veux [1].

TOINETTE.

Doucement, monsieur. Vous ne songez pas que vous êtes malade [2].

ARGAN.

Je lui commande absolument de se préparer à prendre le mari que je dis.

TOINETTE.

Et moi, je lui défends absolument d'en faire rien.

ARGAN.

Où est-ce donc que nous sommes? Et quelle audace est-ce là, à une coquine de servante, de parler de la sorte devant son maître?

---

(1) Dans *Tartuffe*, Dorine, qui contrarie de même Orgon, au sujet du gendre qu'il a choisi, lui dit : *Si l'on ne vous aimoit;* et Orgon répond: *Je ne veux pas qu'on m'aime.* La réponse d'Orgon et celle d'Argan sont des mots de même caractère.

(2) C'est ainsi que Dorine dit à Orgon :

    Ah! vous êtes dévot, et vous vous emportez!

La ressemblance continue jusqu'à la fin de la scène.

TOINETTE.

Quand un maître ne songe pas à ce qu'il fait, une servante bien sensée est en droit de le redresser.

ARGAN, *courant après Toinette.*

Ah! insolente, il faut que je t'assomme.

TOINETTE, *évitant Argan, et mettant la chaise entre elle et lui.*

Il est de mon devoir de m'opposer aux choses qui vous peuvent déshonorer.

ARGAN, *courant après Toinette autour de la chaise avec son bâton.*

Viens, viens, que je t'apprenne à parler.

TOINETTE, *se sauvant du côté où n'est point Argan.*

Je m'intéresse, comme je dois, à ne vous point laisser faire de folie.

ARGAN, *de même.*

Chienne!

TOINETTE, *de même.*

Non, je ne consentirai jamais à ce mariage.

ARGAN, *de même.*

Pendarde!

TOINETTE, *de même.*

Je ne veux point qu'elle épouse votre Thomas Diafoirus.

ARGAN, *de même.*

Carogne!

TOINETTE, *de même.*

Et elle m'obéira plutôt qu'à vous.

ARGAN, *s'arrêtant.*

Angélique, tu ne veux pas m'arrêter cette coquine-là?

ANGÉLIQUE.

Hé! mon père, ne vous faites point malade.

ARGAN, à Angélique.

Si tu ne me l'arrêtes, je te donnerai ma malédiction.

TOINETTE, en s'en allant.

Et moi, je la déshériterai, si elle vous obéit.

ARGAN, se jetant dans sa chaise.

Ah! ah! je n'en puis plus. Voilà pour me faire mourir [1].

SCÈNE VI.

BÉLINE, ARGAN.

ARGAN.

Ah! ma femme, approchez.

BÉLINE.

Qu'avez-vous, mon pauvre mari?

ARGAN.

Venez-vous-en ici à mon secours.

BÉLINE.

Qu'est-ce que c'est donc qu'il y a, mon petit fils?

---

[1] Je l'ai déja fait remarquer, cette scène, et la deuxième du second acte de *Tartuffe*, ont entre elles des rapports nombreux et frappans. Orgon et Argan, ayant chacun leur manie, et ne consultant que leur intérêt dans le choix d'un gendre, veulent, l'un un saint homme qui attire sur sa maison les bénédictions du ciel, l'autre un médecin qui lui donne à chaque instant des consultations et des ordonnances. Ce choix, qui n'est point du goût des deux filles, est combattu, dans l'une et dans l'autre pièce, par une servante qui met son maître en fureur, en lui parlant avec une familiarité qui approche fort de l'insolence.

ACTE I, SCÈNE VI.

ARGAN.

Mamie!

BÉLINE.

Mon ami!

ARGAN.

On vient de me mettre en colère.

BÉLINE.

Hélas! pauvre petit mari *! Comment donc, mon ami?

ARGAN.

Votre coquine de Toinette est devenue plus insolente que jamais.

BÉLINE.

Ne vous passionnez donc point.

ARGAN.

Elle m'a fait enrager, mamie.

BÉLINE.

Doucement, mon fils.

ARGAN.

Elle a contrecarré, une heure durant, les choses que je veux faire.

BÉLINE.

Là, là, tout doux.

ARGAN.

Et a eu ** l'effronterie de me dire que je ne suis point malade.

BÉLINE.

C'est une impertinente.

VARIANTES. * *Mon pauvre petit mari!* — ** *Elle a eu.*

ARGAN.

Vous savez, mon cœur, ce qui en est.

BÉLINE.

Oui, mon cœur, elle a tort.

ARGAN.

Mamour, cette coquine-là me fera mourir.

BÉLINE.

Hé là, hé là*.

ARGAN.

Elle est cause de toute la bile que je fais.

BÉLINE.

Ne vous fâchez point tant.

ARGAN.

Et il y a je ne sais combien que je vous dis de me la chasser.

BÉLINE.

Mon dieu! mon fils, il n'y a point de serviteurs et de servantes qui n'aient leurs défauts. On est contraint parfois de souffrir leurs mauvaises qualités, à cause des bonnes. Celle-ci est adroite, soigneuse, diligente, et surtout fidèle; et vous savez qu'il faut maintenant de grandes précautions pour les gens que l'on prend (1). Holà! Toinette!

VARIANTE. * Eh! là, là, là, là.

---

(1) Cette Béline, qu'un mot d'Argan nous avoit annoncée, vient elle-même de se faire connoître à nous. Voilà bien le patelinage d'une femme en secondes noces, qui espère enterrer bientôt son mari, et qui cherche à se rendre maîtresse absolue de son esprit, pour se faire avantager au détriment des enfans du premier lit. Au soin qu'elle prend d'excuser Toinette,

SCÈNE VII.

ARGAN, BÉLINE, TOINETTE.

TOINETTE.

Madame.

BÉLINE.

Pourquoi donc est-ce que vous mettez mon mari en colère?

TOINETTE, *d'un ton doucereux.*

Moi, madame? Hélas! je ne sais pas ce que vous me voulez dire, et je ne songe qu'à complaire à monsieur en toutes choses.

ARGAN.

Ah! la traîtresse!

TOINETTE.

Il nous a dit qu'il vouloit donner sa fille en mariage au fils de monsieur Diafoirus : je lui ai répondu que je trouvois le parti avantageux pour elle; mais que je croyois qu'il feroit mieux de la mettre dans un couvent.

BÉLINE.

Il n'y a pas grand mal à cela*, et je trouve qu'elle a raison.

VARIANTE. * *Il n'y a pas si grand mal à cela.*

---

on voit qu'elle compte sur elle pour l'exécution de ses desseins; mais un *à parte* de Toinette nous a prévenus qu'elle n'étoit ni la dupe, ni la complice de cette femme artificieuse; et, plus loin, elle s'expliquera ouvertement à ce sujet.

ARGAN.

Ah! mamour, vous la croyez? C'est une scélérate; elle m'a dit cent insolences.

BÉLINE.

Hé bien! je vous crois, mon ami. Là, remettez-vous. Écoutez, Toinette : si vous fâchez jamais mon mari, je vous mettrai dehors. Çà, donnez-moi son manteau fourré et des oreillers, que je l'accommode dans sa chaise. Vous voilà je ne sais comment. Enfoncez bien votre bonnet jusque sur vos oreilles : il n'y a rien qui enrhume tant que de prendre l'air par les oreilles.

ARGAN.

Ah! mamie, que je vous suis obligé de tous les soins que vous prenez de moi!

BÉLINE, *accommodant les oreillers qu'elle met autour d'Argan.*

Levez-vous, que je mette ceci sous vous. Mettons celui-ci pour vous appuyer, et celui-là de l'autre côté. Mettons celui-ci derrière votre dos, et cet autre-là pour soutenir votre tête.

TOINETTE, *lui mettant rudement un oreiller sur la tête.*

Et celui-ci pour vous garder du serein.

ARGAN, *se levant en colère, et jetant les oreillers à Toinette, qui s'enfuit.*

Ah! coquine, tu veux m'étouffer [1].

---

(1) Toinette est bien insolente, il faut l'avouer; mais c'est l'effet naturel de la manie d'Argan, et c'en est aussi la punition. Elle donne, par un impudent mensonge, un impudent démenti à son maître. Mais, que risque-t-elle? Béline, qui la croit attachée à ses intérêts, et utile à ses desseins,

SCÈNE VIII.

ARGAN, BÉLINE.

BÉLINE.

Hé là, hé là! Qu'est-ce que c'est donc?

ARGAN, *se jetant dans sa chaise.*

Ah, ah, ah! Je n'en puis plus.

BÉLINE.

Pourquoi vous emporter ainsi? Elle a cru faire bien.

ARGAN.

Vous ne connoissez pas, mamour, la malice de la pendarde. Ah! elle m'a mis tout hors de moi; et il faudra plus de huit médecines et de douze lavemens pour réparer tout ceci.

BÉLINE.

Là, là, mon petit ami, apaisez-vous un peu.

ARGAN.

Mamie, vous êtes toute ma consolation.

BÉLINE.

Pauvre petit fils!

ARGAN.

Pour tâcher de reconnoître l'amour que vous me portez, je veux, mon cœur, comme je vous ai dit, faire mon testament.

---

saura bien la maintenir contre toutes les fureurs de son imbécille époux. Qui ne riroit de voir, à chaque instant, ce maniaque, oubliant, dans sa colère, qu'il est malade et infirme, pousser de grands cris, se lever précipitamment, gesticuler, courir, lancer de gros oreillers, enfin donner mille preuves de santé et de vigueur?

BÉLINE.

Ah! mon ami, ne parlons point de cela, je vous prie: je ne saurois souffrir cette pensée; et le seul mot de testament me fait tressaillir de douleur (1).

ARGAN.

Je vous avois dit de parler pour cela à votre notaire*.

BÉLINE.

Le voilà là-dedans, que j'ai amené avec moi (2).

ARGAN.

Faites-le donc entrer, mamour.

BÉLINE.

Hélas! mon ami, quand on aime bien un mari, on n'est guère en état de songer à tout cela.

VARIANTE. * Dans l'édition de 1675, la scène finit ainsi:

BÉLINE.

Le voici dans votre antichambre, et je l'ai fait venir tout exprès.

ARGAN.

Faites-le entrer, mamour.

---

(1) Dans *le Légataire*, Éraste, à qui Géronte parle aussi de testament, dit de même et avec autant de bonne foi:

<blockquote>
Ah! monsieur, je vous prie,
Épargnez cette idée à mon ame attendrie;
Je ne puis sans soupir vous ouïr prononcer
Ce mot de testament.
</blockquote>

(2) Voilà de ces traits admirables qui peignent d'un coup deux caractères. Il faut toute l'effronterie de Béline pour introduire le notaire, quand elle vient de dire que *le seul mot de testament la fait tressaillir de douleur*. Il faut toute l'imbécillité d'Argan pour n'être pas désabusé subitement par une aussi impudente contradiction. Ajoutons, il faut tout le génie de Molière pour concevoir et hasarder avec succès de pareilles situations.

SCÈNE IX.(1)

MONSIEUR DE BONNEFOI, BÉLINE, ARGAN.

ARGAN.

Approchez, monsieur de Bonnefoi, approchez. Prenez un siége, s'il vous plaît. Ma femme m'a dit, monsieur, que vous étiez* fort honnête homme, et tout-à-fait de ses amis ; et je l'ai chargée de vous parler pour un testament que je veux faire**.

BÉLINE.

Hélas ! je ne suis point capable de parler de ces choses-là.

MONSIEUR DE BONNEFOI.

Elle m'a, monsieur, expliqué vos intentions, et le dessein où vous êtes pour elle ; et j'ai à vous dire là-dessus, que vous ne sauriez rien donner à votre femme par votre testament.

ARGAN.

Mais pourquoi ?

MONSIEUR DE BONNEFOI.

La coutume y résiste. Si vous étiez en pays de droit écrit, cela se pourroit faire : mais, à Paris, et dans les pays coutumiers, au moins dans la plupart, c'est ce qui

---

VARIANTES. * *Ma femme m'a dit que vous étiez.* — ** *Pour un testament.*

---

(1) Dans l'édition de 1682, on lit la note suivante : « Cette scène entière « n'est point dans les éditions précédentes de la prose de M. Molière ; la « voici, rétablie sur l'original de l'auteur. » La scène, telle qu'elle avoit été imprimée avant 1682, se trouve à la fin de la pièce, avant la Notice.

ne se peut; et la disposition seroit nulle. Tout l'avantage qu'homme et femme conjoints par mariage se peuvent faire l'un à l'autre, c'est un don mutuel entre vifs; encore faut-il qu'il n'y ait enfans, soit des deux conjoints, où de l'un d'eux, lors du décès du premier mourant [1].

ARGAN.

Voilà une coutume bien impertinente, qu'un mari ne puisse rien laisser à une femme dont il est aimé tendrement, et qui prend de lui tant de soin! J'aurois envie de consulter mon avocat, pour voir comment je pourrois faire.

MONSIEUR DE BONNEFOI.

Ce n'est point à des avocats qu'il faut aller; car ils sont d'ordinaire sévères là-dessus, et s'imaginent que c'est un grand crime que de disposer en fraude de la loi : ce sont gens de difficultés, et qui sont ignorans des détours de la conscience [2]. Il y a d'autres personnes à consulter,

---

[1] M. de Bonnefoi parle en homme qui sait son métier. Il rapporte ici, presque textuellement, les articles 280 et 282 de l'ancienne coutume de Paris. La prohibition d'avantager son mari ou sa femme, soit par donation entre vifs, soit par testament, étoit une précaution prise par la loi contre l'ascendant que l'un des deux conjoints pouvoit exercer sur l'autre, au préjudice des enfans. Cette prohibition n'avoit pas lieu en pays de droit écrit, où la loi réservoit aux enfans, dans les biens de leur père et mère et ascendans directs, une part déterminée, dont ceux-ci ne pouvoient disposer.

[2] M. de Bonnefoi, ou plutôt Molière, par sa bouche, fait ici un bel éloge de la profession d'avocat. Celle de notaire, à Paris, n'a pas joui d'une moindre considération sous le rapport de la probité. M. de Bonnefoi est un homme de fort mauvaise foi, sans doute; mais le tort d'un individu n'est pas celui d'un corps, et ne peut le déshonorer. Il n'y a pas de doute que l'ancienne chambre syndicale des notaires de Paris n'eût prononcé l'exclusion d'un confrère qui auroit, comme va le faire M. de Bonnefoi, suggéré des expédiens pour éluder la loi, et frustrer des enfans de la succession de leur père.

ACTE I, SCÈNE IX.

qui sont bien plus accommodantes, qui ont des expédiens pour passer doucement par-dessus la loi, et rendre juste ce qui n'est pas permis; qui savent aplanir les difficultés d'une affaire, et trouver des moyens d'éluder la coutume par quelque avantage indirect. Sans cela, où en serions-nous tous les jours? Il faut de la facilité dans les choses; autrement nous ne ferions rien, et je ne donnerois pas un sol de notre métier.

ARGAN.

Ma femme m'avoit bien dit, monsieur, que vous étiez fort habile et fort honnête homme. Comment puis-je faire, s'il vous plaît, pour lui donner mon bien et en frustrer mes enfans?

MONSIEUR DE BONNEFOI.

Comment vous pouvez faire? Vous pouvez choisir doucement un ami intime de votre femme, auquel vous donnerez, en bonne forme, par votre testament, tout ce que vous pouvez; et cet ami ensuite lui rendra tout [1]. Vous pouvez encore contracter un grand nombre d'obligations non suspectes au profit de divers créanciers qui prêteront leur nom à votre femme, et entre les mains de

---

[1] Il s'agit ici d'un *fidéicommis tacite*, c'est-à-dire d'une libéralité faite au profit d'une personne *indigne*, ou *incapable*, par l'entremise d'une personne *capable*, qui a reçu la chose donnée, en promettant au testateur ou donateur, de la rendre à la personne que celui-ci a voulu favoriser. Ces fidéicommis tacites sont donc des artifices frauduleux, qui n'ont pour but que d'éluder les dispositions des lois: aussi ont-ils été réprouvés par le droit romain et par le droit coutumier. Mais, comme ils sont fort secrets, comme on emploie d'ailleurs beaucoup de précautions pour les couvrir et les masquer, ils ne peuvent pas être toujours facilement prouvés, et ils ont leur effet, lorsque ceux qui les attaquent n'ont pas de moyens suffisans pour en montrer la réalité.

laquelle ⁽¹⁾ ils mettront leur déclaration que ce qu'ils en ont fait n'a été que pour lui faire plaisir. Vous pouvez aussi, pendant que vous êtes en vie, mettre entre ses mains de l'argent comptant, ou des billets que vous pourrez* avoir payables au porteur ⁽²⁾.

BÉLINE.

Mon dieu ! il ne faut point vous tourmenter de tout cela. S'il vient faute de vous, mon fils, je ne veux plus rester au monde.

ARGAN.

Mamie !

BÉLINE.

Oui, mon ami, si je suis assez malheureuse pour vous perdre...

ARGAN.

Ma chère femme !

BÉLINE.

La vie ne me sera plus de rien**.

ARGAN.

Mamour !

VARIANTES. * Que vous pouvez. — ** La vie ne me sera plus rien.

---

(1) *Qui prêteront leur nom à votre femme, et entre les mains de laquelle...* — La construction est vicieuse. Il faudroit, *à votre femme, entre les mains de laquelle...* ou bien, *à votre femme, et qui mettront entre ses mains*, etc.

(2) Ces autres moyens que le notaire propose, de souscrire des obligations au profit de prétendus créanciers, qui en remettroient le montant à la future veuve, ou de lui mettre à elle-même entre les mains des billets au porteur, ou de l'argent comptant, sont plus grossiers que celui du fidéicommis ; mais ils sont aussi plus sûrs pour dépouiller les héritiers légitimes.

ACTE I, SCÈNE IX.

BÉLINE.

Et je suivrai vos pas pour vous faire connoître la tendresse que j'ai pour vous.

ARGAN.

Mamie, vous me fendez le cœur! Consolez-vous, je vous en prie.

MONSIEUR DE BONNEFOI, *à Béline*.

Ces larmes sont hors de saison; et les choses n'en sont point encore là.

BÉLINE.

Ah! monsieur, vous ne savez pas ce que c'est qu'un mari qu'on aime tendrement.

ARGAN.

Tout le regret que j'aurai, si je meurs, mamie, c'est de n'avoir point un enfant de vous. Monsieur Purgon m'avoit dit qu'il m'en feroit faire un.

MONSIEUR DE BONNEFOI.

Cela pourra venir encore.

ARGAN.

Il faut faire mon testament, mamour, de la façon que monsieur dit; mais, par précaution, je veux vous mettre entre les mains vingt mille francs en or, que j'ai dans le lambris de mon alcove, et deux billets payables au porteur, qui me sont dus, l'un par monsieur Damon, et l'autre par monsieur Gérante.

BÉLINE.

Non, non, je ne veux point de tout cela. Ah!... Combien dites-vous qu'il y a dans votre alcove?

ARGAN.

Vingt mille francs, mamour.

BÉLINE.

Ne me parlez point de bien, je vous prie. Ah!... De combien sont les deux billets?

ARGAN.

Ils sont, mamie, l'un de quatre mille francs *, et l'autre de six.

BÉLINE.

Tous les biens du monde, mon ami, ne me sont rien au prix de vous (1).

MONSIEUR DE BONNEFOI, à *Argan*.

Voulez-vous que nous procédions au testament?

ARGAN.

Oui, monsieur; mais nous serons mieux ** dans mon petit cabinet. Mamour, conduisez-moi, je vous prie (2).

VARIANTES. * *L'un de quatre mille livres.* — ** *Mais nous serions mieux.*

---

(1) Béline, commençant par se récrier de douleur à chaque donation dont son mari lui parle, et s'interrompant chaque fois pour lui demander à quoi monte la somme, révèle fort comiquement son caractère faux et cupide. Le passage de ses doléances hypocrites à ses questions intéressées, est bien subit, bien brusque; mais l'optique du théâtre veut de ces oppositions vives et tranchantes: d'ailleurs, l'aveuglement d'Argan est tel, que rien ne peut lui ouvrir les yeux. Ce conflit comique de la passion qu'on feint et de celle qu'on éprouve, a été bien gaiement imité par M. Andrieux, dans la scène des *Étourdis*, où le valet Deschamps, faisant la cour à une maîtresse d'hôtellerie, entremêle aux protestations d'amour des demandes sur l'état de sa fortune, et, à chaque réponse satisfaisante, paroît redoubler de tendresse pour elle.

(2) Cette sortie simultanée des trois personnages qui sont en scène, est naturelle et motivée. Il est certain qu'une chambre où les valets et les enfans peuvent entrer à chaque instant, est peu propre à la rédaction d'un testament, surtout d'un testament *inofficieux*, tel que doit être celui d'Ar-

BÉLINE.

Allons, mon pauvre petit fils (1).

SCÈNE X. (2)

ANGÉLIQUE, TOINETTE.

TOINETTE.

Les voilà avec un notaire, et j'ai ouï parler de testament. Votre belle-mère ne s'endort point; et c'est sans doute quelque conspiration contre vos intérêts, où elle pousse votre père.

ANGÉLIQUE.

Qu'il dispose de son bien à sa fantaisie, pourvu qu'il ne dispose point de mon cœur. Tu vois, Toinette, les desseins violens que l'on fait sur lui. Ne m'abandonne point, je te prie, dans l'extrémité où je suis.

---

gan, et qu'un *petit cabinet* retiré convient beaucoup mieux. Le départ des trois interlocuteurs va laisser le théâtre vide ; mais, Toinette les ayant écoutés et vus avant leur sortie, comme elle va le dire tout à l'heure, la scène actuelle se lie à la scène suivante, et la règle n'est pas enfreinte.

(1) Toute cette scène est d'une vérité affreuse et néanmoins bien comique. Voyez cette dupe entre ces deux fripons, dont l'un aide l'autre, moyennant partage, sans doute, à le dépouiller de son vivant, et à voler ses enfans après sa mort. Sa manie, fondée sur l'égoïsme, le rend dénaturé, car il demande en grace qu'on lui enseigne comment faire tort à ses enfans ; elle le rend imbécille, car il loue de son *honnêteté* le malhonnête homme qui lui fournit les moyens de commettre cette mauvaise action, et il vante la tendresse d'une femme qui ne prend pas même la peine de cacher sa cupidité, tant elle est sûre de lui avoir fasciné les yeux.

(2) Dans l'édition de 1682, il y a en tête de cette scène la même note qu'en tête de la scène précédente. Je renvoie de même le lecteur à la fin de la pièce, où la scène se trouve en variantes, telle qu'elle fut imprimée avant 1682.

TOINETTE.

Moi, vous abandonner! J'aimerois mieux mourir. Votre belle-mère a beau me faire sa confidente, et me vouloir jeter dans ses intérêts, je n'ai jamais pu avoir d'inclination pour elle; et j'ai toujours été de votre parti. Laissez-moi faire; j'emploierai toute chose pour vous servir; mais, pour vous servir avec plus d'effet, je veux changer de batterie, couvrir le zèle que j'ai pour vous, et feindre d'entrer dans les sentimens de votre père et de votre belle-mère.

ANGÉLIQUE.

Tâche, je t'en conjure, de faire donner avis à Cléante du mariage qu'on a conclu.

TOINETTE.

Je n'ai personne à employer à cet office, que le vieux usurier Polichinelle, mon amant; et il m'en coûtera pour cela quelques paroles de douceur, que je veux bien dépenser pour vous [1]. Pour aujourd'hui, il est trop tard; mais demain, de grand matin, je l'enverrai querir, et il sera ravi de...

---

[1] Il n'est question ici du *vieux usurier Polichinelle* que pour amener l'intermède suivant, dont ce même Polichinelle est le principal personnage. On sait que Polichinelle est un caractère comique, ou plutôt bouffon, qui est de l'invention des Napolitains, et qui a le don de plaire aux lazaronis, au moins autant qu'aux bonnes et aux petits enfans de notre capitale.

SCÈNE XI.

BÉLINE, *dans la maison;* ANGÉLIQUE, TOINETTE.

BÉLINE.

Toinette!

TOINETTE, *à Angélique.*

Voilà qu'on m'appelle. Bonsoir. Reposez-vous sur moi [1].

---

[1] Cet acte est bien rempli, rempli d'excellentes scènes; et l'action y est entamée de manière à promettre un grand intérêt pour les actes suivans. En effet, Angélique a ordre de renoncer à celui qu'elle aime, pour épouser un homme qu'elle ne manquera pas de haïr; et, dans un cabinet voisin de la scène, on vient peut-être de consommer sa ruine au profit d'une belle-mère avide et fausse. Angélique est menacée à la fois dans son amour et dans sa fortune. Qui la garantira de ce double danger?

FIN DU PREMIER ACTE.

PREMIER INTERMÈDE.

Le théâtre change et représente une ville.

Polichinelle, dans la nuit, vient pour donner une sérénade à sa maîtresse. Il est interrompu d'abord par des violons contre lesquels il se met en colère, et ensuite par le guet composé de musiciens et de danseurs.

POLICHINELLE.

O amour, amour, amour, amour! Pauvre Polichinelle, quelle diable de fantaisie t'es-tu allé mettre dans la cervelle? A quoi t'amuses-tu, misérable insensé que tu es? Tu quittes le soin de ton négoce, et tu laisses aller tes affaires à l'abandon; tu ne manges plus, tu ne bois presque plus, tu perds le repos de la nuit; et tout cela, pour qui? Pour une dragone, franche dragone; une diablesse qui te rembarre et se moque de tout ce que tu peux lui dire. Mais il n'y a point à raisonner là-dessus. Tu le veux, amour; il faut être fou comme beaucoup d'autres. Cela n'est pas le mieux du monde à un homme de mon âge; mais qu'y faire? On n'est pas sage quand on veut; et les vieilles cervelles se démontent comme les jeunes. Je viens voir si je ne pourrai point adoucir ma tigresse par une sérénade. Il n'y a rien, parfois, qui soit si touchant qu'un amant qui vient chanter ses doléances aux gonds et aux verrous de la porte de sa maîtresse. (*après avoir pris son luth.*) Voici de quoi accompagner

PREMIER INTERMÈDE.

ma voix. O nuit! ô chère nuit! porte mes plaintes amoureuses jusque dans le lit de mon inflexible.

    Notte e dì v'amo e v'adoro,
    Cerco un sì per mio ristoro,
    Ma se voi dite di nò,
    Bella ingrata, io morirò.

    Frà la speranza
    S'afflige il cuore,
    In lontananza
    Consuma l'hore;
    Si dolce inganno
    Che mi figura
    Breve l'affanno,
    Ahi! troppo dura!
Così per troppo amar languisco e muoro.

    Notte e dì v'amo e v'adoro,
    Cerco un sì per mio ristoro,
    Ma se voi dite di nò,
    Bella ingrata, io morirò.

    Se non dormite,
    Almen pensate
    Alle ferite
    Ch'al cuor mi fate,
    Deh! almen fingete,
    Per mio conforto,
    Se m'uccidete,
    D'haver il torto;
Vostra pietà mi scemerà il martoro.

    Notte e dì v'amo e v'adoro,
    Cerco un sì per mio ristoro,

Ma se voi dite di nò,
Bella ingrata, io morirò (1).

SCÈNE II.

POLICHINELLE; UNE VIEILLE, *se présentant à la fenêtre, et répondant à Polichinelle pour se moquer de lui.*

LA VIEILLE, *chante.*

Zerbinetti, ch' ogn' hor con finti sguardi,
    Mentiti desiri,
    Fallaci sospiri;
    Accenti buggiardi,
    Di fede vi preggiate,
    Ah! che non m'ingannate.
    Che già so per prova,
    Ch' in voi non si trova
    Costanza ne fede;
Oh! quanto è pazza colei che vi crede!

    Quei sguardi languidi
    Non m'innamorano,
    Quei sospir fervidi

---

(1) TRADUCTION. « Nuit et jour, je vous aime et vous adore. Je demande un oui pour mon réconfort; mais, si vous dites un non, belle ingrate, je mourrai.

« Au sein de l'espérance le cœur s'afflige; dans l'absence, il consume tristement les heures. Ah! la douce illusion qui me fait apercevoir la fin prochaine de mon tourment, dure trop long-temps. Pour trop vous aimer, je languis, je meurs.

« Nuit et jour, etc.

« Si vous ne dormez pas, au moins pensez aux blessures que vous faites à mon cœur. Si vous me faites périr, ah! pour ma consolation, feignez au moins de vous le reprocher. Votre pitié diminuera mon martyre.

« Nuit et jour, etc. »

Più non m'infiammano,
   Vel' giuro a fe.
Zerbino misero,
Del vostro piangere
Il mio cuor libero
Vuol sempre ridere;
   Credete a me
Che già so per prova,
Ch' in voi non si trova
Costanza ne fede;
Oh! quanto è pazza colei che vi crede(1)!

SCÈNE III.

POLICHINELLE; VIOLONS, *derrière le théâtre*.

LES VIOLONS *commencent un air*.

POLICHINELLE.

Quelle impertinente harmonie vient interrompre ici ma voix!

LES VIOLONS, *continuant à jouer*.

POLICHINELLE.

Paix là! taisez-vous, violons. Laissez-moi me plaindre à mon aise des cruautés de mon inexorable.

---

(1) TRADUCTION. « Zerbinetti, qui, à chaque instant, avec des re-
« gards trompeurs, des desirs mensongers, des soupirs fallacieux et des
« accens perfides, vous vantez d'être fidèle, ah! vous ne me trompez plus.
« Je sais par expérience qu'on ne trouve en vous ni constance, ni foi. Oh!
« combien est folle celle qui vous croit!
  « Ces regards languissans ne m'attendrissent plus ; ces soupirs brûlans ne
« m'enflamment plus. Je vous le jure sur ma foi, pauvre Zerbin, mon cœur,
« rendu à la liberté, veut toujours rire de vos plaintes. Croyez-moi, je sais
« par expérience qu'on ne trouve en vous ni constance, ni foi. Oh! com-
« bien est folle celle qui vous croit! »

LES VIOLONS, *de même.*

POLICHINELLE.

Taisez-vous, vous dis-je. C'est moi qui veux chanter.

LES VIOLONS.

POLICHINELLE.

Paix donc!

LES VIOLONS.

POLICHINELLE.

Ouais!

LES VIOLONS.

POLICHINELLE.

Ahi!

LES VIOLONS.

POLICHINELLE.

Est-ce pour rire?

LES VIOLONS.

POLICHINELLE.

Ah! que de bruit!

LES VIOLONS.

POLICHINELLE.

Le diable vous emporte!

LES VIOLONS.

POLICHINELLE.

J'enrage!

LES VIOLONS.

POLICHINELLE.

Vous ne vous tairez pas? Ah! dieu soit loué!

PREMIER INTERMÈDE.

LES VIOLONS.

POLICHINELLE.

Encore?

LES VIOLONS.

POLICHINELLE.

Peste des violons!

LES VIOLONS.

POLICHINELLE.

La sotte musique que voilà!

LES VIOLONS.

POLICHINELLE, *chantant pour se moquer des violons.*

La, la, la, la, la, la.

LES VIOLONS.

POLICHINELLE, *de même.*

La, la, la, la, la, la.

LES VIOLONS.

POLICHINELLE, *de même.*

La, la, la, la, la, la.

LES VIOLONS.

POLICHINELLE, *de même.*

La, la, la, la, la, la.

LES VIOLONS.

POLICHINELLE, *de même.*

La, la, la, la, la, la.

LES VIOLONS.

POLICHINELLE.

Par ma foi, cela me divertit. Poursuivez, messieurs les violons; vous me ferez plaisir. (*n'entendant plus rien.*) Allons donc, continuez, je vous en prie.

SCÈNE IV.

POLICHINELLE, seul.

Voilà le moyen de les faire taire. La musique est accoutumée à ne point faire ce qu'on veut [1]. Oh sus*, à nous. Avant que de chanter, il faut que je prélude un peu, et joue quelque pièce, afin de mieux prendre mon ton. (*il prend son luth, dont il fait semblant de jouer, en imitant avec les lèvres et la langue le son de cet instrument.*) Plan, plan, plan, plin, plin, plin. Voilà un temps fâcheux pour mettre un luth d'accord. Plin, plin, plin. Plin, tan, plan. Plin, plan. Les cordes ne tiennent point par ce temps-là. Plin, plin. J'entends du bruit. Mettons mon luth contre la porte.

VARIANTE. * Or sus.

---

(1) Tant que Polichinelle s'est plaint de la musique, elle a été son train; quand il a dit aux violons, *poursuivez, vous me faites plaisir*, ils se sont tus. Chez les musiciens, cet esprit de contradiction date de loin; Horace a dit, avant Polichinelle, qu'*ils sont accoutumés à ne point faire ce qu'on veut.*

Omnibus hoc vitium est cantoribus, inter amicos
Ut nunquam inducant animum cantare rogati;
Injussi nunquam desistant.

On sait de tout chanteur le caprice ordinaire.
Pressez-le de chanter, il s'obstine à se taire :
Cessez de le prier, il ne tarira plus.

(*Traduction de* M. DARU.)

PREMIER INTERMÈDE.

SCÈNE V.

POLICHINELLE; ARCHERS, *passant dans la rue, et accourant au bruit qu'ils entendent.*

UN ARCHER, *chantant.*

Qui va là? qui va là?

POLICHINELLE, *bas.*

Qui diable est-ce là? Est-ce que c'est la mode* de parler en musique?

L'ARCHER.

Qui va là? qui va là? qui va là?

POLICHINELLE, *épouvanté.*

Moi, moi, moi.

L'ARCHER.

Qui va là? qui va là? vous dis-je.

POLICHINELLE.

Moi, moi, vous dis-je.

L'ARCHER.

Et qui toi? et qui toi?

POLICHINELLE.

Moi, moi, moi, moi, moi, moi.

L'ARCHER.

Dis ton nom, dis ton nom, sans davantage attendre.

POLICHINELLE, *feignant d'être bien hardi.*

Mon nom est, Va te faire pendre.

VARIANTE. * *Est-ce la mode.*

LE MALADE IMAGINAIRE.

L'ARCHER.

Ici, camarades, ici.
Saisissons l'insolent qui nous répond ainsi.

PREMIÈRE ENTRÉE DE BALLET.

Tout le guet vient, qui cherche Polichinelle dans la nuit.

VIOLONS ET DANSEURS.

POLICHINELLE.

Qui va là ?

VIOLONS ET DANSEURS.

POLICHINELLE.

Qui sont les coquins que j'entends ?

VIOLONS ET DANSEURS.

POLICHINELLE.

Euh ?

VIOLONS ET DANSEURS.

POLICHINELLE.

Holà ! mes laquais, mes gens !

VIOLONS ET DANSEURS.

POLICHINELLE.

Par la mort !

VIOLONS ET DANSEURS.

POLICHINELLE.

Par la sang !

VIOLONS ET DANSEURS.

POLICHINELLE.

J'en jetterai par terre.

VIOLONS ET DANSEURS.
POLICHINELLE.

Champagne, Poitevin, Picard, Basque, Breton!

VIOLONS ET DANSEURS.
POLICHINELLE.

Donnez-moi mon mousqueton... (1)

VIOLONS ET DANSEURS.

POLICHINELLE, *faisant semblant de tirer un coup de pistolet.*

Poue.

(*Ils tombent tous et s'enfuient.*)

SCÈNE VI.

POLICHINELLE, *seul.*

Ah, ah, ah, ah! comme je leur ai donné l'épouvante! Voilà de sottes gens, d'avoir peur de moi, qui ai peur des autres. Ma foi, il n'est que de jouer d'adresse en ce monde. Si je n'avois tranché du grand seigneur, et n'avois fait le brave, ils n'auroient pas manqué de me happer. Ah, ah, ah!

(*Les archers se rapprochent, et, ayant entendu ce qu'il disoit, ils le saisissent au collet.*)

---

(1) Dans *le Sicilien*, don Pèdre appelle de même à son secours neuf valets qu'il nomme l'un après l'autre, et à qui il demande ses armes. Il est probable que don Pèdre, tout gentilhomme sicilien qu'il est, n'a pas tant de gens à son service, et qu'il en grossit le nombre exprès, afin d'effrayer son ennemi. Quant à l'usurier Polichinelle, il ne peut pas y avoir de doute : *Champagne*, *Poitevin*, *Picard*, *Basque* et *Breton* sont bien certainement des laquais de son invention.

SCÈNE VII.

POLICHINELLE; ARCHERS, *chantans*.

LES ARCHERS, *saisissant Polichinelle.*
Nous le tenons. A nous, camarades, à nous;
　Dépêchez : de la lumière.
　　(*Tout le guet vient avec des lanternes.*)

SCÈNE VIII.

POLICHINELLE; ARCHERS, *chantans et dansans.*

ARCHERS.

Ah! traître! ah! fripon! c'est donc vous?
Faquin, maraud, pendard, impudent, téméraire,
Insolent, effronté, coquin, filou, voleur,
　Vous osez nous faire peur?

POLICHINELLE.

Messieurs, c'est que j'étois ivre.

ARCHERS.

Non, non, non; point de raison :
Il faut vous apprendre à vivre.
En prison, vite, en prison.

POLICHINELLE.

Messieurs, je ne suis point voleur.

ARCHERS.

En prison.

POLICHINELLE.

Je suis un bourgeois de la ville.

PREMIER INTERMÈDE.

ARCHERS.

En prison.

POLICHINELLE.

Qu'ai-je fait ?

ARCHERS.

En prison, vite, en prison.

POLICHINELLE.

Messieurs, laissez-moi aller.

ARCHERS.

Non.

POLICHINELLE.

Je vous prie !

ARCHERS.

Non.

POLICHINELLE.

Hé !

ARCHERS.

Non.

POLICHINELLE.

De grace !

ARCHERS.

Non, non.

POLICHINELLE.

Messieurs !

ARCHERS.

Non, non, non.

POLICHINELLE.

S'il vous plaît.

ARCHERS.

Non, non.

POLICHINELLE.

Par charité!

ARCHERS.

Non, non.

POLICHINELLE.

Au nom du ciel!

ARCHERS.

Non, non.

POLICHINELLE.

Miséricorde!

ARCHERS.

Non, non, non; point de raison:
Il faut vous apprendre à vivre.
En prison, vite, en prison.

POLICHINELLE.

Hé! n'est-il rien, messieurs, qui soit capable d'attendrir vos ames?

ARCHERS.

Il est aisé de nous toucher;
Et nous sommes humains plus qu'on ne sauroit croire.
Donnez-nous doucement* six pistoles pour boire,
Nous allons vous lâcher.

POLICHINELLE.

Hélas! messieurs, je vous assure que je n'ai pas un sou sur moi.

ARCHERS.

Au défaut de six pistoles,
Choisissez donc, sans façon,

VARIANTE. * *Donnez-nous seulement.*

PREMIER INTERMÈDE.

D'avoir trente croquignoles,
Ou douze coups de bâton.

POLICHINELLE.

Si c'est une nécessité, et qu'il faille en passer par là, je choisis les croquignoles.

ARCHERS.

Allons, préparez-vous,
Et comptez bien les coups.

DEUXIÈME ENTRÉE DE BALLET.

Les archers danseurs lui donnent des croquignoles en cadence.

POLICHINELLE, *pendant qu'on lui donne des croquignoles.*

Un et deux*, trois et quatre, cinq et six, sept et huit, neuf et dix, onze et douze, et treize et quatorze et quinze**.

ARCHERS.

Ah! ah! vous en voulez passer!
Allons, c'est à recommencer.

POLICHINELLE.

Ah! messieurs, ma pauvre tête n'en peut plus; et vous venez de me la rendre comme une pomme cuite. J'aime mieux encore les coups de bâton que de recommencer.

ARCHERS.

Soit. Puisque le bâton est pour vous plus charmant,
Vous aurez contentement.

VARIANTES. * *Une et deux.* — ** *Onze et douze, quatorze et quinze.*

TROISIÈME ENTRÉE DE BALLET.

Les archers danseurs lui donnent des coups de bâton en cadence.

POLICHINELLE, *comptant les coups de bâton.*

Un, deux, trois, quatre, cinq, six. Ah, ah, ah! je n'y saurois plus résister. Tenez, messieurs, voilà six pistoles que je vous donne.

ARCHERS.

Ah! l'honnête homme! Ah! l'ame noble et belle! Adieu, seigneur; adieu, seigneur Polichinelle.

POLICHINELLE.

Messieurs, je vous donne le bon soir.

ARCHERS.

Adieu, seigneur; adieu, seigneur Polichinelle!

POLICHINELLE.

Votre serviteur.

ARCHERS.

Adieu, seigneur; adieu, seigneur Polichinelle.

POLICHINELLE.

Très-humble valet.

ARCHERS.

Adieu, seigneur; adieu, seigneur Polichinelle.

POLICHINELLE.

Jusqu'au revoir [1].

---

[1] Cet intermède, d'un comique un peu burlesque, comme il convient au personnage de Polichinelle, est, avec celui du premier acte de la

QUATRIÈME ENTRÉE DE BALLET.

Ils dansent tous en réjouissance de l'argent qu'ils ont reçu.

Princesse d'Élide, où figure Moron, ce que Molière a fait de meilleur en ce genre. L'idée de l'avanie de six pistoles, rachetable en croquignoles ou en coups de bâton, et que Polichinelle paie définitivement en espèces, faute d'avoir pu supporter jusqu'au bout les coups de bâton et les croquignoles, cette idée est absolument la même que celle du conte de La Fontaine, intitulé, *le Paysan qui avoit offensé son seigneur*. Ce pauvre diable, condamné à payer cent écus, ou à manger trente aulx sans boire, ou à recevoir trente coups de gaule, ne peut venir à bout ni d'avaler tous les aulx, ni de supporter tous les coups ; et, après, comme dit La Fontaine, s'être senti enflammer le gosier et émoucher les épaules, il est contraint de vider encore sa bourse.

FIN DU PREMIER INTERMÈDE.

ACTE II.

Le théâtre représente la chambre d'Argan.

SCÈNE PREMIÈRE.
CLÉANTE, TOINETTE.

TOINETTE, *ne reconnoissant pas Cléante.*

Que demandez-vous, monsieur?

CLÉANTE.

Ce que je demande?

TOINETTE.

Ah! ah! c'est vous! Quelle surprise! Que venez-vous faire céans?

CLÉANTE.

Savoir ma destinée, parler à l'aimable Angélique, consulter les sentimens de son cœur, et lui demander ses résolutions sur ce mariage fatal dont on m'a averti.

TOINETTE.

Oui; mais on ne parle pas comme cela de but en blanc à Angélique: il y faut des mystères, et l'on vous a dit l'étroite garde où elle est retenue; qu'on ne la laisse ni sortir, ni parler à personne; et que ce ne fut que la curiosité d'une vieille tante, qui nous fit accorder la liberté d'aller à cette comédie, qui donna lieu à la naissance de votre passion; et nous nous sommes bien gardées de parler de cette aventure (1).

CLÉANTE.

Aussi ne viens-je pas ici comme Cléante, et sous l'apparence de son amant, mais comme ami de son maître de musique, dont j'ai obtenu le pouvoir de dire qu'il m'envoie à sa place (2).

TOINETTE.

Voici son père. Retirez-vous un peu, et me laissez lui dire que vous êtes là.

SCÈNE II.

ARGAN, TOINETTE.

ARGAN, *se croyant seul, et sans voir Toinette.*

Monsieur Purgon m'a dit de me promener le matin, dans ma chambre, douze allées et douze venues*; mais

VARIANTE. * *Douze allées et venues* (édit. de 1675).

---

(1) Toute jeune fille de bonne famille doit être gardée et surveillée avec soin; mais on peut présumer qu'il existe, à l'égard d'Angélique, un surcroît de précaution, provenant de la crainte où est Béline que sa belle-fille, qui a tant à se plaindre d'elle, ne se fasse au-dehors des confidens et des appuis. Au reste, cette position gênée, rendant la démarche de Cléante plus difficile et plus hasardeuse, rend aussi sa situation plus intéressante.

(2) Dans *le Barbier de Séville*, le comte s'introduit à peu près de même dans la maison qu'habite sa maîtresse. Il vient comme envoyé par le maître à chanter, non pour donner une leçon à sa place, mais pour communiquer, de sa part, un avis utile au tuteur; et c'est celui-ci qui imagine de le présenter à sa pupille comme l'élève et le suppléant de Bazile. Beaumar-

j'ai oublié à lui demander * (1) si c'est en long ou en large (2).

TOINETTE.

Monsieur, voilà un...

ARGAN.

Parle bas, pendarde! Tu viens m'ébranler tout le cerveau, et tu ne songes pas qu'il ne faut point parler si haut à des malades.

TOINETTE.

Je voulois ** vous dire, monsieur...

ARGAN.

Parle bas, te dis-je.

TOINETTE.

Monsieur...

(*Elle fait semblant de parler.*)

ARGAN.

Hé?

VARIANTES. * *Mais j'ai oublié de lui demander.* — ** *Je voudrois.*

chais, en combinant différemment les idées empruntées à Molière, leur a donné un air de nouveauté.

(1) *J'ai oublié à lui demander.* — Oublier, signifiant, perdre le souvenir d'une chose, se construit toujours avec la préposition *de* : *j'ai oublié de vous dire...*; mais il doit être suivi de la préposition *à*, quand il signifie, perdre l'usage, l'habitude d'une chose : *il a oublié à chanter, à danser.*

(2) Voici la parodie la plus plaisante de ces doutes, de ces scrupules méticuleux et craintifs que montrent presque tous les malades sur l'exécution des ordonnances, et qu'un malade imaginaire doit pousser encore plus loin que les autres. Une lettre de madame de Sévigné à sa fille, du 16 septembre 1676, prouve que ce trait étoit devenu proverbe, et qu'on en faisoit de fréquentes applications dans la société.

ACTE II, SCÈNE III.

TOINETTE.

Je vous dis que... (1)

(*Elle fait encore semblant de parler.*)

ARGAN.

Qu'est-ce que tu dis?

TOINETTE, *haut*.

Je dis que voilà un homme qui veut parler à vous.

ARGAN.

Qu'il vienne.

(*Toinette fait signe à Cléante d'avancer.*)

SCÈNE III.

ARGAN, CLÉANTE, TOINETTE.

CLÉANTE.

Monsieur...*

TOINETTE, *à Cléante*.

Ne parlez pas si haut, de peur d'ébranler le cerveau de monsieur.

CLÉANTE.

Monsieur, je suis ravi de vous trouver debout, et de voir que vous vous portez mieux.

VARIANTE. * Dans l'édition de 1675, ce mot de *monsieur...*, que dit Cléante en adressant la parole à Argan, n'existe pas. C'est évidemment une omission; car, si Cléante ne parloit pas, Toinette ne pourroit lui dire, *Ne parlez pas si haut.*

---

(1) Les nombreuses espiègleries de Toinette contribuent à égayer la pièce, et confirment l'observation déjà faite, qu'un travers tel que celui d'Argan fait nécessairement de celui qui en est atteint, le jouet et la risée de ses valets.

TOINETTE, *feignant d'être en colère.*

Comment! qu'il se porte mieux! Cela est faux. Monsieur se porte toujours mal.

CLÉANTE.

J'ai ouï dire que monsieur étoit mieux; et je lui trouve bon visage.

TOINETTE.

Que voulez-vous dire, avec votre bon visage? Monsieur l'a fort mauvais; et ce sont des impertinens qui vous ont dit qu'il étoit mieux. Il ne s'est jamais si mal porté (1).

ARGAN.

Elle a raison.

TOINETTE.

Il marche, dort, mange et boit tout comme les autres; mais cela n'empêche pas qu'il ne soit fort malade (2).

---

(1) Toinette n'exagère aucunement dans la colère où elle feint d'être; elle exprime exactement celle d'Argan lui-même. Ne l'avons-nous pas vu entrer en fureur contre elle, parce qu'elle lui soutenoit qu'il n'étoit pas malade? Ce trait d'humeur bizarre avoit déja été observé par Montaigne. « I'en ay veu, dit-il, prendre la chèvre de ce qu'on leur trouvoit le visage « frez et le pouls posé, contraindre leur ris, parce qu'il trahissoit leur « guarison, et haïr la santé de ce qu'elle n'estoit pas regrettable. » Dufresny, dans *la Malade sans maladie*, a imité Montaigne et Molière. Lisette reproche à Angélique, nièce de la prétendue malade, de ne point flatter sa manie. « Dire à une fourbe qu'elle est fourbe, et à votre tante « qu'elle se porte bien, ce sont deux vérités aussi offensantes l'une que « l'autre. » La tante elle-même dit à un homme qui la complimente sur son air de santé: « La raillerie est un peu forte; il ne falloit pas venir de si « loin pour m'offenser. »

(2) Dufresny a encore imité ce trait, en le développant à sa manière, c'est-à-dire avec plus d'esprit que de vérité. La malade explique ainsi son mal à Valère: « Premièrement, je suis dégoûtée, et, avec cela, je mange,

ACTE II, SCÈNE III.

ARGAN.

Cela est vrai.

CLÉANTE.

Monsieur, j'en suis au désespoir. Je viens de la part du maître à chanter de mademoiselle votre fille; il s'est vu obligé d'aller à la campagne pour quelques jours; et, comme son ami intime, il m'envoie à sa place pour lui continuer ses leçons, de peur qu'en les interrompant, elle ne vînt à oublier ce qu'elle sait déjà.

ARGAN.

Fort bien. (*à Toinette.*) Appelez Angélique.

TOINETTE.

Je crois, monsieur, qu'il sera mieux de mener monsieur à sa chambre.

ARGAN.

Non. Faites-la venir.

TOINETTE.

Il ne pourra lui donner leçon comme il faut, s'ils ne sont en particulier.

ARGAN.

Si fait, si fait.

TOINETTE.

Monsieur, cela ne fera que vous étourdir; et il ne faut

« je mange; et je ne mange quasi de rien, car le plus souvent je ne sais
« ce que je mange... Le dormir, c'est ce que je n'ai jamais connu : je ne
« dors que par insomnie, à force de n'avoir pas dormi. On croiroit quel-
« quefois que je m'endors après dîner; mais ce n'est pas un sommeil que ce
« sommeil-là, car je m'endors comme si je m'évanouissois. » Ailleurs, Lucinde demande à Lisette comment son amie a passé la nuit : « Assez
« doucement, répond-elle : elle a dormi huit ou neuf heures tout d'un
« somme, après quoi son insomnie lui a repris. »

rien pour vous émouvoir en l'état où vous êtes, et vous ébranler le cerveau*.

ARGAN.

Point, point : j'aime la musique; et je serai bien aise de... Ah! la voici. (*à Toinette.*) Allez-vous-en voir, vous, si ma femme est habillée (1).

SCÈNE IV.

ARGAN, ANGÉLIQUE, CLÉANTE.

ARGAN.

Venez, ma fille. Votre maître de musique est allé aux champs; et voilà une personne qu'il envoie à sa place pour vous montrer.

ANGÉLIQUE, *reconnoissant Cléante.*

Ah! ciel (2)!

ARGAN.

Qu'est-ce? D'où vient cette surprise?

ANGÉLIQUE.

C'est...

VARIANTE. * *Pour vous émouvoir en l'état où vous êtes* (édit. de 1675).

---

(1) Pour recevoir la visite de MM. Diafoirus père et fils.

(2) Dans *le Barbier de Séville*, Rosine, en apercevant le comte, n'est pas moins surprise qu'Angélique en voyant Cléante : et elle jette de même un cri. Mais elle explique son émotion, en feignant que le pied lui a tourné; au lieu qu'Angélique, pour justifier son trouble, va imaginer un songe, dont le sens, compris par Cléante seul, lui donnera une idée des dangers dont leur amour est menacé. Angélique sort d'embarras bien plus ingénieusement que Rosine.

ARGAN.

Quoi? Qui vous émeut de la sorte?

ANGÉLIQUE.

C'est, mon père, une aventure surprenante qui se rencontre ici.

ARGAN.

Comment?

ANGÉLIQUE.

J'ai songé cette nuit que j'étois dans le plus grand embarras du monde, et qu'une personne, faite tout comme monsieur, s'est présentée à moi, à qui j'ai demandé secours*, et qui m'est venu tirer** (1) de la peine où j'étois; et ma surprise a été grande de voir inopinément, en arrivant ici, ce que j'ai eu dans l'idée toute la nuit.

CLÉANTE.

Ce n'est pas être malheureux que d'occuper votre pensée, soit en dormant, soit en veillant (2); et mon bonheur seroit grand, sans doute, si vous étiez dans quelque peine dont vous me jugeassiez digne de vous tirer ***; et il n'y a rien que je ne fisse pour...

VARIANTES. * *J'ai demandé du secours.* — ** *Et qui m'est venue tirer.* — *** *Dont vous me jugeassiez assez digne de vous tirer* (édit. de 1675).

---

(1) On écriroit aujourd'hui, *et qui m'est venue tirer.*

(2) Grammaticalement, ces mots, *soit en dormant, soit en veillant*, se rapportent au sujet du verbe *occuper*, qui est Cléante lui-même, tandis que, selon le sens, ils se rapportent à Angélique. Ce petit vice de construction est peu sensible dans le langage de la conversation.

SCÈNE V.

ARGAN, ANGÉLIQUE, CLÉANTE, TOINETTE.

TOINETTE, *à Argan.*

Ma foi, monsieur, je suis pour vous maintenant; et je me dédis de tout ce que je disois hier. Voici monsieur Diafoirus le père et monsieur Diafoirus le fils, qui viennent vous rendre visite. Que vous serez bien engendré [1]! Vous allez voir le garçon le mieux fait du monde, et le plus spirituel. Il n'a dit que deux mots qui m'ont ravie; et votre fille va être charmée de lui [2].

ARGAN, *à Cléante, qui feint de vouloir s'en aller.*

Ne vous en allez point, monsieur. C'est que je marie ma fille; et voilà qu'on lui amène son prétendu mari [3], qu'elle n'a point encore vu.

CLÉANTE.

C'est m'honorer beaucoup, monsieur, de vouloir que je sois témoin d'une entrevue si agréable.

---

(1) *Engendré*, signifiant, pourvu d'un gendre, est un barbarisme de la conversation très-familière, que Molière a employé plus d'une fois, et dont Rotrou s'étoit servi avant lui dans sa comédie de *la Sœur*.

(2) Toinette a promis, pour mieux servir Angélique, de feindre d'entrer dans les sentimens de son père et de sa belle-mère. Elle tient parole : ses discours, dont Argan et Béline doivent être dupes, mais dont l'ironie maligne ne peut nous échapper, sont encore plus comiques que ne le seroient des vérités ouvertes.

(3) *Son prétendu mari.* — Cette expression, qu'on trouve souvent dans Molière, signifieroit aujourd'hui, celui qui veut passer ou qui passe à tort pour son mari, et non pas, celui qui prétend à le devenir. Dans ce dernier sens, on dit simplement, *son prétendu* ou *son futur*.

ARGAN.

C'est le fils d'un habile médecin; et le mariage se fera dans quatre jours.

CLÉANTE.

Fort bien.

ARGAN.

Mandez-le un peu à son maître de musique, afin qu'il se trouve à la noce.

CLÉANTE.

Je n'y manquerai pas.

ARGAN.

Je vous y prie aussi.

CLÉANTE.

Vous me faites beaucoup d'honneur.

TOINETTE.

Allons, qu'on se range : les voici.

SCÈNE VI.

MONSIEUR DIAFOIRUS, THOMAS DIAFOIRUS, ARGAN, ANGÉLIQUE, CLÉANTE, TOINETTE, LAQUAIS.

ARGAN, *mettant la main à son bonnet, sans l'ôter.*

Monsieur Purgon, monsieur, m'a défendu de découvrir ma tête. Vous êtes du métier : vous savez les conséquences.

MONSIEUR DIAFOIRUS.

Nous sommes dans toutes nos visites pour porter

secours aux malades, et non pour leur porter de l'incommodité.

(*Argan et M. Diafoirus parlent en même temps.*)

ARGAN.

Je reçois, monsieur,

MONSIEUR DIAFOIRUS.

Nous venons ici, monsieur,

ARGAN.

Avec beaucoup de joie,

MONSIEUR DIAFOIRUS.

Mon fils Thomas, et moi,

ARGAN.

L'honneur que vous me faites,

MONSIEUR DIAFOIRUS.

Vous témoigner, monsieur,

ARGAN.

Et j'aurois souhaité...

MONSIEUR DIAFOIRUS.

Le ravissement où nous sommes...

ARGAN.

De pouvoir aller chez vous...

MONSIEUR DIAFOIRUS.

De la grâce que vous nous faites...

ARGAN.

Pour vous en assurer;

MONSIEUR DIAFOIRUS.

De vouloir bien nous recevoir...

ARGAN.

Mais vous savez, monsieur,

MONSIEUR DIAFOIRUS.

Dans l'honneur, monsieur,

ARGAN.

Ce que c'est qu'un pauvre malade,

MONSIEUR DIAFOIRUS.

De votre alliance;

ARGAN.

Qui ne peut faire autre chose...

MONSIEUR DIAFOIRUS.

Et vous assurer...

ARGAN.

Que de vous dire ici...

MONSIEUR DIAFOIRUS.

Que dans les choses qui dépendront de notre métier,

ARGAN.

Qu'il cherchera toutes les occasions...

MONSIEUR DIAFOIRUS.

De même qu'en toute autre,

ARGAN.

De vous faire connoître, monsieur,

MONSIEUR DIAFOIRUS.

Nous serons toujours prêts, monsieur,

ARGAN.

Qu'il est tout à votre service.

MONSIEUR DIAFOIRUS.

A vous témoigner notre zèle [1]. (*à son fils.*) Allons, Thomas, avancez. Faites vos complimens.

THOMAS DIAFOIRUS, *à M. Diafoirus.* [2].

N'est-ce pas par le père qu'il convient commencer?

MONSIEUR DIAFOIRUS.

Oui.

THOMAS DIAFOIRUS, *à Argan.*

Monsieur, je viens saluer, reconnoître, chérir et révérer en vous un second père, mais un second père auquel j'ose dire que je me trouve plus redevable qu'au premier. Le premier m'a engendré; mais vous m'avez choisi. Il m'a reçu par nécessité; mais vous m'avez accepté par grace [3]. Ce que je tiens de lui, est un ouvrage

---

(1) Il arrive souvent dans le monde que deux personnes commencent à parler à la fois; mais, entre gens bien élevés, cela ne peut durer long-temps: l'un des deux s'interrompt, et quelquefois tous les deux ensemble. J'avoue que ce mélange, cette confusion si prolongée des phrases complimenteuses de M. Argan et de M. Diafoirus, me semble un jeu de scène peu agréable et peu digne surtout d'une si excellente comédie.

(2) Ici, l'édition originale place ce petit avis qu'on jugera sans doute bien superflu : « Thomas Diafoirus est un grand benêt, nouvellement sorti « des écoles, qui fait toutes choses de mauvaise grace et à contre-temps.» Molière n'a guère besoin qu'on décrive d'avance ses personnages : ils se font assez bien connoître d'eux-mêmes. Dès que Thomas Diafoirus aura parlé, nous saurons de reste tout ce qu'il est; et il sera aussi inutile de le faire remarquer après, qu'il l'étoit d'en avertir auparavant.

(3) Thomas Diafoirus connoît ses auteurs, et il les met à contribution. Ce début de son compliment à Argan semble imité d'un passage du discours de Cicéron, *ad Quirites, post reditum*.

A parentibus, id quod necesse erat, parvus sum procreatus : à vobis natus sum consularis. Illi mihi fratrem incognitum, qualis futurus esset, dederunt ; vos spectatum et incredibili pietate cognitum reddidistis.

de son corps; mais ce que je tiens de vous, est un ouvrage de votre volonté; et d'autant plus que les facultés spirituelles sont au-dessus des corporelles, d'autant plus je vous dois, et d'autant plus je tiens précieuse cette future filiation, dont je viens aujourd'hui vous rendre, par avance, les très-humbles et très-respectueux hommages.

TOINETTE.

Vive * les colléges d'où l'on sort si habile homme !

THOMAS DIAFOIRUS, *à M. Diafoirus.*

Cela a-t-il bien été, mon père ?

MONSIEUR DIAFOIRUS.

Optimè.

ARGAN, *à Angélique.*

Allons, saluez monsieur.

THOMAS DIAFOIRUS, *à M. Diafoirus.*

Baiserai-je ?

MONSIEUR DIAFOIRUS.

Oui, oui.

THOMAS DIAFOIRUS, *à Angélique.*

Madame, c'est avec justice que le ciel vous a concédé le nom de belle-mère, puisque l'on... (1)

VARIANTE. * *Vivent.*

« Je vous dois plus qu'aux auteurs de mes jours ; ils m'ont fait naître en- « fant, et par vous je renais consulaire. J'ai reçu d'eux un frère, avant « que je pusse savoir ce que j'en devois attendre : vous me l'avez rendu, « après qu'il m'a donné des preuves admirables de sa tendresse pour moi. »

(*Traduction de* M. GUÉROULT.)

(1) Cet imbécille, qui ne s'attache qu'à l'ordre dans lequel il doit débiter ses complimens, ne s'aperçoit pas qu'Angélique n'a guère la mine et

ARGAN, *à Thomas Diafoirus.*

Ce n'est pas ma femme, c'est ma fille à qui vous parlez.

THOMAS DIAFOIRUS.

Où donc est-elle?

ARGAN.

Elle va venir.

THOMAS DIAFOIRUS.

Attendrai-je, mon père, qu'elle soit venue?

MONSIEUR DIAFOIRUS.

Faites toujours le compliment à mademoiselle *.

THOMAS DIAFOIRUS.

Mademoiselle, ne plus ne moins (1) que la statue de Memnon rendoit un son harmonieux, lorsqu'elle venoit à être éclairée des rayons du soleil (2), tout de même me

VARIANTE. * *Le compliment de mademoiselle* (édit. de 1675).

---

lé maintien d'une belle-mère. Il devroit au moins avoir du doute; mais un Thomas Diafoirus doute-t-il de rien, et se doute-t-il de quelque chose?

(1) *Ne plus ne moins.* — Anciennement on disoit et on écrivoit *ne* pour *ni*. (Voir *les Femmes savantes*, page 203, note 3.)

(2) MEMNON, suivant la fable, étoit un fils de Tithon et de l'Aurore, qui tomba sous les coups d'Achille, au siége de Troie. On a prétendu, de tout temps, comme le dit ici Thomas Diafoirus, que sa statue, à Thèbes, rendoit un son harmonieux, dès qu'elle venoit à être frappée des rayons du soleil; et l'on a donné plusieurs explications de ce phénomène. Le lecteur verra peut-être avec plaisir celle que je tiens de la complaisance de M. Jomard, de l'Institut, un des plus savans explorateurs des antiquités égyptiennes. La statue de Memnon subsiste encore; elle est debout, et s'aperçoit de très-loin dans la plaine de Thèbes. Elle est d'un seul bloc de pierre dure, de la nature des brèches, et elle n'a pas moins de cinquante pieds de hauteur. Plus de cent inscriptions grecques ou latines, en prose ou en vers, dont

ACTE II, SCÈNE VI.

sens-je animé d'un doux transport à l'apparition du soleil de vos beautés; et, comme les naturalistes remarquent que la fleur nommée héliotrope tourne sans cesse vers cet astre du jour, aussi mon cœur dores-en-avant tournera-t-il toujours vers les astres resplendissans de vos yeux adorables, ainsi que vers son pôle unique. Souffrez donc, mademoiselle, que j'appende aujourd'hui à l'autel de vos charmes l'offrande de ce cœur qui ne respire et n'ambitionne autre gloire que d'être toute sa vie, mademoiselle, votre très-humble, très-obéissant et très-fidèle serviteur et mari [1].

TOINETTE.

Voilà ce que c'est que d'étudier! on apprend à dire de belles choses.

---

la base et les jambes du colosse sont couvertes, attestent qu'il s'est fait entendre, au lever du soleil, à ceux qui les ont tracées. Plusieurs de ces inscriptions contiennent des exagérations ou des faussetés manifestes. Ce qui paroît constant, c'est que le son produit par la statue étoit semblable à celui d'une corde de lyre qui se rompt. Cet effet n'a rien de surnaturel ni de très-surprenant. « Plusieurs fois, dit M. Jomard, nous avons entendu le matin, au milieu des monumens de Thèbes, un son pareil à celui d'une corde vibrante, produit par l'impression des premiers rayons solaires. Cet effet étoit surtout sensible dans les appartemens de granit du grand palais construit sur la rive droite du Nil. On l'explique par la dilatation subite de la pierre échauffée par le soleil, dilatation d'où résulte un craquement et peut-être une rupture, qui peut produire un son plus ou moins sonore. »

[1] Ce n'est pas ici le ridicule d'un seul individu dont Molière se moque; c'est celui de tous ces héros de colléges et de facultés, qu'on voyoit alors, trop fidèles, dans la conversation, aux habitudes prises dans leurs exercices, employer, en toute occasion, les traits de la fable ou de l'histoire, et semer jusqu'à leurs propos galans de phrases tirées des auteurs grecs ou latins; pédans insupportables qui auroient fait maudire l'érudition, si elle n'avoit dû servir qu'à orner leur orgueilleuse sottise.

ARGAN, *à Cléante.*

Hé! que dites-vous de cela?

CLÉANTE.

Que monsieur fait merveilles, et que, s'il est aussi bon médecin qu'il est bon orateur, il y aura plaisir à être de ses malades.

TOINETTE.

Assurément. Ce sera quelque chose d'admirable, s'il fait d'aussi belles curés qu'il fait de beaux discours.

ARGAN.

Allons, vite, ma chaise, et des siéges à tout le monde. (*des laquais donnent des siéges.*) Mettez-vous là, ma fille. (*à M. Diafoirus.*) Vous voyez, monsieur, que tout le monde admire monsieur votre fils; et je vous trouve bien heureux de vous voir un garçon comme cela.

MONSIEUR DIAFOIRUS.

Monsieur, ce n'est pas parce que je suis son père; mais je puis dire que j'ai sujet d'être content de lui, et que tous ceux qui le voient en parlent comme d'un garçon qui n'a point de méchanceté. Il n'a jamais eu l'imagination bien vive, ni ce feu d'esprit qu'on remarque dans quelques-uns; mais c'est par là que j'ai toujours bien auguré de sa judiciaire, qualité requise pour l'exercice de notre art. Lorsqu'il étoit petit, il n'a jamais été ce qu'on appelle mièvre et éveillé. On le voyoit toujours doux, paisible et taciturne, ne disant jamais mot, et ne jouant jamais à tous ces petits jeux que l'on nomme enfantins. On eut toutes les peines du monde à lui apprendre à lire; et il avoit neuf ans, qu'il ne connoissoit pas encore ses lettres. Bon, disois-je en moi-même: les arbres tardifs sont ceux qui portent les meilleurs fruits. On grave sur le marbre bien plus malaisément que sur le sable; mais les choses y sont conservées bien plus long-temps; et cette lenteur à comprendre, cette pesanteur d'imagination est la marque d'un bon jugement à venir. Lorsque je l'envoyai au collége, il trouva de la peine; mais il se roidissoit contre les difficultés; et ses régens se louoient toujours à moi de son assiduité et de son travail. Enfin, à force de battre le fer, il en est venu glorieusement à avoir ses licences; et je puis dire, sans vanité, que, depuis deux ans qu'il est sur les bancs, il n'y a point de candidat qui ait fait plus de bruit que lui dans toutes les disputes de notre école. Il s'y est rendu redoutable; et il ne s'y passe point d'acte où il n'aille argumenter à outrance pour la proposition contraire. Il est ferme dans la dispute, fort comme un Turc sur ses principes [1], ne démord jamais de son opinion, et poursuit un raisonnement jusque dans les derniers recoins de la logique. Mais, sur toute chose, ce qui me plaît en lui, et en quoi il suit mon exemple, c'est qu'il s'attache aveuglément aux opinions de nos anciens, et que jamais il n'a voulu comprendre ni écouter les raisons et les expériences des prétendues découvertes de notre siècle, touchant la circulation du sang, et autres opinions de même farine * [2].

VARIANTE. * *De même forme* (éd. de 1675).

---

[1] *Fort comme un Turc sur ses principes.* — Cette phrase, où le propre et le figuré sont confondus si ridiculement, est souvent employée en plaisanterie par des gens qui ne se doutent pas qu'elle est de l'invention de M. Diafoirus.

[2] Voici un autre ridicule de plus fâcheuse conséquence que l'habitude des phrases pédantesques; c'est l'obstination des esprits étroits à repousser

THOMAS DIAFOIRUS, *tirant de sa poche une grande thèse roulée, qu'il présente à Angélique.*

J'ai, contre les circulateurs, soutenu une thèse, qu'avec la permission (*saluant Argan.*) de monsieur, j'ose présenter à mademoiselle, comme un hommage que je lui dois des prémices de mon esprit.

ANGÉLIQUE.

Monsieur, c'est pour moi un meuble inutile, et je ne me connois pas à ces choses-là (1).

---

toute découverte, non par cette juste défiance qui doit accueillir une chose non encore éprouvée, et qui en commande l'examen, mais par un attachement aveugle à ce qui est ancien et, comme on dit, consacré. Bannir de son esprit de vieilles erreurs dont on profite, pour mettre à la place des vérités nouvelles qu'il faut se donner la peine d'apprendre, cela contrarie à la fois l'intérêt, la paresse et la vanité. Faut-il s'étonner si les découvertes ont des adversaires si nombreux, si passionnés, si persévérans. C'est en 1619 que le célèbre médecin anglois Harvey découvrit et prouva la circulation du sang; et voilà qu'en 1673, un médecin se vante de n'y pas croire.

De même farine, est une expression traduite du latin, *ejusdem farinæ*, qui se dit des hommes qui ont les mêmes vices, qui sont de la même cabale, comme dans ce vers de Perse :

Sin tu, cùm fueris nostræ paulò antè farinæ.

On ne le dit pas ordinairement des choses.

Ce bon M. Diafoirus, dans l'effusion de sa vanité paternelle, nous a fait, sans s'en douter, le portrait de l'enfant le plus stupide, de l'écolier le plus bouché et du bachelier le plus absurde. La sottise du fils a complètement justifié les éloges du père.

(1) Angélique est aussi sensible à l'offre des *prémices de l'esprit* de Thomas Diafoirus, qu'Henriette, des *Femmes savantes*, se montre empressée d'entendre les *merveilles* du génie de Trissotin, lorsqu'elle dit :

Je sais peu les beautés de tout ce qu'on écrit,
Et ce n'est pas mon fait que les choses d'esprit.

La situation est la même, et le sentiment est tout semblable.

ACTE II, SCÈNE VI.

TOINETTE, *prenant la thèse.*

Donnez, donnez. Elle est toujours bonne à prendre pour l'image : cela servira à parer notre chambre.

THOMAS DIAFOIRUS, *saluant encore Argan.*

Avec la permission aussi de monsieur, je vous invite à venir voir, l'un de ces jours, pour vous divertir, la dissection d'une femme, sur quoi je dois raisonner [1].

TOINETTE.

Le divertissement sera agréable. Il y en a qui donnent la comédie à leurs maîtresses; mais donner une dissection est quelque chose de plus galant.

MONSIEUR DIAFOIRUS.

Au reste, pour ce qui est des qualités requises pour le mariage et la propagation, je vous assure que, selon les règles de nos docteurs, il est tel qu'on le peut souhaiter; qu'il possède en un degré louable la vertu prolifique, et qu'il est du tempérament qu'il faut pour engendrer et procréer des enfans bien conditionnés [2].

---

[1] Dans *les Plaideurs*, Dandin dit à Isabelle :

N'avez-vous jamais vu donner la question ?...
Venez, je vous en veux faire passer l'envie.

Et, comme Isabelle répugne à cette aimable proposition, il ajoute :

Bon ! cela fait toujours passer une heure ou deux.

Molière a probablement imité le trait des *Plaideurs*, joués cinq ans avant *le Malade imaginaire*.

[2] C'est un trait de caractère, que ce cynisme innocent avec lequel M. Diafoirus parle des facultés procréatives de son fils. Comme beaucoup de gens de sa robe, il ne voit, dans des explications assez peu décentes, que des détails physiologiques ; et il ne soupçonne seulement pas que la présence d'Angélique soit une raison pour s'en abstenir.

ARGAN.

N'est-ce pas votre intention, monsieur, de le pousser à la cour, et d'y ménager pour lui une charge de médecin?

MONSIEUR DIAFOIRUS.

A vous en parler franchement, notre métier auprès des grands ne m'a jamais paru agréable; et j'ai toujours trouvé qu'il falloit mieux pour nous autres demeurer au public. Le public est commode. Vous n'avez à répondre de vos actions à personne; et, pourvu que l'on suive le courant des règles de l'art, on ne se met point en peine de tout ce qui peut arriver. Mais ce qu'il y a de fâcheux auprès des grands, c'est que, quand ils viennent à être malades, ils veulent absolument que leurs médecins les guérissent (1).

TOINETTE.

Cela est plaisant! et ils sont bien impertinens de vouloir que, vous autres messieurs, vous les guérissiez! Vous n'êtes point auprès d'eux pour cela; vous n'y êtes que pour recevoir vos pensions et leur ordonner des remèdes; c'est à eux à guérir, s'ils peuvent.

MONSIEUR DIAFOIRUS.

Cela est vrai. On n'est obligé qu'à traiter les gens dans les formes.

---

(1) Le calcul de M. Diafoirus est juste. La mort d'un grand est un évènement: chacun en veut raisonner; et ceux qui s'intéressoient le moins au défunt, ceux mêmes qui sont charmés de son décès, se plaisent à en rejeter la faute sur le médecin. Les gens du peuple et de la bourgeoisie, au contraire, meurent à petit bruit : ils sont souvent plus regrettés; mais leurs survivans ont plus de respect pour la médecine, et aiment mieux s'en prendre à la nature qu'à elle.

ACTE II, SCÈNE VI.

ARGAN, *à Cléante.*

Monsieur, faites un peu chanter ma fille devant la compagnie.

CLÉANTE.

J'attendois vos ordres, monsieur; et il m'est venu en pensée, pour divertir la compagnie, de chanter avec mademoiselle une scène d'un petit opéra qu'on a fait depuis peu. (*à Angélique, lui donnant un papier.*) Tenez, voilà votre partie.

ANGÉLIQUE.

Moi?

CLÉANTE, *bas, à Angélique.*

Ne vous défendez point, s'il vous plaît, et me laissez vous faire comprendre ce que c'est que la scène que nous devons chanter. (*haut.*) Je n'ai pas une voix à chanter; mais ici il suffit* que je me fasse entendre; et l'on aura la bonté de m'excuser, par la nécessité où je me trouve de faire chanter mademoiselle [1].

VARIANTE. * *Mais il suffit* (éd. de 1675).

---

[1] Ce que vient de dire Cléante, tout ce qu'il va dire encore, est à double entente. Compris dans un sens par Angélique, il l'est dans un autre par le reste des personnages; et le spectateur, qui est dans la confidence, s'amuse en même temps de l'adresse des uns et de la duperie des autres.

C'est une situation fréquemment employée par Molière, et plus souvent encore d'après lui, que celle dans laquelle un ou deux amans, à la faveur de quelque travestissement, de quelque stratagême, parlent de leur amour devant les personnages les plus intéressés à le contrarier, dans un langage équivoque qui trompe toute leur pénétration, sans échapper à celle du spectateur. Cette situation, d'un effet toujours piquant et sûr, existe déja dans *l'Étourdi*, dans *l'École des Maris*, dans *l'Amour médecin*, dans *le Sicilien* et dans *l'Avare*.

ARGAN.

Les vers en sont-ils beaux?

CLÉANTE.

C'est proprement ici un petit opéra impromptu; et vous n'allez entendre chanter que de la prose cadencée, ou des manières de vers libres, tels que la passion et la nécessité peuvent faire trouver à deux personnes qui disent les choses d'eux-mêmes * (1), et parlent sur-le-champ.

ARGAN.

Fort bien. Écoutons.

CLÉANTE.

Voici le sujet de la scène. Un berger étoit attentif aux beautés d'un spectacle qui ne faisoit que de commencer **, lorsqu'il fut tiré de son attention par un bruit qu'il entendit à ses côtés. Il se retourne, et voit un brutal qui, de paroles insolentes, maltraitoit une bergère. D'abord il prend les intérêts d'un sexe à qui tous les hommes doivent hommage; et, après avoir donné au brutal le châtiment de son insolence, il vient à la bergère, et voit une jeune personne qui, des plus beaux yeux qu'il eût jamais vus, versoit des larmes qu'il trouva les plus belles du monde. Hélas! dit-il en lui-même, est-on capable d'outrager une personne si aimable? Et quel

VARIANTES. * D'elles-mêmes. — ** Que commencer.

___

(1) *Deux personnes qui disent les choses d'eux-mêmes.* — Vaugelas est d'avis qu'il faut mettre au masculin les pronoms et les adjectifs qui se rapportent au mot *personne*, employé dans un sens indéterminé, lorsque ces pronoms ou adjectifs en sont séparés par un grand nombre de mots. Ici ce n'est point le cas: *d'elles-mêmes* eût été préférable.

inhumain, quel barbare ne seroit touché par de telles larmes? Il prend soin de les arrêter, ces larmes qu'il trouve si belles; et l'aimable bergère prend soin en même temps de le remercier de son léger service, mais d'une manière si charmante, si tendre et si passionnée, que le berger n'y peut résister; et chaque mot, chaque regard*, est un trait plein de flamme, dont son cœur se sent pénétré. Est-il, disoit-il, quelque chose qui puisse mériter les aimables paroles d'un tel remerciement? Et que ne voudroit-on pas faire? A quels services, à quels dangers ne seroit-on pas ravi de courir, pour s'attirer un seul moment des touchantes douceurs d'une ame si reconnoissante? Tout le spectacle passe, sans qu'il y donne aucune attention; mais il se plaint qu'il est trop court, parce qu'en finissant, il le sépare de son adorable bergère; et, de cette première vue, de ce premier moment, il emporte chez lui tout ce qu'un amour de plusieurs années peut avoir de plus violent. Le voilà aussitôt à sentir tous les maux de l'absence; et il est tourmenté de ne plus voir ce qu'il a si peu vu. Il fait tout ce qu'il peut pour se redonner cette vue, dont il conserve nuit et jour une si chère idée; mais la grande contrainte où l'on tient sa bergère lui en ôte tous les moyens. La violence de sa passion le fait résoudre à demander en mariage l'adorable beauté, sans laquelle il ne peut plus vivre; et il en obtient d'elle la permission, par un billet qu'il a l'adresse de lui faire tenir. Mais, dans le même temps, on l'avertit que le père de cette belle a conclu son mariage avec un autre, et que tout se dispose pour en célébrer la cé-

---

VARIANTE. * *N'y peut résister : chaque mot et chaque regard* (édit. de 1675).

rémonie. Jugez quelle atteinte cruelle au cœur de ce triste berger! Le voilà accablé d'une mortelle douleur; il ne peut souffrir l'effroyable idée de voir tout ce qu'il aime entre les bras d'un autre; et son amour, au désespoir, lui fait trouver moyen de s'introduire dans la maison de sa bergère pour apprendre ses sentimens, et savoir d'elle la destinée à laquelle il doit se résoudre. Il y rencontre les apprêts de tout ce qu'il craint; il y voit venir l'indigne rival, que le caprice d'un père oppose aux tendresses de son amour; il le voit triomphant; ce rival ridicule, auprès de l'aimable bergère, ainsi qu'auprès d'une conquête qui lui est assurée; et cette vue le remplit d'une colère dont il a peine à se rendre le maître. Il jette de douloureux regards sur celle qu'il adore; et son respect et la présence de son père l'empêchent de lui rien dire que des yeux. Mais, enfin, il force toute contrainte; et le transport de son amour l'oblige à lui parler ainsi [1]:

---

[1] Je suis loin de partager l'avis de ceux qui ont trouvé ce récit *long et écrit sans élégance*. Il y a bien mieux que de l'élégance, sans que pourtant il en soit dénué; il y a du naturel, du feu, de la passion; il y a, de plus, le piquant d'une aventure véritable, racontée, sous l'apparence d'une fable, aux personnes mêmes pour qui elle doit être un mystère. S'il plaît, ce récit, il n'est pas long; et un comédien, unissant la chaleur à la grace, qui sauroit le débiter aussi bien qu'il est composé, seroit sûr de s'y faire applaudir beaucoup.

Dans *Don Bertrand de Cigarral*, comédie de Thomas Corneille, jouée en 1650, il y a un récit tout semblable au récit de Cléante. Celui qui le fait raconte une aventure véritable où il a eu le bonheur de sauver sa maîtresse d'un grand danger: il peint, de même que Cléante, et dans la même intention, comment il s'est épris d'elle en cette occasion, et quels obstacles son amour rencontre dans l'entêtement d'un père qui veut donner sa fille à un autre, et dans la poursuite obstinée d'un rival, aussi sot que présomptueux. Ce père et ce rival, qui sont présens, croient que c'est une histoire qu'il invente à l'instant même pour les divertir. Sa maîtresse seule,

ACTE II, SCÈNE VI.

(*Il chante.*)

Belle Philis, c'est trop, c'est trop souffrir ;
Rompons ce dur silence, et m'ouvrez vos pensées.
Apprenez-moi ma destinée :
Faut-il vivre? Faut-il mourir?

ANGÉLIQUE, *en chantant.*

Vous me voyez, Tircis, triste et mélancolique,
Aux apprêts de l'hymen dont vous vous alarmez.
Je lève au ciel les yeux, je vous regarde, je soupire ;
C'est vous en dire assez.

ARGAN.

Ouais! je ne croyois pas que ma fille fût si habile, que de chanter ainsi à livre ouvert, sans hésiter.

CLÉANTE.

Hélas! belle Philis,
Se pourroit-il que l'amoureux Tircis
Eût assez de bonheur,
Pour avoir quelque place dans votre cœur?

ANGÉLIQUE.

Je ne m'en défends point, dans cette peine extrême,
Oui, Tircis, je vous aime.

CLÉANTE.

O parole pleine d'appas!
Ai-je bien entendu? Hélas!
Redites-la, Philis, que je n'en doute pas.

---

qui est présente aussi, sait à quoi s'en tenir : elle entre dans le stratagème de son amant, et ils se donnent le plaisir de parler de leur tendresse, à la faveur de cette fiction. Une ressemblance si exacte ne peut être l'effet du hasard. Molière a emprunté cette idée à Th. Corneille, ou plutôt il l'a prise dans l'auteur espagnol, don Francisco de Roxas, qu'a imité l'auteur de *Don Bertrand de Cigarral.*

ANGÉLIQUE.

Oui, Tircis, je vous aime.

CLÉANTE.

De grace, encor, Philis.

ANGÉLIQUE.

Je vous aime.

CLÉANTE.

Recommencez cent fois; ne vous en lassez pas.

ANGÉLIQUE.

Je vous aime, je vous aime,
Oui, Tircis, je vous aime.

CLÉANTE.

Dieux, rois, qui sous vos pieds regardez tout le monde,
Pouvez-vous comparer votre bonheur au mien ?
Mais, Philis, une pensée
Vient troubler ce doux transport.
Un rival, un rival...

ANGÉLIQUE.

Ah! je le hais plus que la mort;
Et sa présence, ainsi qu'à vous,
M'est un cruel supplice.

CLÉANTE.

Mais un père à ses vœux vous veut assujettir.

ANGÉLIQUE.

Plutôt, plutôt mourir,
Que de jamais y consentir;
Plutôt, plutôt mourir, plutôt mourir [1].

---

[1] Il n'y a rien ici d'invraisemblable, rien qui sente trop la comédie. Deux personnes, qui ont l'habitude du chant, peuvent improviser un duo.

ACTE II, SCÈNE VI.

ARGAN.

Et que dit le père à tout cela?

CLÉANTE.

Il ne dit rien.

ARGAN.

Voilà un sot père que ce père-là, de souffrir toutes ces sottises-là sans rien dire!

CLÉANTE, *voulant continuer à chanter.*

Ah! mon amour...

ARGAN.

Non, non; en voilà assez. Cette comédie-là est de fort mauvais exemple. Le berger Tircis est un impertinent, et la bergère Philis une impudente de parler de la sorte devant son père. (*à Angelique.*) Montrez-moi ce papier. Ah! ah! où sont donc les paroles que vous avez dites*? Il n'y a là que de la musique écrite [1].

CLÉANTE.

Est-ce que vous ne savez pas, monsieur, qu'on a trouvé,

VARIANTE. * *Les paroles que vous dites.*

---

paroles et musique, comme le font ici Cléante et Angélique, c'est-à-dire en se permettant beaucoup de fautes contre la mesure et contre la rime. Par une heureuse précaution de Cléante, ces fautes ne doivent ni choquer ni surprendre les autres personnages (si tant est qu'ils s'en aperçoivent), puisqu'elles leur ont été annoncées comme l'effet obligé d'une situation donnée.

(1) On voit qu'Argan, en tout ce qui ne touche pas sa manie, ne manque ni d'une certaine pénétration d'esprit, ni d'une certaine force de caractère. Il juge, en termes fort précis, fort énergiques, le berger Tircis, la bergère Philis, et le sot père qui souffre toutes leurs sottises. Il est vrai que le rapport de sa situation avec celle de ce père est bien fait pour éveiller ses idées et pour exciter sa bile.

depuis peu, l'invention d'écrire les paroles avec les notes mêmes ⁽¹⁾?

ARGAN.

Fort bien. Je suis votre serviteur, monsieur; jusqu'au revoir. Nous nous serions bien passés de votre impertinent d'opéra*.

CLÉANTE.

J'ai cru vous divertir ⁽²⁾.

ARGAN.

Les sottises ne divertissent point. Ah! voici ma femme.

SCÈNE VII.

BÉLINE, ARGAN, ANGÉLIQUE, MONSIEUR DIAFOIRUS, THOMAS DIAFOIRUS, TOINETTE.

ARGAN.

Mamour, voilà le fils de monsieur Diafoirus.

THOMAS DIAFOIRUS.

Madame, c'est avec justice que le ciel vous a concédé

VARIANTE. * De votre impertinent opéra.

---

(1) La défaite est plaisante; mais elle ne peut tromper Argan. On se tire, comme on peut, d'un mauvais pas.

(2) Voilà Cléante mis à la porte, et qui se retire avec un peu de confusion peut-être. Mais il n'a pas mal employé son temps : il a su par Angélique, et il a vu de ses propres yeux le danger de leur situation; il a pu déclarer de nouveau à sa maîtresse ses sentimens pour elle, et il en a reçu l'aveu d'un tendre retour. La partie n'est pas perdue, et il doit emporter beaucoup d'espoir.

le nom de belle-mère, puisque l'on voit sur votre visage...

BÉLINE.

Monsieur, je suis ravie d'être venue ici à propos, pour avoir l'honneur de vous voir.

THOMAS DIAFOIRUS.

Puisque l'on voit sur votre visage... puisque l'on voit sur votre visage... * Madame, vous m'avez interrompu dans le milieu de la période, et cela m'a troublé la mémoire (1).

MONSIEUR DIAFOIRUS.

Thomas, réservez cela pour une autre fois.

ARGAN.

Je voudrois, mamie, que vous eussiez été ici tantôt.

TOINETTE.

Ah! madame, vous avez bien perdu de n'avoir point été au second père, à la statue de Memnon, et à la fleur nommée héliotrope.

ARGAN.

Allons, ma fille, touchez dans la main de monsieur, et lui donnez votre foi, comme à votre mari.

ANGÉLIQUE.

Mon père!

VARIANTE. * Dans l'édition de 1675, T. Diafoirus ne dit qu'une fois, *puisque l'on voit sur votre visage.*

---

(1) Thomas Diafoirus est comme Petit-Jean, des *Plaideurs*, qui, arrêté aussi au milieu de sa *période*, dit:
    Oh! pourquoi celui-là m'a-t-il interrompu?
    Je ne dirai plus rien.

ARGAN.

Hé bien! mon père! Qu'est-ce que cela veut dire?

ANGÉLIQUE.

De grace, ne précipitez pas les choses. Donnez-nous au moins le temps de nous connoître, et de voir naître en nous, l'un pour l'autre, cette inclination si nécessaire à composer une union parfaite (1).

THOMAS DIAFOIRUS.

Quant à moi, mademoiselle, elle est déja toute née en moi; et je n'ai pas besoin d'attendre davantage.

ANGÉLIQUE.

Si vous êtes si prompt, monsieur, il n'en est pas de même de moi; et je vous avoue que votre mérite n'a pas encore assez fait d'impression dans mon ame.

ARGAN.

Oh! bien, bien; cela aura tout le loisir de se faire, quand vous serez mariés ensemble.

ANGÉLIQUE.

Hé! mon père, donnez-moi du temps, je vous prie. Le mariage est une chaîne où l'on ne doit jamais soumettre un cœur par force; et, si monsieur est honnête homme, il ne doit point vouloir accepter une personne qui seroit à lui par contrainte.

THOMAS DIAFOIRUS.

Nego consequentiam (2), mademoiselle; et je puis être

---

(1) On diroit aujourd'hui, *si nécessaire pour former une union parfaite*. Molière, dans *le Bourgeois gentilhomme*, a déja mis, *composer une union*. Voir, tome VIII, page 115, note 1.

(2) « Je nie la conséquence. » M. Diafoirus nous avoit bien dit que son

honnête homme, et vouloir bien vous accepter des mains de monsieur votre père.

ANGÉLIQUE.

C'est un méchant moyen de se faire aimer de quelqu'un, que de lui faire violence.

THOMAS DIAFOIRUS.

Nous lisons des anciens, mademoiselle, que leur coutume étoit d'enlever par force de la maison des pères les filles qu'on menoit marier, afin qu'il ne semblât pas que ce fût de leur consentement qu'elles convoloient dans les bras d'un homme.

ANGÉLIQUE.

Les anciens, monsieur, sont les anciens, et nous sommes les gens de maintenant. Les grimaces ne sont point nécessaires dans notre siècle; et, quand un mariage nous plaît, nous savons fort bien y aller, sans qu'on nous y traîne. Donnez-vous patience; si vous m'aimez, monsieur, vous devez vouloir tout ce que je veux.

THOMAS DIAFOIRUS.

Oui, mademoiselle, jusqu'aux intérêts de mon amour exclusivement.

ANGÉLIQUE.

Mais la grande marque d'amour, c'est d'être soumis aux volontés de celle qu'on aime.

THOMAS DIAFOIRUS.

Distinguo, mademoiselle. Dans ce qui ne regarde point

---

fils étoit un terrible argumentateur. Il va soutenir ses droits à la main d'Angélique, comme on soutient une thèse, avec tout l'attirail des termes de logique.

sa possession, *concedo*; mais dans ce qui la regarde, *nego* (1).

TOINETTE, *à Angélique*.

Vous avez beau raisonner. Monsieur est frais émoulu du collége; et il vous donnera toujours votre reste. Pourquoi tant résister, et refuser la gloire d'être attachée au corps de la faculté?

BÉLINE.

Elle a peut-être quelque inclination en tête.

ANGÉLIQUE.

Si j'en avois, madame, elle seroit telle que la raison et l'honnêteté pourroient me la permettre.

ARGAN.

Ouais! je joue ici un plaisant personnage!

BÉLINE.

Si j'étois que de vous (2), mon fils, je ne la forcerois point à se marier; et je sais bien ce que je ferois.

ANGÉLIQUE.

Je sais, madame, ce que vous voulez dire, et les bontés que vous avez pour moi; mais peut-être que vos conseils ne seront pas assez heureux pour être exécutés.

---

(1) Angélique et Henriette, des *Femmes savantes*, sont à peu près dans la même situation. Elles cherchent à piquer de générosité l'homme que leurs parens, par un motif tout semblable, veulent leur faire épouser malgré elles; et elles éprouvent la même résistance. Celle de Trissotin est manifestement fondée sur la cupidité; celle de Thomas Diafoirus pourroit bien partir de la même cause, car l'amour n'y est assurément pour rien. La grande différence, c'est que Trissotin oppose des raisons odieuses, et Thomas Diafoirus des argumens ridicules.

(2) *Si j'étois que de vous*. On voit plus loin, acte III, scène III, *si j'étois que des médecins*. (Voir sur ce gallicisme, tome V, page 15, note 1.)

BÉLINE.

C'est que les filles bien sages et bien honnêtes, comme vous, se moquent d'être obéissantes et soumises aux volontés de leurs pères. Cela étoit bon autrefois [1].

ANGÉLIQUE.

Le devoir d'une fille a des bornes, madame; et la raison et les lois ne l'étendent point à toutes sortes de choses.

BÉLINE.

C'est-à-dire que vos pensées ne sont que pour le mariage; mais vous voulez choisir un époux à votre fantaisie.

ANGÉLIQUE.

Si mon père ne veut pas me donner un mari qui me plaise, je le conjurerai, au moins, de ne me point forcer à en épouser un que je ne puisse pas aimer.

ARGAN.

Messieurs, je vous demande pardon de tout ceci.

ANGÉLIQUE.

Chacun a son but en se mariant. Pour moi, qui ne veux un mari que pour l'aimer véritablement, et qui prétends en faire tout l'attachement de ma vie, je vous avoue que j'y cherche quelque précaution [2]. Il y en a d'aucunes [3] qui prennent des maris seulement pour se

---

[1] Que nous devons être dépravés, depuis le temps qu'on accuse le présent de valoir moins que le passé! Et, comme il en sera toujours ainsi, à quel degré de perversité n'arriveront pas nos arrière-neveux!

[2] Il faudroit, *que j'y mets, que j'y apporte quelque précaution. Chercher quelque précaution* est une expression impropre.

[3] *Aucun*, se disoit autrefois pour, *quelqu'un*: en ce sens, il n'est

tirer de la contrainte de leurs parens, et se mettre en état de faire tout ce qu'elles voudront. Il y en a d'autres, madame, qui font du mariage un commerce de pur intérêt; qui ne se marient que pour gagner des douaires, que pour s'enrichir par la mort de ceux qu'elles épousent, et courent sans scrupule de mari en mari, pour s'approprier leurs dépouilles. Ces personnes-là, à la vérité, n'y cherchent pas tant de façons, et regardent peu la personne (1).

---

plus d'usage que dans le style marotique. Le peuple seul dit encore quelquefois, *il y en a d'aucuns.*

(1) Qu'il y a d'adresse et de malice dans ce couplet d'Angélique! Si elle n'eût parlé que des femmes qui se marient uniquement par intérêt, l'application eût été trop particulière, trop offensante; mais elle y joint celles qui ne cherchent dans le mariage que le droit ou la faculté de vivre en toute liberté. De cette manière, son propos a une apparence de généralité, dont Argan est dupe, puisque nous ne voyons pas qu'il s'en offense, et dont Béline, qui ne peut s'y tromper, est d'autant plus blessée, qu'elle n'a pas le droit de s'en plaindre ouvertement. Molière semble s'être souvenu ici d'un passage fameux de *Don Quichotte*, de celui où le brave chevalier, irrité contre l'aumônier du duc, qui l'a appelé *maître fou*, lui fait la plus verte semonce sur son défaut de charité, et semble lancer en l'air plusieurs traits qui tombent à plomb sur le bon ecclésiastique. « Je suis chevalier, lui dit-il, et tel je vivrai et mourrai, s'il plaît au Tout-« Puissant. Les uns suivent aveuglément une ambition orgueilleuse et dé-« réglée; d'autres se glissent adroitement dans le monde par une flatterie « basse et servile; d'autres, par des actions modestes, un extérieur con-« certé, et sous une artificieuse hypocrisie, couvrent leurs mauvais des-« seins, et imposent à tout le monde; et d'autres marchent sincèrement, « avec un grande pureté de cœur et des sentimens fort détachés, dans la « véritable voie de la vertu et de la religion. Chacun a son but et sa ma-« nière. Pour moi, poussé de mon étoile, et sans m'informer de la conduite « des autres, je marche hardiment dans les sentiers étroits de la chevale-« rie errante, etc. » C'est dans Molière et dans Cervantes la même forme d'argumentation, la même suite, le même mouvement d'idées, et surtout le même art de frapper indirectement son ennemi.

ACTE II, SCÈNE VII.

BÉLINE.

Je vous trouve aujourd'hui bien raisonnante [1], et je voudrois bien savoir ce que vous voulez dire par-là.

ANGÉLIQUE.

Moi, madame? Que voudrois-je dire que ce que je dis?

BÉLINE.

Vous êtes si sotte, mamie, qu'on ne sauroit plus vous souffrir.

ANGÉLIQUE.

Vous voudriez bien, madame, m'obliger à vous répondre quelque impertinence; mais je vous avertis que vous n'aurez pas cet avantage.

BÉLINE.

Il n'est rien d'égal à votre insolence.

ANGÉLIQUE.

Non, madame, vous avez beau dire.

BÉLINE.

Et vous avez un ridicule orgueil, une impertinente présomption, qui fait hausser les épaules à tout le monde.

ANGÉLIQUE.

Tout cela, madame, ne servira de rien. Je serai sage en dépit de vous; et, pour vous ôter l'espérance de pouvoir réussir dans ce que vous voulez, je vais m'ôter de votre vue [2].

---

[1] On diroit mieux, peut-être, *je vous trouve aujourd'hui bien raisonneuse*.

[2] Cette fin de scène, ce démêlé entre Angélique et Béline est la copie fidèle de toute dispute où la raison et la colère sont aux prises. La première garde tous ses avantages en restant sur la défensive, et elle remporte la victoire en abandonnant le champ de bataille.

SCÈNE VIII.

ARGAN, BÉLINE, MONSIEUR DIAFOIRUS, THOMAS DIAFOIRUS, TOINETTE.

ARGAN, *à Angélique, qui sort.*

Écoute. Il n'y a point de milieu à cela : choisis d'épouser dans quatre jours ou monsieur, ou un couvent. (*à Béline.*) Ne vous mettez pas en peine : je la rangerai bien.

BÉLINE.

Je suis fâchée de vous quitter, mon fils ; mais j'ai une affaire en ville, dont je ne puis me dispenser. Je reviendrai bientôt.

ARGAN.

Allez, mamour ; et passez chez votre notaire, afin qu'il expédie ce que vous savez [1].

BÉLINE.

Adieu, mon petit ami.

ARGAN.

Adieu, mamie.

---

(1) Vraiment, elle avoit fort besoin qu'on l'y fît penser. Il y a bien apparence que cette affaire pour laquelle elle sort, est justement celle que lui recommande son mari.

SCÈNE IX.

ARGAN, MONSIEUR DIAFOIRUS, THOMAS DIAFOIRUS, TOINETTE.

ARGAN.

Voilà une femme qui m'aime... cela n'est pas croyable.

MONSIEUR DIAFOIRUS.

Nous allons, monsieur, prendre congé de vous.

ARGAN.

Je vous prie, monsieur, de me dire un peu comment je suis [1].

MONSIEUR DIAFOIRUS, *tâtant le pouls d'Argan.*

Allons, Thomas, prenez l'autre bras de monsieur, pour voir si vous saurez porter un bon jugement de son pouls. *Quid dicis?*

THOMAS DIAFOIRUS.

Dico que le pouls de monsieur est le pouls d'un homme qui ne se porte point bien.

MONSIEUR DIAFOIRUS.

Bon.

THOMAS DIAFOIRUS.

Qu'il est duriuscule, pour ne pas dire dur [2].

---

[1] Argan peut-il voir un médecin sans lui demander, en passant, une petite consultation? Observez tous ceux qui se croient malades et ne le sont pas, ou qui se croient plus malades qu'ils ne le sont: ils font de même.

[2] *Duriuscule, pour ne pas dire dur;* cette phrase est devenue proverbe.

MONSIEUR DIAFOIRUS.

Fort bien.

THOMAS DIAFOIRUS.

Repoussant.

MONSIEUR DIAFOIRUS.

Benè.

THOMAS DIAFOIRUS.

Et même un peu caprisant * (1).

MONSIEUR DIAFOIRUS.

Optimè.

THOMAS DIAFOIRUS.

Ce qui marque une intempérie dans le *parenchyme splénique* (2), c'est-à-dire, la rate.

MONSIEUR DIAFOIRUS.

Fort bien.

ARGAN.

Non : monsieur Purgon dit que c'est mon foie qui est malade.

MONSIEUR DIAFOIRUS.

Et oui : qui dit *parenchyme*, dit l'un et l'autre, à cause de l'étroite sympathie qu'ils ont ensemble par le moyen

VARIANTE. *· *Capricant.*

---

(1) Un pouls *capricant*, ou plutôt *caprisant*, est un pouls irrégulier et sautillant. Ce mot vient de *capra*, chèvre, soit parce que l'espèce de pouls qu'il désigne ressemble à celui de cet animal, soit parce qu'il a quelque rapport avec sa pétulance et sa brusquerie.

(2) *Parenchyme*, la substance propre de chaque viscère, et *splénique*, qui appartient à la rate. Le tout signifie, la rate, comme dit fort bien Thomas Diafoirus.

du *vas breve* [1], du *pylore* [2], et souvent des *méats choli-doques* [3]. Il vous ordonne sans doute de manger forcé rôti?

ARGAN.

Non; rien que du bouilli.

MONSIEUR DIAFOIRUS.

Et oui : rôti, bouilli, même chose [4]. Il vous ordonne fort prudemment, et vous ne pouvez être en de meilleures mains [5].

ARGAN.

Monsieur, combien est-ce qu'il faut mettre de grains de sel dans un œuf?

MONSIEUR DIAFOIRUS.

Six, huit, dix, par les nombres pairs, comme, dans les médicamens, par les nombres impairs [6].

---

(1) *Vas breve*, mots purement latins, qui désignent un vaisseau situé au fond de l'estomac, et ainsi appelé à cause de sa brièveté, de son peu de longueur.

(2) *Pylore*, orifice intérieur de l'estomac, par où les alimens digérés entrent dans les intestins.

(3) *Méats cholidoques*, ou plus ordinairement *cholédoques*, conduits par où la bile qui vient du foie est versée dans l'intestin duodénum.

(4) Eh! oui, qui dit la rate, dit le foie... Eh! oui, qui dit bouilli, dit rôti. C'est un genre d'interprétation tout semblable à celui qu'emploie Maître-Jacques, dans *l'Avare*, au sujet de la cassette qui est grande, c'est-à-dire petite, et rouge, c'est-à-dire grise.

(5) M. Diafoirus doit des égards à M. Purgon, qui est son beau-frère, et qui vient d'arranger le mariage de son fils avec la fille d'Argan. D'ailleurs, si les médecins se portent envie les uns aux autres et se déchirent entre eux cruellement, ils ont assez pour habitude de se ménager en présence des profanes. Ils sont en cela du sentiment de M. Fillerin, dans *l'Amour médecin*, qui pense que toutes ces disputes entre médecins, devant les malades, *ne valent rien pour la médecine*.

(6) La question d'Argan sur le nombre de grains de sel qu'il doit mettre

ARGAN.

Jusqu'au revoir, monsieur.

SCÈNE X.

BÉLINE, ARGAN.

BÉLINE.

Je viens, mon fils, avant que de sortir, vous donner avis d'une chose, à laquelle il faut que vous preniez garde. En passant par-devant la chambre d'Angélique, j'ai vu un jeune homme avec elle, qui s'est sauvé d'abord qu'il m'a vue.

ARGAN.

Un jeune homme avec ma fille!

BÉLINE.

Oui. Votre petite fille Louison étoit avec eux, qui pourra vous en dire des nouvelles.

ARGAN.

Envoyez-la ici, mamour, envoyez-la ici. Ah! l'effrontée! (*seul.*) Je ne m'étonne plus de sa résistance [1].

---

dans son œuf, vaut bien son doute sur le sens des allées et venues qu'il doit faire dans sa chambre. M. Diafoirus répond sérieusement que les grains de sel doivent être en nombre pair, comme ceux d'un médicament en nombre impair. Est-ce un préjugé de la vieille médecine, adopté par le docteur? N'est-ce pas plutôt une de ces réponses péremptoires que les médecins, dit-on, doivent toujours faire aux malades, pour entretenir leur confiance?

(1) Nous avons vu Cléante congédié assez brusquement par Argan, et nous avons dû croire qu'il sortoit à l'instant même de cette maison où il venoit de mettre le pied pour la première fois. Comment se trouve-t-il dans

SCÈNE XI.

ARGAN, LOUISON.

LOUISON.

Qu'est-ce que vous voulez*, mon papa? Ma belle-maman m'a dit que vous me demandez.

ARGAN.

Oui. Venez çà. Avancez là. Tournez-vous. Levez les yeux. Regardez-moi. Hé?

LOUISON.

Quoi, mon papa?

ARGAN.

Là?

LOUISON.

Quoi?

ARGAN.

N'avez-vous rien à me dire?

LOUISON.

Je vous dirai, si vous voulez, pour vous désennuyer, le conte de Peau d'Ane, ou bien la fable du Corbeau et du Renard, qu'on m'a apprise depuis peu [1].

VARIANTE. * *Qu'est-ce que vous me voulez?*

---

la chambre d'Angélique? Ni Angélique ni Toinette ne l'y ont introduit aussitôt, puisqu'elles sont restées en scène long-temps après son départ. S'y sera-t-il introduit lui-même? Sera-t-il revenu au logis? Quoi qu'il en soit, la découverte que vient de faire Béline renoue la partie de l'action qui concerne les amours d'Angélique et de Cléante; car nous ne pouvons douter que celui-ci ne soit le *jeune homme*.

[1] On voit, par ce passage, que l'on avoit déja la coutume de mettre

ARGAN.

Ce n'est pas là ce que je demande*.

LOUISON.

Quoi donc?

ARGAN.

Ah! rusée, vous savez bien ce que je veux dire!

LOUISON.

Pardonnez-moi, mon papa.

ARGAN.

Est-ce là comme vous m'obéissez?

LOUISON.

Quoi?

ARGAN.

Ne vous ai-je pas recommandé de me venir dire d'abord tout ce que vous voyez?

LOUISON.

Oui, mon papa.

ARGAN.

L'avez-vous fait?

LOUISON.

Oui, mon papa. Je vous suis venu dire** tout ce que j'ai vu.

ARGAN.

Et n'avez-vous rien vu aujourd'hui?

VARIANTES. * *Ce n'est pas cela que je demande.* — ** *Je vous suis venue dire.*

---

entre les mains ou dans la mémoire des enfans les fables de La Fontaine, dont les six premiers livres avoient paru en 1668. En constatant ce fait, Molière étoit sans doute bien aise de rappeler les ouvrages de son ami au souvenir de ses spectateurs. *Peau d'Ane*, que La Fontaine aimoit tant, est un fort vieux conte, dont Perrault a rajeuni le style.

ACTE II, SCÈNE XI.

LOUISON.

Non, mon papa.

ARGAN.

Non?

LOUISON.

Non, mon papa.

ARGAN.

Assurément?

LOUISON.

Assurément.

ARGAN.

Oh çà, je m'en vais vous faire voir quelque chose, moi.

LOUISON, *voyant une poignée de verges qu'Argan a été prendre.*

Ah! mon papa!

ARGAN.

Ah! ah! petite masque, vous ne me dites pas que vous avez vu un homme dans la chambre de votre sœur!

LOUISON, *pleurant.*

Mon papa!

ARGAN, *prenant Louison par le bras.*

Voici qui vous apprendra à mentir.

LOUISON, *se jetant à genoux.*

Ah! mon papa, je vous demande pardon. C'est que ma sœur m'avoit dit de ne pas vous le dire; mais je m'en vais vous dire tout.

ARGAN.

Il faut premièrement que vous ayez le fouet pour avoir menti. Puis après nous verrons au reste.

LOUISON.

Pardon, mon papa.

ARGAN.

Non, non.

LOUISON.

Mon pauvre papa, ne me donnez pas le fouet.

ARGAN.

Vous l'aurez.

LOUISON.

Au nom de Dieu, mon papa, que je ne l'aie pas.

ARGAN, *voulant la fouetter*.

Allons, allons.

LOUISON.

Ah! mon papa, vous m'avez blessée. Attendez : je suis morte.

(*Elle contrefait la morte.*)

ARGAN.

Holà! qu'est-ce là? Louison, Louison. Ah! mon dieu! Louison. Ah! ma fille! Ah! malheureux! ma pauvre fille est morte! Qu'ai-je fait, misérable? Ah! chiennes de verges! La peste soit des verges! Ah! ma pauvre fille*, ma pauvre petite Louison (1)!

VARIANTE. * *Ah! ma pauvre fille, ma pauvre fille.*

---

(1) Nous avons vu qu'Argan, hors de sa manie, n'étoit ni sot, ni foible : nous voyons ici qu'il est bon père. S'il peut renoncer à croire qu'il est malade et que sa femme l'aime, ce sera un homme tout-à-fait digne d'estime et d'affection.

ACTE II, SCÈNE XI.

LOUISON.

Là, là, mon papa, ne pleurez point tant : je ne suis pas morte tout-à-fait *.

ARGAN.

Voyez-vous la petite rusée ? Oh çà, çà, je vous pardonne pour cette fois-ci, pourvu que vous me disiez bien tout.

LOUISON.

Oh! oui, mon papa.

ARGAN.

Prenez-y bien garde, au moins ; car voilà un petit doigt qui sait tout, qui me dira si vous mentez [1].

LOUISON.

Mais, mon papa, ne dites pas à ma sœur que je vous l'ai dit.

ARGAN.

Non, non.

LOUISON, *après avoir regardé si personne n'écoute.*

C'est, mon papa, qu'il est venu un homme dans la chambre de ma sœur comme j'y étois.

ARGAN.

Hé bien ?

VARIANTE. * *Je ne suis pas encore morte tout-à-fait* (édit. de 1675).

---

[1] On dit à un enfant, pour tirer de lui la confession d'une chose qu'il refuse d'avouer : *Mon petit doigt me l'a dit.* Le *petit doigt* s'appelle aussi *auriculaire*, parce qu'on s'en sert quelquefois pour se curer l'oreille. Un père, en l'employant à cet usage, aura fait une question à son enfant, et aura imaginé de lui dire, pour empêcher qu'il ne mente : *Prenez-y garde, mon petit doigt va me dire si vous mentez.* Cette explication très-vraisemblable appartient à l'auteur des *Matinées senonoises ;* du moins, il est le premier écrivain chez qui je l'aie rencontrée.

LOUISON.

Je lui ai demandé ce qu'il demandoit, et il m'a dit qu'il étoit son maître à chanter.

ARGAN, *à part*.

Hom! hom! voilà l'affaire. (*à Louison.*) Hé bien?

LOUISON.

Ma sœur est venue après.

ARGAN.

Hé bien?

LOUISON.

Elle lui a dit: Sortez, sortez, sortez. Mon Dieu, sortez; vous me mettez au désespoir.

ARGAN.

Hé bien?

LOUISON.

Et lui il ne vouloit pas sortir*.

ARGAN.

Qu'est-ce qu'il lui disoit?

LOUISON.

Il lui disoit je ne sais combien de choses.

ARGAN.

Et quoi encore?

LOUISON.

Il lui disoit tout-ci, tout-çà, qu'il l'aimoit bien, et qu'elle étoit la plus belle du monde.

ARGAN.

Et puis après?

VARIANTE. * *Et lui ne vouloit pas sortir.*

ACTE II, SCÈNE XI.

LOUISON.

Et puis après, il se mettoit à genoux devant elle.

ARGAN.

Et puis après?

LOUISON.

Et puis après il lui baisoit les mains.

ARGAN.

Et puis après?

LOUISON.

Et puis après, ma belle-maman est venue à la porte, et il s'est enfui.

ARGAN.

Il n'y a point autre chose?

LOUISON.

Non, mon papa.

ARGAN.

Voilà mon petit doigt pourtant qui gronde quelque chose. (*mettant son doigt à son oreille.*) Attendez. Hé! Ah, ah! Oui? Oh, oh! Voilà mon petit doigt qui me dit quelque chose que vous avez vu, et que vous ne m'avez pas dit.

LOUISON.

Ah! mon papa, votre petit doigt est un menteur.

ARGAN.

Prenez garde.

LOUISON.

Non, mon papa, ne le croyez pas : il ment, je vous assure.

ARGAN.

Oh bien, bien, nous verrons cela. Allez-vous-en, et

prenez bien garde à tout : allez. (*seul.*) Ah! il n'y a plus d'enfans *! Ah! que d'affaires! Je n'ai pas seulement le loisir de songer à ma maladie. En vérité, je n'en puis plus (1).

(*Il se laisse tomber dans une chaise.*)

SCÈNE XII.

BÉRALDE, ARGAN.

BÉRALDE.

Hé bien, mon frère! qu'est-ce? Comment vous portez-vous?

ARGAN.

Ah! mon frère, fort mal.

BÉRALDE.

Comment! fort mal?

VARIANTE. * Ces mots : *Allez. Ah! il n'y a plus d'enfans*, ne sont pas dans l'édition de 1675.

---

(1) Voltaire dit du *Malade imaginaire*, que *la naïveté y est peut-être poussée trop loin*; et l'on a pensé, avec assez de vraisemblance, que ce doute critique portoit sur la scène qu'on vient de lire. S'il en est ainsi, j'avouerai que le reproche me semble peu fondé. Cette scène entre la petite Louison et son père n'est rien moins qu'inutile à l'action, puisqu'elle est le moyen par lequel Argan découvre le tendre commerce d'Angélique avec son prétendu maître à chanter; et cet interrogatoire d'un enfant, exécuté avec une vérité divertissante, n'a rien qui déroge au ton d'une comédie dont les mœurs sont tout-à-fait familières. Molière semble avoir observé les hommes dès le berceau; et il ne représente pas avec moins de fidélité les petites ruses de l'enfance, que les malices moins innocentes de l'âge mûr ou de la vieillesse : on peut dire qu'il est le peintre de tous les âges, comme de toutes les conditions.

ACTE II, SCÈNE XII.

ARGAN.

Oui. Je suis dans une foiblesse si grande, que cela n'est pas croyable.

BÉRALDE.

Voilà qui est fâcheux.

ARGAN.

Je n'ai pas seulement la force de pouvoir parler.

BÉRALDE.

J'étois venu ici, mon frère, vous proposer un parti pour ma nièce Angélique.

ARGAN, *parlant avec emportement, et se levant de sa chaise.*

Mon frère, ne me parlez point de cette coquine-là. C'est une friponne, une impertinente, une effrontée, que je mettrai dans un couvent avant qu'il soit deux jours [1].

BÉRALDE.

Ah! voilà qui est bien! Je suis bien aise que la force vous revienne un peu, et que ma visite vous fasse du bien. Oh çà, nous parlerons d'affaires tantôt. Je vous amène ici un divertissement que j'ai rencontré, qui dissipera votre chagrin, et vous rendra l'ame mieux disposée aux choses que nous avons à dire. Ce sont des Égyptiens vêtus en Mores, qui font des danses mêlées de chansons, où je suis sûr que vous prendrez plaisir;

---

[1] Toujours ce jeu de scène si comique et si vrai, qui nous fait voir Argan, oubliant qu'il n'en peut plus, exécuter des mouvemens et pousser des éclats de voix qui exigent la plus grande vigueur.

et cela vaudra bien une ordonnance de monsieur Purgon. Allons (1).

---

(1) Béralde est comme l'Ariste de *l'École des Maris*, celui des *Femmes savantes*, et le Cléante du *Tartuffe*, un de ces frères ou beaux-frères, dont l'éloquente raison vient combattre la manie du principal personnage, et secourir deux amans dont cette manie menace de détruire le bonheur.

L'action, qui consiste principalement dans les amours d'Angélique et de Cléante, remplit presque entièrement cet acte. Quant au caractère, qui est le vrai sujet de la pièce, il ne s'y montre que par intervalle. C'est dans l'acte suivant qu'il doit déployer toute sa force et supporter de vigoureuses attaques.

L'intermède de cet acte n'est pas beaucoup plus heureusement amené que celui de l'acte précédent, et il s'en faut que l'idée en soit aussi amusante.

FIN DU SECOND ACTE.

SECOND INTERMÈDE.

Le frère du malade imaginaire lui amène, pour le divertir, plusieurs Egyptiens et Egyptiennes, vêtus en Mores, qui font des danses entremêlées de chansons.

PREMIÈRE FEMME MORE.

Profitez du printemps
De vos beaux ans,
Aimable jeunesse;
Profitez du printemps
De vos beaux ans;
Donnez-vous à la tendresse.

Les plaisirs les plus charmans,
Sans l'amoureuse flamme,
Pour contenter une ame
N'ont point d'attraits assez puissans.

Profitez du printemps
De vos beaux ans,
Aimable jeunesse;
Profitez du printemps
De vos beaux ans;
Donnez-vous à la tendresse.
Ne perdez point ces précieux momens.

La beauté passe,
Le temps l'efface;
L'âge de glace

Vient à sa place,
Qui nous ôte le goût de ces doux passe-temps.

Profitez du printemps
De vos beaux ans,
Aimable jeunesse;
Profitez du printemps
De vos beaux ans;
Donnez-vous à la tendresse.

PREMIÈRE ENTRÉE DE BALLET.

Danse des Égyptiens et des Égyptiennes.

SECONDE FEMME MORE.

Quand d'aimer on nous presse*,
A quoi songez-vous ?
Nos cœurs, dans la jeunesse,
N'ont vers la tendresse
Qu'un penchant trop doux.
L'amour a, pour nous prendre,
De si doux attraits,
Que, de soi, sans attendre,
On voudroit se rendre
A ses premiers traits;
Mais tout ce qu'on écoute
Des vives douleurs
Et des pleurs qu'il nous coûte,
Fait qu'on en redoute
Toutes les douceurs.

TROISIÈME FEMME MORE.

Il est doux, à notre âge**,

VARIANTES. * *On vous presse.* — ** *A votre âge.*

D'aimer tendrement
Un amant
Qui s'engage;
Mais, s'il est volage,
Hélas! quel tourment!

QUATRIÈME FEMME MORE.

L'amant qui se dégage
N'est pas le malheur;
La douleur
Et la rage,
C'est que le volage
Garde notre cœur.

SECONDE FEMME MORE.

Quel parti faut-il prendre
Pour nos jeunes cœurs?

QUATRIÈME FEMME MORE.

Devons-nous nous y rendre,
Malgré ses rigueurs?

ENSEMBLE.

Oui, suivons ses ardeurs,
Ses transports, ses caprices,
Ses douces langueurs;
S'il a quelques supplices,
Il a cent délices
Qui charment les cœurs [1].

---

(1) L'éditeur du Molière in-4°, 1734, imité en cela par tous ceux qui l'ont suivi, n'a mis dans cet intermède que deux interlocuteurs, *un Égyptien* et *une Égyptienne*, au lieu des quatre *femmes mores* qu'on voit ici. Il a fait un autre changement plus considérable. Après ces deux vers que chante la quatrième femme more :

    Quel parti faut-il prendre
    Pour nos jeunes cœurs?

DEUXIÈME ENTRÉE DE BALLET.

Tous les Mores dansent ensemble, et font sauter des singes qu'ils ont amenés avec eux.

---

il termine ainsi l'intermède :

L'ÉGYPTIENNE.

Faut-il nous en défendre
Et fuir ses douceurs?

L'ÉGYPTIEN.

Devons-nous nous y rendre,
Malgré ses rigueurs?

TOUS DEUX ENSEMBLE.

Oui, suivons ses caprices,
Ses douces langueurs;
S'il a quelques supplices,
Il a cent délices
Qui charment les cœurs.

J'ignore où il a pris cette leçon : on ne la trouve dans aucune édition précédente, ni dans le livre de ballet, imprimé en 1673.

FIN DU SECOND INTERMÈDE.

ACTE III.[1]

SCÈNE PREMIÈRE.
BÉRALDE, ARGAN, TOINETTE.

BÉRALDE.

Hé bien! mon frère, qu'en dites-vous? Cela ne vaut-il pas bien une prise de casse?

TOINETTE.

Hom! de bonne casse est bonne [2]!

BÉRALDE.

Oh çà! voulez-vous que nous parlions un peu ensemble?

ARGAN.

Un peu de patience, mon frère : je vais revenir [3].

TOINETTE.

Tenez, monsieur, vous ne songez pas que vous ne sauriez marcher sans bâton.

---

(1) Dans l'édition de 1682, on lit ici cette note : « Cet acte entier n'est « point dans les éditions précédentes, de la prose de M. Molière ; le voici « rétabli sur l'original de l'auteur. » On trouvera à la fin de la pièce, avant la Notice, ce troisième acte tel qu'il avoit été imprimé avant 1682.

(2) Cette phrase est devenue proverbe.

(3) Encore une sortie prise dans le sujet comme celle de la troisième scène du premier acte, et qui n'a pas plus besoin d'être expliquée. C'est le cas de répéter le mot de Toinette : *Monsieur Purgon nous donne des affaires.*

ARGAN.

Tu as raison (1).

SCÈNE II.

BÉRALDE, TOINETTE.

TOINETTE.

N'abandonnez pas, s'il vous plaît, les intérêts de votre nièce.

BÉRALDE.

J'emploierai toutes choses pour lui obtenir ce qu'elle souhaite.

TOINETTE.

Il faut absolument empêcher ce mariage extravagant qu'il s'est mis dans la fantaisie; et j'avois songé en moi-même que ç'auroit été une bonne affaire, de pouvoir introduire ici un médecin à notre poste (2), pour le dégoûter de son monsieur Purgon, et lui décrier sa conduite (3).

---

(1) Toinette a déja dit à Argan qui s'emportoit : *Vous ne songez pas que vous êtes malade :* c'étoit un sarcasme dont sa fureur n'a fait que s'accroître. Ici, c'est un avis dont sa folie doit l'empêcher d'apercevoir l'intention moqueuse, et qu'effectivement il prend en bonne part : *Tu as raison* est un mot de caractère.

A l'imitation du malade imaginaire, la malade sans maladie de Dufresny oublie souvent qu'elle est malade; elle entre en scène du pas le plus ferme et le plus leste, quand elle se croit seule; et elle reprend son allure languissante dès qu'elle voit que les autres l'aperçoivent.

(2) *A notre poste*, vieille expression qui signifie, à notre gré, selon notre intérêt ou notre fantaisie. On lit dans les Lettres de Guy Patin : « Messieurs du Parlement feront examiner votre affaire par des médecins « qu'ils nommeront *à leur poste*. »

(3) *Lui décrier sa conduite*, est une phrase irrégulière. Molière emploie souvent ce pronom *lui* pour, *auprès de lui, à ses yeux*, etc.

Mais, comme nous n'avons personne en main pour cela, j'ai résolu de jouer un tour de ma tête.

BÉRALDE.

Comment?

TOINETTE.

C'est une imagination burlesque (1). Cela sera peut-être plus heureux que sage. Laissez-moi faire. Agissez de votre côté. Voici notre homme.

SCÈNE III.

ARGAN, BÉRALDE.

BÉRALDE.

Vous voulez bien, mon frère, que je vous demande, avant toute chose, de ne vous point échauffer l'esprit dans notre conversation.

ARGAN.

Voilà qui est fait.

BÉRALDE.

De répondre, sans nulle aigreur, aux choses que je pourrai vous dire.

ARGAN.

Oui.

BÉRALDE.

Et de raisonner ensemble sur les affaires dont nous avons à parler, avec un esprit détaché de toute passion.

---

(1) Bien burlesque, en effet. Molière vient au-devant du reproche : il vaudroit mieux qu'il n'y fût pas exposé. Le travestissement de Toinette en médecin est une invention bouffonne et invraisemblable qui paroît plus que déplacée dans cette pièce, chef-d'œuvre de comique et de naturel.

ARGAN.

Mon dieu! oui. Voilà bien du préambule!

BÉRALDE.

D'où vient, mon frère, qu'ayant le bien que vous avez, et n'ayant d'enfans qu'une fille, car je ne compte pas la petite; d'où vient, dis-je, que vous parlez de la mettre dans un couvent?

ARGAN.

D'où vient, mon frère, que je suis maître dans ma famille, pour faire ce que bon me semble?

BÉRALDE.

Votre femme ne manque pas de vous conseiller de vous défaire ainsi de vos deux filles; et je ne doute point que, par un esprit de charité, elle ne fût ravie de les voir toutes deux bonnes religieuses.

ARGAN.

Oh çà*! nous y voici. Voilà d'abord la pauvre femme en jeu. C'est elle qui fait tout le mal, et tout le monde lui en veut.

BÉRALDE.

Non, mon frère; laissons-la là : c'est une femme qui a les meilleures intentions du monde pour votre famille, et qui est détachée de toute sorte d'intérêt; qui a pour vous une tendresse merveilleuse, et qui montre pour vos enfans une affection et une bonté qui n'est pas concevable : cela est certain. N'en parlons point, et revenons à votre fille. Sur quelle pensée, mon frère, la voulez-vous donner en mariage au fils d'un médecin?

VARIANTE. * Or çà.

ARGAN.

Sur la pensée, mon frère, de me donner un gendre tel qu'il me faut.

BÉRALDE.

Ce n'est point là, mon frère, le fait de votre fille; et il se présente un parti plus sortable pour elle.

ARGAN.

Oui; mais celui-ci, mon frère, est plus sortable pour moi.

BÉRALDE.

Mais le mari qu'elle doit prendre doit-il être, mon frère, ou pour elle, ou pour vous?

ARGAN.

Il doit être, mon frère, et pour elle et pour moi; et je veux mettre dans ma famille les gens dont j'ai besoin.

BÉRALDE.

Par cette raison-là, si votre petite étoit grande, vous lui donneriez en mariage un apothicaire.

ARGAN.

Pourquoi non (1)?

BÉRALDE.

Est-il possible que vous serez toujours embéguiné de vos apothicaires et de vos médecins, et que vous vouliez être malade en dépit des gens et de la nature!

ARGAN.

Comment l'entendez-vous, mon frère?

---

(1) Béralde ne savoit pas encore jusqu'où alloit la manie d'Argan, lorsqu'il a cru l'embarrasser en lui demandant s'il prendroit pour second gendre un apothicaire. C'est encore un parti fort *sortable pour Argan;* et peut-être que Béralde vient de lui en donner l'idée.

BÉRALDE.

J'entends, mon frère, que je ne vois point d'homme qui soit moins malade que vous, et que je ne demanderois point une meilleure constitution que la vôtre. Une grande marque que vous vous portez bien, et que vous avez un corps parfaitement bien composé, c'est qu'avec tous les soins que vous avez pris, vous n'avez pu parvenir encore à gâter la bonté de votre tempérament, et que vous n'êtes point crevé de toutes les médecines qu'on vous fait prendre.

ARGAN.

Mais savez-vous, mon frère, que c'est cela qui me conserve; et que monsieur Purgon dit que je succomberois, s'il étoit seulement trois jours sans prendre soin de moi?

BÉRALDE.

Si vous n'y prenez garde, il prendra tant de soin de vous, qu'il vous enverra en l'autre monde*.

ARGAN.

Mais raisonnons un peu, mon frère. Vous ne croyez donc point à la médecine?

BÉRALDE.

Non, mon frère; et je ne vois pas que, pour son salut, il soit nécessaire d'y croire.

ARGAN.

Quoi? vous ne tenez pas véritable une chose établie par tout le monde, et que tous les siècles ont révérée?

BÉRALDE.

Bien loin de la tenir véritable, je la trouve, entre nous,

VARIANTE. * Dans l'autre monde.

une des plus grandes folies qui soit* parmi les hommes (1); et, à regarder les choses en philosophe, je ne vois point de plus plaisante momerie, je ne vois rien de plus ridicule, qu'un homme qui se veut mêler d'en guérir un autre.

ARGAN.

Pourquoi ne voulez-vous pas, mon frère, qu'un homme en puisse guérir un autre?

BÉRALDE.

Par la raison, mon frère, que les ressorts de notre machine sont des mystères, jusqu'ici, où les hommes ne voient goutte; et que la nature nous a mis au-devant des yeux des voiles trop épais pour y connoître quelque chose.

ARGAN.

Les médecins ne savent donc rien, à votre compte?

BÉRALDE.

Si fait, mon frère. Ils savent la plupart de fort belles humanités, savent parler en beau latin; savent nommer en grec toutes les maladies, les définir et les diviser; mais pour ce qui est de les guérir, c'est ce qu'ils ne savent point du tout (2).

VARIANTE. * Qui soient.

---

(1) Don Juan, dans le *Festin de Pierre*, répond de même à Sganarelle, qui lui demande s'il est aussi impie en médecine : « C'est une des grandes erreurs qui soient parmi les hommes. »

Une des plus grandes folies qui soit... — Logiquement, *qui* doit se rapporter à *folies*, et non pas à *une*: alors il faudroit, *qui soient..* Toutefois de bons auteurs ont écrit, en pareil cas, *qui soit;* et des grammairiens ont justifié cette manière d'écrire.

(2) Suivant le témoignage de Pline, les médecins de Rome affectoient

ARGAN.

Mais toujours faut-il demeurer d'accord que, sur cette matière, les médecins en savent plus que les autres.

BÉRALDE.

Ils savent, mon frère, ce que je vous ai dit, qui ne guérit pas de grand'chose; et toute l'excellence de leur art consiste en un pompeux galimatias, en un spécieux babil, qui vous donne des mots pour des raisons, et des promesses pour des effets.

ARGAN.

Mais enfin, mon frère, il y a des gens aussi sages et aussi habiles que vous; et nous voyons que, dans la maladie, tout le monde a recours aux médecins.

BÉRALDE.

C'est une marque de la foiblesse humaine, et non pas de la vérité de leur art.

ARGAN.

Mais il faut bien que les médecins croient leur art véritable, puisqu'ils s'en servent pour eux-mêmes [1].

---

de parler grec, comme les nôtres de parler latin, afin d'imposer davantage à leurs malades, qui avoient d'autant plus de foi dans leurs paroles qu'ils les comprenoient moins. *Autoritas aliter quàm græcè eam tractantibus, etiam apud imperitos expertesque linguæ, non est. Ac minùs credunt quæ ad salutem suam pertinent, si intelligunt.* « A moins qu'un médecin ne « parle grec, il est sans crédit, même auprès de ceux qui n'entendent pas « cette langue. Ils ont moins foi aux choses qui intéressent leur santé, « lorsqu'elles sont intelligibles pour eux. »

(1) Montaigne dit que beaucoup de médecins de son temps dédaignoient la médecine pour leur service. « Qu'est-ce cela, ajoute-t-il, si ce « n'est abuser tout destroussément (ouvertement) de notre simplicité? « car ils n'ont pas leur vie et leur santé moins chère que nous, et accom-

ACTE III, SCÈNE III.

BÉRALDE.

C'est qu'il y en a parmi eux qui sont eux-mêmes dans l'erreur populaire, dont ils profitent, et d'autres qui en profitent sans y être. Votre monsieur Purgon, par exemple, n'y sait point de finesse *; c'est un homme tout médecin, depuis la tête jusqu'aux pieds; un homme qui croit à ses règles plus qu'à toutes les démonstrations des mathématiques, et qui croiroit du crime à les vouloir examiner; qui ne voit rien d'obscur dans la médecine; rien de douteux, rien de difficile; et qui, avec une impétuosité de prévention, une roideur de confiance, une brutalité de sens commun et de raison [1], donne au travers des purgations et des saignées, et ne balance aucune chose [2]. Il ne lui faut point vouloir mal de tout ce qu'il pourra vous faire : c'est de la meilleure foi du monde qu'il vous expédiera; et il ne fera, en vous tuant, que ce qu'il a fait à sa femme et à ses enfans, et ce qu'en un besoin, il feroit à lui-même [3].

VARIANTE. * *N'y fait point de finesse.*

« moderoient leurs effets à leur doctrine, s'ils n'en cognoissoient eux-
« mêmes la fausseté. »

[1] *L'impétuosité de prévention, la roideur de confiance,* et *la brutalité de sens commun et de raison* de M. Purgon, rappellent *la constante hauteur de présomption, l'intrépidité de bonne opinion,* et *l'indolent état de confiance extrême* de Trissotin : c'est la même forme de phrase.

[2] *Et ne balance aucune chose.* — Balancer, signifiant, peser, est actif, comme dans cette phrase: *J'ai balancé les raisons pour et contre;* mais, *ne balancer aucune chose,* paroît vouloir dire, n'hésiter sur rien; et, dans ce sens, *balancer* est neutre. Molière avoit déjà fait la même faute dans cette phrase de *Georges Dandin : Il n'y a rien à balancer.*

[3] C'est, au suicide près, ce qu'a fait le fameux médecin Guénaut,

ARGAN.

C'est que vous avez, mon frère, une dent de lait contre lui [1]. Mais, enfin, venons au fait. Que faire donc quand on est malade?

BÉRALDE.

Rien, mon frère.

ARGAN.

Rien?

BÉRALDE.

Rien. Il ne faut que demeurer en repos. La nature d'elle-même, quand nous la laissons faire, se tire doucement du désordre où elle est tombée. C'est notre inquiétude, c'est notre impatience qui gâte tout; et presque tous les hommes meurent de leurs remèdes, et non pas de leurs maladies [2].

ARGAN.

Mais il faut demeurer d'accord, mon frère, qu'on peut aider cette nature par de certaines choses.

BÉRALDE.

Mon dieu! mon frère, ce sont pures idées dont nous

---

grand partisan de l'antimoine. Guy Patin prétend qu'avec ce remède, il a tué sa femme, sa fille, son neveu et deux gendres.

(1) *Avoir une dent contre quelqu'un*, c'est lui en vouloir, être toujours disposé à le mordre, à le déchirer; *avoir une dent de lait contre quelqu'un*, c'est avoir contre lui une haine ancienne, une haine qui remonte aux jours de l'enfance.

(2) J. J. Rousseau a eu la même idée, et il l'a rendue dans des termes si semblables, qu'on ne peut guère douter qu'il ne se soit souvenu de la phrase de Molière. « Combien, dit-il, l'impatience, la crainte, l'in-
« quiétude, et surtout les remèdes, ont tué de gens que leur maladie auroit
« épargnés, et que le temps seul auroit guéris! »

aimons à nous repaître; et, de tout temps, il s'est glissé parmi les hommes de belles imaginations que nous venons à croire, parce qu'elles nous flattent, et qu'il seroit à souhaiter qu'elles fussent véritables. Lorsqu'un médecin vous parle d'aider, de secourir, de soulager la nature, de lui ôter ce qui lui nuit, et lui donner ce qui lui manque, de la rétablir, et de la remettre dans une pleine facilité de ses fonctions; lorsqu'il vous parle de rectifier le sang, de tempérer les entrailles et le cerveau, de dégonfler la rate, de raccommoder la poitrine, de réparer le foie, de fortifier le cœur, de rétablir et conserver la chaleur naturelle, et d'avoir des secrets pour étendre la vie à de longues années, il vous dit justement le roman de la médecine. Mais, quand vous en venez à la vérité et à l'expérience, vous ne trouvez rien de tout cela; et il en est comme de ces beaux songes *, qui ne vous laissent au réveil que le déplaisir de les avoir crus.

ARGAN.

C'est-à-dire que toute la science du monde est renfermée dans votre tête [1]; et vous voulez en savoir plus que tous les grands médecins de notre siècle.

BÉRALDE.

Dans les discours et dans les choses, ce sont deux sortes de personnes que vos grands médecins. Entendez-les parler, les plus habiles gens du monde; voyez-les faire, les plus ignorans de tous les hommes.

VARIANTE. * *Comme des beaux songes.*

---

(1) Orgon dit de même à Cléante :
Oui, vous êtes sans doute un docteur qu'on révère;
Tout le savoir du monde est chez vous renfermé.

ARGAN.

Ouais! vous êtes un grand docteur, à ce que je vois; et je voudrois bien qu'il y eût ici quelqu'un de ces messieurs, pour rembarrer vos raisonnemens, et rabaisser votre caquet.

BÉRALDE.

Moi, mon frère, je ne prends point à tâche de combattre la médecine; et chacun, à ses périls et fortune, peut croire tout ce qu'il lui plaît. Ce que j'en dis n'est qu'entre nous; et j'aurois souhaité de pouvoir un peu vous tirer de l'erreur où vous êtes; et, pour vous divertir, vous mener voir, sur ce chapitre, quelqu'une des comédies de Molière.

ARGAN.

C'est un bon impertinent que votre Molière, avec ses comédies! et je le trouve bien plaisant, d'aller jouer d'honnêtes gens comme les médecins!

BÉRALDE.

Ce ne sont point les médecins qu'il joue, mais le ridicule de la médecine [1].

---

[1] Montaigne a dit de même : « Ce n'est point aux médecins que j'en « veux, c'est à leur art. » C'est là justement ce que Perrault, dans ses *Hommes illustres*, reproche à Molière. Il lui auroit pardonné de se moquer des mauvais médecins ; mais il le trouve inexcusable d'avoir *attaqué la médecine en elle-même, et tourné en ridicule les bons médecins que l'Écriture nous enjoint d'honorer*. Perrault avoit ses raisons. Ruiner la médecine, c'est ruiner indistinctement tous ceux qui la professent; au lieu qu'attaquer seulement les mauvais médecins, c'est admettre qu'il y en a de bons, et chacun peut se flatter qu'il est du nombre. Charles Perrault, en bon frère, auroit voulu que Molière eût laissé cette ressource à Claude Perrault, le médecin.

ARGAN.

C'est bien à lui à faire [1], de se mêler de contrôler la médecine! Voilà un bon nigaud, un bon impertinent, de se moquer des consultations et des ordonnances, de s'attaquer au corps des médecins, et d'aller mettre sur son théâtre des personnes vénérables comme ces messieurs-là!

BÉRALDE.

Que voulez-vous qu'il y mette, que [2] les diverses professions des hommes? On y met bien tous les jours les princes et les rois, qui sont d'aussi bonne maison que les médecins.

ARGAN.

Par la mort non de diable! si j'étois que des médecins, je me vengerois de son impertinence; et, quand il sera malade, je le laisserois mourir sans secours. Il auroit beau faire et beau dire, je ne lui ordonnerois pas la moindre petite saignée, le moindre petit lavement; et je lui dirois : Crève, crève; cela t'apprendra une autre fois à te jouer à la faculté [3].

---

(1) L'usage actuel veut qu'on dise : *c'est bien à faire à lui.*

(2) *Que voulez-vous qu'il y mette* (sous-entendu *autre chose*) *que...* À la place de cette ellipse fort usitée autrefois, on dit aujourd'hui, *si ce n'est.*

(3) On ne peut se défendre d'un sentiment de tristesse, en se rappelant de combien peu la mort de Molière suivit cette plaisanterie, en pensant que, trois jours après qu'il l'eut dite pour la première fois sur le théâtre, il expira privé des secours des médecins, comme pour les venger sur lui-même de ses derniers sarcasmes contre eux. Je ne serois pas surpris que quelque médecin ou malade fanatique eût vu de bonne foi le doigt de Dieu dans ce fatal évènement.

BÉRALDE.

Vous voilà bien en colère contre lui.

ARGAN.

Oui. C'est un malavisé; et, si les médecins sont sages, ils feront ce que je dis.

BÉRALDE.

Il sera encore plus sage que vos médecins; car il ne leur demandera point de secours.

ARGAN.

Tant pis pour lui, s'il n'a point recours aux remèdes.

BÉRALDE.

Il a ses raisons pour n'en point vouloir, et il soutient que cela n'est permis qu'aux gens vigoureux et robustes, et qui ont des forces de reste pour porter les remèdes avec la maladie; mais que, pour lui, il n'a justement de la force que pour porter son mal [1].

ARGAN.

Les sottes raisons que voilà! Tenez, mon frère, ne parlons point de cet homme-là davantage; car cela m'échauffe la bile, et vous me donneriez mon mal [2].

---

[1] Cette opinion de Molière étoit exactement celle de Montaigne. « Quand je suis malade, dit l'auteur des *Essais*, je responds à ceux qui « me pressent de prendre médecine, qu'ils attendent au moins que je sois « rendu à mes forces et à ma santé, pour avoir plus de moyen de soustenir « l'effort et le hasard de leur bruvage. »

[2] J'ai déja fait remarquer, à l'occasion d'un vers du *Misanthrope* (voyez tome V, p. 115, note 1), que les poëtes comiques de cette époque, en entretenant le public de leurs ouvrages, de leurs opinions, de leur personne même, prenoient une liberté que ne se permettroient pas les auteurs d'aujourd'hui, ou dont certainement ils seroient punis. Molière, à cet égard, a été plus loin qu'aucun autre; mais il faut observer qu'il

ACTE III, SCÈNE III.

BÉRALDE.

Je le veux bien, mon frère; et, pour changer de discours, je vous dirai que, sur une petite répugnance que vous témoigne votre fille, vous ne devez point prendre les résolutions violentes de la mettre dans un couvent; que, pour le choix d'un gendre, il ne vous faut pas suivre aveuglément la passion qui vous emporte; et qu'on doit, sur cette matière, s'accommoder un peu à l'inclination d'une fille, puisque c'est pour toute la vie, et que de là dépend tout le bonheur d'un mariage [1].

---

jouoit la comédie, et qu'à ce titre, il devoit moins qu'un autre se faire scrupule d'exposer en quelque sorte sa personne d'auteur sur cette même scène où figuroit chaque jour sa personne de comédien.

[1] Cette scène et la sixième du premier acte du *Tartuffe* ont un grand rapport. Elles ont l'une et l'autre un double objet: les deux frères, Béralde et Cléante, entreprennent à la fois de servir les amours de leur nièce auprès d'un père qui les contrarie, et de guérir celui-ci de la manie dont il est possédé. Seulement l'ordre des objets n'est pas le même. Cléante combat d'abord la fausse dévotion dont Orgon est la dupe, et il s'occupe ensuite des intérêts de Mariane et de Valère. Béralde, au contraire, commence par plaider la cause des deux amans, et il finit par attaquer ce respect superstitieux pour la médecine, qui est la folie d'Argan.

La scène entre Argan et Béralde est peut-être la diatribe la plus violente qui ait jamais été faite contre la médecine et ceux qui l'exercent. Béralde, interprète des mépris de Molière pour un art dans lequel il n'avoit pas la moindre confiance, peut-être parce qu'il avoit eu d'abord trop de foi à ses promesses, Béralde est, comme dit Sganarelle à D. Juan, un *impie en médecine*. La médecine est à ses yeux *une des plus grandes folies qui soient parmi les hommes*, et les médecins sont des jongleurs dont toute l'habileté consiste en de belles paroles, qui ne savent guérir aucune maladie, et qui n'ont même aucun moyen d'aider et de soulager la nature. L'exacte vérité n'est pas, ne peut pas être dans cette opinion extrême: une simple note ne suffiroit pas pour examiner ce grand procès entre la médecine et l'humanité. J'oserai, dans la Notice, énoncer mes propres idées sur un art que notre foiblesse et son insuffisance exposent tour-à-tour à l'exagération de la confiance et à celle de l'incrédulité.

SCÈNE IV.

MONSIEUR FLEURANT, *une seringue à la main;*
ARGAN, BÉRALDE.

ARGAN.

Ah! mon frère, avec votre permission.

BÉRALDE.

Comment? Que voulez-vous faire?

ARGAN.

Prendre ce petit lavement-là : ce sera bientôt fait.

BÉRALDE.

Vous vous moquez. Est-ce que vous ne sauriez être un moment sans lavement ou sans médecine? Remettez cela à une autre fois, et demeurez un peu en repos.

ARGAN.

Monsieur Fleurant, à ce soir, ou à demain au matin*.

MONSIEUR FLEURANT, *à Béralde.*

De quoi vous mêlez-vous, de vous opposer aux ordonnances de la médecine, et d'empêcher monsieur de prendre mon clystère? Vous êtes bien plaisant d'avoir cette hardiesse-là!

BÉRALDE.

Allez, monsieur; on voit bien que vous n'avez pas accoutumé de parler à des visages (1).

VARIANTE. * *Ou à demain matin.*

---

(1) « La première fois que cette comédie fut jouée, dit Boursault, dans

MONSIEUR FLEURANT.

On ne doit point ainsi se jouer des remèdes, et me faire perdre mon temps. Je ne suis venu ici que sur une bonne ordonnance; et je vais dire à monsieur Purgon comme on m'a empêché d'exécuter ses ordres, et de faire ma fonction. Vous verrez, vous verrez... [1]

SCÈNE V.

ARGAN, BÉRALDE.

ARGAN.

Mon frère, vous serez cause ici de quelque malheur [2].

BÉRALDE.

Le grand malheur de ne pas prendre un lavement que

« une lettre à M. l'évêque de Langres, l'honnête homme (Béralde) répon-
« doit à l'apothicaire : *Allez, monsieur; on voit bien que vous avez cou-
« tume de ne parler qu'à des culs* (pardon, monseigneur, si ce mot m'échappe;
« je ne le dis que pour le mieux faire condamner). Tous les auditeurs s'en
« indignèrent; au lieu qu'on fut ravi d'entendre dire, à la seconde repré-
« sentation : *Allez, monsieur, on voit bien que vous n'avez pas accoutumé
« de parler à des visages.* C'est dire la même chose, mais la dire plus
« finement. »

Regnard, dans *la Critique du Légataire*, a visiblement imité la phrase de Molière. La comtesse dit à Clistorel, qui se vante d'avoir raccommodé des visages : « Vous avez raccommodé des visages ! Je croyois qu'un visage « n'étoit pas de la compétence d'un apothicaire. »

(1) Cet incident d'un lavement qui poursuit Argan, et vient le chercher au milieu d'un grave entretien, seroit déjà une chose plaisante, quand même il ne produiroit rien. Mais tout le reste de l'action va en dépendre; et on peut dire que plus le moyen est petit et ridicule, plus il convient au sujet.

(2) Ce malheureux Argan a le pressentiment de la colère où va entrer M. Purgon; et qu'on juge tout ce qu'il en doit redouter.

monsieur Purgon a ordonné! Encore un coup, mon frère, est-il possible qu'il n'y ait pas moyen de vous guérir de la maladie des médecins [1], et que vous vouliez être toute votre vie enseveli dans leurs remèdes?

ARGAN.

Mon dieu! mon frère, vous en parlez comme un homme qui se porte bien; mais, si vous étiez à ma place, vous changeriez bien de langage. Il est aisé de parler contre la médecine, quand on est en pleine santé.

BÉRALDE.

Mais quel mal avez-vous?

ARGAN.

Vous me feriez enrager. Je voudrois que vous l'eussiez, mon mal, pour voir si vous jaseriez tant. Ah! voici monsieur Purgon.

SCÈNE VI.

MONSIEUR PURGON, ARGAN, BÉRALDE, TOINETTE

MONSIEUR PURGON.

Je viens d'apprendre là-bas, à la porte, de jolies nouvelles; qu'on se moque ici de mes ordonnances, et qu'on a fait refus de prendre le remède que j'avois prescrit [2].

---

[1] Béralde peut bien dire, *la maladie des médecins*, puisque, suivant Lisette, de *l'Amour médecin*, « il ne faut jamais dire, une telle personne « est morte d'une fièvre et d'une fluxion sur la poitrine, mais elle est morte « de quatre médecins et de deux apothicaires. »

[2] Certains médecins prennent vraiment à la lettre ce mot d'*ordonnances*

ACTE III, SCÈNE VI.

ARGAN.

Monsieur, ce n'est pas...

MONSIEUR PURGON.

Voilà une hardiesse bien grande, une étrange rébellion d'un malade contre son médecin!

TOINETTE.

Cela est épouvantable.

MONSIEUR PURGON.

Un clystère que j'avois pris plaisir à composer moi-même.

ARGAN.

Ce n'est pas moi...

MONSIEUR PURGON.

Inventé et formé dans toutes les règles de l'art.

TOINETTE.

Il a tort.

MONSIEUR PURGON.

Et qui devoit faire dans les entrailles un effet merveilleux.

ARGAN.

Mon frère?

---

par lequel ils désignent leurs recettes; et il leur semble que ne pas faire ce qu'ils ont *prescrit*, c'est enfreindre une loi impérieuse et méconnoître une autorité consacrée. Il y a là du moins un orgueil d'expressions dont l'orgueil royal de Louis XV étoit blessé. Un de ses médecins disoit non loin de son lit: *A-t-on fait exactement ce que j'ai ordonné? A-t-on bien suivi mon ordonnance?* Le roi, tout accablé qu'il étoit, ne put s'empêcher de dire avec humeur entre ses dents: *Mon ordonnance! ce que j'ai ordonné!*

MONSIEUR PURGON.

Le renvoyer avec mépris !

ARGAN, *montrant Béralde.*

C'est lui...

MONSIEUR PURGON.

C'est une action exorbitante.

TOINETTE.

Cela est vrai.

MONSIEUR PURGON.

Un attentat énorme contre la médecine.

ARGAN, *montrant Béralde.*

Il est cause...

MONSIEUR PURGON.

Un crime de lèse-faculté, qui ne se peut assez punir.

TOINETTE.

Vous avez raison.

MONSIEUR PURGON.

Je vous déclare que je romps commerce avec vous.

ARGAN.

C'est mon frère...

MONSIEUR PURGON.

Que je ne veux plus d'alliance avec vous.

TOINETTE.

Vous ferez bien.

MONSIEUR PURGON.

Et que, pour finir toute liaison avec vous, voilà la donation que je faisois à mon neveu, en faveur du mariage.

(*Il déchire la donation, et en jette les morceaux avec fureur.*)

ARGAN.

C'est mon frère qui a fait tout le mal.

MONSIEUR PURGON.

Mépriser mon clystère!

ARGAN.

Faites-le venir; je m'en vais le prendre.

MONSIEUR PURGON.

Je vous aurois tiré d'affaire avant qu'il fût peu.

TOINETTE.

Il ne le mérite pas.

MONSIEUR PURGON.

J'allois nettoyer votre corps, et en évacuer entièrement les mauvaises humeurs.

ARGAN.

Ah! mon frère!

MONSIEUR PURGON.

Et je ne voulois plus qu'une douzaine de médecines pour vider le fond du sac.

TOINETTE.

Il est indigne de vos soins.

MONSIEUR PURGON.

Mais, puisque vous n'avez pas voulu guérir par mes mains,

ARGAN.

Ce n'est pas ma faute.

MONSIEUR PURGON.

Puisque vous vous êtes soustrait de l'obéissance que l'on doit à son médecin,

TOINETTE.

Cela crie vengeance.

MONSIEUR PURGON.

Puisque vous vous êtes déclaré rebelle aux remèdes que je vous ordonnois...

ARGAN.

Hé! point du tout.

MONSIEUR PURGON.

J'ai à vous dire que je vous abandonne à votre mauvaise constitution, à l'intempérie de vos entrailles, à la corruption de votre sang, à l'âcreté de votre bile, et à la féculence de vos humeurs.

TOINETTE.

C'est fort bien fait.

ARGAN.

Mon dieu!

MONSIEUR PURGON.

Et je veux qu'avant qu'il soit quatre jours, vous deveniez dans un état incurable.

ARGAN.

Ah! miséricorde!

MONSIEUR PURGON.

Que vous tombiez dans la bradypepsie [1].

ARGAN.

Monsieur Purgon!

---

[1] *Bradypepsie*, digestion lente et imparfaite.

MONSIEUR PURGON.

De la bradypepsie dans la dyspepsie [1].

ARGAN.

Monsieur Purgon!

MONSIEUR PURGON.

De la dyspepsie dans l'apepsie [2].

ARGAN.

Monsieur Purgon!

MONSIEUR PURGON.

De l'apepsie dans la lienterie [3].

ARGAN.

Monsieur Purgon!

MONSIEUR PURGON.

De la lienterie dans la dyssenterie [4].

ARGAN.

Monsieur Purgon!

MONSIEUR PURGON.

De la dyssenterie dans l'hydropisie [5].

ARGAN.

Monsieur Purgon!

---

[1] *Dyspepsie*, digestion pénible ou mauvaise.

[2] *Apepsie*, privation de digestion, impossibilité de digérer.

[3] *Lienterie*, espèce de dévoiement dans lequel on rend les alimens presque tels qu'on les a pris.

[4] *Dyssenterie*, flux de sang, avec douleur d'entrailles.

[5] *Hydropisie*, maladie causée, comme chacun sait, par un amas d'eau dans quelque partie du corps.

MONSIEUR PURGON.

Et de l'hydropisie* dans la privation de la vie, où vous aura conduit votre folie (1).

SCENE VII.

ARGAN, BÉRALDE.

ARGAN.

Ah! mon dieu! je suis mort. Mon frère, vous m'avez perdu.

BÉRALDE.

Quoi! qu'y a-t-il?

VARIANTE. * ARGAN. *Monsieur Purgon!* — M. PURGON. *De l'hydropisie.*

---

(1) On ne peut guère douter qu'après cette longue kyrielle de maladies en *ie*, Molière n'ait affecté de donner la même désinence aux derniers membres de phrase de l'espèce d'excommunication fulminée par M. Purgon. C'est un petit comique de mots ou plutôt de sons, qui sent un peu la parade. Mais ce qui, dans cette scène, appartient à la vraie comédie, ce sont les fureurs et les menaces toujours croissantes de M. Purgon, les horribles transes d'Argan, qui croit recevoir le coup de la mort à chaque maladie qui est nommée, ses excuses suppliantes, ses remords cuisans d'avoir écouté son frère, et, au milieu de tout cela, les malignes réflexions de Toinette, qui fait tout ce qu'elle peut pour rendre ennemis irréconciliables le malade et le médecin.

Regnard, dans *le Légataire*, acte II, sc. XI, a visiblement imité la scène de Molière; et J. B. Rousseau, dans sa comédie de *la Ceinture magique*, en a imité aussi la fin. Un fourbe, nommé Francisque, menace de même un capitan de toutes les maladies dont le nom lui vient à la tête. « Vous « serez, lui dit-il, hydropique, pulmonique, etc ; » et, à chacun de ces mots qui finissent tous en *ique*, le faux brave s'écrie : *Je suis mort, miséricorde*,... etc.

ACTE III, SCÈNE VII.

ARGAN.

Je n'en puis plus. Je sens déja que la médecine se venge (1).

BÉRALDE.

Ma foi, mon frère, vous êtes fou (2); et je ne voudrois pas, pour beaucoup de choses, qu'on vous vît faire ce que vous faites. Tâtez-vous un peu, je vous prie; revenez à vous-même, et ne donnez point tant à votre imagination.

ARGAN.

Vous voyez, mon frère, les étranges maladies dont il m'a menacé.

BÉRALDE.

Le simple homme (3) que vous êtes!

ARGAN.

Il dit que je deviendrai incurable avant qu'il soit quatre jours.

BÉRALDE.

Et ce qu'il dit, que fait-il à la chose? Est-ce un oracle qui a parlé? Il semble, à vous entendre, que monsieur Purgon tienne dans ses mains le filet de vos jours, et que, d'autorité suprême, il vous l'allonge et vous le rac-

---

(1) Argan ressent probablement quelque petit trouble intestin. Cela ne seroit pas étonnant dans la frayeur où il est. Et puis, n'a-t-il pas toujours quelque reste de médecine ou de lavement dans le ventre?

(2) Cléante dit de même à Orgon:

Parbleu! vous êtes fou, mon frère, que je crois.

(3) *Simple*, signifiant, crédule, facile à tromper, doit toujours être placé après le substantif; et puis, *simple homme*, est peu agréable à l'oreille.

courcisse comme il lui plaît. Songez que les principes de votre vie sont en vous-même, et que le courroux de monsieur Purgon est aussi peu capable de vous faire mourir, que ses remèdes de vous faire vivre. Voici une aventure, si vous voulez, à vous défaire des médecins ; où, si vous êtes né à ne pouvoir vous en passer [1], il est aisé d'en avoir un autre, avec lequel, mon frère, vous puissiez courir un peu moins de risque [2].

ARGAN.

Ah! mon frère, il sait tout mon tempérament, et la manière dont il faut me gouverner.

BÉRALDE.

Il faut vous avouer * que vous êtes un homme d'une grande prévention, et que vous voyez les choses avec d'étranges yeux.

VARIANTE. * *Il faut avouer.*

---

[1] *Né à ne pouvoir vous en passer.* — Cet *à* est l'*ad* des Latins, que nous traduisons ordinairement par *pour.* On dit bien en latin, *natus ad agendum*, mais on diroit mal en français, *né à agir*, et plus mal encore, *né à ne pouvoir se passer d'une chose.*

[2] Béralde, qui ne sait pas quelle espèce de stratagême doit inventer Toinette, parle d'*un autre médecin*, avec l'intention seulement de consoler Argan ; mais ce propos, jeté comme en l'air, n'en prépare pas moins l'arrivée prochaine de Toinette, déguisée en médecin.

SCÈNE VIII.

ARGAN, BÉRALDE, TOINETTE.

TOINETTE, *à Argan.*

Monsieur, voilà un médecin qui demande à vous voir [1].

ARGAN.

Et quel médecin?

TOINETTE.

Un médecin de la médecine.

ARGAN.

Je te demande qui il est?

TOINETTE.

Je ne le connois pas, mais il me ressemble comme deux gouttes d'eau; et, si je n'étois sûre que ma mère étoit honnête femme, je dirois que ce seroit quelque petit frère qu'elle m'auroit donné depuis le trépas de mon père.

ARGAN.

Fais-le venir.

---

[1] On ne peut manquer de pressentir que l'arrivée de ce nouveau médecin est du fait de Toinette; et ce qu'elle va dire de sa ressemblance avec lui, permettra de deviner qu'elle et lui sont une même personne : de là, ni trop ni trop peu de surprise de la part du spectateur, quand il la verra entrer en robe de docteur.

SCÈNE IX.

ARGAN, BÉRALDE.

BÉRALDE.

Vous êtes servi à souhait. Un médecin vous quitte; un autre se présente.

ARGAN.

J'ai bien peur que vous ne soyez cause de quelque malheur.

BÉRALDE.

Encore! Vous en revenez toujours là.

ARGAN.

Voyez-vous, j'ai sur le cœur toutes ces maladies-là, que je ne connois point; ces...

SCÈNE X.

ARGAN, BÉRALDE; TOINETTE, *en médecin*.

TOINETTE.

Monsieur, agréez que je vienne vous rendre visite, et vous offrir mes petits services pour toutes les saignées et les purgations dont vous aurez besoin.

ARGAN.

Monsieur, je vous suis fort obligé. (*à Béralde.*) Par ma foi, voilà Toinette elle-même.

TOINETTE.

Monsieur, je vous prie de m'excuser : j'ai oublié de donner une commission à mon valet; je reviens tout à l'heure.

SCÈNE XI.

ARGAN, BÉRALDE.

ARGAN.

Hé! ne diriez-vous pas que c'est effectivement Toinette?

BÉRALDE.

Il est vrai que la ressemblance est tout-à-fait grande : mais ce n'est pas la première fois qu'on a vu de ces sortes de choses ; et les histoires ne sont pleines que de ces jeux de la nature [1].

ARGAN.

Pour moi, j'en suis surpris; et...

SCÈNE XII.

ARGAN, BÉRALDE, TOINETTE.

TOINETTE.

Que voulez-vous, monsieur?

ARGAN.

Comment?

TOINETTE.

Ne m'avez-vous pas appelée?

ARGAN.

Moi? Non.

---

[1] Béralde, qui n'étoit pas dans la confidence du stratagème, l'a compris aussitôt qu'il a vu paroître le docteur Toinette, et il va aider de son mieux au succès de la ruse.

TOINETTE.

Il faut donc que les oreilles m'aient corné.

ARGAN.

Demeure un peu ici pour voir comme ce médecin te ressemble.

TOINETTE.

Oui, vraiment! J'ai affaire là-bas; et je l'ai assez vu [1].

SCÈNE XIII.

ARGAN, BÉRALDE.

ARGAN.

Si je ne les voyois tous deux, je croirois que ce n'est qu'un [2].

BÉRALDE.

J'ai lu des choses surprenantes de ces sortes de ressemblances; et nous en avons vu, de notre temps, où tout le monde s'est trompé.

---

[1] Toinette, rentrant sous ses habits de servante presque aussitôt après qu'elle est sortie en robe de docteur, agit avec beaucoup d'adresse. La raison toute naturelle qu'elle donne de cette réapparition, et la promptitude avec laquelle elle a changé de vêtemens, ne permettent guère qu'Argan conçoive des soupçons; et, lorsque celui-ci la presse de rester pour qu'il la confronte avec le médecin, le motif de son refus et le ton d'humeur qu'elle y met, sont si naturels encore qu'un plus fin y pourroit être trompé.

[2] Excellent mot de dupe. Il vient de les voir si peu de temps l'un après l'autre, qu'il parle comme s'il les avoit vus *tous deux* ensemble, et qu'il le croit, peu s'en faut.

ARGAN.

Pour moi, j'aurois été trompé à celle-là; et j'aurois juré que c'est la même personne.

SCÈNE XIV.

ARGAN, BÉRALDE; TOINETTE, *en médecin.*

TOINETTE.

Monsieur, je vous demande pardon de tout mon cœur.

ARGAN, *bas, à Béralde.*

Cela est admirable.

TOINETTE.

Vous ne trouverez pas mauvais, s'il vous plaît, la curiosité que j'ai eue de voir un illustre malade comme vous êtes; et votre réputation, qui s'étend partout, peut excuser la liberté que j'ai prise [1].

ARGAN.

Monsieur, je suis votre serviteur.

TOINETTE.

Je vois, monsieur, que vous me regardez fixement. Quel âge croyez-vous bien que j'aie [2]?

---

[1] De quoi ne tire-t-on pas vanité ? Il y a des gens qui sont fiers de leur bonne santé : Argan peut bien mettre sa gloire à se mal porter. Nul doute qu'il ne soit très-flatté de s'entendre appeler *un illustre malade dont la réputation s'étend partout.*

[2] Argan est toujours frappé de la ressemblance du médecin et de Toinette. Toinette lui donne adroitement le change par cette question.

ARGAN.

Je crois que tout au plus vous pouvez avoir vingt-six ou vingt-sept ans.

TOINETTE.

Ah, ah, ah, ah, ah! J'en ai quatre-vingt-dix.

ARGAN.

Quatre-vingt-dix!

TOINETTE.

Oui. Vous voyez un effet des secrets de mon art, de me conserver ainsi frais et vigoureux.

ARGAN.

Par ma foi, voilà un beau jeune vieillard* pour quatre-vingt-dix ans (1)!

TOINETTE.

Je suis médecin passager, qui vais de ville en ville, de province en province, de royaume en royaume, pour chercher d'illustres matières à ma capacité, pour trouver des malades dignes de m'occuper, capables d'exercer les grands et beaux secrets que j'ai trouvés dans la médecine. Je dédaigne de m'amuser à ce menu fatras de maladies ordinaires, à ces bagatelles de rhumatismes et de fluxions, à ces fiévrotes, à ces vapeurs et à ces migraines. Je veux des maladies d'importance, de bonnes fièvres con-

VARIANTE. * Voilà un beau vieillard.

---

(1) *Un beau jeune vieillard*, une servante encore jeune, qui, sous la robe doctorale, doit paroître bien plus jeune encore! Mais Toinette vient de lui dire que c'est un des secrets de son art de conserver dans un âge avancé la fraîcheur de la jeunesse; et l'on sait s'il est disposé à croire aux miracles de la médecine.

tinues, avec des transports au cerveau, de bonnes fièvres pourprées, de bonnes pestes, de bonnes hydropisies formées, de bonnes pleurésies avec des inflammations de poitrine [1] : c'est là que je me plais, c'est là que je triomphe ; et je voudrois, monsieur, que vous eussiez toutes les maladies que je viens de dire, que vous fussiez abandonné de tous les médecins, désespéré, à l'agonie, pour vous montrer l'excellence de mes remèdes, et l'envie que j'aurois de vous rendre service.

ARGAN.

Je vous suis obligé, monsieur, des bontés que vous avez pour moi [2].

TOINETTE.

Donnez-moi votre pouls. Allons donc, que l'on batte comme il faut. Ah ! je vous ferai bien aller comme vous devez. Ouais ! ce pouls-là fait l'impertinent ; je vois bien que vous ne me connoissez pas encore. Qui est votre médecin ?

---

[1] *De bonnes fièvres, de bonnes pestes, de bonnes hydropisies, de bonnes pleurésies.* Plaisantes manières de parler, sans doute. Mais *bon* ne signifie-t-il pas, qui a toutes les qualités convenables à sa nature ? Or, comme il est de la nature des maladies de menacer la vie, la plus dangereuse est certainement la meilleure en son genre. Ne dit-on pas tous les jours *J'ai attrapé un bon rhume ; il lui a donné un bon coup de poing ?* D'ailleurs, une *bonne maladie*, pour le médecin, est celle qui lui vaut le plus d'argent ; et, aussi sous ce rapport, les plus mauvaises sont les meilleures.

[2] Dans *le Médecin malgré lui*, Sganarelle, docteur du même acabit que Toinette, forme aussi le vœu que M. Géronte soit malade, *pour lui témoigner l'envie qu'il a de le servir ;* et Géronte lui répond de même : *Je vous suis obligé de ces sentimens.* Molière s'est imité lui-même évidemment, et Regnard, dans *les Folies amoureuses*, a imité Molière. (Voyez tome V, page 320, note 1.)

ARGAN.

Monsieur Purgon.

TOINETTE.

Cet homme-là n'est point écrit sur mes tablettes entre les grands médecins. De quoi dit-il que vous êtes malade?

ARGAN.

Il dit que c'est du foie, et d'autres disent que c'est de la rate.

TOINETTE.

Ce sont tous des ignorans. C'est du poumon que vous êtes malade.

ARGAN.

Du poumon?

TOINETTE.

Oui. Que sentez-vous?

ARGAN.

Je sens de temps en temps des douleurs de tête.

TOINETTE.

Justement, le poumon.

ARGAN.

Il me semble parfois que j'ai un voile devant les yeux.

TOINETTE.

Le poumon.

ARGAN.

J'ai quelquefois des maux de cœur.

TOINETTE.

Le poumon.

ARGAN.

Je sens parfois des lassitudes par tous les membres.

ACTE III, SCÈNE XIV.

TOINETTE.

Le poumon.

ARGAN.

Et quelquefois il me prend des douleurs dans le ventre, comme si c'étoient des coliques.

TOINETTE.

Le poumon. Vous avez appétit à ce que vous mangez?

ARGAN.

Oui, monsieur.

TOINETTE.

Le poumon. Vous aimez à boire un peu de vin?

ARGAN.

Oui, monsieur.

TOINETTE.

Le poumon. Il vous prend un petit sommeil après le repas, et vous êtes bien aise de dormir (1)?

ARGAN.

Oui, monsieur.

TOINETTE.

Le poumon, le poumon, vous dis-je. Que vous ordonne votre médecin pour votre nourriture?

ARGAN.

Il m'ordonne du potage,

TOINETTE.

Ignorant!

---

(1) Toinette profite habilement de la connoissance qu'elle a des habitudes d'Argan, pour se donner à peu de frais un air de grande pénétration. Comment Argan pourroit-il, après cela, douter du mérite de son nouveau médecin?

ARGAN.

De la volaille,

TOINETTE.

Ignorant!

ARGAN.

Du veau,

TOINETTE.

Ignorant!

ARGAN.

Des bouillons,

TOINETTE.

Ignorant!

ARGAN.

Des œufs frais,

TOINETTE.

Ignorant!

ARGAN.

Et le soir, de petits pruneaux pour lâcher le ventre,

TOINETTE.

Ignorant!

ARGAN.

Et surtout de boire mon vin fort trempé.

TOINETTE.

Ignorantus, ignoranta, ignorantum [1]. Il faut boire

---

[1] Toinette fait des barbarismes, sans doute ; mais, pour se tromper ainsi, où a-t-elle appris les différentes terminaisons des adjectifs latins suivant les différens genres ? Sganarelle, qui estropie aussi le latin, a, du moins su, *dans son jeune âge, son rudiment par cœur.* Tout ce qu'on peut dire, c'est que nous sommes dans la farce, et que là tout ce qui fait rire est bon.

votre vin pur; et, pour épaissir votre sang qui est trop subtil, il faut manger de bon gros bœuf, de bon gros porc, de bon fromage de Hollande; du gruau et du ris, et des marrons et des oublies, pour coller et conglutiner. Votre médecin est une bête. Je veux vous en envoyer un de ma main; et je viendrai vous voir de temps en temps, tandis que je serai en cette ville.

ARGAN.

Vous m'obligez beaucoup*.

TOINETTE.

Que diantre faites-vous de ce bras-là?

ARGAN.

Comment?

TOINETTE.

Voilà un bras que je me ferois couper tout à l'heure, si j'étois que de vous.

ARGAN.

Et pourquoi?

VARIANTE. * *Vous m'obligerez beaucoup.*

J. B. Rousseau, dans cette même comédie de *la Ceinture magique* dont j'ai parlé plus haut, a encore imité ce passage. Francisque, expliquant un songe de Trufaldin, lui dit que c'est un *signe de mort subite;* et puis il le questionne : « Ne dormez-vous pas volontiers, quand vous avez fait un « bon repas ? — Quelquefois, quand je suis seul. — Mort subite. Ne vous « prend-il pas des envies de bâiller, quand vous voyez bâiller quelqu'un ? « — Pour l'ordinaire. — Mort subite. Et quand il fait un vent de bise « en hiver, n'avez-vous pas froid au bout du nez ? — Toujours, quand « je vais à l'air. — Mort subite, vous dis-je : *Subitus, subita, subitum.* »

TOINETTE.

Ne voyez-vous pas qu'il tire à soi toute la nourriture, et qu'il empêche ce côté-là de profiter?

ARGAN.

Oui; mais j'ai besoin de mon bras.

TOINETTE.

Vous avez là aussi un œil droit que je me ferois crever, si j'étois en votre place.

ARGAN.

Crever un œil?

TOINETTE.

Ne voyez-vous pas qu'il incommode l'autre, et lui dérobe sa nourriture? Croyez-moi, faites-vous-le crever au plus tôt: vous en verrez plus clair de l'œil gauche [1].

ARGAN.

Cela n'est pas pressé.

TOINETTE.

Adieu. Je suis fâché de vous quitter sitôt; mais il faut que je me trouve à une grande consultation qui se doit faire pour un homme qui mourut hier.

ARGAN.

Pour un homme qui mourut hier?

---

[1] Ce bras coupé et cet œil crevé, pour que l'autre bras et l'autre œil en profitent, c'est, je l'oserai dire, le seul trait, dans tout le théâtre de Molière; qui ne soit pas comique ou du moins plaisant. Ce n'est point un sarcasme contre la médecine, puisqu'on ne voit pas qu'elle donne des conseils si absurdes; ce n'est pas non plus une chose qui convienne au dessein qu'a formé Toinette d'inspirer de la confiance à Argan et de le dégoûter de M. Purgon.

TOINETTE.

Oui : pour aviser et voir ce qu'il auroit fallu lui faire pour le guérir [1]. Jusqu'au revoir.

ARGAN.

Vous savez que les malades ne reconduisent point.

SCÈNE XV.

ARGAN, BÉRALDE.

BÉRALDE.

Voilà un médecin, vraiment, qui paroît fort habile!

ARGAN.

Oui; mais il va un peu bien vite.

BÉRALDE.

Tous les grands médecins sont comme cela.

ARGAN.

Me couper un bras, et me crever un œil, afin que l'autre se porte mieux ! J'aime bien mieux qu'il ne se porte pas si bien. La belle opération, de me rendre borgne et manchot!

---

[1] Si l'on ne considère que l'homme mort, c'est un trait plaisant que cette consultation; mais tout le ridicule disparoîtra, si, après ces mots, *pour aviser et voir ce qu'il auroit fallu lui faire pour le guérir,* on ajoute, comme l'édition de 1675, *et s'en servir dans une semblable occasion.* Cette addition est évidemment contraire au but de Molière, puisqu'elle est favorable à la médecine et lui prête une intention dont il faudroit la louer. En pareil cas, c'est la raison qui a tort.

SCÈNE XVI.

ARGAN, BÉRALDE, TOINETTE.

TOINETTE, *feignant de parler à quelqu'un.*

Allons, allons, je suis votre servante. Je n'ai pas envie de rire.

ARGAN.

Qu'est-ce que c'est?

TOINETTE.

Votre médecin, ma foi, qui me vouloit tâter le pouls.

ARGAN.

Voyez un peu, à l'âge de quatre-vingt-dix ans [1]!

BÉRALDE.

Oh çà*! mon frère, puisque voilà votre monsieur Purgon brouillé avec vous, ne voulez-vous pas bien que je vous parle du parti qui s'offre pour ma nièce?

ARGAN.

Non, mon frère : je veux la mettre dans un couvent, puisqu'elle s'est opposée à mes volontés. Je vois bien qu'il y a quelque amourette là-dessous, et j'ai découvert cer-

VARIANTE. * Or çà.

---

(1) Cette seconde rentrée de Toinette, non moins naturelle, non moins prompte que la première, complète l'illusion d'Argan. En rendant son erreur aussi vraisemblable qu'il est possible, Molière pallie d'autant la foiblesse, le vice du moyen dont il s'est servi. Les auteurs comiques ne sauroient trop étudier l'art avec lequel il a préparé, amené, motivé jusqu'au moindre détail de cette *imagination burlesque,* comme dit très-sensément Toinette.

taine entrevue secrète, qu'on ne sait pas que j'aie découverte [1].

BÉRALDE.

Hé bien! mon frère, quand il y auroit quelque petite inclination, cela seroit-il si criminel? Et rien peut-il vous offenser, quand tout ne va qu'à des choses honnêtes, comme le mariage?

ARGAN.

Quoi qu'il en soit, mon frère, elle sera religieuse; c'est une chose résolue.

BÉRALDE.

Vous voulez faire plaisir à quelqu'un.

ARGAN.

Je vous entends. Vous en revenez toujours là, et ma femme vous tient au cœur.

BÉRALDE.

Hé bien! oui, mon frère : puisqu'il faut parler à cœur ouvert, c'est votre femme que je veux dire; et, non plus que l'entêtement de la médecine, je ne puis vous souffrir l'entêtement où vous êtes pour elle, et voir que vous donniez, tête baissée, dans tous les piéges qu'elle vous tend.

TOINETTE.

Ah! monsieur, ne parlez point de madame; c'est une femme sur laquelle il n'y a rien à dire, une femme sans artifice, et qui aime monsieur, qui l'aime... On ne peut pas dire cela.

ARGAN.

Demandez-lui un peu les caresses qu'elle me fait;

---

[1] Il faudroit, *que j'ai découverte*. J'en ai expliqué plus d'une fois la raison.

TOINETTE.

Cela est vrai.

ARGAN.

L'inquiétude que lui donne ma maladie;

TOINETTE.

Assurément.

ARGAN.

Et les soins et les peines qu'elle prend autour de moi.

TOINETTE.

Il est certain. (*à Béralde.*) Voulez-vous que je vous convainque, et vous fasse voir, tout à l'heure, comme madame aime monsieur? (*à Argan.*) Monsieur, souffrez que je lui montre son bec jaune*⁽¹⁾, et le tire d'erreur.

ARGAN.

Comment?

TOINETTE.

Madame s'en va revenir. Mettez-vous tout étendu dans cette chaise, et contrefaites le mort. Vous verrez la douleur où elle sera, quand je lui dirai la nouvelle.

ARGAN.

Je le veux bien.

TOINETTE.

Oui; mais ne la laissez pas long-temps dans le désespoir, car elle en pourroit bien mourir.

VARIANTE. * *Son béjaune.*

---

(1) C'est-à-dire, que je lui prouve son ignorance, sa prévention. Pour l'origine de cette expression proverbiale, voir *le Festin de Pierre*, tome IV, page 217, note 1.

ACTE III, SCÈNE XVII.

ARGAN.

Laisse-moi faire.

TOINETTE, *à Béralde.*

Cachez-vous, vous, dans ce coin-là (1).

SCÈNE XVII.

ARGAN, TOINETTE.

ARGAN.

N'y a-t-il point quelque danger à contrefaire le mort (2)?

TOINETTE.

Non, non. Quel danger y auroit-il? Étendez-vous là seulement. (*bas.*) Il y aura plaisir à confondre votre frère. Voici madame. Tenez-vous bien.

---

(1) Il est tout-à-fait naturel qu'Argan se prête à cette épreuve. Elle ne peut lui être suspecte, puisque c'est Toinette qui la propose, Toinette, qui a toujours fait semblant d'être dans les intérêts de Béline, et qui vient encore tout à l'heure de prendre vivement sa défense contre Béralde. Argan, d'ailleurs, doit saisir avec empressement un moyen de confondre les préventions obstinées de son frère contre une femme qu'il lui est pénible d'entendre attaquer sans cesse, et dont il est infatué jusqu'à lui sacrifier le sort de ses enfans.

(2) Ce mot est du meilleur comique; il annonce bien cette crainte de la mort qui est tout le principe de la folie d'Argan. Mais ne raconte-t-on pas que Charles-Quint, qui avoit l'ame bien autrement ferme, ayant voulu faire une espèce de répétition de ses propres obsèques, fut si frappé des idées funèbres qui l'avoient assailli sous le drap mortuaire, qu'il en mourût peu de jours après?

Crispin, du *Légataire*, témoigne, en plaisantant, une crainte du même genre à peu près que celle dont Argan est saisi. Après qu'on a mis sur lui les habits de Géronte que l'on croit mort, il dit:

Mais, avec son habit, si son mal m'alloit prendre?

SCÈNE XVIII.

BÉLINE; ARGAN, *étendu dans sa chaise;* TOINETTE.

TOINETTE, *feignant de ne pas voir Béline.*
Ah! mon dieu! Ah! malheur! Quel étrange accident!

BÉLINE.

Qu'est-ce, Toinette?

TOINETTE.

Ah! madame!

BÉLINE.

Qu'y a-t-il?

TOINETTE.

Votre mari est mort.

BÉLINE.

Mon mari est mort?

TOINETTE.

Hélas! oui! Le pauvre défunt est trépassé.

BÉLINE.

Assurément?

TOINETTE.

Assurément. Personne ne sait encore cet accident-là; et je me suis trouvée ici toute seule. Il vient de passer entre mes bras. Tenez, le voilà tout de son long dans cette chaise.

BÉLINE.

Le ciel en soit loué! Me voilà délivrée d'un grand fardeau. Que tu es sotte, Toinette, de t'affliger de cette mort!

TOINETTE.

Je pensois, madame, qu'il fallût pleurer [1].

BÉLINE.

Va, va, cela n'en vaut pas la peine. Quelle perte est-ce que la sienne? et de quoi servoit-il sur la terre? Un homme incommode à tout le monde, malpropre, dégoûtant, sans cesse un lavement ou une médecine dans le ventre, mouchant, toussant, crachant toujours; sans esprit, ennuyeux, de mauvaise humeur, fatiguant sans cesse les gens, et grondant jour et nuit servantes et valets.

TOINETTE.

Voilà une belle oraison funèbre!

BÉLINE.

Il faut, Toinette, que tu m'aides à exécuter mon dessein; et tu peux croire qu'en me servant, ta récompense est sûre. Puisque, par un bonheur, personne n'est encore averti de la chose, portons-le dans son lit, et tenons cette mort cachée, jusqu'à ce que j'aie fait mon affaire. Il y a des papiers, il y a de l'argent, dont je me veux saisir; et il n'est pas juste que j'aie passé sans fruit, auprès de lui, mes plus belles années. Viens, Toinette; prenons auparavant toutes ses clés.

ARGAN, *se levant brusquement*.

Doucement!

BÉLINE.

Ahi!

---

(1) On diroit aujourd'hui : *Je pensois qu'il falloit pleurer.* (Voir, même tome, page 34, note 3.)

ARGAN.

Oui, madame ma femme, c'est ainsi que vous m'aimez?

TOINETTE.

Ah! ah! le défunt n'est pas mort!

ARGAN, *à Béline, qui sort.*

Je suis bien aise de voir votre amitié, et d'avoir entendu le beau panégyrique que vous avez fait de moi. Voilà un avis au lecteur [1], qui me rendra sage à l'avenir, et qui m'empêchera de faire bien des choses.

SCÈNE XIX.

BÉRALDE, *sortant de l'endroit où il s'étoit caché;* ARGAN, TOINETTE.

BÉRALDE.

Hé bien! mon frère, vous le voyez.

TOINETTE.

Par ma foi, je n'aurois jamais cru cela. Mais j'entends votre fille : remettez-vous comme vous étiez, et voyons de quelle manière elle recevra votre mort. C'est une chose qu'il n'est pas mauvais d'éprouver; et, puisque vous êtes en train, vous connoîtrez par là les sentimens que votre famille a pour vous [2].

(*Béralde va se cacher.*)

---

(1) Léandre dit de même, dans *l'Étourdi*, acte III, scène IV :

Ceci doit s'appeler un avis au lecteur.

(2) Cette seconde épreuve qu'on lui propose de faire, est nécessaire pour compléter l'action, et amener le dénouement. Nous ne craignons plus

SCÈNE XX.

ARGAN, ANGÉLIQUE, TOINETTE.

TOINETTE, *feignant de ne pas voir Angélique.*
O ciel! ah! fâcheuse aventure! Malheureuse journée!

ANGÉLIQUE.
Qu'as-tu, Toinette? et de quoi pleures-tu?

TOINETTE.
Hélas! j'ai de tristes nouvelles à vous donner.

ANGÉLIQUE.
Hé! quoi?

TOINETTE.
Votre père est mort.

ANGÉLIQUE.
Mon père est mort, Toinette?

TOINETTE.
Oui. Vous le voyez là; il vient de mourir tout à l'heure d'une foiblesse qui lui a pris.

ANGÉLIQUE.
O ciel! quelle infortune! quelle atteinte cruelle! Hélas! faut-il que je perde mon père, la seule chose qui me

---

que Béline fasse mettre Angélique au couvent : Argan a entendu des choses *qui l'empêcheront d'en faire bien d'autres.* Mais il faut qu'il consente au mariage de sa fille avec Cléante ; et, pour cela, il est bon que les deux amans aient une occasion de toucher son cœur. Ajoutons que Molière se montre encore ici fidéle à la loi qu'il semble s'être faite de rendre ses amoureux intéressans, en faisant éclater, de manière ou d'autre, la délicatesse de leur ame et la générosité de leurs sentimens.

restoit au monde; et qu'encore, pour un surcroît de désespoir, je le perde dans un moment où il étoit irrité contre moi! Que deviendrai-je, malheureuse? et quelle consolation trouver après une si grande perte?

SCÈNE XXI.

ARGAN, ANGÉLIQUE, CLÉANTE, TOINETTE.

CLÉANTE.

Qu'avez-vous donc, belle Angélique? et quel malheur pleurez-vous?

ANGÉLIQUE.

Hélas! je pleure tout ce que dans la vie je pouvois perdre de plus cher et de plus précieux; je pleure la mort de mon père.

CLÉANTE.

O ciel! quel accident! quel coup inopiné! Hélas! après la demande que j'avois conjuré votre oncle de lui faire pour moi*, je venois me présenter à lui, et tâcher, par mes respects et par mes prières, de disposer son cœur à vous accorder à mes vœux.

ANGÉLIQUE.

Ah! Cléante, ne parlons plus de rien. Laissons là toutes les pensées du mariage. Après la perte de mon père, je ne veux plus être du monde, et j'y renonce pour jamais. Oui, mon père, si j'ai résisté tantôt à vos volontés, je veux suivre du moins une de vos intentions, et réparer par là le chagrin que je m'accuse de vous avoir

VARIANTE. * *De faire pour moi.*

donné. (*se jetant à ses genoux.*) Souffrez, mon père, que je vous en donne ici ma parole, et que je vous embrasse pour vous témoigner mon ressentiment [1].

ARGAN, *embrassant Angélique.*

Ah! ma fille!

ANGÉLIQUE.

Ahi!

ARGAN.

Viens. N'aie point de peur; je ne suis pas mort. Va, tu es mon vrai sang, ma véritable fille; et je suis ravi d'avoir vu ton bon naturel [2].

SCÈNE XXII.

ARGAN, BÉRALDE, ANGÉLIQUE, CLÉANTE, TOINETTE.

ANGÉLIQUE.

Ah! quelle surprise agréable! Mon père, puisque, par un bonheur extrême, le ciel vous redonne à mes vœux, souffrez qu'ici je me jette à vos pieds pour vous supplier d'une chose. Si vous n'êtes pas favorable au penchant de

---

[1] *Ressentiment*, je l'ai déjà remarqué plusieurs fois, se disoit alors du souvenir des bienfaits, comme de celui des injures, des mauvais traitemens. Il n'a plus que ce dernier sens.

[2] Ces témoignages de la piété filiale d'Angélique et de la tendresse paternelle d'Argan forment une situation intéressante; mais l'attendrissement ne va pas plus loin qu'il convient à la comédie. Les pleurs, les plaintes, les regrets d'Angélique sont l'effet d'une ruse qui nous est connue: nous sommes touchés de son bon naturel, sans être affectés de sa douleur, qui n'a point de fondement et qu'un instant voit disparoître.

mon cœur, si vous me refusez Cléante pour époux, je vous conjure au moins de ne me point forcer d'en épouser un autre. C'est toute la grace que je vous demande.

CLÉANTE, *se jetant aux genoux d'Argan.*

Hé! monsieur, laissez-vous toucher à ses prières et aux miennes; et, ne vous montrez point contraire aux mutuels empressemens d'une si belle inclination.

BÉRALDE.

Mon frère, pouvez-vous tenir là contre?

TOINETTE.

Monsieur, serez-vous insensible à tant d'amour?

ARGAN.

Qu'il se fasse médecin, je consens au mariage. (*à Cléante.*) Oui, faites-vous médecin, je vous donne ma fille (1).

CLÉANTE.

Très-volontiers, monsieur. S'il ne tient qu'à cela pour être votre gendre, je me ferai médecin, apothicaire même, si vous voulez. Ce n'est pas une affaire que cela, et je ferois bien d'autres choses pour obtenir la belle Angélique (2).

---

(1) Détrompé de la fausse tendresse de Béline, touché de la tendresse vraie d'Angélique, et sensible aux supplications amoureuses de Cléante, qu'appuient les instances de Béralde et de Toinette, Argan n'en persiste pas moins dans sa manie. Il lui faut un médecin pour gendre : il n'en veut point démordre. Si ce n'est Thomas Diafoirus, que ce soit Cléante.

Qu'en tout avec soi-même il se montre d'accord,
Et qu'il soit jusqu'au bout tel qu'on l'a vu d'abord.

Ce précepte d'Horace, répété par Boileau, fut-il jamais mieux observé?

(2) Voilà bien le langage de l'amour. Cléante ne se moque pas : il va étudier Hippocrate et Celse, soutenir thèse, prendre ses degrés et se faire donner le bonnet de docteur, si Argan l'exige absolument.

ACTE III, SCÈNE XXII.

BÉRALDE.

Mais, mon frère, il me vient une pensée. Faites-vous médecin vous-même. La commodité sera encore plus grande, d'avoir en vous tout ce qu'il vous faut [1].

TOINETTE.

Cela est vrai. Voilà le vrai moyen de vous guérir bientôt; et il n'y a point de maladie si osée que de se jouer à la personne d'un médecin.

ARGAN.

Je pense, mon frère, que vous vous moquez de moi. Est-ce que je suis en âge d'étudier?

BÉRALDE.

Bon, étudier! Vous êtes assez savant; et il y en a beaucoup parmi eux qui ne sont pas plus habiles que vous.

ARGAN.

Mais il faut savoir bien parler latin, connoître les maladies, et les remèdes qu'il y faut faire.

BÉRALDE.

En recevant la robe et le bonnet de médecin, vous apprendrez tout cela; et vous serez après plus habile que vous ne voudrez.

ARGAN.

Quoi! l'on sait discourir sur les maladies, quand on a cet habit-là?

---

[1] Béralde, toujours sensé, toujours raisonnable pour ceux qui ne le sont pas, sent la nécessité de détourner la folle proposition qu'Argan vient de faire à Cléante, et le consentement un peu léger qu'a donné celui-ci. Le moyen qu'il emploie est extrêmement comique, et la raison dont il l'appuie ne l'est pas moins.

BÉRALDE.

Oui. L'on n'a qu'à parler avec une robe et un bonnet, tout galimatias devient savant, et toute sottise devient raison [1].

TOINETTE.

Tenez, monsieur, quand il n'y auroit que votre barbe, c'est déja beaucoup ; et la barbe fait plus de la moitié d'un médecin [2].

CLÉANTE.

En tout cas, je suis prêt à tout [3].

BÉRALDE, à Argan.

Voulez-vous que l'affaire se fasse tout à l'heure ?

ARGAN.

Comment, tout à l'heure ?

BÉRALDE.

Oui, et dans votre maison.

ARGAN.

Dans ma maison ?

---

(1) Béralde joue ici un double jeu : il poursuit encore la médecine de ses épigrammes ; et cependant il dit tout ce qu'il faut pour déterminer Argan à se faire médecin. L'imbécillité d'Argan sur ce point rend tout vraisemblable et d'autant plus comique.

(2) Pour se donner un air de gravité et inspirer un certain respect, les médecins de ce temps-là portoient la barbe longue, de même qu'on les a vus de nos jours continuer à porter la grande perruque, quel que fût leur âge, quand tous ceux qui avoient encore leurs cheveux avoient renoncé aux cheveux postiches. Dans *l'Amour médecin*, Sganarelle dit en parlant de Clitandre, déguisé en docteur : *Voilà un médecin qui a la barbe bien jeune.*

(3) Cléante renouvelle son consentement à se faire médecin. Encore une fois, c'est un peu témérairement, mais très-sérieusement qu'il l'a donné.

ACTE III, SCÈNE XXIII.

BÉRALDE.

Oui. Je connois une faculté de mes amies [1], qui viendra tout à l'heure en faire la cérémonie dans votre salle. Cela ne vous coûtera rien.

ARGAN.

Mais, moi, que dire? que répondre?

BÉRALDE.

On vous instruira en deux mots, et l'on vous donnera par écrit ce que vous devez dire. Allez-vous-en vous mettre en habit décent. Je vais les envoyer querir.

ARGAN.

Allons, voyons cela [2].

SCÈNE XXIII.

BÉRALDE, ANGÉLIQUE, CLÉANTE, TOINETTE.

CLÉANTE.

Que voulez-vous dire? et qu'entendez-vous avec cette faculté de vos amies?

TOINETTE.

Quel est donc votre dessein?

---

[1] Beaucoup de gens, dans le monde, disent, comme Béralde, *Je connois un homme de mes amis.* C'est au moins une négligence de conversation.

[2] La crédulité d'Argan va au-delà de toutes les bornes. Lui, qui n'est pas étranger au monde et qui passe sa vie entouré de médecins, comment peut-il croire qu'il y a des facultés chambrelanes, des facultés de contrebande, qui vont faire des réceptions en ville? Mais il falloit amener le divertissement.

BÉRALDE.

De nous divertir un peu ce soir. Les comédiens ont fait un petit intermède de la réception d'un médecin, avec des danses et de la musique; je veux que nous en prenions ensemble le divertissement, et que mon frère y fasse le premier personnage.

ANGÉLIQUE.

Mais, mon oncle, il me semble que vous vous jouez un peu beaucoup de mon père [1].

BÉRALDE.

Mais, ma nièce, ce n'est pas tant le jouer, que s'accommoder à ses fantaisies. Tout ceci n'est qu'entre nous. Nous y pouvons aussi prendre chacun un personnage, et nous donner ainsi la comédie les uns aux autres. Le carnaval autorise cela [2]. Allons vite préparer toutes choses.

CLÉANTE, à Angélique.

Y consentez-vous?

---

[1] On aime cette réflexion d'Angélique : elle est d'une fille respectueuse, qui a bien pu résister aux volontés de son père, lorsqu'il s'agissoit de sacrifier son amour, mais qui souffre à le voir jouer, même quand son mariage en doit devenir plus facile et plus prompt.

[2] C'est, en effet, pendant le carnaval de 1673, que le Malade imaginaire fut représenté pour la première fois; et c'est ordinairement à cette même époque de l'année, que les comédiens ont continué de le jouer. Il est certain que, dans ces jours consacrés aux plus extravagans plaisirs, le public accueille les folies du théâtre avec une indulgence qu'il n'auroit pas dans un autre temps. Molière, à la fin de Monsieur de Pourceaugnac, s'est aussi autorisé du carnaval. « Nous pouvons, dit Éraste, jouir du divertissement de la saison, et faire entrer les masques que le bruit du nom de « M. de Pourceaugnac a attirés ici de tous les endroits de la ville. »

ACTE III, SCÈNE XXIII.

ANGÉLIQUE.

Oui, puisque mon oncle nous conduit [1].

---

[1] Si l'on met de côté le travestissement de Toinette en médecin, stratagème burlesque et invraisemblable, dont l'exécution toutefois est conduite avec une adresse remarquable, ce troisième et dernier acte appartient, de même que le premier, à la vraie, à la bonne comédie. La grande scène contre la médecine, et l'épreuve qui sert à confondre l'artificieuse Béline, sont des beautés du premier ordre. Du reste, dans cet acte, l'intrigue se développe avec facilité, et aboutit au dénouement d'une manière toute naturelle.

FIN DU MALADE IMAGINAIRE.

TROISIÈME INTERMÈDE.

C'est une cérémonie burlesque d'un homme qu'on fait médecin, en récit, chant et danse. Plusieurs tapissiers viennent préparer la salle et placer les bancs en cadence. Ensuite de quoi, toute l'assemblée, composée de huit porte-seringues, six apothicaires, vingt-deux docteurs, et celui qui se fait recevoir médecin, huit chirurgiens dansans, et deux chantans, entrent et prennent place, chacun selon son rang.

PREMIÈRE ENTRÉE DE BALLET.

PRÆSES (1).

Savantissimi doctores,
Medicinæ professores,
Qui hìc assemblati estis ;
Et vos, altri messiores,
Sententiarum facultatis
Fideles executores,
Chirurgiani et apothicari,
Atque tota compania aussi,
Salus, honor et argentum,
Atque bonum apetitum.

---

(1) Dans les éditions modernes, à commencer par celle de 1733, les qualités des personnages qui figurent dans cet intermède, sont en françois, et Argan est désigné par son nom propre, au lieu de l'être par le titre de *bachelierus*. C'est introduire, sans raison, une espèce de bigarrure dans une pièce qui est censée être toute en latin.

Non possum, docti confreri,
En moi satis admirari,
Qualis bona inventio
Est medici professio;
Quàm bella chosa est et benè trovata,
Medicina illa benedicta,
Quæ, suo nomine solo,
Surprenanti miraculo,
Depuis si longo tempore,
Facit à gogo vivere
Tant de gens omni genere.

Per totam terram videmus
Grandam vogam ubi sumus;
Et quod grandes et petiti
Sunt de nobis infatuti (1).
Totus mundus, currens ad nostros remedios,
Nos regardat sicut deos;
Et nostris ordonnanciis
Principes et reges soumissos videtis.

Doncque il est nostræ sapientiæ,
Boni sensûs atque prudentiæ
De fortement travaillare,
A nos bene conservare
In tali credito, vogâ et honore;
Et prendere gardam à non recevere,
In nostro docto corpore,
Quàm personas capabiles,
Et totas dignas remplire
Has plaças honorabiles.

_____

(1) Molière avoit déja fait dire à M. Filerin, dans *l'Amour médecin* : « Puisque le ciel nous fait la grace que, depuis tant de siècles, on de- « meure *infatué* de nous... »

C'est pour cela que nunc convocatis estis ;
Et credo quod trovabitis
Dignam matieram * medici
In savanti homine que voici ;
Lequel, in chosis omnibus,
Dono ad interrogandum,
Et à fond examinandum
Vostris ** capacitatibus.

PRIMUS DOCTOR.

Si mihi licentiam dat dominus præses,
Et tanti docti doctores,
Et assistantes illustres,
Très-savanti bacheliero,
Quem estimo et honoro,
Domandabo causam et rationem quare
Opium facit dormire.

BACHELIERUS.

Mihi à docto doctore
Domandatur causam et rationem quare
Opium facit dormire.
A quoi respondeo,
Quia est in eo
Virtus dormitiva,
Cujus est natura
Sensus assoupire [1].

VARIANTES. * *Materiam* — ** *Vestris*.

---

[1] « A l'époque de Descartes, et plus encore avant lui, tout s'expli-
« quoit en philosophie par des formes, des vertus, des entités, des
« quiddités, etc., qu'on multiplioit sans fin, et avec quoi on croyoit
« rendre raison de tous les phénomènes de la nature. Un corps étoit une
« substance, parce qu'il avoit une *forme substantielle;* il étoit une pierre,
« parce qu'il avoit la *pétréité;* il étoit froid, parce qu'il avoit une *vertu*

TROISIÈME INTERMÈDE.

CHORUS.

Benè, benè, benè, benè respondere.
Dignus, dignus est intrare
In nostro docto corpore.
Benè, benè respondere.

SECUNDUS DOCTOR.

Cum permissione domini præsidis,
Doctissimæ facultatis,
Et totius his nostris actis
Companiæ assistantis,
Domandabo tibi, docte bacheliere,
Quæ sunt remedia
Quæ, in maladia
Dite hydropisia,
Convenit facere.

BACHELIERUS.

Clysterium donare,
Postea seignare,
Ensuita purgare.

CHORUS.

Benè, benè, benè, benè respondere.
Dignus, dignus est intrare
In nostro docto corpore.

TERTIUS DOCTOR.

Si bonum semblatur domino præsidi,
Doctissimæ facultati,
Et companiæ præsenti,
Domandabo tibi, docte bacheliere,

« *frigorifique* ; chaud, parce qu'il avoit une *vertu calorifique*, etc. C'est de
« cette philosophie que se moque Molière, quand, après avoir demandé,
« *Quare opium facit dormire ?* il répond : *Quia est in eo virtus dormitiva.* »

(Laromiguière, tom. II, 8ᵉ leçon, *des idées innées.*)

Quæ remedia eticis,
Pulmonicis atque asmaticis
Trovas à propos facere.

BACHELIERUS.

Clysterium donare,
Postea seignare,
Ensuita purgare.

CHORUS.

Benè, benè, benè, benè respondere.
Dignus, dignus est intrare
In nostro docto corpore.

QUARTUS DOCTOR.

Super illas maladias,
Doctus bachelierus dixit maravillas;
Mais, si non ennuyo dominum præsidem,
Doctissimam facultatem,
Et totam honorabilem
Companiam ecoutantem;
Faciam illi unam questionem.
Dès hiero maladus unus
Tombavit in meas manus;
Habet grandam fievram cum redoublamentis,
Grandam dolorem capitis,
Et grandum malum au côté,
Cum grandâ difficultate
Et penâ à respirare.
Veillas mihi dire,
Docte bacheliere,
Quid illi facere.

BACHELIERUS.

Clysterium donare,
Postea seignare,
Ensuita purgare.

QUINTUS DOCTOR.

Mais, si maladia
Opiniatria
Non vult se garire,
Quid illi facere?

BACHELIERUS.

Clysterium donare,
Posteà seignare,
Ensuita purgare.
Reseignare, repurgare et reclysterisare.

CHORUS.

Benè, benè, benè, benè respondere.
Dignus, dignus est intrare
In nostro docto corpore.

PRÆSES.

Juras gardare statuta
Per facultatem præscripta,
Cum sensu et jugeamento?

BACHELIERUS.

Juro.

PRÆSES.

Essere in omnibus
Consultationibus
Ancieni aviso,
Aut bono,
Aut mauvaiso (1)?

---

(1) C'est un point de doctrine, pour tout médecin, d'être, dans les consultations, de l'avis de son ancien. M. Tomès, dans *l'Amour médecin*, dit : « Ce n'est pas que son avis, comme on a vu, n'ait tué le malade, et que « celui de Théophraste ne fût beaucoup meilleur assurément; mais enfin « il a tort dans les circonstances, et il ne devoit pas être d'un autre avis « que son ancien. »

BACHELIERUS.

Juro.

PRÆSES.

De non jamais te servire
De remediis aucunis,
Quàm de ceux seulement doctæ facultatis,
Maladus dût-il crevare
Et mori de suo malo?

BACHELIERUS.

Juro.

PRÆSES.

Ego, cum isto boneto
Venerabili et docto,
Dono tibi et concedo
Virtutem et puissanciam
Medicandi,
Purgandi,
Seignandi,
Perçandi,
Taillandi,
Coupandi,
Et occidendi
Impunè per totam terram.

DEUXIÈME ENTRÉE DE BALLET.

Tous les chirurgiens et apothicaires viennent lui faire la révérence en cadence.

BACHELIERUS.

Grandes doctores doctrinæ,
De la rhubarbe et du séné,

TROISIÈME INTERMÈDE.

Ce seroit sans douta à moi chosa folla,
 Inepta et ridicula,
 Si j'alloibam m'engageare
 Vobis louangeas donare,
 Et entreprenoibam adjoutare
  Des lumieras au soleillo,
  Et des etoilas au cielo,
  Des ondas à l'oceano,
  Et des rosas au printano.
Agreate qu'avec uno moto
 Pro toto remercimento
Rendam gratiam corpori tam docto.
 Vobis, vobis debeo
Bien plus qu'à naturæ et qu'à patri meo.
 Natura et pater meus
 Hominem me habent factum;
 Mais vos me, ce qui est bien plus,
 Avetis factum medicum (1):
 Honor, favor et gratia,
 Qui, in hoc corde que voilà,
 Imprimant ressentimenta
 Qui dureront in secula.

CHORUS.

Vivat, vivat, vivat, vivat, cent fois vivat,
 Novus doctor, qui tam benè parlat!
Mille, mille annis, et manget et bibat,
 Et seignet et tuat!

---

(1) Ici, Argan s'approprie et accommode à la circonstance cette phrase du compliment que Th. Diafoirus lui a fait lui-même : « Monsieur, je viens « saluer, reconnoître, chérir et respecter en vous un second père; mais un « second père auquel j'ose dire que je me trouve plus redevable qu'au « premier. Le premier m'a engendré; mais vous m'avez choisi. Il m'a reçu « par nécessité; mais vous m'avez accepté pour gendre. »

TROISIÈME ENTRÉE DE BALLET.

Tous les chirurgiens et les apothicaires dansent au son des instrumens et des voix, et des battemens de mains, et des mortiers d'apothicaires.

CHIRURGUS.

Puisse-t-il voir doctas
Suas ordonnancias,
Omnium chirurgorum,
Et apothicarum
Remplire boutiquas !

CHORUS.

Vivat, vivat, vivat, vivat, cent fois vivat,
Novus doctor, qui tam benè parlat !
Mille, mille annis, et manget et bibat,
Et seignet et tuat !

CHIRURGUS.

Puisse * toti anni
Lui essere boni
Et favorabiles,
Et n'habere jamais
Quàm pestas, verolas,
Fievras, pleuresias,
Fluxus de sang et dyssenterias !

CHORUS.

Vivat, vivat, vivat, vivat, cent fois vivat,
Novus doctor, qui tam benè parlat !

VARIANTE. * Puissent.

TROISIÈME INTERMÈDE.

Mille, mille annis, et manget et bibat,
Et seignet et tuat ⁽¹⁾!

QUATRIÈME ENTRÉE DE BALLET.

Les médecins, les chirurgiens et les apothicaires sortent tous, selon leur rang, en cérémonie, comme ils sont entrés.

---

(1) Cette cérémonie de la réception d'Argan comme médecin est de la véritable farce, mais de la farce beaucoup meilleure, à mon gré, que la cérémonie où M. Jourdain est fait mamamouchi. Si l'une n'est guère moins extravagante que l'autre, et si les deux personnages principaux sont presque également imbécilles, du moins le latin macaronique des faux médecins est bien plus amusant que le jargon barbaresque des prétendus mahométans; et d'excellentes épigrammes contre la médecine valent un peu mieux que des invocations et des révérences ridicules. On auroit tort de regarder ce mauvais latin comme un trait de satire de plus contre les médecins; car ce n'est pas par là qu'ils péchoient; et Béralde lui-même, qui ne les ménage pas, reconnoît qu'*ils savoient parler en beau latin.* Celui que parlent les médecins de Molière, lui a été fourni, dit-on, par Boileau, un jour qu'ils dînoient ensemble avec madame de La Sablière et Ninon. Il est plus naturel de supposer que cette plaisanterie fut faite en société, et que chacun y mit son mot.

FIN DU MALADE IMAGINAIRE.

VARIANTES.

ACTE PREMIER.

SCÈNE VII. [1]

MONSIEUR BONNEFOI, BÉLINE, ARGAN.

ARGAN.

Ah! bonjour, monsieur Bonnefoi. Je veux faire mon testament; et, pour cela, dites-moi, s'il vous plaît, comment je dois faire pour donner tout mon bien à ma femme, et en frustrer mes enfans.

MONSIEUR BONNEFOI.

Monsieur, vous ne pouvez rien donner à votre femme par votre testament.

ARGAN.

Et par quelle raison?

MONSIEUR BONNEFOI.

Parce que la coutume y résiste : cela seroit bon partout ailleurs, et dans le pays de droit écrit; mais, à Paris et dans les pays coutumiers, cela ne se peut. Tout avantage qu'homme et femme se peuvent faire réciproquement l'un à l'autre en faveur

---

[1] Cette scène répond à la neuvième de la présente édition, et la scène suivante à la dixième. Une division de scènes plus exacte, établie, pour la première fois, dans l'édition de Joly, in-4°, 1733, et suivie dans toutes les éditions qui sont venues après, est la cause de cette différence.

de mariage, n'est qu'un avantage indirect et qu'un don mutuel entre vifs; encore faut-il qu'il n'y ait point d'enfans d'eux ou de l'un d'eux avant le décès du premier mourant.

ARGAN.

Voilà une coutume bien impertinente, de dire qu'un mari ne puisse rien donner à une femme qui l'aime, et qui prend tant soin de lui. J'ai envie de consulter mon avocat, pour voir ce qu'il y a à faire pour cela.

MONSIEUR BONNEFOI.

Ce n'est pas aux avocats à qui il faut s'adresser; ce sont gens fort scrupuleux sur cette matière, qui ne savent pas disposer en fraude de la loi, et qui sont ignorans des tours de la conscience. C'est notre affaire à nous autres; et je suis venu à bout de bien plus grandes difficultés. Il vous faut pour cela, auparavant que de mourir, donner à votre femme tout votre argent comptant, et des billets payables au porteur, si vous en avez; il vous faut, outre ce, contracter quantité de bonnes obligations sous main avec de vos intimes amis, qui, après votre mort, les remettront entre les mains de votre femme, sans lui rien demander, qui prendra ensuite le soin de s'en faire payer.

ARGAN.

Vraiment, monsieur, ma femme m'avoit bien dit que vous étiez un fort habile et fort honnête homme. J'ai, mon cœur, vingt mille francs dans le petit coffret de mon alcôve en argent comptant, dont je vous donnerai la clef, et deux billets payables au porteur, l'un de six mille livres, et l'autre de quatre, qui me sont dus, le premier par monsieur Damon, et l'autre par monsieur Géraute, que je vous mettrai entre les mains.

BÉLINE, *feignant de pleurer.*

Ne me parlez point de cela, je vous prie; vous me faites mourir de frayeur... (*elle se ravise, et lui dit :*) Combien dites-vous qu'il y a d'argent comptant dans votre alcôve?

VARIANTES.

ARGAN.

Vingt mille francs, mon cœur.

BÉLINE.

Tous les biens de ce monde ne me sont rien en comparaison de vous... De combien sont les deux billets?

ARGAN.

L'un de six, et l'autre de quatre mille livres.

BÉLINE.

Ah! mon fils, la seule pensée de vous quitter me met au désespoir. Vous mort, je ne veux plus rester au monde. Ah! ah!

MONSIEUR BONNEFOI.

Pourquoi pleurer, madame? Les larmes sont hors de saison, et les choses, graces à Dieu, n'en sont pas encore là.

BÉLINE.

Ah! monsieur Bonnefoi, vous ne savez pas ce que c'est qu'être toujours séparée d'un mari que l'on aime tendrement.

ARGAN.

Ce qui me fâche le plus, ma mie, auparavant de mourir, c'est de n'avoir point eu d'enfans de vous: monsieur Purgon m'avoit promis qu'il m'en feroit faire un.

MONSIEUR BONNEFOI.

Voulez-vous que nous procédions au testament?

ARGAN.

Oui; mais nous serons mieux dans mon petit cabinet, qui est ici près : allons-y, monsieur. Soutenez-moi, mamour.

BÉLINE.

Allons, pauvre petit mari!

SCÈNE VIII.

TOINETTE, ANGÉLIQUE.

TOINETTE.

Entrez, entrez; ils ne sont plus ici. J'ai une inquiétude prodigieuse; j'ai vu un notaire avec eux, et ai entendu parler de testament. Votre belle-mère ne s'endort point, et veut sans doute profiter de la colère où vous avez tantôt mis votre père; elle aura pris ce temps pour nuire à vos intérêts.

ANGÉLIQUE.

Qu'il dispose de tout mon bien en faveur de qui il lui plaira, pourvu qu'il ne dispose pas de mon cœur Qu'il ne me contraigne point d'accepter pour époux celui dont il m'a parlé, je me soucie fort peu du reste; qu'il en fasse ce qu'il voudra.

TOINETTE.

Votre belle-mère tâche, par toutes sortes de promesses, de m'attirer dans son parti; mais elle a beau faire, elle n'y réussira jamais, et je me suis toujours trouvé de l'inclination à vous rendre service. Cependant, comme il nous est nécessaire, dans la conjoncture présente, de savoir ce qui se passe, afin de mieux prendre nos mesures, et de mieux venir à bout de notre dessein, j'ai envie de lui faire croire, par de feintes complaisances, que je suis entièrement dans ses intérêts. L'envie qu'elle a que j'y sois ne manquera pas de la faire donner dans le panneau; c'est un sûr moyen pour découvrir ses intrigues, et cela nous servira de beaucoup.

ANGÉLIQUE.

Mais comment faire pour rompre ce coup terrible dont je suis menacée?

TOINETTE.

Il faut, en premier lieu, avertir Cléante du dessein de votre père, et le charger de s'acquitter au plus tôt de la parole qu'il vous a donnée. Il n'y a point de temps à perdre; il faut qu'il se détermine.

ANGÉLIQUE.

As-tu quelqu'un propre à faire ce message?

TOINETTE.

Il est assez difficile, et je ne trouve personne plus propre à s'en acquitter que le vieux usurier Polichinelle, mon amant; il m'en coûtera pour cela quelques faveurs et quelques baisers, que je veux bien dépenser pour vous. Allez, reposez-vous sur moi; dormez seulement en repos. Il est tard; je crains qu'on n'ait affaire de moi. J'entends qu'on m'appelle; retirez-vous. Adieu, bonsoir; je vais songer à vous.

FIN DU PREMIER ACTE.

ACTE III.[1]

SCÈNE PREMIÈRE.

BÉRALDE, ARGAN, TOINETTE.

BÉRALDE.

Hé bien! mon frère, que dites-vous du plaisir que vous venez d'avoir? Cela ne vaut-il pas bien une prise de casse?

TOINETTE.

De bonne casse est bonne.

BÉRALDE.

Puisque vous êtes mieux, mon frère, vous voulez bien que je vous entretienne un peu de l'affaire de tantôt?

ARGAN, *courant au bassin.*

Un peu de patience, mon frère; je reviens dans un moment.

TOINETTE.

Monsieur, vous oubliez votre bâton. Vous ne songez pas que vous ne sauriez marcher sans lui.

ARGAN.

Tu as raison; donne vite.

---

(1) L'ancienne division des scènes a été conservée dans cet acte; mais il est facile de les rapporter à celles de la présente édition, qui y répondent.

SCÈNE II.

BÉRALDE, TOINETTE.

TOINETTE.

Eh! monsieur, n'avez-vous point de pitié pour votre nièce? et la laisserez-vous sacrifier au caprice de son père, qui veut absolument qu'elle épouse ce qu'elle hait le plus au monde?

BÉRALDE.

Dans le vrai, la nouvelle de ce bizarre mariage m'a fort surpris. Je veux tout mettre en usage pour rompre ce coup, et je porterai même les choses à la dernière extrémité, plutôt que de le souffrir. Je lui ai déja parlé en faveur de Cléante; j'ai été très-mal reçu: mais, afin de faire réussir leurs feux, il faut commencer par le dégoûter de l'autre; et c'est ce qui m'embarrasse fort.

TOINETTE.

Il est vrai que difficilement le fait-on changer de sentiment. Écoutez pourtant; je songe à quelque chose qui pourroit bien nous réussir.

BÉRALDE.

Que prétends-tu faire?

TOINETTE.

C'est un dessein assez burlesque, et une imagination fort plaisante qui me vient dans l'esprit pour duper notre homme. Je songe qu'il faudroit faire venir ici un médecin à notre poste, qui eût une méthode toute contraire à celle de monsieur Purgon; qui le décriât, et le fît passer pour un ignorant; qui lui offrît ses services, et lui promît de prendre soin de lui en sa place: peut-être serons-nous plus heureux que sages. Éprouvons ceci à tout hasard; mais, comme je ne vois personne propre à bien faire le médecin, j'ai envie de jouer un tour de ma tête.

VARIANTES.

BÉRALDE.

Quel est-il?

TOINETTE.

Vous verrez ce que c'est. J'entends votre frère; secondez-moi bien seulement.

SCÈNE III.

ARGAN, BÉRALDE.

BÉRALDE.

Je veux, mon frère, vous faire une prière avant que vous parler d'affaires.

ARGAN.

Quelle est-elle, cette prière?

BÉRALDE.

C'est d'écouter favorablement tout ce que j'ai à vous dire,

ARGAN.

Bien, soit.

BÉRALDE.

De ne vous point emporter à votre ordinaire,

ARGAN.

Oui, je le ferai.

BÉRALDE.

Et de me répondre sans chaleur précisément sur chaque chose.

ARGAN.

Eh bien! oui. Voici bien du préambule.

BÉRALDE.

Ainsi, mon frère, pour quelle raison, dites-moi, voulez-vous marier votre fille à un médecin?

ARGAN.

Par la raison, mon frère, que je suis le maître chez moi, et que je puis disposer à ma volonté de tout ce qui est en ma puissance.

BÉRALDE.

Mais encore, pourquoi choisir plutôt un médecin qu'un autre?

ARGAN.

Parce que, dans l'état où je suis, un médecin m'est plus nécessaire que tout autre; et, si ma fille étoit raisonnable, c'en seroit assez pour le lui faire accepter.

BÉRALDE.

Par cette même raison, si votre petite Louison étoit plus grande, vous la donneriez en mariage à un apothicaire?

ARGAN.

Eh! pourquoi non? Voyez un peu le grand mal qu'il y auroit!

BÉRALDE.

En vérité, mon frère, je ne puis souffrir l'entêtement que vous avez des médecins, et que vous vouliez être malade en dépit de vous-même.

ARGAN.

Qu'entendez-vous par là, mon frère?

BÉRALDE.

J'entends, mon frère, que je ne vois guère d'hommes qui se portent mieux que vous, et que je ne voudrois pas avoir une meilleure constitution que la vôtre. Une grande marque que vous vous portez bien, c'est que toutes les médecines et les lavemens qu'on vous a fait prendre, n'aient point encore altéré la bonté de votre tempérament; et un de mes étonnemens est que vous ne soyez point crevé à force de remèdes.

ARGAN.

Monsieur Purgon dit que c'est ce qui me fait vivre, et que je mourrois, s'il étoit seulement deux jours sans prendre soin de moi.

VARIANTES.

BÉRALDE.

Oui, oui; il en prendra tant de soin que, devant qu'il soit peu, vous n'aurez plus besoin de lui.

ARGAN.

Mais, mon frère, vous ne croyez donc point à la médecine?

BÉRALDE.

Moi, mon frère? Nullement; et je ne vois pas que, pour son salut, il soit nécessaire d'y croire.

ARGAN.

Quoi! vous ne croyez pas à une science qui, depuis un si long temps, est si solidement établie par toute la terre, et respectée de tous les hommes?

BÉRALDE.

Non, vous dis-je; et je ne vois pas même une plus plaisante momerie. Rien au monde de plus impertinent qu'un homme qui se veut mêler d'en guérir un autre.

ARGAN.

Eh! pourquoi, mon frère, ne voulez-vous pas qu'un homme en puisse guérir un autre?

BÉRALDE.

Parce que les ressorts de notre machine sont mystères jusqu'ici inconnus, où les hommes ne voient goutte, et dont l'auteur de toutes choses s'est réservé la connoissance.

ARGAN.

Que faut-il donc faire, lorsque l'on est malade?

BÉRALDE.

Rien que se tenir en repos, et laisser faire la nature. Puisque c'est elle qui est tombée dans le désordre, elle s'en peut aussi bien retirer, et se rétablir elle-même.

ARGAN.

Mais encore devez-vous m'avouer qu'on peut aider cette nature.

BÉRALDE.

Bien éloigné de cela, on ne fait bien souvent que l'empêcher de faire son effet; et j'ai connu bien des gens qui sont morts des remèdes qu'on leur a fait prendre, qui se porteroient bien présentement, s'ils l'eussent laissé faire.

ARGAN.

Vous voulez donc dire, mon frère, que les médecins ne savent rien?

BÉRALDE.

Non, je ne dis pas cela. La plupart d'entre eux sont de très-bons humanistes qui parlent fort bien latin, qui savent nommer en grec toutes les maladies, les définir; mais pour les guérir, c'est ce qu'ils ne savent pas.

ARGAN.

Mais pourquoi donc, mon frère, tous les hommes sont-ils dans la même erreur où vous voulez que je sois?

BÉRALDE.

C'est, mon frère, parce qu'il y a des choses dont l'apparence nous charme, et que nous croyons véritables, par l'envie que nous avons qu'elles se fassent. La médecine est de celles-là; il n'y a rien de si beau et de si charmant que son objet. Par exemple, lorsqu'un médecin vous parle de purifier le sang, de fortifier le cœur, de rafraîchir les entrailles, de rétablir la poitrine, de raccommoder la rate, d'apaiser la trop grande chaleur du foie, de régler, modérer et retirer la chaleur naturelle, il vous dit justement le roman de la médecine; et il en est comme de ces beaux songes qui, pendant la nuit, nous ont bien divertis, et qui ne nous laissent, au réveil, que le déplaisir de les avoir eus.

ARGAN.

Ouais; vous êtes devenu fort habile homme en peu de temps!

BÉRALDE.

Dans les discours et dans les choses, ce sont deux sortes de personnes que vos grands médecins. Entendez-les parler, ce sont les plus habiles gens du monde; voyez-les faire, les plus ignorans de tous les hommes : de telle manière que toute leur science est renfermée en un pompeux galimatias et un spécieux babil.

ARGAN.

Ce sont donc de méchantes gens, d'abuser ainsi de la crédulité et de la bonne foi des hommes?

BÉRALDE.

Il y en a entre eux qui sont dans l'erreur aussi-bien que les autres; d'autres qui en profitent sans y être. Votre monsieur Purgon y est plus que personne. C'est un homme tout médecin depuis la tête jusques aux pieds, qui croit plus aux règles de son art qu'à toutes les démonstrations de mathématique, et qui donne à travers les purgations et les saignées sans y rien connoître, et qui, lorsqu'il vous tuera, ne fera, dans cette occasion, que ce qu'il a fait à sa femme et à ses enfans, et ce qu'en un besoin il feroit à lui-même.

ARGAN.

C'est que vous avez une dent de lait contre lui.

BÉRALDE.

Quelle raison m'en auroit-il donnée?

ARGAN.

Je voudrois bien, mon frère, qu'il y eût ici quelqu'un de ces messieurs, pour vous tenir tête, pour rembarrer un peu tout ce que vous venez de dire, et vous apprendre à les attaquer.

BÉRALDE.

Moi, mon frère? Je ne prétends point les attaquer. Ce que j'en dis n'est qu'entre nous, et que par manière de conversation : chacun, à ses périls et fortunes, en peut croire tout ce qu'il lui plaira.

ARGAN.

Voyez-vous, mon frère, ne me parlez plus contre ces gens-là; ils me tiennent trop au cœur. Vous ne faites que m'échauffer et augmenter mon mal.

BÉRALDE.

Soit, je le veux bien; mais je souhaiterois seulement, pour vous désennuyer, vous mener voir un de ces jours représenter une des comédies de Molière sur ce sujet.

ARGAN.

Ce sont de plaisans impertinens que vos comédiens, avec leurs comédies de Molière! C'est bien à faire à eux à se moquer de la médecine! Ce sont de bons nigauds, et je les trouve bien ridicules de mettre sur leur théâtre de vénérables messieurs comme ces messieurs-là!

BÉRALDE.

Que voulez-vous qu'ils y mettent, que les diverses professions des hommes? Nous y voyons bien tous les jours des princes et des rois, qui sont du moins d'aussi bonne maison que les médecins.

ARGAN.

Par la mort non d'un diable, je les attraperois bien quand ils seroient malades : ils auroient beau me prier, je prendrois plaisir à les voir souffrir; je ne voudrois pas les soulager en rien; je ne leur ordonnerois pas la moindre petite saignée, le moindre petit lavement; je me vengerois bien de leur insolence, et leur dirois : Crevez, crevez, crevez, mes petits messieurs; cela vous apprendra à vous moquer une autre fois de la faculté.

BÉRALDE.

Ils ne s'exposent point à de pareilles épreuves, et ils savent très-bien se guérir eux-mêmes lorsqu'ils sont malades.

VARIANTES.

SCÈNE IV.

MONSIEUR FLEURANT, ARGAN, BÉRALDE.

MONSIEUR FLEURANT, *avec une seringue à la main.*

C'est un petit clystère que je vous apporte. Prenez vite, monsieur, prenez vite ; il est comme il faut, il est comme il faut.

BÉRALDE.

Que voulez-vous faire, mon frère ?

ARGAN.

Attendez un moment ; cela sera bientôt fait.

BÉRALDE.

Je crois que vous vous moquez de moi. Eh ! ne sauriez-vous prendre un autre temps ? Allez, monsieur ; revenez une autre fois.

ARGAN.

A ce soir, s'il vous plaît, monsieur Fleurant.

MONSIEUR FLEURANT.

De quoi vous mêlez-vous, monsieur ? Vous êtes bien plaisant, d'empêcher monsieur de prendre son clystère ! Sont-ce là vos affaires ?

BÉRALDE.

On voit bien, monsieur, que vous n'avez pas accoutumé de parler à des visages.

MONSIEUR FLEURANT.

Que voulez-vous dire, avec vos visages ? Sachez que je ne perds pas ainsi mes pas, et que je viens ici en vertu d'une bonne ordonnance. Et vous, monsieur, vous vous repentirez du mépris que vous en faites. Je vais le dire à monsieur Purgon ; vous verrez, vous verrez.

(*Il sort.*)

SCÈNE V.

ARGAN, BÉRALDE.

ARGAN.

Mon frère, vous allez être cause ici de quelque malheur; et je crains fort que monsieur Purgon ne se fâche, quand il saura que je n'ai pas pris son lavement.

BÉRALDE.

Voyez un peu le grand mal, de n'avoir pas pris un lavement que monsieur Purgon a ordonné! Vous ne vous mettriez pas plus en peine, si vous aviez commis un crime considérable. Encore un coup, est-il possible qu'on ne vous puisse pas guérir de la maladie des médecins? et ne vous verrai-je jamais qu'avec un lavement et une médecine dans le corps?

ARGAN.

Mon dieu! mon frère, vous parlez comme un homme qui se porte bien. Si vous étiez en ma place, vous seriez aussi embarrassé que moi.

BÉRALDE.

Hé bien! mon frère, faites ce que vous voudrez. Mais j'en reviens toujours là; votre fille n'est point destinée pour un médecin; et le parti dont je veux vous parler lui est bien plus convenable.

ARGAN.

Il ne l'est pas pour moi, et cela me suffit. En un mot, elle est promise, et elle n'a qu'à se déterminer à cela, ou à un couvent.

BÉRALDE.

Votre femme n'est pas des dernières à vous donner ce conseil.

ARGAN.

Ah! j'étois bien étonné, si l'on ne me parloit pas de la pauvre

VARIANTES.

femme; c'est toujours elle qui fait tout. Il faut que tout le monde en parle.

BÉRALDE.

Ah! j'ai tort, il est vrai. C'est une femme qui a trop d'amitié pour vos enfans, et qui, pour l'amitié qu'elle leur porte, voudroit les voir toutes deux bonnes religieuses.

SCÈNE VI.

MONSIEUR PURGON, TOINETTE, ARGAN, BÉRALDE.

MONSIEUR PURGON.

Qu'est-ce? On vient de m'apprendre de belles nouvelles. Comment! refuser un clystère que j'avois pris plaisir moi-même de composer avec grand soin!

ARGAN.

Monsieur Purgon, ce n'est pas moi; c'est mon frère.

MONSIEUR PURGON.

Voilà une étrange rébellion d'un malade contre son médecin!

TOINETTE.

Cela est vrai.

MONSIEUR PURGON.

Le renvoyer avec audace! C'est une action exorbitante.

TOINETTE.

Assurément.

MONSIEUR PURGON.

Un attentat énorme contre la médecine.

TOINETTE.

Cela est certain.

MONSIEUR PURGON.

C'est un crime de lèse-faculté.

VARIANTES.

TOINETTE.

Vous avez raison.

MONSIEUR PURGON.

Je vous aurois, dans peu, tiré d'affaire; et je ne voulois plus que dix médecines et vingt lavemens pour vider le fond du sac.

TOINETTE.

Il ne le mérite pas.

MONSIEUR PURGON.

Mais, puisque vous avez eu l'insolence de mépriser mon clystère,

ARGAN.

Eh! monsieur Purgon, ce n'est pas ma faute; c'est la sienne.

MONSIEUR PURGON.

Que vous vous êtes soustrait de l'obéissance qu'un malade doit à son médecin,

ARGAN.

Ce n'est pas moi, vous dis-je.

MONSIEUR PURGON.

Je ne veux plus avoir d'alliance avec vous; et voici le don que je faisois de tout mon bien à mon neveu en faveur du mariage avec votre fille, que je déchire en mille pièces.

TOINETTE.

C'est fort bien fait.

ARGAN.

Mon frère, vous êtes cause de tout ceci.

MONSIEUR PURGON.

Je ne veux plus prendre soin de vous, et être davantage votre médecin.

ARGAN.

Je vous demande pardon.

MONSIEUR PURGON.

Je vous abandonne à votre méchante constitution, à l'intempérie de votre tempérament et à la pétulance de vos humeurs.

ARGAN.

Faites-le venir ; je le prendrai devant vous.

MONSIEUR PURGON.

Je veux que, dans peu, vous soyez en un état incurable ;

ARGAN.

Ah ! je suis mort !

MONSIEUR PURGON.

Et je vous avertis que vous tomberez dans l'épilepsie ;

ARGAN.

Monsieur Purgon !

MONSIEUR PURGON.

De l'épilepsie dans la phthisie,

ARGAN.

Monsieur Purgon !

MONSIEUR PURGON.

De la phthisie dans la bradypepsie,

ARGAN.

Doucement, monsieur Purgon !

MONSIEUR PURGON.

De la bradypepsie dans la lienterie,

ARGAN.

Ah ! monsieur Purgon !

MONSIEUR PURGON.

De la lienterie dans la dyssenterie,

ARGAN.

Mon pauvre monsieur Purgon !

MONSIEUR PURGON.

De la dyssenterie dans l'hydropisie,

ARGAN.

Monsieur Purgon!

MONSIEUR PURGON.

De l'hydropisie dans l'apoplexie,

ARGAN.

Monsieur Purgon!

MONSIEUR PURGON.

De l'apoplexie dans la privation de la vie, où vous aura conduit votre folie.

SCÈNE VII.

ARGAN, BÉRALDE.

ARGAN.

Ah! c'en est fait de moi; je suis perdu! Je n'en puis revenir. Ah! je sens déja que la médecine se venge.

BÉRALDE.

Sérieusement, mon frère, vous n'êtes pas raisonnable; et je ne voudrois pas qu'il y eût ici personne qui vous vît faire ces extravagances.

ARGAN.

Vous avez beau dire; toutes ces maladies en *ies* me font trembler, et je les ai toutes sur le cœur.

BÉRALDE.

Le simple homme que vous êtes! Comme si monsieur Purgon tenoit entre ses mains le fil de votre vie, et qu'il pût l'allonger ou l'accourcir comme bon lui sembleroit. Détrompez-vous, encore une fois; et sachez qu'il y peut encore moins qu'à vous guérir, lorsque vous êtes malade.

VARIANTES.

ARGAN.

Il dit que je deviendrai incurable.

BÉRALDE.

Dans le vrai, vous êtes un homme d'une grande prévention; et, lorsque vous vous êtes mis quelque chose dans l'esprit, difficilement peut-on l'en chasser.

ARGAN.

Que ferai-je, mon frère, à présent qu'il m'a abandonné? et où trouverai-je un médecin qui me puisse traiter aussi bien que lui?

BÉRALDE.

Mon dieu! mon frère, puisque c'est une nécessité pour vous d'avoir un médecin, l'on vous en trouvera un du moins aussi habile, qui n'ira pas si vite, avec qui vous courrez moins de risque, et qui prendra plus de précaution aux remèdes qu'il vous ordonnera.

ARGAN.

Ah! mon frère, il connoissoit mon tempérament, et savoit mon mal mieux que moi-même.

SCÈNE VIII.

TOINETTE, ARGAN, BÉRALDE.

TOINETTE.

Monsieur, il y a un médecin à la porte, qui souhaite parler à vous.

ARGAN.

Quel est-il, ce médecin?

TOINETTE.

C'est un médecin de la médecine, qui me ressemble comme deux gouttes d'eau; et, si je ne savois que ma mère étoit honnête femme, je croirois que ce seroit quelque petit frère qu'elle m'auroit donné depuis le trépas de mon père.

ARGAN.

Dis-lui qu'il prenne la peine d'entrer. C'est sans doute un médecin qui vient de la part de monsieur Purgon pour nous bien remettre ensemble. Il faut voir ce que c'est, et ne pas laisser échapper une si belle occasion de me raccommoder avec lui.

SCÈNE IX.

TOINETTE, *en habit de médecin*; ARGAN, BÉRALDE.

TOINETTE.

Monsieur, quoique je n'aie pas l'honneur d'être connu de vous, ayant appris que vous êtes malade, je viens vous offrir mon service pour toutes les purgations et les saignées dont vous aurez besoin.

ARGAN.

Ma foi, mon frère, c'est Toinette elle-même.

TOINETTE.

Monsieur, je vous demande pardon; j'ai une petite affaire en ville. Permettez-moi d'y envoyer mon valet, que j'ai laissé à votre porte, dire que l'on m'attend.

(*Elle sort.*)

ARGAN.

Je crois sûrement que c'est elle; qu'en croyez-vous?

BÉRALDE.

Pourquoi voulez-vous cela? Sont-ce les premiers qui ont quelque ressemblance? et ne voyons-nous pas souvent arriver de ces sortes de choses?

TOINETTE, *quitte son habit de médecin si promptement, pour paroître devant son maître à son ordinaire, qu'il est difficile de croire que ce soit elle qui a paru en médecin.*

Que voulez-vous, monsieur?

VARIANTES.

ARGAN.

Quoi?

TOINETTE.

Ne m'avez-vous pas appelée?

ARGAN.

Moi? Tu te trompes.

TOINETTE.

Il faut donc que les oreilles m'aient corné.

ARGAN.

Demeure, demeure pour ce médecin, qui te ressemble si fort.

TOINETTE.

Ah! vraiment oui; je l'ai assez vu.

(*Elle sort.*)

ARGAN.

Ma foi, mon frère, cela est admirable; et je ne le croirois pas, si je ne les voyois tous deux ensemble.

BÉRALDE.

Cela n'est point si surprenant : notre siècle nous en fournit plusieurs exemples; et vous devez, ce me semble, vous souvenir de quelques-uns qui ont fait tant de bruit dans le monde.

TOINETTE, *en médecin.*

Monsieur, excusez-moi, s'il vous plaît.

ARGAN.

Je ne puis sortir de mon étonnement, et il semble que c'est elle-même.

TOINETTE.

Je suis un médecin passager, courant de villes en villes, et de royaumes en royaumes, pour chercher d'illustres malades, et pour trouver d'amples matières à ma capacité. Je ne suis pas de ces médecins d'ordinaire, qui ne s'amusent qu'à des bagatelles de fiévrottes, de rhumatismes, de migraines, et autres maladies de peu de conséquence. Je veux de bonnes fièvres continues avec des transports au cerveau, de bonnes oppressions de poitrine, de bons maux de côté, de bonnes fièvres pourprées, de bonnes véroles, de bonnes pestes : c'est là où je me plais, c'est là où je triomphe; et je voudrois, monsieur, que vous eussiez toutes ces maladies ensemble, que vous fussiez abandonné de tous les médecins, et à l'agonie, pour vous montrer la longue et grande expérience que j'ai dans notre art, et la passion que j'ai de vous rendre service.

ARGAN.

Je vous suis trop obligé, monsieur; cela n'est point nécessaire.

TOINETTE.

Je vois que vous me regardez fixement. Quel âge croyez-vous bien que j'aie?

ARGAN.

Je ne le puis savoir au juste; pourtant vous avez bien vingt-sept ou vingt-huit ans au plus?

TOINETTE.

Bon! j'en ai quatre-vingt-dix.

ARGAN.

Quatre-vingt-dix! Voilà un beau jeune vieillard.

TOINETTE.

Oui, quatre-vingt-dix ans; et j'ai su me maintenir toujours frais et jeune, comme vous voyez, par la vertu et la bonté de mes remèdes. Donnez-moi votre pouls : allons donc; voilà un pouls bien impertinent. Ah! je vois bien que vous ne me connoissez pas encore. Je vous ferai bien aller comme il faut. Qui est votre médecin?

ARGAN.

Monsieur Purgon.

TOINETTE.

Monsieur Purgon? Ce nom ne m'est point connu, et n'est

point écrit sur mes tablettes, dans le rang des grands et fameux médecins qui y sont. Quittez-moi cet homme; ce n'est point du tout votre affaire. Il faut que ce soit peu de chose. Je veux vous en donner un de ma main.

ARGAN.

On le tient pourtant en grande réputation.

TOINETTE.

De quoi dit-il que vous êtes malade?

ARGAN.

Il dit que c'est de la rate : d'autres disent que c'est du foie.

TOINETTE.

L'ignorant! C'est du poumon que vous êtes malade.

ARGAN.

Du poumon?

TOINETTE.

Oui, du poumon. N'avez-vous pas grand appétit à ce que vous mangez?

ARGAN.

Eh! oui.

TOINETTE.

C'est justement le poumon. Ne trouvez-vous pas le vin bon?

ARGAN.

Oui.

TOINETTE.

Le poumon. Ne rêvez-vous point pendant la nuit?

ARGAN.

Oui, oui, même assez souvent.

TOINETTE.

Le poumon. Ne faites-vous point un petit sommeil après le repas?

ARGAN.

Ah! oui, tous les jours.

TOINETTE.

Le poumon, le poumon, vous dis-je.

ARGAN.

Ah! mon frère, le poumon!

TOINETTE.

Que vous ordonne-t-il de manger?

ARGAN.

Du potage,

TOINETTE.

L'ignorant!

ARGAN.

De prendre force bouillons,

TOINETTE.

L'ignorant!

ARGAN.

Du bouilli,

TOINETTE.

L'ignorant!

ARGAN.

Du veau et des poulets,

TOINETTE.

L'ignorant!

ARGAN.

Et, le soir, des petits pruneaux pour lâcher le ventre.

TOINETTE.

Ignorantus, ignoranta, ignorantum; et moi, je vous ordonne de bon gros pain bis, de bon gros bœuf, de bons gros pois, de bon fromage d'Hollande, et, afin que vous ne crachiez plus, des marrons et des oublies pour coller et conglutiner.

ARGAN.

Mais voyez un peu, mon frère, quelle ordonnance?

TOINETTE.

Croyez-moi, exécutez-la; vous vous en trouverez bien. A

VARIANTES.

propos, je m'aperçois ici d'une chose; dites-moi, monsieur, que faites-vous de ce bras-là?

ARGAN.

Ce que j'en fais? La belle demande!

TOINETTE.

Si vous m'en croyez, vous le ferez couper tout à l'heure.

ARGAN.

Et la raison?

TOINETTE.

Ne voyez-vous pas qu'il attire à lui toute la nourriture, et qu'il empêche l'autre côté de profiter?

ARGAN.

Eh! je ne me soucie pas de cela; j'aime bien mieux les avoir tous deux.

TOINETTE.

Si j'étois aussi en votre place, je me ferois crever cet œil-ci tout à l'heure.

ARGAN.

Et pourquoi le faire crever?

TOINETTE.

N'en verrez-vous pas une fois plus clair de l'autre? Faites-le, vous dis-je, et tout à présent.

ARGAN.

Je suis votre serviteur; j'aime beaucoup mieux ne voir pas si clair de l'un, et n'en avoir point de manque.

TOINETTE.

Excusez-moi, monsieur; je suis obligé de vous quitter sitôt. Je vous verrai quelquefois pendant le séjour que je ferai en cette ville; mais je suis obligé de me trouver aujourd'hui à une consultation qui se doit faire, pour un malade qui mourut hier.

ARGAN.

Pourquoi une consultation, pour un malade qui mourut hier?

TOINETTE.

Pour aviser aux remèdes qu'il eût fallu lui faire pour le guérir, et s'en servir dans une semblable occasion.

ARGAN.

Monsieur, je ne vous reconduis point : vous savez que les malades en sont exempts.

BÉRALDE.

Eh bien! mon frère, que dites-vous de ce médecin?

ARGAN.

Comment, diable! Il me semble qu'il va bien vite en besogne.

BÉRALDE.

Comme font tous ces grands médecins; et il ne le seroit pas, s'il faisoit autrement.

ARGAN.

Couper un bras, crever un œil! Voyez quelle plaisante opération, de me faire borgne et manchot!

TOINETTE, *rentrant après avoir quitté l'habit de médecin.*

Doucement, doucement, monsieur le médecin; modérez, s'il vous plaît, votre appétit.

ARGAN.

Qu'as-tu donc, Toinette?

TOINETTE.

Vraiment, votre médecin veut rire. Ma foi, il a voulu mettre sa main sur mon sein en sortant.

ARGAN.

Cela est étonnant, à son âge. Qui pourroit croire cela, qu'à quatre-vingt-dix ans l'on fût encore si gaillard?

BÉRALDE.

Enfin, mon frère, puisque vous avez rompu avec monsieur Purgon, qu'il n'y a plus d'espérance d'y pouvoir renouer, et qu'il a déchiré les articles d'entre son neveu et votre fille, rien ne vous peut plus empêcher d'accepter le parti que je vous propose pour ma nièce; c'est un...

ARGAN.

Je vous prie, mon frère, ne parlons point de cela. Je sais bien ce que j'ai à faire, et je la mettrai, dès demain, dans un couvent.

BÉRALDE.

Vous voulez faire plaisir à quelqu'un.

ARGAN.

Oh çà, voilà encore la pauvre femme en jeu.

BÉRALDE.

Eh bien! oui, mon frère, c'est d'elle dont je veux parler; et, non plus que l'entêtement des médecins, je ne puis supporter celui que vous avez pour elle.

ARGAN.

Vous ne la connoissez pas, mon frère; c'est une femme qui a trop d'amitié pour moi : demandez-lui les caresses qu'elle me fait. A moins que de les voir, on ne le croiroit pas.

TOINETTE.

Monsieur a raison, et on ne peut pas concevoir l'amitié qu'elle a pour lui. Voulez-vous que je vous fasse voir comme madame aime monsieur?

BÉRALDE.

Comment?

TOINETTE.

Eh! monsieur, laissez-moi faire; souffrez que je le détrompe, et que je lui fasse voir son bec jaune.

ARGAN.

Que faut-il faire pour cela?

TOINETTE.

J'entends madame qui revient de la ville. Vous, monsieur,

cachez-vous dans ce petit endroit, et prenez garde surtout que l'on ne vous voie. Approchons votre chaise; mettez-vous dedans tout de votre long, et contrefaites le mort. Vous verrez, par le regret qu'elle témoignera de votre perte, l'amitié qu'elle vous porte. La voici.

ARGAN.

Oui, oui, oui, oui; bon, bon, bon, bon.

SCÈNE X.

BÉLINE, TOINETTE; ARGAN, *contrefaisant le mort;* BÉRALDE, *caché dans un coin.*

TOINETTE.

Ah! ciel! quelle cruelle aventure! quel malheur imprévu vient de m'arriver! Que ferai-je, malheureuse? et comment annoncer à madame de si méchantes nouvelles? Ah! ah!

BÉLINE.

Qu'as-tu, Toinette?

TOINETTE.

Ah! madame, quelle perte venez-vous de faire! Monsieur vient de mourir tout à l'heure subitement; j'étois seule ici, et il n'y avoit personne pour le secourir.

BÉLINE.

Quoi! mon mari est mort?

TOINETTE.

Hélas! oui, le pauvre homme défunt est trépassé.

BÉLINE.

Le ciel en soit loué! me voilà délivrée d'un grand fardeau! Que tu es folle, Toinette, de pleurer!

TOINETTE.

Moi, madame? Je croyois qu'il fallût pleurer.

VARIANTES.

BÉLINE.

Bon, et je voudrois bien savoir pour quelle raison ai-je fait une si grande perte. Quoi! pleurer un homme mal bâti, mal fait, sans esprit, de mauvaise humeur, fort âgé, toujours toussant, mouchant, crachant, reniflant, fâcheux, ennuyeux, incommode à tout le monde, grondant sans cesse et sans raison, toujours un lavement ou une médecine dans le corps, de méchante odeur! Il faudroit que je n'eusse pas le sens commun.

TOINETTE.

Voilà une belle oraison funèbre!

BÉLINE.

Je ne prétends pas avoir passé la plus grande partie de ma jeunesse avec lui, sans y profiter de quelque chose; et il faut, Toinette, que tu m'aides à bien faire mes affaires sûrement. Ta récompense est sûre.

TOINETTE.

Ah! madame, je n'ai garde de manquer à mon devoir.

BÉLINE.

Puisque tu m'assures que sa mort n'est sue de personne, saisissons-nous de l'argent et de tout ce qu'il y a de meilleur; portons-le dans son lit, et, quand j'aurai tout mis à couvert, nous ferons en sorte que quelque autre l'y trouve mort; et ainsi on ne se doutera pas de ce que nous aurons fait. Il faut d'abord que je lui prenne ses clefs qui sont dans cette poche.

ARGAN, *se lève tout à coup.*

Tout beau, tout beau, madame la carogne. Ah! ah! je suis ravi d'avoir entendu le bel éloge que vous avez fait de moi. Cela m'empêchera de faire bien des choses.

TOINETTE.

Quoi! le défunt n'est pas mort?

BÉRALDE.

Hé bien! mon frère, voyez-vous à présent comme votre femme vous aime?

ARGAN.

Ah! vraiment oui, je le vois, je ne le vois que trop.

TOINETTE.

Je vous jure que j'ai bien été trompée, et que je n'eusse jamais cru cela. Mais j'aperçois votre fille; retournez-vous-en où vous étiez, et vous remettez dans votre chaise. Il est bon aussi de l'éprouver, et ainsi vous connoîtrez les sentimens de toute votre famille.

ARGAN.

Tu as raison, tu as raison.

SCÈNE XI.

ANGÉLIQUE, TOINETTE, ARGAN, BÉRALDE.

TOINETTE.

Ah! quel étrange accident! mon pauvre maître est mort. Que de larmes, que de pleurs il va nous coûter! Quel désastre! S'il étoit encore mort d'une autre manière, on n'en auroit pas tant de regret. Ah! que j'en ai de déplaisir! ah, ah, ah!

ANGÉLIQUE.

Qu'y a-t-il de nouveau, Toinette, pour te causer tant de gémissemens?

TOINETTE.

Hélas! votre père est mort.

ANGÉLIQUE.

Mon père est mort, Toinette?

TOINETTE.

Ah! il ne l'est que trop; et il vient d'expirer entre mes bras d'une foiblesse qui lui a prise. Tenez, voyez-le; le voilà tout étendu dans sa chaise. Ah! ah!

VARIANTES.

ANGÉLIQUE.

Mon père est mort, et justement dans le temps où il étoit en colère contre moi par la résistance que je lui ai faite tantôt, en refusant le mari qu'il me vouloit donner! Que deviendrai-je, misérable que je suis? et comment cacher une chose qui a paru devant tant de personnes?

SCÈNE XXIII.

CLÉANTE, ANGÉLIQUE, TOINETTE, ARGAN, BÉRALDE.

CLÉANTE.

Juste ciel! que vois-je? Dites, qu'avez-vous, belle Angélique?

ANGÉLIQUE.

Ah! Cléante, ne me parlez plus de rien. Mon père est mort; il faut vous dire adieu pour toujours, et nous séparer entièrement l'un de l'autre.

CLÉANTE.

Quelle infortune, grand dieu! Hélas! après la demande que j'avois prié votre oncle de lui faire de vous, je venois moi-même me jeter à ses pieds pour faire un dernier effort, afin de vous obtenir.

ANGÉLIQUE.

Le ciel ne l'a pas voulu. Vous devez, comme moi, vous soumettre à ce qu'il veut, et il faut vous résoudre à me quitter pour toujours. Oui, mon père, puisque j'ai été assez infortunée pour ne pas faire ce que vous vouliez de moi pendant votre vie, du moins ai-je dessein de le réparer après votre mort; je veux exécuter votre dernière volonté, et je vais me retirer dans un couvent pour y pleurer votre mort pendant tout le reste de ma vie : oui, mon cher père, souffrez que je vous en donne ici les dernières assurances, et que je vous embrasse...

ARGAN, *se lève.*

Ah! ma fille!...

ANGÉLIQUE.

Ah, ah, ah, ah!

ARGAN.

Viens, ma chère enfant, que je te baise. Va, je ne suis pas mort; je vois que tu es ma fille, et je suis bien aise de reconnoître ton bon naturel.

ANGÉLIQUE.

Mon père, permettez que je me mette à genoux devant vous pour vous conjurer que, si vous ne voulez pas me faire la grace de me donner Cléante pour époux, vous ne me refusiez pas celle de ne m'en pas donner un avec lequel je ne puisse vivre.

CLÉANTE.

Eh! monsieur, serez-vous insensible à tant d'amour? et ne peut-on pas vous attendrir par aucun endroit?

BÉRALDE.

Mon frère, avez-vous à consulter? et ne devriez-vous pas déja l'avoir donnée aux vœux de monsieur?

TOINETTE.

Comment! vous résisterez à de si grandes marques de tendresse! Là, monsieur, rendez-vous.

ARGAN.

Hé bien! qu'il se fasse médecin, et je lui donne ma fille.

CLÉANTE.

Oui dà, monsieur, je le veux bien; apothicaire même, si vous voulez : je ferois encore des choses bien plus difficiles pour avoir la belle Angélique.

BÉRALDE.

Mais, mon frère, il me vient une pensée; faites-vous médecin vous-même, plutôt que monsieur.

VARIANTES.

ARGAN.

Moi, médecin?

BÉRALDE.

Oui, vous. C'est le véritable moyen de vous bien porter; et il n'y a aucune maladie, si redoutable qu'elle soit, qui ait l'audace de s'attaquer à un médecin.

TOINETTE.

Tenez, monsieur, votre barbe y peut beaucoup; et la barbe fait plus de la moitié d'un médecin.

ARGAN.

Vous vous moquez, je crois; et je ne sais pas un seul mot de latin. Comment donc faire?

BÉRALDE.

Voilà une belle raison! Allez, allez; il y en a parmi eux qui en savent encore moins que vous; et, lorsque vous aurez la robe et le bonnet, vous en saurez plus qu'il ne vous en faut.

CLÉANTE.

En tout cas, me voilà prêt à faire ce que l'on voudra.

ARGAN.

Mais, mon frère, cela ne se peut faire sitôt.

BÉRALDE.

Tout à présent, si vous voulez; et j'ai une faculté de mes amis fort près d'ici, que j'enverrai querir pour célébrer la cérémonie. Allez vous préparer seulement; toutes choses seront bientôt prêtes.

ARGAN.

Allons, voyons, voyons.

CLÉANTE.

Quel est donc votre dessein? et que voulez-vous dire avec cette faculté de vos amis?

VARIANTES.

BÉRALDE.

C'est un intermède de la réception d'un médecin que des comédiens ont représenté ces jours passés. Je les avois fait venir pour le jouer ce soir ici devant nous, afin de nous bien divertir; et je prétends que mon frère y joue le premier personnage.

ANGÉLIQUE.

Mais, mon oncle, il me semble que c'est se railler un peu fortement de mon père.

BÉRALDE.

Ce n'est pas tant se railler que s'accommoder à son humeur; outre que, pour lui ôter tout sujet de se fâcher, quand il aura reconnu la pièce que nous lui jouons, nous pouvons y prendre chacun un rôle, et jouer en même temps que lui. Allons donc nous habiller.

CLÉANTE.

Y consentez-vous?

ANGÉLIQUE.

Il le faut bien.

NOTICE

HISTORIQUE ET LITTÉRAIRE

SUR LE MALADE IMAGINAIRE.

Les comédies-ballets, composées par Molière, à l'exception des *Fâcheux*, la première de toutes, avoient été demandées par Louis XIV lui-même, et représentées d'abord devant lui sur le théâtre de la cour. Il paroît que, cette fois, Molière ne reçut point d'ordre du roi, et que ce fut de son propre mouvement qu'il fit *le Malade imaginaire*. On peut même douter que le projet de cette comédie *ait été fait*, comme il est dit en tête du prologue, *pour délasser le roi de ses nobles travaux*. Mais, du moins, Molière, voulant célébrer le retour de ce prince, accommoda sa pièce à la circonstance, en y attachant ce même prologue où sont chantés les glorieux exploits de la campagne de Hollande. *Le Malade imaginaire* fut représenté, pour la première fois, le 10 février 1673, non à Versailles ou à Saint-Germain, mais à Paris, sur le théâtre du Palais-Royal; et il ne fut joué devant le roi que le 19 juillet 1674, dans la troisième journée d'une fête donnée à Versailles, au retour de la campagne où la Franche-Comté fut conquise. Molière alors n'existoit plus.

La mort de ce grand homme se lie à l'histoire de cette excellente comédie : elle est comme un triste épisode de ce dernier acte de sa vie dramatique et théâtrale; et l'on est forcé d'en mêler le récit douloureux au compte qu'il faut rendre d'un chef-d'œuvre de gaieté comique.

Le vendredi 17, jour de la quatrième représentation, Molière, qui remplissoit le rôle d'Argan, se sentant plus incommodé qu'à l'ordinaire de son inflammation de poitrine, mais ne voulant pas priver sa troupe d'une recette qui paroissoit devoir être considérable, demanda seulement que le spectacle commençât à quatre heures précises. Il fit, pour aller jusqu'à la fin de la représentation, des efforts qui sans doute aggravèrent beaucoup son mal; et, au moment où, dans la cérémonie de la réception, il prononçoit le mot *juro*, il lui prit une convulsion qu'il tâcha vainement de cacher aux spectateurs. On le transporta chez lui; et, peu d'heures après, il avoit cessé de vivre. Les comédiens perdoient tout en lui, un ami, un bienfaiteur, un père. Les regrets qu'ils lui donnèrent parurent dignes des sentimens qu'ils lui devoient; ils fermèrent le théâtre pour ne le rouvrir que sept jours après, le vendredi 24 du même mois. Comme il avoit fallu que La Thorillière apprît le rôle d'Argan, les représentations du *Malade imaginaire* ne purent être reprises que le vendredi 3 mars, et elles furent arrêtées à la treizième inclusivement par la clôture de la Semaine-Sainte. La pièce fut reprise, le 4 mai 1674, par la nouvelle troupe, formée des débris de la troupe de Molière et de l'élite de celle du Marais. Reprise de nouveau le 19 novembre de la même année, elle fut jouée encore onze fois de suite; ce qui fait monter à soixante-deux le nombre total des représentations. Aucun ouvrage de Molière n'en avoit eu autant dans sa nouveauté, et plusieurs sans doute en avoient mérité davantage. Il faut donc attribuer ce succès extraordinaire à l'honorable empressement du public, qui ne se lassoit pas de venir admirer le dernier chef-d'œuvre d'un homme qui en avoit produit tant d'autres, et qui n'en devoit plus produire.

L'amour de nous-mêmes et le soin de notre propre conservation sont, sans contredit, nos sentimens, nos intérêts les plus naturels et les plus impérieux. Bien entendus, bien dirigés, ils produisent tous les arts utiles, et engendrent même quelques-unes de nos vertus. Dans une ame foible ou perverse, au contraire, ils dégénèrent en un lâche ou coupable égoïsme; ils vont jusqu'à donner naissance à des vices et à des crimes : le moins fâcheux de leurs effets est de conduire un homme à la triste manie de se croire malade, quand il ne l'est pas, et de se traiter pour des maux dont il est exempt.

Il y a deux sortes de malades imaginaires. Les uns, improprement appelés de ce nom, sont les hypocondriaques; c'est-à-dire, ceux qu'un désordre physique porte à la mélancolie, aux pensées sombres et inquiètes. Généralement les personnes en qui cette affection subsiste imaginent que leur vie est menacée par quelque mal : affranchies de la peur de celui-ci, elles tombent dans la crainte de celui-là. Se croire ainsi malade, c'est l'être véritablement et de la manière la plus fâcheuse; c'est, en quelque sorte, réunir toutes les maladies en une seule, puisque cette maladie unique, par le pouvoir d'une imagination viciée, se transforme successivement en une foule d'autres. Les malades imaginaires de cette espèce appartiennent à la médecine, qui doit employer, pour leur traitement, un mélange de remèdes physiques et moraux. La comédie ne peut essayer de faire rire à leurs dépens, et elle est sans pouvoir pour les guérir, à moins qu'elle ne parvienne à les faire rire eux-mêmes.

Le malade vraiment imaginaire, celui qui est justiciable de la muse comique et non de la faculté, est l'homme qu'un amour excessif de la vie, ou une crainte immodérée de la mort, ce qui est la même chose, rend continuellement inquiet sur sa santé; qui, sain et vigoureux, se croit débile et valétudinaire; prend mille soins pour préserver ou soulager son corps de maux qui n'existent que dans son esprit, et, à force de se médicamenter pour des maladies chimériques, parvient ordinairement à s'en donner de très-réelles. Tel est Argan, tel est le personnage que Molière a choisi pour le héros de sa dernière comédie.

Argan est le vrai pendant d'Orgon. La nature ne leur a refusé ni à l'un ni à l'autre le jugement et la sensibilité; ils ont même encore quelquefois, en ce qui ne touche pas leur manie, des lueurs de raison et des retours de tendresse pour leurs enfans. Mais cette manie est telle, qu'habituellement leur esprit en est hébété et leur cœur endurci; elle les a rendus crédules, opiniâtres, irascibles et surtout égoïstes. L'un a le fanatisme de la bigoterie; l'autre a la superstition de la médecine. Celui-ci, tout occupé du salut de son ame, croit attirer sur lui les bénédictions du ciel, en introduisant dans sa famille un misérable qui fait le saint homme; celui-là, ne songeant qu'à la santé de son corps, espère se procurer des secours contre la maladie, et se trouver à la source des consultations, des ordonnances et des remèdes, en se donnant pour gendre un sot que le bonnet seul a fait docteur; et chacun d'eux, par là, veut sacrifier sa fille à une passion qui se fonde uniquement sur son intérêt personnel. Tous deux sont contrariés dans ce projet insensé par un frère qui le combat avec les armes du raisonnement, et par une servante qui emploie celles de la ruse et du sarcasme. Tous deux sont dupes des artifices d'un personnage faux et cupide qui flatte leur manie pour s'emparer de leur bien et en frustrer leurs enfans; mais, incapables de céder à la raison, ils ne peuvent être désabusés que par le témoignage de leurs sens : ils ne veulent pas se rendre, à moins de voir de leurs yeux et d'entendre de leurs oreilles. Tous deux, enfin, sont mariés en secondes noces; mais c'est ici moins un rapport qu'une dissemblance. Elmire et Béline ont le même titre, mais non pas, il s'en faut, les mêmes sentimens et la même conduite : l'une a une tendresse de mère pour les enfans de son mari; l'autre n'est qu'une marâtre pour les enfans du sien. La différente constitution des deux pièces le vouloit ainsi. Molière n'a introduit une belle-mère dans *le Tartuffe* que parce qu'il faut que l'hypocrite, non content de vouloir spolier les enfans de son bienfaiteur, veuille aussi séduire sa femme, et que la propre mère de Damis et de Mariane ne seroit pas assez jeune pour exciter la convoitise du personnage. Du reste, Elmire ne peut que faire cause commune avec toute la famille contre l'odieux étranger qui en veut la ruine entière. Dans *le Malade imaginaire*, au contraire, c'est la belle-mère elle-même qui veut faire déshériter les enfans d'un premier lit, pour s'enrichir de leurs dépouilles; et ce personnage étoit le plus habilement choisi pour une pièce, où il s'agissoit de montrer à quel point de lâche asservissement et de foiblesse coupable peut arriver un homme qu'un soin pusillanime de sa santé met à la merci de ceux qui l'entourent de leurs soins intéressés.

Ce personnage de Béline, plus développé et mis davantage

en-action, pourroit être le personnage principal d'une pièce qui seroit intitulée *la Belle-Mère*; mais il est douteux qu'un si odieux caractère réussît au théâtre, si on l'y présentoit de face et sur le premier plan. Molière ne l'a montré que de profil; encore a-t-il eu soin de ne le placer qu'auprès d'un être dégradé par une manie qui le rend imbécille et insensible. Le vice de Béline est la conséquence et la punition du travers d'Argan. L'un devoit figurer à la suite de l'autre; autrement la leçon n'eût pas été complète. Mais d'un accessoire hideux et nécessaire, il seroit peut-être imprudent de faire le principal sujet d'un tableau destiné plutôt à corriger les esprits par la peinture du ridicule, qu'à révolter les ames par le spectacle de la perversité. Les annales du théâtre nous apprennent que Dancourt y fit paroître une *Belle-Mère*, qui étoit sans doute une marâtre. La pièce ne fut point imprimée; d'où l'on peut conclure qu'elle n'eut aucun succès. Plus tard, une autre *Belle-Mère*, de M. Vigée, réussit assez peu pour avertir de nouveau les auteurs du danger d'un semblable sujet.

Il ne faut pas séparer de Béline M. Bonnefoi, son complice, dans le projet de dépouiller les enfans de son mari. Les notaires figurent souvent sur la scène; ils y viennent prêter leur ministère à ces mariages qui sont le dénouement obligé de la plupart de nos comédies. Rarement leur rôle est ridicule; plus rarement il est vil et odieux. Cependant, soit qu'avant le siècle dernier, les notaires ne se fussent pas encore élevés jusqu'à cette probité délicate qui les distingue aujourd'hui, soit que notre vieille comédie, poussant jusqu'au mensonge la liberté de ses censures, ne craignît pas de flétrir de ses sarcasmes une profession digne de respect, nous voyons, dans quelques anciennes pièces, des notaires proposer, accomplir impudemment des actes d'insigne friponnerie. Quoi qu'il en soit, M. Bonnefoi, notaire prévaricateur, et méritant un châtiment légal, est un personnage étranger à l'état actuel de la société, ou, pour mieux dire, privé de ce caractère de vérité générale qui convient à la comédie de mœurs. De tout temps et jusqu'à ce jour même, les procureurs ont été mulctés par la justice du théâtre. Instrumens intéressés des passions des plaideurs, on les accuse de nourrir, d'envenimer, d'éterniser les procès, et de bâtir leur fortune sur la ruine de leurs cliens. Ce tort n'est pas celui de tous, sans doute; mais il est celui d'un assez grand nombre pour avoir au moins l'apparence d'un vice caractéristique de la profession, et pour prêter à une censure générale. Il en est autrement des notaires. Ils trouvent, dans la nature plus élevée, plus délicate de leur ministère, un préservatif contre la tentation d'en abuser : plus coupables s'ils prévariquoient, ils le sont moins souvent par cette raison même. Rédacteurs et gardiens des actes qui assurent l'état et la fortune des particuliers, souvent même dépositaires de nos biens et chargés d'en diriger l'emploi, l'honorable importance de leurs fonctions leur inspire naturellement les vertus nécessaires pour les bien remplir. Ils ont besoin de la confiance publique, et ils s'appliquent à la mériter : la probité même est pour eux la source de la richesse. Le rôle de M. Bonnefoi n'est donc pas, si je ne me trompe, le type satirique de la profession à laquelle il appartient; il est seulement le portrait d'un individu qui en est indigne, et que ses confrères retrancheroient de leur matricule, s'ils étoient instruits de ses forfaitures. M. Bonnefoi est l'instrument nécessaire de Béline; et il n'est un notaire que parce qu'un homme de cet état est le seul propre à seconder efficacement les projets de cette femme cupide.

Le rôle de Béralde est, après celui d'Argan, le plus considérable de la pièce, non qu'il ait une grande part dans l'action, mais parce qu'il est l'antagoniste en forme du principal personnage, et parce qu'il paroît être l'organe des vrais sentimens de Molière sur un des objets qui intéressent le plus l'humanité; je veux dire la médecine.

Les railleries les plus cruelles et les plus répétées contre les médecins ne suffiroient pas pour constater l'opinion réelle d'un homme et particulièrement d'un poëte comique sur la médecine. Les docteurs si ridicules de *l'Amour médecin* et de *Pourceaugnac*, la parodie si plaisante de cette profession dans *le Médecin malgré lui*, et les figures grotesques de MM. Purgon et Diafoirus père et fils dans *le Malade imaginaire*, pourroient encore laisser la question indécise à l'égard de Molière, puisque tous les traits qui viennent d'être rappelés semblent avoir pour but, non l'art de la médecine en lui-même, mais le charlatanisme, la pédanterie, l'ignorance et l'avidité de ceux qui l'exercent. A la vérité, don Juan, dans *le Festin de Pierre*, dit bien que « la médecine est une des plus grandes erreurs qui soient « parmi les hommes; » mais don Juan fait profession de ne croire à rien, et, impie en religion, il affecte aussi d'être, comme dit Sganarelle, *impie en médecine*. On peut, d'ailleurs, opposer à cette saillie d'un personnage imaginaire ce que dit Molière lui-même, dans la préface du *Tartuffe* : « La médecine est « un art profitable, et chacun la révère comme une des plus « excellentes choses que nous ayons. » Le seul rôle de Béralde prouve, mais prouve invinciblement que Molière, à l'époque du moins où il écrivit *le Malade imaginaire*, n'avoit aucune foi à la médecine. Béralde, l'homme raisonnable de la pièce, comme Cléante l'est dans *le Tartuffe;* Béralde, par la bouche de qui Molière attaque la manie d'Argan, comme il combat celle d'Orgon par l'organe de ce même Cléante, Béralde dit, comme l'athée don Juan, et en outrant même le mépris de ses expressions : « La médecine est une des plus grandes folies qui soient parmi « les hommes; et, à regarder les choses en philosophe, je ne « vois point de plus plaisante momerie, je ne vois rien de plus « ridicule qu'un homme qui veut se mêler d'en guérir un autre. » Ajoutons que la longue et vive argumentation de Béralde contre la médecine ne va point directement au sujet; que l'important pour lui est de prouver à Argan, son frère, non pas qu'il auroit tort de se confier à la médecine, s'il étoit malade, mais qu'il fait mal de s'y livrer, puisqu'il se porte bien. Il est aisé de voir que cette diatribe contre ceux qui prétendent guérir, espèce de hors-d'œuvre dans une comédie où il s'agit d'un homme qui a recours à leur art sans aucun motif, n'est autre chose que la profession de foi ou plutôt d'incrédulité de Molière lui-même, à qui sa pièce en a fourni le prétexte plutôt qu'elle ne lui en a donné le sujet.

Il est présumable que Molière n'arriva que par degrés à regarder la médecine comme une science fausse, dangereuse et ridicule. Cette espèce d'incrédulité n'est pas ordinairement le produit d'un examen philosophique; elle est bien plutôt le fruit amer d'une expérience malheureuse, le résultat d'une longue suite d'espérances trompées. Ayant une poitrine susceptible de s'enflammer au moindre effort, et exerçant une profession qui pouvoit chaque jour provoquer ce genre d'accident, Molière avoit inutilement demandé à la médecine les moyens de concilier la pratique de son art avec la conservation de sa santé. Renoncer à cet art, c'étoit sacrifier à la fois ses intérêts et ses goûts; c'étoit surtout laisser sans appui un théâtre qui étoit son ouvrage, et des comédiens qu'il regardoit comme ses enfans. Il étoit, de plus, le mari très-amoureux d'une femme fort coquette, dont il croyoit pouvoir fixer l'inconstance, en multipliant les preuves de sa passion. Il s'imposa toutes les privations, hors les deux seules peut-être qui eussent pu arrêter les progrès de son mal; il continua d'être époux et comédien : ses douleurs s'en accrurent, et elles l'aigrirent chaque jour davantage contre la médecine, qu'il accusoit d'impuissance, lorsqu'il auroit dû peut-être s'accuser lui-même d'indocilité. Arrivé au comble de la souffrance, et touchant au terme de sa vie, son ressentiment contre la médecine étoit parvenu lui-même au plus haut degré d'exaspération; et sa dernière comédie fut comme un testament *ab irato* contre une science qui ne pouvoit ni soulager ses maux, ni prolonger ses jours.

Sans vouloir, par un jeu d'esprit indiscret, placer sur la même ligne la religion et la médecine, deux choses qui sont éloignées l'une de l'autre de toute la distance qui sépare l'ame du corps et le ciel de la terre, on peut, je crois, saisir certains rapports extrinsèques qu'elles laissent apercevoir entre elles. Toutes deux devroient être, quoiqu'à des degrés fort différens, l'objet de la vénération et de la reconnoissance universelles; mais les fautes et les divisions de leurs ministres n'ont que trop réussi à les discréditer l'une et l'autre dans l'esprit des peuples. Ces ministres sont accusés de ne pas toujours pratiquer ce qu'elles commandent, et quelques-uns sont soupçonnés de ne pas croire à ce qu'elles enseignent. Toutes deux ont leurs mystères qui les rendent redoutables, et leurs superstitions qui les dégradent. Elles ont toutes deux leurs fanatiques et leurs incrédules. Exposées à l'indifférence ou au mépris de ceux qui croient n'avoir pas besoin de leurs conseils ou de leurs secours, elles sont invoquées par eux avec ardeur dans le moment du danger, pour être dédaignées de nouveau, quand le danger n'existe plus. Le peuple a en elles une foi implicite ; l'esprit fort les brave jusqu'à ce qu'il soit trop tard pour y avoir recours ; l'homme sage s'y soumet avec confiance, parce que leurs préceptes ne lui coûtent point à suivre, et que leurs arrêts le trouveront toujours résigné.

De cette espèce de parallèle sortent plusieurs conséquences qui sont applicables à Molière lui-même. Il eut raison, sans doute, de se moquer des charlatans de la thérapeutique, aussi bien que des charlatans de la dévotion ; mais, de même qu'il avoit honoré la religion dans ceux qui la pratiquent avec sincérité, peut-être devoit-il respecter la médecine dans ceux qui l'exercent avec un zèle éclairé, consciencieux et désintéressé. Il fit bien de tourner en ridicule l'infatuation d'Argan pour Purgon, comme celle d'Orgon pour Tartuffe ; mais, entre l'excès de la crédulité et l'excès contraire, n'y a-t-il pas un juste milieu où la raison s'arrête et se fixe ? N'eût-il pas, par exemple, agi sagement pour lui-même, si, sans exiger ni attendre de la médecine une guérison peut-être impossible, il eût du moins accepté d'elle le conseil de renoncer à tout ce qui pouvoit hâter le progrès de son mal et avancer le terme de ses jours ? Il méprisa ce conseil : qu'en arriva-t-il ? ce qui arrive à des mécréans d'une autre espèce. Tombant dans une sorte d'endurcissement, d'impénitence finale, il méconnut, en mourant, la science qu'il avoit raillée durant sa vie; il en nia la réalité, parce qu'il en avoit repoussé les bienfaits; et, pour dernier trait de ressemblance, plus d'un médecin fanatique crut voir, dans sa mort, arrivée au moment même où il parodioit avec le plus d'irrévérence la plus auguste des cérémonies médicales, un châtiment exemplaire de ses sarcasmes impies contre la faculté [1].

Cette digression sur la médecine et sur Molière, à propos du rôle de Béralde, m'a entraîné loin de quelques autres personnages de la pièce, qu'il me reste à examiner. Je vais le faire en peu de mots. Angélique et Cléante ont été doués par Molière de tout ce qui peut les rendre intéressans. Un amour vif et sincère, né d'une rencontre fortuite, où l'une a reçu de l'autre un important service; cet amour, traversé par la malveillance intéressée d'une marâtre et par l'imbécille entêtement d'un père; dans Angélique, un mélange heureux de douceur et de fermeté,

---

[1] On ne peut pas douter que la mort de Molière n'ait été envisagée de cette manière par quelques-uns de ses contemporains, médecins ou malades superstitieux, quand, dans le siècle suivant, on voit un docteur renommé attacher à cet événement la même idée de châtiment et de fatalité. Grimm, dans sa *Correspondance littéraire*, raconte l'anecdote suivante: « Le docteur Malouin, vrai médecin de la tête aux pieds, et dont
« madame de Graffigny disoit plaisamment que Molière, en travaillant à
« ses rôles de Diafoirus et de Purgon, l'avoit vu en esprit, comme les
« prophètes le Messie, ce bon docteur Malouin nous remontra un jour,
« pour nous guérir de notre incrédulité, que les véritablement grands
« hommes avoient toujours respecté les médecins et leur science. *Témoin*
« *Molière*, s'écria l'un de nous. *Voyez aussi*, reprit le docteur, *comme il*
« *est mort!* »

de candeur et de prudence; dans Cléante, un grand fonds d'honneur et de générosité, que relèvent les agrémens de la personne et les ressources de l'esprit : voilà ce qui recommande ce couple aimable à l'affection des spectateurs, ce qui range tous les cœurs du parti de leur tendresse. Toinette, servante dévouée, mais franche et familière jusqu'à l'insolence, n'ayant d'autre intérêt que celui de ses maîtres, d'autre passion que le zèle du bon droit et du bon sens, se moquant librement d'Argan, parce qu'il est ridicule et qu'elle lui est nécessaire, opposée par droiture à Béline, malgré tout le mal qu'elle en doit craindre et tout le bien qu'elle en peut espérer, et attachée au parti d'Angélique, parce qu'elle est doublement indignée qu'on veuille l'enlever à un galant homme pour la donner à un sot, et la dépouiller de son bien pour en enrichir une étrangère; Toinette est, comme on dit en peinture, une *répétition* de la Dorine du *Tartuffe;* elle agit et parle de même dans des circonstances toutes semblables : il n'y a que le nom de changé. Que dirai-je de Diafoirus, père et fils, de Purgon et de Fleurant, personnages si plaisamment et si diversement ridicules? Molière, qui n'a pas mis moins de neuf médecins au théâtre, a merveilleusement varié leurs physionomies : indépendamment du travers de profession qui leur est commun à tous, chacun d'eux a son travers particulier, et, pour ainsi dire, son tic individuel qui le distingue, et empêche qu'il ne puisse être confondu avec les autres. Quoi de plus original et en même temps de plus vrai, que cette figure grotesque du jeune Diafoirus, dont la stupidité native, vaincue par la ténacité de ses efforts, est devenue de la bêtise savante, qui est armé contre la raison de toutes les subtilités de l'ergotisme, et dont le faux jugement fera autant de victimes dans les épreuves de la clinique, qu'il a mis d'adversaires *à quia* dans les disputes de l'école!

Molière, si habile dans les expositions, n'en a pas fait une qui soit supérieure à celle du *Malade imaginaire*. Quel dialogue, quelle scène en action peindroit mieux Argan et sa manie, que ce monologue où il règle et réduit les parties de M. Fleurant, son apothicaire? Quant au dénouement, il est impossible d'en trouver au théâtre un qui sorte mieux du sujet, qui soit à la fois plus naturel et plus imprévu, plus simple et plus frappant. Un même stratagême, employé deux fois de suite, fait successivement tomber le masque de sensibilité dont se couvroit une femme desireuse de la mort de son mari, et éclater la tendre affection d'une fille que son père alloit déshériter et condamner au cloître. Ce dénouement a du rapport avec celui des *Femmes savantes*. Le feint trépassement d'Argan et les fausses lettres apportées par Ariste sont deux épreuves qui ont également pour objet et pour résultat de mettre en lumière les sentimens odieux de Béline et de Trissotin, en même temps que les sentimens honnêtes d'Angélique et de Clitandre. Procurer d'un même coup, et par le plus simple moyen, la manifestation du vice et celle de la vertu, la punition de l'un et le triomphe de l'autre, c'est un trait de génie où Molière apparoît tout entier.

Dufresny, qui avoit, dit-on, le malheur de ne pas trouver assez d'esprit à Molière, et qui pourtant en avoit beaucoup lui-même, a eu la singulière idée de refaire *le Malade imaginaire*, en changeant le sexe du principal personnage. Sa malade sans maladie est une femme visionnaire, qui se croit privée d'appétit, parce qu'après un bon repas, elle cesse de manger, et travaillée d'insomnie, parce qu'après une bonne nuit, elle discontinue de dormir. Elle est entretenue dans sa chimère par une fausse amie, qui tâche de faire déshériter, à son profit, une nièce trop sincère pour flatter la manie de sa tante; et une suivante, qui a feint d'épouser les intérêts de cette femme artificieuse, sert véritablement ceux de l'héritière qu'on veut dépouiller. Ce sont bien là, comme on voit, les personnages mêmes de Molière : c'est Argan en cornette; c'est Béline, Angélique et Toinette, les deux premières différemment qualifiées, mais ayant toutes trois des caractères et des intérêts semblables. Comment Dufresny ne s'est-il pas aperçu qu'en *féminisant* son sujet, si je puis parler ainsi, il le dénaturoit entièrement? Un homme sain et robuste, qui se croit malade et infirme, appartient essentiellement à la comédie. Sa manie, heureusement rare, est un travers de l'esprit, et non pas un vice de l'organisation; elle prête d'autant plus au ridicule, qu'elle contraste plus avec la force de corps qui nous est propre, et avec la vigueur d'ame qui en est la compagne ordinaire. Mais il en est bien autrement d'une femme. La foiblesse physique, l'irritabilité nerveuse, la prédominance de l'imagination, et quelques autres conditions particulières à ce sexe, sont cause que beaucoup de femmes vivent dans un état mitoyen entre la santé et la maladie, et que, du moins, elles sont fort souvent dans un état de souffrance. Il n'est pas toujours facile de discerner celles qui se font malades par air, ou qui croient l'être quand elles ne le sont pas, de celles qui le sont réellement; et l'on pourroit courir le risque de prendre pour un objet de raillerie telle femme qui mériteroit d'être un objet de pitié. Voilà pourquoi le sujet de *la Malade sans maladie* n'est nullement comique. Le travers qu'il attaque est trop commun pour être bien frappant, et il est trop voisin d'une triste réalité pour qu'on ne doive pas craindre d'en rire. La pièce ne devoit avoir et n'eut aucun succès : le public ne permit pas même qu'elle fût achevée. Dufresny n'avoit pas besoin de s'approcher ainsi de Molière, et de lutter, pour ainsi dire, corps à corps avec lui, pour nous faire apercevoir de combien l'homme de génie surpassoit en hauteur et en force l'homme d'esprit, qui s'ignoroit assez pour se croire au moins son égal.

POÉSIES
DIVERSES.

POÉSIES DIVERSES.

REMERCIEMENT AU ROI.[1]

1663.

Votre paresse enfin me scandalise ;
Ma Muse, obéissez-moi :
Il faut ce matin, sans remise,
Aller au lever du Roi.
Vous savez bien pourquoi ;
Et ce vous est une honte
De n'avoir pas été plus prompte
A le remercier de ses fameux bienfaits ;
Mais il vaut mieux tard que jamais.
Faites donc votre compte
D'aller au Louvre accomplir mes souhaits.
Gardez-vous bien d'être en Muse bâtie ;

---

[1] En 1663, le Roi avoit fait porter Molière, pour mille francs, sur la liste des pensions qu'il accordoit aux hommes de lettres. C'est de ce bienfait que Molière le remercie.

Un air de Muse est choquant en ces lieux :
On y veut des objets à réjouir les yeux ;
    Vous en devez être avertie :
  Et vous ferez votre cour beaucoup mieux,
  Lorsqu'en marquis vous serez travestie.
Vous savez ce qu'il faut pour paroître marquis ;
   N'oubliez rien de l'air ni des habits ;
Arborez un chapeau chargé de trente plumes
    Sur une perruque de prix (1) ;
   Que le rabat soit des plus grands volumes,
    Et le pourpoint des plus petits (2).
   Mais surtout je vous recommande
Le manteau, d'un ruban sur le dos retroussé,
    La galanterie en est grande ;
Et parmi les marquis de la plus haute bande
    C'est pour être placé.
    Avec vos brillantes hardes

---

(1) Les belles perruques coûtoient jusqu'à trois mille francs. Ce prix, quelque élevé qu'il soit, n'a rien qui doive surprendre, si l'on songe à la quantité et à la longueur des cheveux, ordinairement de couleur blonde, qu'employoit la perruque d'un homme de la cour : il falloit dépouiller dix têtes pour en couvrir une seule. Cette invention étoit assez récente : le premier qui eut recours aux perruques, étoit un abbé nommé La Rivière. Les mémoires nous ont conservé le nom du perruquier de Louis XIV ; il s'appeloit Binette.

(2) L'élégance, en fait de mode, consiste le plus souvent à porter les diverses parties de l'habillement plus grandes ou plus petites qu'on ne les porte communément. Cette pièce est du temps où l'on portoit encore le pourpoint et le rabat, remplacés depuis par le justaucorps et par la cravate. Le pourpoint des élégans étoit fort petit, et leur rabat fort grand. Sganarelle de *l'École des Maris*, se moque aussi

    De ces petits pourpoints sous les bras se perdans,
    Et de ces grands collets sur le nombril pendans.

AU ROI.

Et votre ajustement,
Faites tout le trajet de la salle des gardes;
Et, vous peignant galamment [1],
Portez de tous côtés vos regards brusquement;
Et, ceux que vous pourrez connoître,
Ne manquez pas, d'un haut ton,
De les saluer par leur nom,
De quelque rang qu'ils puissent être.
Cette familiarité
Donne, à quiconque en use, un air de qualité.
Grattez du peigne à la porte
De la chambre du Roi [2];
Ou si, comme je prévoi,
La presse s'y trouve trop forte,
Montrez de loin votre chapeau,
Ou montez sur quelque chose
Pour faire voir votre museau.
Et criez, sans aucune pause,
D'un ton rien moins que naturel:
Monsieur l'huissier, pour le marquis un tel.
Jetez-vous dans la foule, et tranchez du notable;
Coudoyez un chacun, point du tout de quartier,

---

[1] Ces longues et amples perruques étant fort sujettes à se déranger, on portoit un peigne sur soi pour les rajuster.

[2] Le baron de la Crasse, héros d'une comédie de R. Poisson, qui porte ce titre, raconte qu'étant allé au Louvre, il avoit frappé à la porte du Roi pour se faire ouvrir. L'huissier lui dit:

Apprenez, monsieur de Pézenas,
Qu'on gratte à cette porte, et qu'on n'y heurte pas.

Cet usage subsiste encore aujourd'hui. Molière nous apprend ici que, du temps de Louis XIV, les courtisans se servoient, pour gratter à la porte du Roi, du peigne qu'ils avoient dans la poche.

REMERCIEMENT

  Pressez, poussez, faites le diable
  Pour vous mettre le premier;
   Et, quand même l'huissier,
   A vos desirs inexorable,
Vous trouveroit en face un marquis repoussable (1),
  Ne démordez point pour cela,
  Tenez toujours ferme là;
A déboucher la porte il iroit trop du vôtre,
 Faites qu'aucun n'y puisse pénétrer,
Et qu'on soit obligé de vous laisser entrer,
   Pour faire entrer quelque autre.
Quand vous serez entré (2), ne vous relâchez pas;
Pour assiéger la chaise (3), il faut d'autres combats;
   Tâchez d'en être des plus proches,
  En y gagnant le terrain pas à pas;
Et, si des assiégeans le prévenant amas (4)

---

(1) Bayle, dans son *Dictionnaire*, article POQUELIN, a parlé de ce Remerciement, et il en a critiqué plusieurs passages. « *Marquis repoussable*, « est, dit-il, un terme barbare. »

(2) Molière, dans tout le cours de la pièce, s'adressant à sa Muse, le masculin *entré* est une singulière inadvertance : à moins toutefois que l'auteur, voyant déja cette Muse en marquis, ne croie devoir lui parler en conséquence.

(3) Un éditeur de Molière a pensé que, par ce mot *chaise*, il falloit entendre la chaise à porteurs dont Louis XIV se servoit quelquefois pour la promenade. Il ne faut pas oublier qu'on est ici dans la chambre du Roi : les mots, *quand vous serez entré*, ne laissent aucun doute là-dessus. La chaise à porteurs alloit-elle prendre le Roi dans ses appartemens, au lieu de l'attendre au bas de son escalier ? Il y a peu d'apparence. Je crois que cette *chaise* est tout simplement le fauteuil sur lequel le Roi étoit assis dans sa chambre, et dont les courtisans s'approchoient à l'envi les uns des autres.

(4) Bayle qualifie aussi de *barbare* ce mot de *prévenant*. « Le mot de « *prévenant*, dit-il, n'est d'usage qu'au figuré, et ne signifie pas, un homme « qui a passé devant d'autres. »

AU ROI.

En bouche toutes les approches,
Prenez le parti doucement
D'attendre le prince au passage;
Il connoîtra votre visage,
Malgré votre déguisement;
Et lors, sans tarder davantage,
Faites-lui votre compliment.
Vous pourriez aisément l'étendre,
Et parler des transports qu'en vous font éclater
Les surprenans bienfaits que, sans les mériter,
Sa libérale main sur vous daigne répandre [1],
Et des nouveaux efforts où s'en va vous porter
L'excès de cet honneur où vous n'osiez prétendre;
Lui dire comme vos desirs
Sont, après ses bontés qui n'ont point de pareilles,
D'employer à sa gloire, ainsi qu'à ses plaisirs,
Tout votre art et toutes vos veilles,
Et là-dessus lui promettre merveilles :
Sur ce chapitre on n'est jamais à sec;
Les Muses sont de grandes prometteuses!
Et, comme vos sœurs les causeuses,
Vous ne manquerez pas, sans doute, par le bec [2].
Mais les grands princes n'aiment guères

---

[1] Bayle critique ainsi ces deux vers : « Cela veut dire, selon le sens « de l'auteur, que sa Muse avoit reçu de grands bienfaits, encore qu'elle ne « les méritât pas ; mais, selon la grammaire, cela signifie qu'encore que le « Roi ne méritât point ces bienfaits, il ne laissoit pas de les répandre sur « la Muse de Molière. C'est donc s'expliquer barbarement. »

[2] Autre critique de Bayle : « Le sens de l'auteur, dit-il, est que sa « Muse ressembleroit à ses sœurs qui ont beaucoup de babil ; mais, selon « la grammaire, cela signifie clairement et uniquement qu'elle ne manque- « roit pas de caquet, comme les autres Muses en manquent. »

REMERCIEMENT AU ROI.

Que les complimens qui sont courts;
Et le nôtre, surtout, a bien d'autres affaires
Que d'écouter tous vos discours.
La louange et l'encens n'est pas ce qui le touche;
Dès que vous ouvrirez la bouche
Pour lui parler de grace et de bienfait,
Il comprendra d'abord ce que vous voulez dire,
Et, se mettant doucement à sourire
D'un air qui, sur les cœurs, fait un charmant effet,
Il passera comme un trait;
Et cela vous doit suffire :
Voilà votre compliment fait [1].

---

(1) Bayle parle du *tour merveilleux* que Molière a donné à ce Remerciement. « Peut-être, dit-il, n'a-t-il rien fait de meilleur en matière de petits « ouvrages. » A entendre Bayle, on croiroit que Molière a fait un certain nombre de *petits ouvrages* du même genre, c'est-à-dire de petites pièces de poésie. Bayle pourtant ne pouvoit en connoître d'autres que *la Gloire du dôme du Val-de-Grace*, et, si l'on veut, le sonnet en bouts-rimés qu'on va voir tout à l'heure.

BOUTS-RIMÉS [1]

COMMANDÉS SUR LE BEL AIR. [2]

Que vous m'embarrassez avec votre... *grenouille*,
Qui traîne à ses talons le doux mot d'... *Hypocras!*
Je hais des bouts-rimés le puéril... *fatras*,
Et tiens qu'il vaudroit mieux filer une... *quenouille*.

---

(1) Dans la préface du poëme de Sarrasin intitulé, *Dulot vaincu, ou la Défaite des Bouts-rimés*, on lit ce qui suit sur l'origine de cet amusement puéril, qu'on honore un peu trop peut-être en l'appelant un jeu d'esprit : « Les bouts-rimés n'ont été connus que depuis quelques années. L'extrava-« gance d'un poëte ridicule, nommé Dulot, donna lieu à cette invention. « Un jour, comme il se plaignoit, en présence de plusieurs personnes, « qu'on lui avoit dérobé quelques papiers, et particulièrement trois cents « sonnets qu'il regrettoit plus que tout le reste, quelqu'un s'étonnant qu'il « en eût fait un si grand nombre, il répliqua que c'étoient des *sonnets en* « *blanc*, c'est-à-dire des bouts-rimés de tous ces sonnets, qu'il avoit dessein « de remplir. Cela sembla plaisant; et depuis on commença à faire, par une « espèce de jeu, dans les compagnies, ce que Dulot faisoit sérieusement; « chacun se piquant à l'envi de remplir heureusement et facilement les « rimes bizarres qu'on lui donnoit... Il y eut un recueil imprimé de cette « sorte de sonnets en l'année 1649. »

(2) Il paroît qu'outre les rimes, le sujet du sonnet avoit été commandé à Molière, et que, par ces mots, *le bel air*, il faut entendre, les manières élégantes, les manières à l'usage de ceux qui veulent se distinguer du commun. Molière semble fixer lui-même ce sens de l'expression, quand il dit :

La gloire du bel air n'a rien qui me chatouille.

La gloire du bel air n'a rien qui me... *chatouille*.
Vous m'assommez l'esprit avec un gros... *plâtras;*
Et je tiens heureux ceux qui sont morts à... *Coutras* [1],
Voyant tout le papier qu'en sonnets on... *barbouille*.

M'accable derechef la haine du... *cagot* [2],
Plus méchant mille fois que n'est un vieux... *magot*,
Plutôt qu'un bout-rimé me fasse entrer en... *danse*.

Je vous le chante clair comme un... *chardonneret*,
Au bout de l'univers je fuis dans une... *manse* [3].
Adieu, grand prince [4], adieu; tenez-vous... *guilleret*.

---

[1] *A Coutras*, c'est-à-dire à la bataille de Coutras, gagnée en 1587, sur l'armée de Henri III, par Henri IV, alors roi de Navarre.

[2] Ce vers suffiroit pour attester que le sonnet est de l'auteur du *Tartuffe*.

[3] *Manse*, ancien terme de coutumes, qui signifioit, le petit héritage main-mortable d'une personne de condition servile. Il vient de *manere*, ainsi que *manoir*.

[4] Ce *grand prince* étoit sans doute le grand Condé.

SONNET

A M. LA MOTHE-LE-VAYER, SUR LA MORT
DE SON FILS [1].

1664.

Aux larmes, Le Vayer, laisse tes yeux ouverts :
Ton deuil est raisonnable, encor qu'il soit extrême ;
Et, lorsque pour toujours on perd ce que tu perds,
La Sagesse, crois-moi, peut pleurer elle-même.

---

[1] Ce sonnet et la lettre qui l'accompagne sont publiés pour la première fois. Ils ont été découverts dans les volumineux manuscrits de Conrart, le premier secrétaire perpétuel de l'Académie françoise, par M. de Monmerqué, conseiller à la cour royale de Paris. Ce magistrat, à qui nous devons une excellente édition des *Lettres de Madame de Sévigné*, et qui continue d'employer à d'utiles travaux littéraires les rares et courts loisirs que ses graves fonctions lui laissent, a bien voulu m'indiquer ces deux pièces; et m'en adresser une copie, faite sur celle qui existe de la main même de Conrart, dont l'écriture lui est parfaitement connue. Il suffiroit déja de cette circonstance pour attester l'authenticité du sonnet et de la lettre ; mais il s'y joint une preuve sans réplique. Les deux quatrains du sonnet se retrouvent, avec de fort légers changemens, dans la première scène du second acte de la tragédie-ballet de *Psyché*, postérieure à ce sonnet d'environ sept ans. Molière, qui, comme on sait, ne se faisoit point scrupule d'emprunter aux autres, craignoit encore moins de s'emprunter à lui-même ; c'est ainsi qu'il a transporté, dans *le Misanthrope* et dans *Amphitryon*, beaucoup de vers de *Don Garcie de Navarre*. De même, ayant à peindre, dans *Psyché*, un père menacé de perdre sa fille, qui s'abandonne sans contrainte à sa douleur, il lui prête les discours qu'il avoit tenus lui-même à un père

SONNET.

On se propose à tort cent préceptes divers
Pour vouloir, d'un œil sec, voir mourir ce qu'on aime;
L'effort en est barbare aux yeux de l'univers,
Et c'est brutalité plus que vertu suprême.

On sait bien que les pleurs ne ramèneront pas
Ce cher fils que t'enlève un imprévu trépas;
Mais la perte, par là, n'en est pas moins cruelle.

Ses vertus de chacun le faisoient révérer;
Il avoit le cœur grand, l'esprit beau, l'ame belle;
Et ce sont des sujets à toujours le pleurer.

LETTRE D'ENVOI

DU SONNET PRÉCÉDENT.

Vous voyez bien, monsieur, que je m'écarte fort du chemin qu'on suit d'ordinaire en pareille rencontre, et que le sonnet que je vous envoie n'est rien moins qu'une

---

qui venoit de perdre son fils, pour l'engager à ne pas retenir ses larmes. (Voir tome VIII, pages 224 et 225, vers 12 et suivans.)

Le fils du célèbre La Mothe-le-Vayer mourut en septembre 1664, à l'âge d'environ trente-cinq ans. Il avoit embrassé l'état ecclésiastique, et publié une traduction de Florus, accompagnée de commentaires fort estimés. Boileau lui avoit dédié sa satire IV. « Il avoit, dit un commentateur de « Boileau, un attachement singulier pour Molière, dont il étoit le partisan « et l'admirateur. »

Le sonnet et la lettre me paroissent tout-à-fait dignes de Molière. Ils respirent l'un et l'autre cette philosophie vraiment humaine et praticable, qui n'a point l'orgueil de vouloir anéantir les sentimens naturels, qui n'en redoute que l'excès, s'y laisse aller sans foiblesse, et emploie sa force à les modérer plutôt qu'à les combattre : c'étoit là la philosophie de Molière.

consolation. Mais j'ai cru qu'il falloit en user de la sorte avec vous, et que c'est consoler un philosophe que de lui justifier ses larmes, et de mettre sa douleur en liberté. Si je n'ai pas trouvé d'assez fortes raisons pour affranchir votre tendresse des sévères leçons de la philosophie, et pour vous obliger à pleurer sans contrainte, il en faut accuser le peu d'éloquence d'un homme qui ne sauroit persuader ce qu'il sait si bien faire.

MOLIÈRE.

LA GLOIRE

DU DOME

DU VAL-DE-GRACE. [1]

1669.

Digne fruit de vingt ans de travaux somptueux,
Auguste bâtiment, temple majestueux,
Dont le dôme superbe, élevé dans la nue,
Pare du grand Paris la magnifique vue,
Et, parmi tant d'objets semés de toutes parts,
Du voyageur surpris prend les premiers regards,

---

(1) L'église du Val-de-Grace fut fondée par Anne d'Autriche, mère de Louis XIV. Le jeune roi en posa la première pierre en 1645., et en 1665 elle fut bénie. Ainsi Molière a eu raison de dire qu'elle fut *le fruit de vingt ans de travaux*. Ces travaux toutefois furent interrompus par les troubles de la minorité; et le célébre Mansard, qui fut le premier architecte de l'édifice, n'eut pas la satisfaction d'achever son ouvrage. On lui donna un successeur qui étoit loin de l'égaler; et celui-ci fut à son tour remplacé par d'autres: c'est à ces changemens qu'il faut attribuer le défaut d'accord qui se fait remarquer dans quelques parties du monument.

Ce mot de *gloire*, qui est le titre du poëme de Molière, signifie, en termes de peinture, la représentation du ciel ouvert, avec les personnes divines, les anges et les bienheureux. Tel est, en effet, le sujet qu'a traité Mignard dans le chef-d'œuvre que Molière va célébrer.

DU DOME DU VAL-DE-GRACE.

Fais briller à jamais, dans ta noble richesse,
La splendeur du saint vœu d'une grande princesse [1],
Et porte un témoignage à la postérité
De sa magnificence et de sa piété;
Conserve à nos neveux une montre fidèle
Des exquises beautés que tu tiens de son zèle:
Mais défends bien surtout de l'injure des ans
Le chef-d'œuvre fameux de ses riches présens,
Cet éclatant morceau de savante peinture,
Dont elle a couronné ta noble architecture:
C'est le plus bel effet des grands soins qu'elle a pris,
Et ton marbre et ton or ne sont point de ce prix.

Toi qui, dans cette coupe [2], à ton vaste génie
Comme un ample théâtre heureusement fournie,
Es venu déployer les précieux trésors
Que le Tibre t'a vu ramasser sur ses bords;
Dis-nous, fameux Mignard [3], par qui te sont versées
Les charmantes beautés de tes nobles pensées,
Et dans quel fonds tu prends cette variété

---

[1] Le Val-de-Grace fut fondé par la reine-mère, en accomplissement du vœu qu'elle avoit fait de bâtir une magnifique église, si Dieu mettoit un terme à la longue stérilité dont elle étoit affligée, et que fit cesser, après vingt-deux ans, la naissance de Louis XIV.

[2] *Coupe.* — On dit plus ordinairement *coupole*. Tous deux viennent du latin *cupa*. Coupole ou coupe se dit de l'intérieur d'un dôme, qui, en effet, ressemble au-dedans d'une coupe renversée.

[3] *Pierre* MIGNARD, né à Troyes, en 1610, et mort à Paris en 1695. Il avoit fait un long séjour à Rome, ce qui le fit nommer *Mignard-le-Romain*. Molière le connut, lorsqu'il s'occupoit à dessiner les antiques du Comtat-Venaissin. Ils se lièrent d'une étroite amitié; et le peintre fit plus d'une fois le portrait du poëte. Mignard excelloit dans ce genre; mais il n'y étoit pas borné, témoin la coupole du Val-de-Grace. Louis XIV le nomma son premier peintre après la mort de Le Brun.

Dont l'esprit est surpris, et l'œil est enchanté.
Dis-nous quel feu divin, dans tes fécondes veilles,
De tes expressions enfante les merveilles;
Quels charmes ton pinceau répand dans tous ses traits,
Quelle force il y mêle à ses plus doux attraits,
Et quel est ce pouvoir, qu'au bout des doigts tu portes,
Qui sait faire à nos yeux vivre des choses mortes,
Et, d'un peu de mélange et de bruns et de clairs,
Rendre esprit la couleur, et les pierres des chairs.
 Tu te tais, et prétends que ce sont des matières
Dont tu dois nous cacher les savantes lumières,
Et que ces beaux secrets, à tes travaux vendus,
Te coûtent un peu trop pour être répandus;
Mais ton pinceau s'explique, et trahit ton silence;
Malgré toi, de ton art il nous fait confidence;
Et, dans ses beaux efforts à nos yeux étalés,
Les mystères profonds nous en sont révélés.
Une pleine lumière ici nous est offerte;
Et ce dôme pompeux est une école ouverte,
Où l'ouvrage, faisant l'office de la voix,
Dicte de ton grand art les souveraines lois.
Il nous dit fortement les trois nobles parties [1]
Qui rendent d'un tableau les beautés assorties,
Et dont, en s'unissant, les talens relevés
Donnent à l'univers les peintres achevés.
 Mais des trois, comme reine, il nous expose celle [2]
Que ne peut nous donner le travail, ni le zèle;
Et qui, comme un présent de la faveur des cieux,

---

(1) L'invention, le dessin, le coloris. (*Note de Molière.*)

(2) L'invention, première partie de la peinture. (*Idem.*)

Est du nom de divine appelée en tous lieux ;
Elle, dont l'essor monte au-dessus du tonnerre,
Et sans qui l'on demeure à ramper contre terre ;
Qui meut tout, règle tout, en ordonne à son choix,
Et des deux autres mène et régit les emplois.
Il nous enseigne à prendre une digne matière,
Qui donne au feu du peintre* une vaste carrière,
Et puisse recevoir tous les grands ornemens
Qu'enfante un beau génie en ses accouchemens,
Et dont la poésie et sa sœur la peinture,
Parant l'instruction de leur docte imposture,
Composent avec art ces attraits, ces douceurs,
Qui font à leurs leçons un passage en nos cœurs** ;
Et par qui, de tous temps, ces deux sœurs si pareilles
Charment, l'une les yeux, et l'autre les oreilles.
Mais il nous dit de fuir un discord apparent
Du lieu que l'on nous donne et du sujet qu'on prend ;
Et de ne point placer dans un tombeau des fêtes,
Le ciel contre nos pieds, et l'enfer sur nos têtes.
Il nous apprend à faire, avec détachement,
De groupes contrastés un noble agencement (1),

VARIANTES. * *Au feu d'un peintre.* — ** *Un passage à.*

---

(1) Fidèle à la résolution que j'avois prise de consulter, pour mon travail sur Molière, tous ceux de qui je pouvois tirer les lumières qui me manquoient, j'ai prié M. Guérin, auteur de la Phèdre et de la Didon, de jeter sur le papier quelques observations relatives à la partie technique et didactique de ce poëme. Ce grand peintre, dont l'esprit juste et délicat est connu de tous ceux qui ont pu jouir de son agréable commerce, a bien voulu acquiescer à ma demande. Je vais donner ses notes, telles qu'il les a rédigées. Elles seront signées de la lettre initiale de son nom.

Il nous apprend à faire, avec détachement,

LA GLOIRE

Qui du champ du tableau fasse un juste partage,
En conservant les bords un peu légers d'ouvrage [1],
N'ayant nul embarras, nul fracas vicieux
Qui rompe ce repos, si fort ami des yeux;
Mais où, sans se presser, le groupe se rassemble,
Et forme un doux concert, fasse un beau tout ensemble,
Où rien ne soit à l'œil mendié, ni redit [2],
Tout s'y voyant tiré d'un vaste fonds d'esprit,
Assaisonné du sel de nos graces antiques,
Et non du fade goût des ornemens gothiques,
Ces monstres odieux des siècles ignorans,
Que de la barbarie ont produit les torrens,
Quand leur cours, inondant presque toute la terre,
Fit à la politesse une mortelle guerre,
Et, de la grande Rome abattant les remparts,
Vint, avec son empire, étouffer les beaux-arts.
Il nous montre à poser avec noblesse et grace
La première figure à la plus belle place,
Riche d'un agrément, d'un brillant de grandeur
Qui s'empare d'abord des yeux du spectateur;
Prenant un soin exact, que, dans tout son ouvrage,
Elle joue aux regards le plus beau personnage;

De groupes contrastés un noble agencement.

On dit, *faire détacher des groupes* ; mais on ne se sert pas, en ce sens, du substantif *détachement*. G.

(1) Qui du champ du tableau fasse un juste partage,
     En conservant les bords un peu légers d'ouvrage.

L'impropriété des termes obscurcit le sens et le rend difficile à saisir. *Léger d'ouvrage* est là sans doute pour, simple. G.

(2) Où rien ne soit à l'œil mendié, ni redit.

Je ne comprends pas *mendié*. G.

Et que, par aucun rôle au spectacle placé,
Le héros du tableau ne se voie effacé [1].
Il nous enseigne à fuir les ornemens débiles
Des épisodes froids et qui sont inutiles,
A donner au sujet toute sa vérité,
A lui garder partout pleine fidélité,
Et ne se point porter à prendre de licence,
A moins qu'à des beautés elle donne naissance.

Il nous dicte amplement les leçons du dessin [2]
Dans la manière grecque, et dans le goût romain;
Le grand choix du beau vrai, de la belle nature,
Sur les restes exquis de l'antique sculpture,
Qui, prenant d'un sujet la brillante beauté,
En savoit séparer la foible vérité,

---

[1] Il nous montre à poser avec noblesse et grace
. . . .
Le héros du tableau ne se trouve effacé.

Comme *ce tableau*, qui est celui de la coupole du Val-de-Grace, est donné mal à propos pour exemple général de composition de peinture, les principes qui en découlent tendroient à établir un système de composition d'autant plus faux qu'il est indiqué comme absolu : c'est vouloir faire aller le même habit à toutes les tailles. La raison seule fait concevoir que chaque sujet veut un arrangement de composition particulier. Ainsi la *première figure*, ou figure principale, qui toujours doit avoir aux yeux du spectateur le plus d'importance, peut et doit quelquefois n'être pas *riche d'agrément* ni *brillante de grandeur*. Au reste, ceci a été écrit au moment où le goût, en peinture, commençoit à se corrompre, et à faire présager les Coypel, les Boucher, les Natoire, etc., et ce style dont on donnoit une juste idée en l'appelant *style d'opéra*. G.

[2] Il nous dicte amplement les leçons du dessin.

Le dessin, seconde partie de la peinture. (*Note de Molière.*)

Cet éloge convient peu au talent de Mignard, dont le dessin étoit la partie foible. G.

Et, formant de plusieurs une beauté parfaite,
Nous corrige par l'art la nature qu'on traite.
Il nous explique à fond, dans ses instructions,
L'union de la grace et des proportions;
Les figures partout doctement dégradées,
Et leurs extrémités soigneusement gardées;
Les contrastes savans des membres agroupés,
Grands, nobles, étendus et bien développés,
Balancés sur leur centre en beautés d'attitude,
Tous formés l'un pour l'autre avec exactitude,
Et n'offrant point aux yeux ces galimatias
Où la tête n'est point de la jambe, ou du bras;
Leur juste attachement aux lieux qui les font naître,
Et les muscles touchés autant qu'ils doivent l'être;
La beauté des contours observés avec soin,
Point durement traités, amples, tirés de loin,
Inégaux, ondoyans, et tenant de la flamme,
Afin de conserver plus d'action et d'ame (1);

---

(1) Il nous explique à fond, dans ses instructions,
. . . .
Afin de conserver plus d'action et d'ame.

Tous ces vers sont à peu près inintelligibles, et je crains que notre divin Molière n'ait fait ici du galimatias double.

On peut *dégrader des figures*, relativement au clair-obscur, mais non sous le rapport du dessin. On dit, des *extrémités soignées*; mais *gardées* ne se comprend pas. *Membres agroupés* ne s'entend pas davantage. *Balancés sur leur centre en beautés d'attitude* rappelle l'idée de nos danseurs et de nos pantomimes, et devient par cela-même ridicule. *Attachement*, en parlant des muscles, n'est point technique : on dit *attache*. On dit, *prononcer*, et non, *toucher des muscles*. *Ample* ne peut se dire d'un contour qui n'est qu'un trait. *Tiré de loin* est là probablement pour, coulant. C'est avec ce système de *contours ondoyans et flamboyans* qu'on a perverti le dessin; et c'est à lui que les peintres cités plus haut doivent, en partie,

DU DOME DU VAL-DE-GRACE.

Les nobles airs de tête amplement variés,
Et tous au caractère avec choix mariés;
Et c'est là qu'un grand peintre, avec pleine largesse,
D'une féconde idée étale la richesse,
Faisant briller partout de la diversité,
Et ne tombant jamais dans un air répété:
Mais un peintre commun trouve une peine extrême
A sortir dans ses airs de l'amour de soi-même;
De redites sans nombre il fatigue les yeux,
Et, plein de son image, il se peint en tous lieux [1].
Il nous enseigne aussi les belles draperies,
De grands plis bien jetés suffisamment nourries,
Dont l'ornement aux yeux doit conserver le nu,
Mais qui, pour le marquer, soit un peu retenu,
Qui ne s'y colle point, mais en suive la grace,
Et, sans la serrer trop, la caresse et l'embrasse [2].
Il nous montre à quel air, dans quelles actions
Se distinguent à l'œil toutes les passions;

---

une célébrité dont le dernier siècle aura à rougir. Ce qu'il y a d'intelligible dans ce passage, paroît être d'assez mauvais goût. G.

(1)   Mais un peintre commun trouve une peine extrême
. . . .
   Et, plein de son image, il se peint en tous lieux.

On se peint dans ses ouvrages, dit-on; mais cette assertion ne peut être vraie que dans le sens intellectuel. Molière l'étend au propre, quoiqu'il y ait peu d'exemples du défaut qu'il attaque. Beaucoup de peintres reproduisent trop souvent les mêmes airs de tête; mais ce vice vient plutôt de l'inobservation de la nature que de l'*amour de soi-même*. G.

(2)   Il nous enseigne aussi les belles draperies
. . . .
   Et, sans la serrer trop, la caresse et l'embrasse.

Ces six vers sont d'une bonne doctrine en peinture: c'est aux littérateurs à les juger sous le rapport de l'exécution. G.

Les mouvemens du cœur, peints d'une adresse extrême,
Par des gestes puisés dans la passion même;
Bien marqués pour parler, appuyés, forts et nets,
Imitant en vigueur les gestes des muets,
Qui veulent réparer la voix que la nature
Leur a voulu nier; ainsi qu'à la peinture (1).

Il nous étale enfin les mystères exquis
De la belle partie où triompha Zeuxis (2);
Et qui, le revêtant d'une gloire immortelle,
Le fit aller de pair avec le grand Apelle:
L'union, les concerts et les tons des couleurs,
Contrastes, amitiés, ruptures et valeurs (3),
Qui font les grands effets, les fortes impostures,

---

(1)   Imitant en vigueur les gestes des muets,
       Qui veulent réparer la voix que la nature
       Leur a voulu nier, ainsi qu'à la peinture.

La comparaison de Molière tourne contre son précepte; car, si on donnoit aux personnages d'un tableau la vivacité ou plutôt la force des *gestes des muets*, on représenteroit, en effet, des gens privés du secours de la parole, et forcés d'augmenter d'autant leur pantomime. Or, comme on ne sauroit nier qu'un sourd ne distinguât fort bien, dans un groupe de personnes, celle qui seroit muette et voudroit exprimer ses pensées, de même le spectateur d'un tableau, qui est le sourd dans ce cas-ci, devra pouvoir y distinguer un personnage privé de la parole, de ceux qui en ont l'usage : autrement il croiroit qu'en effet on n'a voulu représenter que des muets. G.

(2) Le coloris, troisième partie de la peinture. (*Note de Molière.*)

(3)   L'union, les concerts et les tons des couleurs,
       Contrastes, amitiés, ruptures et valeurs.

Concerts, amitiés, ruptures ne sont point techniques. Ici encore, tous ces mots sont jetés (qu'on me pardonne la comparaison) pêle-mêle et au hasard, comme les livres d'un bouquiniste sur le pavé d'un quai, fort étonnés de se trouver ensemble, et aussi étrangers l'un à l'autre qu'inconnus au maître qui les rassemble. G.

L'achèvement de l'art, et l'ame des figures.
Il nous dit clairement dans quel choix le plus beau
On peut prendre le jour et le champ du tableau.
Les distributions et d'ombre et de lumière
Sur chacun des objets et sur la masse entière;
Leur dégradation dans l'espace de l'air
Par les tons différens de l'obscur et du clair,
Et quelle force il faut aux objets mis en place
Que l'approche distingue et le lointain efface;
Les gracieux repos que, par des soins communs,
Les bruns donnent aux clairs, comme les clairs aux bruns,
Avec quel agrément d'insensible passage
Doivent ces opposés entrer en assemblage,
Par quelle douce chute ils doivent y tomber,
Et dans un milieu tendre aux yeux se dérober [1];
Ces fonds officieux qu'avec art on se donne,
Qui reçoivent si bien ce qu'on leur abandonne;
Par quels coups de pinceau, formant de la rondeur,
Le peintre donne au plat le relief du sculpteur [2];
Quel adoucissement des teintes de lumière
Fait perdre ce qui tourne et le chasse derrière,
Et comme avec un champ fuyant, vague et léger,

---

[1] Avec quel agrément d'insensible passage
. . . .
Et dans un milieu tendre aux yeux se dérober.

Je ne comprends pas ces quatre vers. G.

[2] Par quels coups de pinceau, formant de la rondeur,
Le peintre donne au plat le relief du sculpteur.

Ce ne sont pas les *coups de pinceau* qui donnent le relief; c'est le clair et l'ombre. G.

516   LA GLOIRE

La fierté de l'obscur, sur la douceur du clair [1]
Triomphant de la toile, en tire avec puissance
Les figures que veut garder sa résistance,
Et, malgré tout l'effort qu'elle oppose à ses coups,
Les détache du fond, et les amène à nous.
 Il nous dit tout cela, ton admirable ouvrage :
Mais, illustre Mignard, n'en prends aucun ombrage ;
Ne crains pas que ton art, par ta main découvert,
A marcher sur tes pas tienne un chemin ouvert,
Et que de ses leçons les grands et beaux oracles
Élèvent d'autres mains à tes doctes miracles :
Il y faut des talens que ton mérite joint,
Et ce sont des secrets qui ne s'apprennent point.
On n'acquiert point, Mignard, par les soins qu'on se donne,
Trois choses dont les dons brillent dans ta personne,
Les passions, la grace et les tons de couleur
Qui des riches tableaux font l'exquise valeur [2];

---

(1)   La fierté de l'obscur sur la douceur du clair.

On dit, *la fierté du coloris*, *la vigueur de l'ombre*, *la vivacité*, ou *la douceur de la lumière*. Je ne puis réellement pas comprendre et suivre ces idées que Molière, j'ose le croire, ne comprenoit pas bien lui-même. G.

(2)   On n'acquiert point, Mignard, par les soins qu'on se donne,
Trois choses, dont les dons brillent dans ta personne,
Les passions, la grace et les tons de couleur
Qui des riches tableaux font l'exquise valeur.

Les trois qualités que loue Molière, brillent, en effet, dans le talent de Mignard ; mais elles ne sauroient à elles seules former un ouvrage parfait, si l'on n'y joint la pureté du dessin, les convenances du style, la simplicité noble de la pantomime, et d'autres parties encore qu'on ne retrouve pas dans l'ouvrage dont il est question. Si Molière se fût contenté de présenter cette production comme un bel ouvrage et de le louer comme tel, tout le monde en tomberoit d'accord ; mais personne aujourd'hui ne voudra le regarder comme une *merveille* ; et je doute fort que, même de son temps,

Ce sont présens du ciel, qu'on voit peu qu'il assemble,
Et les siècles ont peine à les trouver ensemble.
C'est par là qu'à nos yeux nuls travaux enfantés
De ton noble travail n'atteindront les beautés :
Malgré tous les pinceaux que ta gloire réveille,
Il sera de nos jours la fameuse merveille,
Et des bouts de la terre en ces superbes lieux
Attirera les pas des savans curieux.
 O vous, dignes objets de la noble tendresse
Qu'a fait briller pour vous cette auguste princesse,
Dont au grand Dieu naissant, au véritable Dieu,
Le zèle magnifique a consacré ce lieu (1),
Purs esprits, où du ciel sont les graces infuses,
Beaux temples des vertus, admirables recluses,
Qui, dans votre retraite, avec tant de ferveur,
Mêlez parfaitement la retraite du cœur,
Et, par un choix pieux hors du monde placées,
Ne détachez vers lui nulle de vos pensées,

---

et ayant sous les yeux les ouvrages du Poussin, de Le Sueur, de Le Brun, le public connoisseur approuvât sans restrictions des éloges auxquels l'amitié de notre illustre auteur ne sut point mettre de bornes.

Au reste, l'idée première de cette composition est grande et imposante ; la disposition générale habilement conduite et enchaînée avec art par des groupes souvent intéressans, et dans lesquels beaucoup de figures sont simples et gracieuses. Mais on peut y reprendre aussi la foiblesse du dessin, le défaut d'énergie dans les figures qui en demandent, et souvent de la manière dans les formes et de l'affectation dans les poses. Le style est plus répréhensible encore, et c'est la partie la plus foible. Je dois dire, cependant, que ces critiques ne sont aussi sévères qu'à raison de l'extension des éloges de Molière, qu'il faut réduire à leur juste valeur. G.

(1) L'église du Val-de-Grace étoit consacrée à Jésus *naissant* et à la Vierge, sa mère ; on lisoit sur la frise du portique :

Jesu nascenti virginique matri.

Qu'il vous est cher d'avoir sans cesse devant vous
Ce tableau de l'objet de vos vœux les plus doux,
D'y nourrir par vos yeux les précieuses flammes
Dont si fidèlement brûlent vos belles ames,
D'y sentir redoubler l'ardeur de vos desirs,
D'y donner à toute heure un encens de soupirs,
Et d'embrasser du cœur une image si belle
Des célestes beautés de la gloire éternelle,
Beautés qui dans leurs fers tiennent vos libertés,
Et vous font mépriser toutes autres beautés!

Et toi, qui fus jadis la maîtresse du monde,
Docte et fameuse école en raretés féconde,
Où les arts déterrés ont, par un digne effort,
Réparé les dégâts des barbares du Nord;
Source des beaux débris des siècles mémorables,
O Rome, qu'à tes soins nous sommes redevables
De nous avoir rendu, façonné de ta main,
Ce grand homme, chez toi devenu tout Romain,
Dont le pinceau célèbre, avec magnificence,
De ces riches travaux vient parer notre France,
Et dans un noble lustre y produire à nos yeux
Cette belle peinture inconnue en ces lieux,
La fresque, dont la grace, à l'autre préférée,
Se conserve un éclat d'éternelle durée,
Mais dont la promptitude et les brusques fiertés
Veulent un grand génie à toucher ses beautés [1]!

---

(1) La fresque, dont la grace, à l'autre préférée,
Se conserve un éclat d'éternelle durée,
Mais dont la promptitude et les brusques fiertés
Veulent un grand génie à toucher ses beautés.

Ceci ne peut s'entendre que du génie de l'exécution; car, pour celui de

De l'autre qu'on connoît la traitable méthode
Aux foiblesses d'un peintre aisément s'accommode :
La paresse de l'huile, allant avec lenteur,
Du plus tardif génie attend la pesanteur;
Elle sait secourir, par le temps qu'elle donne,
Les faux pas que peut faire un pinceau qui tâtonne;
Et sur cette peinture on peut, pour faire mieux,
Revenir, quand on veut, avec de nouveaux yeux.
Cette commodité de retoucher l'ouvrage
Aux peintres chancelans est un grand avantage;
Et ce qu'on ne fait pas en vingt fois qu'on reprend,
On le peut faire en trente, on le peut faire en cent.
　Mais la fresque est pressante, et veut, sans complaisance,
Qu'un peintre s'accommode à son impatience,
La traite à sa manière, et, d'un travail soudain,
Saisisse le moment qu'elle donne à sa main.
La sévère rigueur de ce moment qui passe
Aux erreurs d'un pinceau ne fait aucune grace;
Avec elle il n'est point de retour à tenter,
Et tout, au premier coup, se doit exécuter.
Elle veut un esprit où se rencontre unie
La pleine connoissance avec le grand génie,
Secouru d'une main propre à le seconder,

---

l'invention, il a tout le loisir de s'exercer d'avance sur ce que l'on appelle un *carton*, c'est-à-dire, un dessin exécuté de la grandeur de la fresque et d'après toutes les études particulières que la composition nécessite. C'est ce dessin, auquel il ne manque que la couleur, et qui même quelquefois est coloré, qu'il faut répéter sur le mur où sera la fresque, et avec une rapidité que nécessite l'enduit de chaux et de sable sur lequel on peint, et qui sèche presque à l'instant même.

　Du reste, tout ce qui suit, sur ce genre de peinture, est fort juste et clairement exprimé. G.

Et maîtresse de l'art jusqu'à le gourmander,
Une main prompte à suivre un beau feu qui la guide,
Et dont, comme un éclair, la justesse rapide
Répande dans ses fonds, à grands traits non tâtés,
De ses expressions les touchantes beautés.
C'est par là que la fresque, éclatante de gloire,
Sur les honneurs de l'autre emporte la victoire,
Et que tous les savans, en juges délicats,
Donnent la préférence à ses mâles appas.
Cent doctes mains chez elle ont cherché la louange;
Et Jules, Annibal, Raphaël, Michel-Ange,
Les Mignards de leur siècle, en illustres rivaux,
Ont voulu par la fresque ennoblir leurs travaux.

Nous la voyons ici doctement revêtue
De tous les grands attraits qui surprennent la vue.
Jamais rien de pareil n'a paru dans ces lieux;
Et la belle inconnue a frappé tous les yeux.
Elle a non-seulement, par ses graces fertiles,
Charmé du grand Paris les connoisseurs habiles,
Et touché de la cour le beau monde savant;
Ses miracles encore ont passé plus avant,
Et de nos courtisans les plus légers d'étude
Elle a pour quelque temps fixé l'inquiétude,
Arrêté leur esprit, attaché leurs regards,
Et fait descendre en eux quelque goût des beaux arts.
Mais ce qui, plus que tout, élève son mérite,
C'est de l'auguste Roi l'éclatante visite;
Ce monarque, dont l'ame aux grandes qualités
Joint un goût délicat des savantes beautés,
Qui, séparant le bon d'avec son apparence,
Décide sans erreur, et loue avec prudence;
LOUIS, le grand LOUIS, dont l'esprit souverain

Ne dit rien au hasard, et voit tout d'un œil sain,
A versé de sa bouche à ses graces brillantes
De deux précieux mots les douceurs chatouillantes ;
Et l'on sait qu'en deux mots ce Roi judicieux
Fait des plus beaux travaux l'éloge glorieux [1].

 Colbert, dont le bon goût suit celui de son maître,
A senti même charme, et nous le fait paroître.
Ce vigoureux génie au travail si constant,
Dont la vaste prudence à tous emplois s'étend,
Qui, du choix souverain, tient, par son haut mérite,
Du commerce et des arts la suprême conduite,
A d'une noble idée enfanté le dessin
Qu'il confie aux talens de cette docte main,
Et dont il veut par elle attacher la richesse
Aux sacrés murs du temple, où son cœur s'intéresse [2].
La voilà, cette main, qui se met en chaleur ;
Elle prend les pinceaux, trace, étend la couleur,
Empâte, adoucit, touche, et ne fait nulle pause :
Voilà qu'elle a fini ; l'ouvrage aux yeux s'expose ;
Et nous y découvrons, aux yeux des grands experts,

---

 [1] En lisant ces vers, on ne peut s'empêcher de se rappeler que, naguère, un ouvrage du même genre que celui de Mignard, mais supérieur sans doute, excita de même l'empressement de tout Paris, et fut honoré d'une semblable *visite* par un descendant de Louis XIV, habile, comme son aïeul, à décerner de ces louanges délicates, qui sont la plus digne récompense des plus glorieux travaux. La coupole de Sainte-Geneviève n'a rien à envier à celle du Val-de-Grace.

 [2] Saint-Eustache. (*Note de Molière.*)

 Colbert étoit de la paroisse Saint-Eustache, et il fut inhumé dans l'église. Il avoit donné une somme de vingt mille francs, pour la construction d'un nouveau portail qui ne fut commencé qu'en 1754, et qui n'est pas même achevé aujourd'hui.

Trois miracles de l'art en trois tableaux divers (1).
Mais, parmi cent objets d'une beauté touchante,
Le Dieu porte au respect, et n'a rien qui n'enchante;
Rien en grace, en douceur, en vive majesté,
Qui ne présente à l'œil une divinité;
Elle est toute en ses traits* si brillans de noblesse:
La grandeur y paroît, l'équité, la sagesse,
La bonté, la puissance; enfin, ces traits font voir
Ce que l'esprit de l'homme a peine à concevoir.

  Poursuis, ô grand Colbert, à vouloir dans la France
Des arts que tu régis établir l'excellence,
Et donne à ce projet, et si grand et si beau,
Tous les riches momens d'un si docte pinceau.
Attache à des travaux, dont l'éclat te renomme,
Les restes précieux des jours de ce grand homme.
Tels hommes rarement se peuvent présenter,
Et, quand le ciel les donne, il faut en profiter.
De ces mains, dont les temps ne sont guère prodigues,
Tu dois à l'univers les savantes fatigues;
C'est à ton ministère à les aller saisir
Pour les mettre aux emplois que tu peux leur choisir;
Et, pour ta propre gloire, il ne faut point attendre
Qu'elles viennent t'offrir ce que ton choix doit prendre.
Les grands hommes, Colbert, sont mauvais courtisans,

VARIANTE. * *En ces traits.*

---

(1) D'après l'ordre de Colbert, Mignard avoit fait pour une chapelle, qui fut détruite lors de la construction du nouveau portail, trois tableaux à fresque: au plafond, les cieux ouverts et le Père éternel au milieu d'une gloire d'anges; sur la partie droite du mur, la Circoncision; sur la partie gauche, saint Jean baptisant J. C. dans le Jourdain.

Peu faits à s'acquitter des devoirs complaisans;
A leurs réflexions tout entiers ils se donnent;
Et ce n'est que par là qu'ils se perfectionnent.
L'étude et la visite ont leurs talens à part.
Qui se donne à la cour, se dérobe à son art.
Un esprit partagé rarement s'y consomme,
Et les emplois de feu demandent tout un homme.
Ils ne sauroient quitter les soins de leur métier
Pour aller chaque jour fatiguer ton portier;
Ni partout, près de toi, par d'assidus hommages,
Mendier des prôneurs les éclatans suffrages.
Cet amour du travail, qui toujours règne en eux,
Rend à tous autres soins leur esprit paresseux;
Et tu dois consentir à cette négligence
Qui de leurs beaux talens te nourrit l'excellence.
Souffre que, dans leur art s'avançant chaque jour,
Par leurs ouvrages seuls ils te fassent leur cour [1].
Leur mérite à tes yeux y peut assez paroître;
Consulte-s-en ton goût, il s'y connoît en maître,
Et te dira toujours, pour l'honneur de ton choix,
Sur qui tu dois verser l'éclat des grands emplois.
C'est ainsi que des arts la renaissante gloire
De tes illustres soins ornera la mémoire;

---

[1] Molière s'entendoit mieux à peindre le moral de l'homme, qu'à décrire les parties et les procédés de l'art qui a pour objet d'en représenter les formes extérieures. Ces vers sur l'humeur indépendante et même un peu sauvage de l'homme de génie, sont énergiques et fiers; ils ont la couleur du sujet; ils honorent celui qui les a faits, comme celui qui les a inspirés. Mignard y est peint avec fidélité; et Molière lui rendoit un service d'ami, en présentant sous le jour le plus avantageux des singularités de caractère et de conduite dont on s'étoit servi probablement pour lui nuire dans l'esprit de Colbert.

Et que ton nom, porté dans cent travaux pompeux,
Passera triomphant à nos derniers neveux [1].

---

[1] Cizeron Rival, l'éditeur des Lettres de Boileau et de Brossette, rapporte, dans ses *Récréations littéraires*, un singulier jugement de Boileau sur le poëme de *la Gloire du Val-de-Grace*. Suivant ce grand poëte, « de tous les ouvrages de Molière, ce poëme est celui dont la versification « est la plus régulière et la plus soutenue. Il peut tenir lieu d'un traité « complet de peinture ; et l'auteur y a fait entrer toutes les règles de cet « art admirable. Il y montre particulièrement la différence qu'il y a entre « la peinture à fresque et la peinture à l'huile. Molière a fait, sans y « penser, le caractère de ses poésies, en marquant cette différence. Dans « le poëme sur la peinture, il a travaillé comme les peintres à l'huile, qui « reprennent plusieurs fois le pinceau pour retoucher et corriger leurs « ouvrages ; au lieu que, dans ses comédies, où il falloit beaucoup d'action « et de mouvement, il préféroit les *brusques fiertés* de la fresque à la « *paresse de l'huile*. »

FIN DU TOME NEUVIÈME ET DERNIER.

TABLE

DES PIÈCES CONTENUES DANS LE TOME NEUVIÈME.

LA COMTESSE D'ESCARBAGNAS.

   Notice historique et littéraire sur la Comtesse d'Escarbagnas.

LES FEMMES SAVANTES.

   Notice historique et littéraire sur les Femmes savantes.

LE MALADE IMAGINAIRE.

   Notice historique et littéraire sur le Malade imaginaire.

POÉSIES DIVERSES.

Remerciement au roi.

Bouts-rimés, commandés sur le bel air.

Sonnet à M. La Mothe-le-Vayer.

La Gloire du dôme du Val-de-Grace.

www.ingramcontent.com/pod-product-compliance
Lightning Source LLC
Chambersburg PA
CBHW071409230426
43669CB00010B/1496